高等院校旅游管理专业系列教材

旅 游 地 理

吴国清 编著

南开大学出版社
天　津

图书在版编目(CIP)数据

旅游地理 / 吴国清编著. —天津：南开大学出版社，2013.5（2017.7重印）
高等院校旅游管理专业系列教材
ISBN 978-7-310-04157-2

Ⅰ.①旅…　Ⅱ.①吴…　Ⅲ.①旅游地理学－高等学校－教材　Ⅳ.①F590

中国版本图书馆 CIP 数据核字(2013)第 069899 号

版权所有　侵权必究

南开大学出版社出版发行
出版人：刘立松
地址：天津市南开区卫津路94号　邮政编码：300071
营销部电话：(022)23508339　23500755
营销部传真：(022)23508542　邮购部电话：(022)23502200

*

昌黎县佳印印刷有限责任公司印刷
全国各地新华书店经销

*

2013 年 5 月第 1 版　2017 年 7 月第 2 次印刷
230×170 毫米　16 开本　23.25 印张　2 插页　442 千字
定价:47.00 元

如遇图书印装质量问题，请与本社营销部联系调换，电话:(022)23507125

前　言

正如马特勒曾在《国际旅游地理》中强调"旅游几乎没有哪个方面与地理无关，地理也几乎没有哪个部门无助于研究旅游现象"，作为一门介于地理学与旅游学之间综合性、实用性很强的边缘学科，可以说旅游地理是随着现代旅游业的兴起而形成和发展壮大起来的。在解读、分析和指导旅游业发展，为区域社会经济文化作出突出贡献的同时，旅游地理研究正呈现出学术研究和社会实践密切结合，理论研究趋于系统化、跨学科和多视角，研究方法不断创新，注重预测分析、理论的应用和总结即"理论—实践"循环等特点，旅游地理的核心理论框架已臻成熟。

本书紧紧围绕相关旅游专业及人才培养的目标和需要，遵循内容的科学性与系统性、知识的前沿性与实用性、案例的典型性与代表性、表达的精炼性与准确性等原则，注重图文并茂、结构严谨、条理清晰，在对旅游地理发展及相关研究作一个概况"扫描"后，基于"时间—空间"维度，力图从"点"（旅游景观、旅游地）→"线"（旅游线路）→"面"（旅游区划）视角，剖析、推演旅游客流空间格局、旅游地空间结构嬗变、旅游地发展规律等，以推进旅游业的可持续发展。本书主要内容架构如图所示。

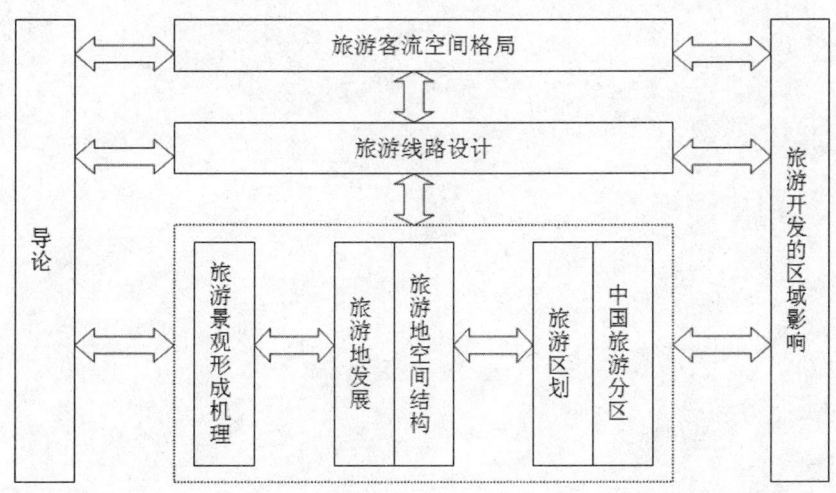

本书在编写过程中，得到了南开大学出版社以及该社孙淑兰老师的帮助和支持，在此特致谢忱！感谢上海师范大学旅游学院对本书编写工作的大力支持！另外，本书参考引用了很多国内外相关学者的研究成果，其中大部分已在参考文献中列出，在此对所有文献的作者致以深深的敬意和谢意！

因资料收集及作者学术水平、研究经验等方面的原因，书中的疏漏错误之处肯定存在，敬请热心读者不吝赐教，以作进一步修正和提高！

作 者

2013 年 2 月

目 录

前言 ... 1
第一章 导论 ... 1
    第一节 旅游地理学基本概念 ... 2
    第二节 国外旅游地理研究概况 ... 15
    第三节 中国旅游地理研究概况 ... 20
第二章 旅游客流空间格局 ... 29
    第一节 旅游客流产生背景 ... 30
    第二节 旅游者空间行为 ... 42
    第三节 旅游客流空间移动规律 ... 49
第三章 旅游景观形成机理 ... 62
    第一节 旅游景观形成的基本条件 ... 63
    第二节 自然旅游景观 ... 71
    第三节 人文旅游景观 ... 89
    第四节 旅游景观鉴赏 ... 104
第四章 旅游地发展 ... 115
    第一节 旅游地概述 ... 116
    第二节 典型旅游地 ... 130
    第三节 旅游地评价 ... 153
第五章 旅游地空间结构 ... 161
    第一节 旅游地空间结构构成 ... 162
    第二节 旅游地空间结构演进 ... 182
    第三节 旅游地空间结构优化 ... 206
第六章 旅游线路设计 ... 219
    第一节 旅游线路概述 ... 220
    第二节 旅游线路设计理论基础 ... 229
    第三节 旅游线路设计实务 ... 241

第七章　旅游区划 ································· 251
第一节　旅游区划概述 ······························ 252
第二节　案例一：河南省旅游区划及启示 ················ 258
第三节　案例二：中国旅游区划方案 ···················· 264
第四节　案例三：世界旅游区划方案 ···················· 267

第八章　中国旅游分区 ······························ 277
第一节　京华旅游大区 ······························ 278
第二节　东北旅游大区 ······························ 283
第三节　中原旅游大区 ······························ 288
第四节　北疆旅游大区 ······························ 294
第五节　西北旅游大区 ······························ 295
第六节　江南旅游大区 ······························ 300
第七节　皖赣旅游大区 ······························ 305
第八节　华中旅游大区 ······························ 308
第九节　青藏旅游大区 ······························ 314
第十节　华南旅游大区 ······························ 317
第十一节　西南旅游大区 ···························· 323
第十二节　港澳台旅游大区 ·························· 328

第九章　旅游开发的区域影响 ························ 336
第一节　旅游开发的区域经济影响 ···················· 337
第二节　旅游开发的区域社会影响 ···················· 339
第三节　旅游开发的区域文化影响 ···················· 343
第四节　旅游开发的区域环境影响 ···················· 347
第五节　区域旅游可持续发展 ························ 354

参考文献 ··· 364

第一章 导论

【学习导引】

旅游（tourism）已成为现代人类社会最重要的生活方式和社会文化活动之一。随着旅游业的蓬勃兴旺，研究旅游活动的学科得到迅速发展，其中少不了从地理学的角度去认识、研究和分析，旅游地理学（tourism geography）便应运而生。作为一门介于地理学与旅游学之间综合性、实用性很强的边缘学科，旅游地理学从开始出现就显现了强大的生命力，已成为旅游研究的中坚力量。本章首先从厘清旅游地理学的概念入手，重点探讨旅游地理学的研究对象、科学体系、与其他相关学科的关系，并对旅游地理学的主要研究内容、研究方法等进行了阐述；从国外、国内两个角度对旅游地理学的发展历程进行了回顾，重点解读、分析了国内外旅游地理研究的特点，对旅游地理学的发展趋势作了初步探讨。

【教学目标】

1. 掌握旅游地理学的基本概念。
2. 认识和领会旅游地理学的学科地位、主要研究内容和研究方法。
3. 了解国内外旅游地理研究的发展历程。
4. 分析和比较国内外旅游地理研究特点及发展趋势的异同。

【学习重点】

旅游地理学基本概念和主要研究内容；国外旅游地理研究特点及发展趋势；中国旅游地理研究特点及发展趋势。

关于什么是旅游（tourism），不同组织和学者曾给出多个定义，比较有影响的是 1970 年的"艾斯特"（AIEST）[①]定义："旅游是非定居者的旅行和暂时居留引起的一切现象和关系的总和。这些人不会导致长期定居，并且不从事任何赚钱的活动"。为了统计上的方便，世界旅游组织（World Tourism Organization，简称 WTO），1991 年 6 月在加拿大召开"旅游统计国际大会"，也对旅游的基本概念作了界定，认为旅游是"人们为了休闲、商务和其他目的，离开他们惯常的环境，到某些地方以及在某些地方停留，但连续不超过一年的活动"。虽然在具体界定旅游时还存在一定分歧，但大都承认"旅游是一种离开常驻地，在一定时间范围和空间距离内的一种活动过程"。可以说，旅游本身就是人类的一种空间地域活动，是一种时空经历，是一种社会地理现象。

第一节 旅游地理学基本概念

什么是旅游地理学（tourism geography）？前苏联地理学家叶琳娜·阿姆布洛维奇在其《旅游地理》一书中作过一个简略定义："旅游现象是在各种自然地理和人文地理场合下发生的，它同地理学科有最直接的联系。所以就由专门的地理学来研究旅游，这种地理学就是年轻的旅游地理学"。德国学者在 20 世纪 60 年代也曾给旅游地理学下过一个定义："旅游地理学研究旅游的空间分布，适合旅游和游憩目的的地区或区域的自然基础，以及存在于旅游与旅游胜地和旅游地之间的相互作用和相互关系。"季涅夫（1973）的观点是："旅游地理学是研究旅游经济的地域特点，与旅游业有关的生产和服务活动的地域分布，决定旅游业在不同国家和地区发展的条件、因素和资源。"我国学者郭来喜（1985）认为："旅游地理学是研究人类旅行游览、休憩疗养、康乐消遣同地理环境以及社会经济发展相互关系的一门科学。"

旅游地理学是随着现代旅游业的兴起而形成和发展起来的。由于世界各国的经济发展水平以及不同学者和专家对旅游（tourism）、游憩（recreation）等概念的内涵和外延看法上的不一致，故而旅游地理学有多种不同的称呼，在英国被称为旅游地理学（geography of tourism）、休闲和旅游地理学（geography of recreation and tourism），加拿大学者称之为游憩地理学（recreation geography）、闲暇地理学（leisure geography），日本和韩国的学者称之为观光地理学（sightseeing geography），

[①] 国际旅游科学专家协会（法文名称为 Association Internationale de Experts Scientifique du Tourisme，其词首构成缩称"AIEST"）。

在前苏联则被称为游憩地理学等。

一、旅游地理学的研究对象

旅游是自然、社会、文化、经济的复合体，Jafari（1992）指出，"为理解旅游业，有必要将其作为一个整体或作为一个系统来研究"。将系统思想与方法引入旅游科学，所研究的对象就是旅游系统（tourism system），即一个自然与人工相结合的复杂开放的巨系统，具体是指由人类旅游活动过程必须具备的各种条件或基本要素，即旅游主体（旅游者）、旅游客体（旅游资源）和旅游媒介（旅游业）在一定的空间范围内相互联系、相互作用而构成的具有特定结构和功能的有机整体，是人类旅游活动的空间组织形式。从Neil Leiper提出旅游系统概念以来，关于旅游系统的定义、组成、结构、功能、特点等还没有达成一致，在学者们构建的模型中设定的要素成分也有所差异。

Leiper模型（见图1-1）一直被广泛引用，它包括旅游者、旅游业、客源地、旅游通道和目的地等五个要素，在结构功能和空间结构两个层面上讨论旅游系统，重点突出了客源地、目的地和旅游通道三个空间要素，把旅游系统描述为由旅游通道连接的客源地和目的地的组合。[①]Leiper模型是个开放系统，除了要素之间的相互作用外，系统本身还与自然、社会、文化、经济、政治和技术等外部环境相互作用。

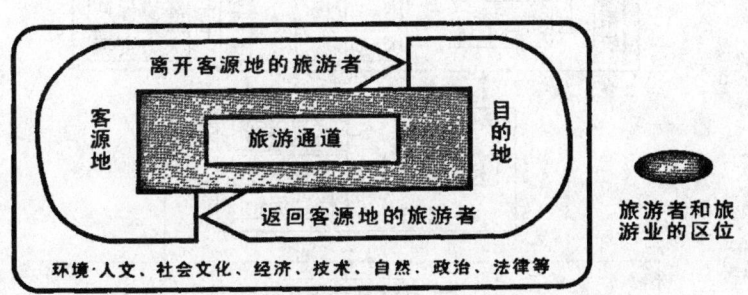

图1-1 Leiper的旅游系统模型（引自Neil Leiper，1979）

Gunn（1994）提出的旅游功能系统（functional tourism system）模型，主要从结构—功能的角度分析旅游系统，认为供给和需求两个最基本要素之间相互匹配构成了旅游系统的基本结构，旅游者构成系统的需求子系统，吸引物、促销、交通、信息和服务五个要素构成了供给子系统，各要素之间存在强烈的相互依赖关系。（见图1-2）

---

① 李文亮，翁瑾，杨开忠. 旅游系统模型比较研究[J]. 旅游学刊，2005，（2）：20-24.

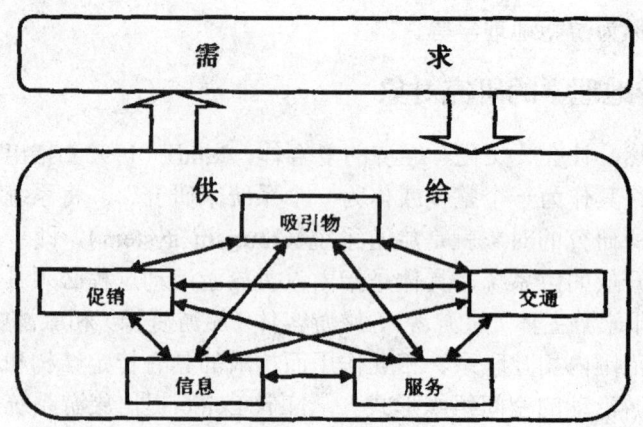

图1-2 旅游功能系统模型（引自 Clare A. Gunn，1994）

吴必虎，在Gunn-Mill-Morrison模型的框架下提出一个新的旅游系统概念模型，认为旅游系统包括客源市场系统、出行系统、目的地系统和支持系统四个部分。把交通和促销合并成一个出行子系统，增加了一个支持子系统，包括政策法规、环境保证和人力资源（在Gunn模型中是系统外在的影响因素）。（见图1-3）

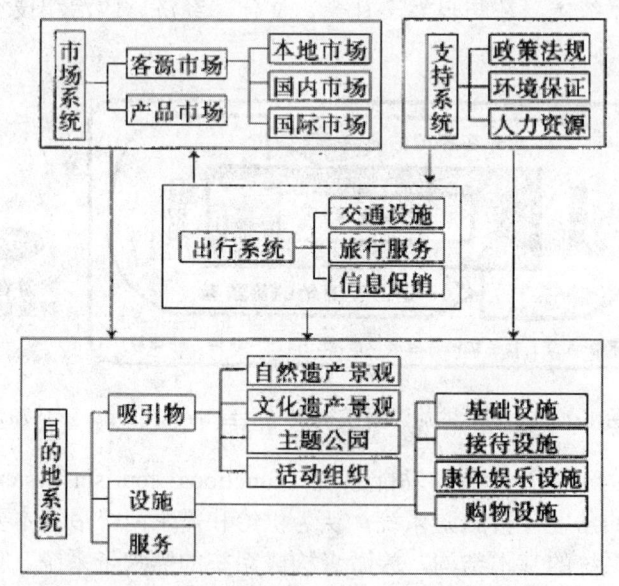

图1-3 吴必虎的旅游系统模型（引自吴必虎，2001）

从学者们对旅游系统的界定来看，包含的要素和层次繁简不一，但基本内容较为一致，即旅游系统是一个动态开放的系统，由相互关联、相互作用的若干组成部分（子系统）通过人流、物流、资金流、信息流等相互联系，构成一个复杂而有序的有机整体，总体上是一个涉及自然、社会、经济的复合系统，存在着发生、发展、兴衰、演替的过程，既是一个要素综合体，也是一个地域综合体。从地域结构来看，系统在不同地域组合和构成不同大小、等级和层次的子系统；从供求关系看，包括供给系统和需求系统两大部分；从地理空间角度看，包括旅游客源地、旅游目的地和旅游通道三个子系统；从旅游功能分析，包括需求（客源市场）、供给（旅游目的地）、支持和出游四大子系统；从要素结构来看，可划分出旅游客体、旅游主体和旅游媒体三个子系统。[1]

把旅游作为人类活动的一种空间表现形式来研究的旅游地理学，其研究侧重点应是旅游活动中的环境作用机制、地理变换过程与空间运作组织等，"空间"是旅游地理研究始终关注的焦点。旅游者经过旅游通道由"居住地—旅游地—居住地"的地理空间移动过程，即人的流动造成人与环境的直接相互作用，是旅游的本质，即以旅游客源地、旅游目的地和联系这两者的旅游通道为主构成的旅游系统首先是一个空间系统。因此，旅游地理学主要从时空维度探讨各种类型等级的地域旅游系统的形成、发展与布局规律性，预测地域旅游系统的变化，研究关于地域旅游系统最佳功能的建设等，通过揭示时空维度上旅游主体、旅游媒体和旅游客体之间相互联系、相互制约的基本规律，为旅游业服务。

旅游地理主要研究构成现代社会旅游活动的三大基本要素，即旅游主体、旅游客体、旅游媒介的地理问题，旅游地理学将更深入地研究旅游现象中的人地关系，即探析地理背景下旅游现象的时空变化规律。旅游地理学研究在21世纪的总任务是积极推进旅游开发研究，促进世界旅游业可持续发展：首先，促进旅游地开发力度进一步加大，形成更多、更新、更能满足旅游消费者的旅游产品；其次，注意研究各地旅游消费趋势对旅游地的意义，并在此基础上引导旅游消费合理化；再次，致力延长旅游地生命周期，让旅游地永葆青春，使旅游者总在其旅游承载力上下很小范围内波动。[2]

二、旅游地理学的科学体系

旅游地理学的科学体系由理论、知识、技术三部分构成，每一部分又由相关内容组成，它们相互联系、互为补充，共同形成旅游地理学的大系统。旅游地理学是一门年轻的学科，学科的理论与方法等尚不完备和成熟，需要在实践中不断修正、充实和提高（韩杰，2002）。目前，旅游地理学的基础理论研究已经得到学术界的高度重视，旅游地理学研究从概念、理论、区域到应用，已形成了独具特

---

[1] 张亚林. 旅游地域系统及其构成初探[J]. 地理学与国土研究, 1989, 5(2): 39-43.
[2] 许春晓. 21世纪中国旅游地理学的新领域：旅游资源非优区研究[J]. 旅游学刊, 2000, (1): 59-62.

色的学科体系，随着研究的深入，在旅游地理学内部出现了普通旅游地理学（旅游地理学）、区域旅游地理学和应用旅游地理学等三个分支领域，表明旅游地理学的知识结构更加完整，学科建设日趋成熟。（见图1-4）

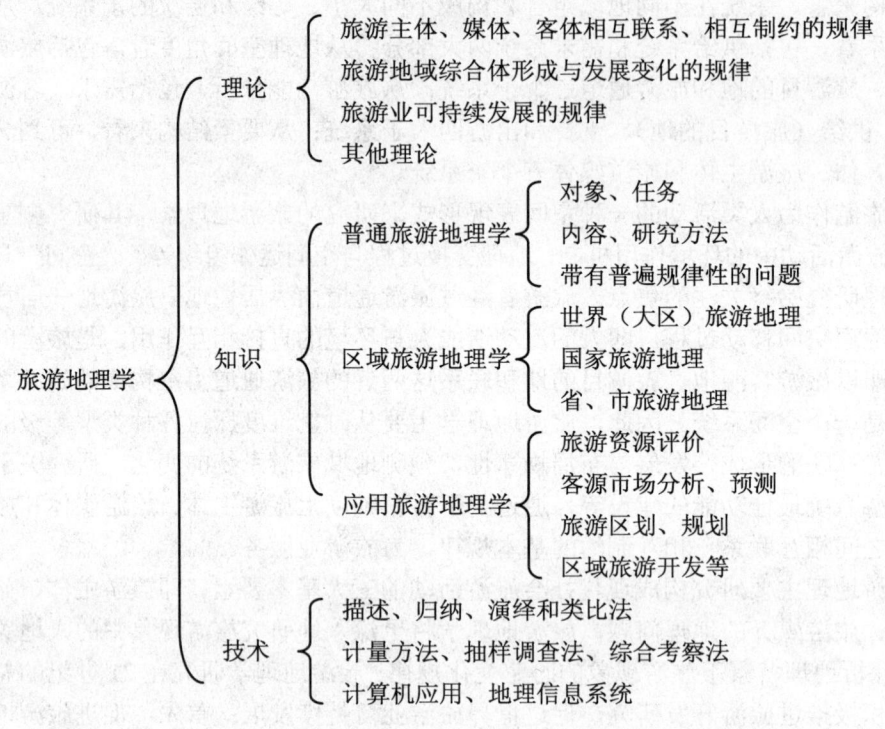

图1-4　旅游地理学的科学体系（引自韩杰，2002）

旅游地理学在极短的时期内吸纳了众多相关学科的理论与研究方法，基础理论研究薄弱，关于旅游地理学的学科属性、研究任务、研究对象、研究内容等基本范畴至今仍百家争鸣，呈现出混沌的发展轨迹。旅游地理学自身的理论体系、研究方法仅初具框架，各专业学者基本都是站在原所属学科角度上研究旅游地理学，其成果深深打上了原属专业的烙印，使旅游地理学的"筐"中装入了过于庞杂的内容，给人以包罗万象、百科全书式无所不包的感觉，而其中真正属于自身学科建设、具有学科特色的内容反而有些贫乏和模糊。英国旅游地理学家科波克（Coppock，1980）曾告诫并预见："毫无疑问，未来研究中大的进展将是在概念上和理论上。因为，如果没有足够的概念网络，除了案例研究的数量增加以外，将不能有什么别的进步。"

三、旅游地理学与其他相关学科的关系

旅游地理学是随旅游业的发展而兴起的介于地理学与旅游科学之间的一门新兴的边缘学科和应用性很强的应用学科，也是一门多学科介入的综合学科，具有显著的区域性、综合性、应用性、边缘性、前瞻性等特征。旅游地理学和其他研究旅游的学科相比，具有研究内容的广泛性、研究方法的多样性和研究视角的多维性等综合性优势[1]，它以自己独特的空间研究角度给地理学的进一步发展注入了生机和活力，也使地理学这门古老科学又找到了一个新的生长点，所取得的大量旅游地理研究成果，不仅促进了自身学科的发展，也在促进旅游业这个全球第一大产业的发展中发挥着不可低估的作用，同时为旅游学科的建立和发展作出了重大贡献。

1. 与地理学科的关系

旅游和地理是紧密联系在一起的，古代人们的地理知识即来源于旅游，而地理知识的丰富又有指导旅游的意义。马特勒曾在《国际旅游地理》中强调："旅游几乎没有哪个方面与地理无关，地理也几乎没有哪个部门无助于研究旅游现象。"从某种角度来说，旅游的本质特征是人的流动造成人与环境的直接相互作用，牵涉资源、环境、区域、产业、流动等诸多方面，任何对此要作出透彻的理解、解释以及预测都离不开地理学的观点。就构成现代社会旅游活动的三大基本要素来说，旅游者（旅游主体）的产出、流向、规模及其行为特征等有着深刻的地理背景；旅游地（旅游客体）的形成、价值和开发条件等直接受到当地环境的制约；而旅游产业（旅游媒介）的发展状况不仅受制于当地旅游资源和外在客源市场，还受制于整个旅游系统的各种经济地理条件。

早在20世纪60年代，墨菲（Murphy）就指出："室外游憩活动的地理研究包括系统地理学的几乎所有主要分支的各个方面。"布里腾（Britton）认为："旅游研究因为某些地理学家坚持认为旅游地理与某一学科框架相匹配而受到损害。……旅游是一种非均匀的时空分布现象，因此，它可以从地理学各分支学科来进行研究。"在从地理学角度来认识旅游这一复杂现象的过程中，旅游地理学的发展融汇了自然地理、经济地理、人文地理、城市地理、区域地理、历史地理、民族地理、旅游环境、地理信息系统等不同领域，既吸纳了自然地理学、经济地理学、社会人文地理学领域的理论方法，也汇入了相关学科的研究人员。

2. 与旅游学科的关系

旅游经济学、旅游心理学、旅游社会学、旅游市场学、旅游法学、旅游规划

---

[1] 冯卫红，苗长虹. 旅游产业集群：旅游地理学研究的微观领域[J]. 人文地理，2008，(3)：97-101.

学、旅游营销学等，分别从不同的着眼点和侧重点来研究旅游这一复杂多面的社会现象，共同构成了一个水乳交融的整体。如就旅游地理与旅游经济的关系来说，离开旅游经济，旅游地理失去的是其本质属性；而离开旅游地理，旅游经济就会失去活动的依附根据，旅游经济活动各种运作指标的实现与获取必须通过一系列旅游地理指标的实现而成为现实。可以说，旅游地理研究是达到旅游经济活动目的的一种有效的、必需的途径与方法。

与旅游经济学、旅游心理学、旅游市场学等平行学科相比，旅游地理学的研究特点是从空间上进行综合分析，如以旅游动机为例，旅游心理学重在剖析其形成的内在机制和外在表现；旅游地理学则强调与其他事物的联系、作用及后果，主要探讨旅游因素、地理因素对旅游者行为及对旅游客流的作用力度等，两者有着明显差异。

3. 与其他学科的关系

旅游现象是在自然、经济、人文、社会多种地理场合发生的，因此旅游地理学涉及面非常广，其研究内容不仅涉及地理学的许多领域，同时与心理学、行为学、市场学、管理学、生态学、社会学、犯罪学、环境学、信息学，以及历史、民族、考古、建筑、园林、宗教、文学、艺术、医学等许多学科有着密切的联系，与一些基础学科或应用学科发生着或多或少、时强时弱的交流，如心理学之于游客行为研究，历史学之于旅游地历史文化研究，建筑学之于旅游景观规划设计研究，经济学之于客源市场研究等。众多学科的相互渗透使旅游地理学成为一门真正的多学科交叉学科和综合性边缘学科。

四、旅游地理学的主要研究内容

旅游是人类特有的生活方式之一，在特定的时空范围内，旅游者受旅游产品的吸引，从客源地至目的地的空间往返行为构成了旅游活动的基本框架。由于旅游本身就是一种复杂的社会地理现象，再以地理学的知识背景来研究旅游，其研究内容的纷繁复杂程度可想而知。米切尔（Mitchell）曾将旅游地理学研究内容的发展归结为"鸟足理论"，认为其发展像鸟足一样，由一个研究点而分叉，成为几个相近的研究内容，而同时可能有多个研究点，随着时间的推移，研究的前沿变得毫无秩序，一片混杂。[①]虽然有些夸张，但将旅游地理学的研究内容归为几个研究领域确实是十分困难的事情，也没有一个现成的客观标准。关于旅游地理学的主要研究内容，专家们有着不同的看法：

● 郭来喜（1985）认为应包括旅游地起因及其产生的地理背景，旅游者的

---

① Mitchell L. S.Tourism Research in the United States: A Geographic Perspective[J].Geojournal, 1984, 9 (1): 1-15.

地域分布、移动规律与发展预测，旅游资源的类型与地域组合及其技术经济评价、开发利用论证，旅游区（点）布局与建设规划，旅游区划与旅游地域组织体系，适合不同对象的旅游路线组织与方案设计，旅游与环境保护和污染防治对策，旅游业对地域经济综合体形成的作用与影响等。

- 皮尔斯（D.Pearce，1989）从平衡旅游供给与需求角度出发，把旅游地理学的研究体系划分为六大部分：供给的空间模式（spatial pattern of supply）、需求的空间模式（spatial pattern of demand）、旅游地地理（the geography of resorts）、旅游流（tourist movement and flows）、旅游效应（the impact of tourism）和旅游空间模型（model of tourist space）。
- 保继刚（1999）的观点认为，旅游地理的研究内容主要包括旅游产生的条件及其地理背景、旅游者行为规律、旅游流（旅游需求）预测、旅游通道、旅游资源评价、旅游地演化规律和重要旅游地研究、旅游环境容量、旅游区划、旅游开发的区域影响、旅游规划等。
- 吴必虎（2000）通过对部分旅游地理学家的调查，认为属于旅游地理学的研究内容有旅游资源、旅游产生的条件及地理背景、旅游规划、旅游环境容量、旅游交通、旅游区划、旅游线路设计、旅游地图等，支持率均在90%以上。[1]

总体来看，旅游地理学是一门研究旅游行为与旅游环境相互关系的边缘学科，为旅游业发展提供指导是其基本任务，因而旅游地理学的研究内容应是与旅游发展相关的多种地理问题，即从综合性、地域性的观点出发，去探讨其形成、演变和发展的基本规律，从而指导旅游业的前进。旅游地理学的精髓在于以旅游学与地理学为学术资源的精致合成并进而有所发现，坚持时空视角及着重时空视角下的构建，旅游地理学的核心所在是发现更多的关于旅游现象的时空表达及旅游现象的时空变化规律。[2]（见图1-5）

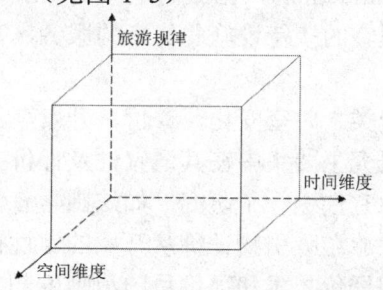

图1-5　旅游地理学研究的时空维度

---

[1] 吴必虎，冯若梅，张丽. 90年代中国旅游地理学进展研究[J]. 经济地理，2000，20（3）：91-95，128.
[2] 陈晓磬. 基于时空视角的旅游地理学内容研究[J]. 地理与地理信息科学，2011，27（1）：81-84.

1. 旅游客流

旅游的产生涉及许多地理背景方面的问题，由地理环境的差异性形成的旅游资源的互补性是旅游产生的重要条件，旅游者的行为特征也受地理条件及其他因素的制约而具有时空变化规律。旅游流是旅游目的地与旅游客源地在空间相互作用的过程中形成的旅游客流、信息流、资金流、物资流、文化流的集合。旅游客流，指旅游者从客源地向旅游目的地的流动，即一定量的人群在地理空间中的频繁移动，是旅游流的主体，其他形式的旅游流伴随旅游客流产生或为之服务，因而旅游客流是旅游地理学研究的重点之一。

皮尔斯在《当代旅游：地理学分析》（第二版）中，从旅游模型、游客空间行为动机到国际、国内游客流研究，都进行了详细的综述和重点内容论述。由于新西兰官方旅游统计的便利，在国际及国内游客流方面的研究中，新西兰旅游地理学家作出了杰出的贡献，处于领先地位。我国学者对旅游客流的研究主要在旅游引力模型的应用、国家级风景名胜区市场域模型、世界遗产地出游市场、旅游客源市场空间结构及演变、旅游者空间行为、旅游客流时间分布特征等方面。近年来，旅游地理学者在旅游流时空演变、消费变动及区域差异、气候与客流量变化等方面取得较大突破，旅游流研究呈现多维视角，更加关注入境旅游流、旅游流网络、旅游流平衡点等领域。

2. 旅游资源

旅游资源是旅游活动产生的必要条件。何谓旅游资源（tourism resources）？目前学术界还没有统一定论。2003年2月24日发布的《旅游资源分类、调查与评价》（中华人民共和国国家标准）所给出的"旅游资源"的定义为："自然界和人类社会凡能对旅游者产生吸引力，可以为旅游业开发利用，并可产生经济效益、社会效益和环境效益的各种事物和因素。"在欧美西方国家，通常把旅游资源称为旅游吸引物（tourism attraction），指旅游地吸引旅游者的所有因素的总和，不仅包括旅游资源，还把适宜的接待设施和优良的服务，甚至快速舒适的旅游交通条件也涵盖在内。

旅游资源的形成、分类、时空变化、评价、开发、保护等是主要研究范围。西方国家旅游吸引物的研究主要集中在其适宜性及评价方面，早期的旅游地理学者对各种旅游吸引物的适宜性进行了研究，如法国学者对山地、海岸的研究，英国学者对森林的研究等。旅游吸引物评价从开始的定性评价到后来的定量评价，评价技术越来越复杂，但评价技术和评价目的清晰度却受到质疑。我国对旅游资源评价尚无公认的标准，前期的评价方法主要有经验评价和单因子评价，近期则主要是建立评价数学模型，考虑多因子的定性与定量相结合，还有学者尝试对旅游资源的价值进行了评价。旅游资源评价是旅游开发中最重要的部分，加强运用现代科技手段，对旅游资源进行科学系统的分类和建立动态评价模型，以及评价模型建立后合理、客观地确定权重，增强其可操作性及在旅游业中的实际运用等，是旅游资源评价研究的难点和瓶颈。

3. 旅游地

最早的旅游地理研究是有关旅游地发展方面的研究，如英国学者对于海滨旅游胜地发展的研究、美国学者有关旅游别墅发展的研究、前苏联学者有关莫斯科周围游憩带发展的研究等。加拿大地理学者巴特勒（Butler）提出旅游地生命周期理论假说（tourist a realife cycle）后，众多学者对其进行了大量的实例验证和改进，已发展成为旅游地理学的经典理论模型之一。国外学者对旅游地资源配置与设施建设的门槛理论以及旅游地和谐发展的社区思想等研究已取得令人瞩目的成果，虽然旅游规划研究是旅游地发展研究的主要内容之一，但近二十年来，由于政府对此介入相对较少，从而导致旅游规划研究在一些西方国家相对减少，但发展中国家的研究仍然十分活跃。事实上，关于旅游地开发与规划研究，是我国旅游地理学界研究最多、取得成绩最大的领域之一。相对于国外来说，我国对旅游地系统的研究还很缺乏，主要是借鉴国外旅游地生命周期理论探讨旅游地演化规律，对旅游地形象策划进行研究，探讨旅游地空间结构、空间布局以及旅游地之间的空间"竞争—合作"关系等。

4. 旅游区域影响

旅游开发必然会对所在区域产生影响。旅游业的发展一方面带动了当地经济发展；另一方面，由于人流、物流的不断增长，也加深了对旅游地的社会环境压力。随着旅游开发与保护矛盾的日益突出，旅游环境容量问题等旅游的区域影响研究日益受到旅游地理学界的重视。由于各旅游地发展制约因素不同，相关研究主要集中在通过实例研究旅游对旅游地和旅游客源地的自然、社会、经济、文化环境等方面产生的影响以及制定保护对策等方面。旅游业发展对旅游地的影响研究在我国一直是个薄弱环节，自20世纪90年代以来，为寻找旅游可持续发展的途径，学者们关注社区参与研究的中西方差异，将旅游社区参与研究本土化，如旅游地建设需要关注社会公平、环境伦理，不能忽视社区各利益主体对游客和旅游业发展的态度，权力关系造成了社区参与旅游发展的结构性障碍，需要在制度层面确立社区权力，进行制度性增权，以获得可持续发展等。

5. 旅游线路

旅游线路是旅游者从居住地出行到达一个或多个旅游地游憩并返回居住地所经历的空间线路，从某种程度上来说就是用交通线把若干旅游地合理地贯穿起来的路线，是旅游者在整个旅游过程中的运动轨迹，也是旅游者购买消费的对象。旅游线路的选择受多种因素制约，如旅游者的旅游偏好、闲暇时间、经济状况等。

旅游线路研究主要是研究旅游线路组合方式、组合原则、组合类型等，其中旅游线路设计是关键。我国学者关于旅游线路设计多侧重于探讨旅游线路设计的概念、原则，以及在对一定空间范围内旅游资源分析的基础上设计合理的旅游线路。随着旅游者对旅游交通的要求日益提高，旅游交通在旅游线路中的地位与作用日益突出，旅游交通研究成为旅游线路设计的物质基础和不可缺少的重要环节。

6. 旅游区划

随着地方旅游业的不断发展和旅游资源组合方式的多元化，区域旅游的空间结构研究成为旅游地理学研究走向纵深的一个重要方面。所谓旅游区划，准确的内涵首先就是一个旅游区内或数个旅游区之间在地域疆界上的划分限定。区域旅游活动的发生客观上会形成一个边界模糊的旅游区域，不论是否人为划分都会自然存在。旅游区划的根本目的就是为了客观地了解各个旅游区的不同性质和特征，揭示旅游区的内在规律，查明区域的基本优势，为扬长避短在大范围内形成合理的旅游地域分工体系，为更好地开发、利用和保护旅游资源，制定与实施中长期的旅游区域发展战略，推动区域旅游经济的可持续发展提供科学依据。旅游区划的研究首先是对区划原则、区划指标的研究，然后针对具体的区域进行分级、分类及区域相互关系研究等。

7. 旅游地理信息系统

旅游地理信息系统（travel geographic information systems，简称TGIS）以旅游地理信息数据库为基础，在计算机硬、软件支持下，运用系统工程和信息科学的理论和方法，综合、动态地获取、存储、管理、分析和应用旅游地理信息的多媒体信息系统。[①]一切与旅游关联的地理信息和数据，如景点、交通、住宿、娱乐、购物、文化特征、特色及提示等都是TGIS的研究对象（杨雪峰，2004）。作为一种有效管理和辅助决策的工具，TGIS在海量旅游信息和相关数据的处理中发挥着重要作用，通过发展网上WEB TGIS以及与3S（GIS、RS、GPS）技术、虚拟现实技术（VR）的结合，TGIS在区域旅游业规划、旅游资源普查、旅游地图制图、旅游环境容量评价等方面的应用前景广阔，在旅游制图、旅游空间分析技术、旅游网络分析等方面的运用改进了旅游研究的手段与方法，使构造模型、数理统计更加简便、快速。

五、旅游地理学的研究方法

旅游地理学是一门理论性和实践性都很强的新兴边缘学科，需要综合运用多学科理论与方法进行研究。传统地理学的理论和方法为旅游研究提供了有用的、

---

① 黄利民．建立旅游地理信息系统的构想[J]．地图，2000，(1)：15-17.

可行的前提，如传统的区域地理学方法、区位理论、土地利用理论、空间扩散理论及中心地理论等，都在旅游地理学研究中发挥着重要作用。可以说，旅游地理学的研究方法来源于地理学研究方法，同时吸收和顺应旅游学研究方法。[①]早期的旅游地理学研究多以描述性为主，经过20世纪60年代的"计量革命"后，越来越多的计量方法成为研究的有效工具，同时由于研究者可以获得越来越多的官方旅游统计数据，旅游地理学研究开始朝着精确的数量方向发展。（见表1-1）

表1-1　研究方法分类（引自陆林，1997）

研究方法	基本特征
描述性	对某些现象进行描述，不对假设作出检验性研究，不作实践性研究，以论证研究为目的
概念性	论文的论点与逻辑思考与前人的工作有明显的联系，注重理性的探讨
构造模型	运用模型研究。数学模型如方程式、函数式等，非数学模型如分类模型、空间模型等
数理统计	统计方法一般分为两类：一般描述性统计方法如百分比、频率、平均数、排序等；较复杂统计方法如回归分析、因子分析、聚类分析等

1. 综合分析法

例如，对旅游主体、旅游媒体和旅游客体内部的组成要素分别进行研究，认识它们各自的特点及其在旅游地域综合体形成过程中的作用和影响；对各要素和各个部分的分析结果，通过相互联系把它们结合形成一个整体，从中揭示旅游地域综合体的内在联系和特性。分析和综合是相辅相成的，在对某一综合体进行研究时，应同时运用。必须充分把握旅游者个性特征和旅游活动规律、旅游资源分布状况以及旅游媒介等资料，在统计基础上进行科学的理论分析，揭示各地区旅游现象的空间分布及区域差异特点，以更好地指导地区旅游发展战略和策略的制定。

2. 类同比较法

即采用类比法，包括区域对比、类型对比等，是确定各级各类旅游地域综合体及其组成要素类型的相似性和差异性的方法。早在1934年，张其昀发表的《浙江风景区之比较观》就是采用的此研究方法。近年来采用类比法研究的成果不断涌现，有学者预言类比法将是未来旅游地理学研究的有效方法，由此形成的比较旅游地理学将成为新的研究领域，具有广阔的发展前景（韩杰，2002）。

3. 调查考察法

包括野外考察、社会调查等。旅游地理的研究内容十分广泛，如旅游资源研

[①] 陆林. 旅游地理文献分析[J]. 地理研究，1997, 16（2）：105-112.

究要对其分布位置、数量、质量、产生规律、地域组合状况、利用价值等全面了解，必须进行野外综合考察活动。因而，掌握野外考察技术，在野外实践中观察各种旅游现象，搜集和积累大量的感性材料，编写综合调查报告，制作相应的图表等作为理性分析的依据是十分必要的。旅游地理研究中关于诸如民俗风情、都市文化等人文类旅游资源的认识与利用，关于旅游资源开发决策过程中客源市场的定位与分析，关于旅游资源开发区的社会经济、环境容量等，都必须进行深入的社会调查。根据不同目的可采用座谈访问、参与观察、社会测量、随机抽样等不同方法，如对旅游客流研究，在旅馆、机场、口岸等处请旅游者和旅行商填写调查表，进行抽样统计分析，依据调查中所获得的资料来分析和研究以揭示其内在规律。

4. 地理图表法

旅游地理研究的对象分布范围广泛，各旅游地理要素间相互关系和联系的表述十分繁杂，用特有符号表现于地图上，可构成类型繁多、内容丰富、形象、直观、方便、实用的各色旅游地图。例如各种景区导游图、旅游交通图、旅游资源分布图、风景景观鸟瞰图、旅游线路设计图、开发规划图、旅游市场图，以及为旅游资源和旅游产品宣传服务的广告地图等各类专题地图，不仅可以表达旅游资源地域分布的规律和差异、旅游资源开发进程、旅游业发展状况等，还可作为旅游开发、管理、研究及旅游者的必备工具。

5. 科学计量法

包括一般统计法、统计预测法、线性规划与投入产出模型等。我国很多学者纷纷采用构造数学模型的方法对旅游资源分区、旅游地引力模型、旅游地开发评价、旅游资源的集聚程度和旅游区域通达性、风景资源管理系统、旅游环境承载力、游客空间流动规律、景观空间格局、客源市场空间结构、旅游价值评估、旅游业区位模型以及风景名胜区市场域等问题进行科学的分析和研究，如：运用层次分析法和构造评价模型对旅游资源评价进行研究；采用专家打分、权重分配模糊量化处理方法，对旅游资源进行定量评价；从旅游者体验风景品质的特定要求出发，建立一种简单易行、科学经济的旅游景观评价方法，即"等距离专家组目视评测法"等。

随着旅游业的迅速发展，旅游地理学的研究技术和方法得到不断革新，除传统的综合考察法、实地勘查、描述、归纳、演绎和类比外，广泛应用了计量方法、抽样调查法、老三论（系统论、信息论、控制论）和新三论（耗散结构论、突变论、协同论）、图论、网络拓扑等科学方法原理，采用多元统计的数理方法和现代化手段，如遥感（RS）技术分析、地理信息系统（GIS）建设、全球定位系统（GPS）等新技术、新方法，使旅游地理学走向"精确研究"，提高了旅游地理的应用技术水平，使旅游地理学研究视野扩大，研究周期逐步缩短，科学性不断提高，更适合旅游业发展需要。在新的时代背景下，随着世界经济一体化和信息化的推进，旅游地理学者将会采用更新的技术评估、分析和预测工具来进行相关研究。

第二节 国外旅游地理研究概况

现代旅游作为一种广泛的社会地理现象自 19 世纪 40 年代在英国出现以来，已经有了一个多世纪的历史。随着旅游业的发展，研究旅游成为社会需要，引起众多学者的极大关注，纷纷从本学科的角度进行相关研究，地理学是最早注意这种现象并开始对其进行研究的几个学科之一，地理学者亦是涉及这一领域的先驱。最早关于现代旅游地理学的研究可以追溯到 20 世纪 30 年代初的北美洲，后经众多学者长时间的努力，旅游地理学得以创立，并随着现代旅游业的日益兴旺不断发展壮大，学科建设也不断完善。

一、国外旅游地理研究发展历程

20 世纪 30 年代，美国地理学家克·麦克默里（K. McMurry）在《地理评论》（Geographic Review）发表的《游憩活动与土地利用的关系》（Relationships Between Recreation and Landuse）一文，被公认为关于现代旅游地理研究的开篇之作。纵观其后的研究历程，大致可以划分为两个阶段，即萌芽阶段（1930 年～1969 年）、发展阶段（1970 年至今）。[①]

1. 萌芽阶段（1930 年～1969 年）

萌芽阶段属于旅游地理学的初创阶段。20 世纪 30 年代以来，旅游地理开始成为旅游现象出现较早的北美洲国家地理学者的研究对象，早期旅游地理研究将休闲与旅游视为一种土地利用方式，因此主要开展了旅游资源的调查与评价工作，取得了许多深入的综合性成果。第二次世界大战以后，尤其是 20 世纪 50 年代中期以后，随着世界经济迅速发展及喷气式民航客机在国际交通中的广泛应用，人类的生活水平得到很大提高，大规模的旅游活动开始在发达的工业国家出现，旅游逐渐发展成为一种全球性的现象，"大众旅游"的出现，标志着世界旅游进入了现代时期。随着现代旅游现象在更多国家出现，从 20 世纪 60 年代开始，一些欧洲国家也开始了旅游地理学方面的研究。

---

① 金波，蔡运龙．西方国家旅游地理学进展[J]．人文地理，2002，17（3）：34-39.

这一时期研究的一个重要特点就是它们不是纯粹的学术研究，而是和政策的制定有关，具有很强的实践性。这一时期美国、加拿大的旅游地理研究主要集中在以城市为中心的游憩活动研究方面，还没有把旅游研究放在主要地位。关于旅游地理的研究大致可分为两方面：一是旅游地和旅游形态的个别地区的研究；二是旅游自然环境的研究。例如，英国地理学家埃德蒙威、吉尔伯特等调查记述了英国海滨避暑胜地和疗养地；英国地理学家罗杰斯（H.B.Rodgers）于 1967～1969 年主持了第一次全国性游憩调查（British Pilot National Recreation Survey），获得了一些有意义的旅游流规律的相关资料；加拿大的沃尔夫发表了《安大略的旅游地》一文，1969 年在加拿大土地调查中提出游憩（休闲＋旅游）资源评价系统；美国的斯坦费尔德写了《美国海滨避暑胜地》和《西印度群岛》；法国的布拉萨尔描述了阿尔卑斯山，指出山区的作用及其在保健方面的意义。

以旅游业为选题的博士论文 1951 年由美国克拉克大学的地理学博士 H.G.韦尔首次完成，题为《爱达荷的旅游业——旅游资源开发研究》。而早在 1953 年就已经有学者提出在大学中开设旅游地理学方面课程的建议（Smith，1953）。

2. 发展阶段（1970 年至今）

20 世纪 70 年代以后，发表的旅游地理文献大量增加，旅游地理学开始进入发展、壮大时期。旅游地理学的研究更集中在国际旅游方面，以美国马特勒的著作《国际旅游地理》最具代表性。就研究内容而言，从传统的以资源研究、土地利用研究为重，转移到以服务设施的空间经济分析、旅游者的空间行为与旅游目的地的推销、大区域旅游开发与规划以及旅游对于区域自然、经济和社会文化影响的过程与机制为研究主题，主要包括旅游吸引物（旅游资源）、游客空间行为、旅游影响、旅游空间分布、旅游地发展研究等，其范围更加广泛，也不再一味是应用研究，许多地理学家要求系统地研究旅游地理学的理论和方法，统一旅游地理学的术语，对旅游地类型进行分类和评价，绘制旅游地图等，开始了对有关问题的理论思考，学术意味更为浓厚。

1976 年，在莫斯科召开的第二十三届国际地理学大会上，第一次把旅游地理列为一个专业组。从此，旅游地理学作为地理学的一个分支被确立了下来。

这一时期旅游地理学研究的一个显著特征是各种旅游地理学研究组织开始成立。1971 年，法国地理学会建立了旅游地理委员会；1974 年，美国地理学家协会（American Association of Geographer）成立了游憩、旅游及体育特别委员会；1972，在蒙特利尔国际地理学大会上，国际地理学联合会（International Geography Union）下面成立了旅游和闲暇地理工作组（Working Group on Geography of Tourism and Leisure），1980 年在东京国际地理学大会上改为旅游和闲暇委员会，1992 年以后改为可持续旅游地理研究组（Study Group on Geography of Sustainable

Tourism）等。这些国家及国际旅游地理学研究组织成立后，积极组织开展各种学术活动，进一步促进了旅游地理学研究在各国国内及国际间的交流与发展，使得旅游地理学研究不再像萌芽阶段一样处于分散状态。

从旅游地理学的发展历程可以看出，早在 19 世纪 40 年代就已经出现的现代旅游直到 20 世纪 70 年代才真正引起地理学家的充分重视，学术研究远远滞后于旅游现象的出现。西方学者对此现象的解释是：第一，学术界长期忽视对非生产过程的研究，认为旅游现象不是严肃的研究话题，从而不屑于此；第二，"大众旅游"现象出现的时间相对较晚，因此，它的影响在各种景观中被反映出来以及成为地理学研究的对象都需要时间；第三，旅游研究的相关统计数据十分缺乏，研究起来困难重重；第四，旅游现象本身的复杂性使旅游研究从一开始便出现种种概念性的争论等。

二、国外旅游地理研究主要出版物

旅游地理学的主要出版物包括学术期刊和专著。早期的旅游地理文章比较分散地刊登在各类国际和区域性地理学期刊上，如《地理》（Geography）、《地理综述》（Geography review）、《地理学杂志》（Geographical Journal）、《加拿大地理学家》（The Canadian Geographer）、《专业地理学家》（Professional Geographer）等。随着旅游学研究的发展，各种专门的旅游学术期刊开始创刊，旅游地理学方面的文章开始活跃在《旅游研究纪事》（Annals of Tourism Research）、《旅游管理》（Tourism Management）、《旅行研究杂志》（Journal of Travel Research）、《旅游评论》（Tourist Review）、《闲暇研究杂志》（Journal of Leisure Research）等几种旅游学专门期刊上。1999 年，专门研究旅游地理学的《旅游地理学》（Tourism Geographies）杂志创刊，标志着旅游地理学开始走向成熟。

有关旅游地理学方面的专著，20 世纪 80 年代以前的出版状况正如米切尔（Mitchell）所说："尽管地理学家研究旅游现象已经有 50 年了，但是这方面的出版物仍然十分缺乏。"到 20 世纪 80 年代以后，特别是进入 20 世纪 90 年代，随着旅游地理学研究的蓬勃发展，各种旅游地理学专著层出不穷，如仅 Routledge 公司一家就出版了多本不同作者、不同研究角度的同为《旅游地理学》书名的专著。在众多相关专著中，皮尔斯（D. Pearce）的《当代旅游：地理学分析》（Tourism Today: A Geographical Analysis）、肖（Show）和威廉姆斯（Williams）的《旅游学主要论题：地理学观点》（Critical Issues in Tourism: A Geographical Perspective）两本影响较大。它们分别代表了旅游地理学研究的不同倾向：前者代表用传统地理学方法来研究旅游现象的总结性专著，后者则反映旅游地理研究中更新的、更广泛的以及更灵活的研究方法。

此外，旅游地理学的代表性著作还有英国地理学家罗宾逊的《旅游地理学》、前南斯拉夫地理学家阿姆希洛诺维奇的《旅游地理》、前苏联地理学家科特梁罗夫的《休憩与旅游地理》、日本学者浅香幸雄和山村顺次的《观光地理学》等。冈恩（C.Gunn）的《度假景观：旅游区规划设计》、史密斯（Stephen L. J. Smith）的《游憩地理学》（Recreation Geography）和《旅游分析手册》等，都是颇具影响力的有关旅游地理学的代表性著作。

三、国外旅游地理研究特点及发展趋势

1. 旅游地理学的地位初步确立

旅游地理学的地位问题包含两方面的内容：其一是地理学各分支学科在旅游地理学研究中的作用；其二是旅游地理学在地理学中的现实状况。总体来看，西方国家的旅游地理学研究是随着现代旅游现象的出现而出现的（尽管由于学术上的偏见等原因，旅游地理研究的出现要比现代旅游的出现滞后一些），随着现代旅游的发展而发展，目前已初步确立了自己的学科地位，开始朝着成熟阶段发展，研究视野为闲暇时间从事的所有活动，重点是旅游活动，注重理论和实用研究并重，参与多学科融合研究，注重运用新技术手段等。

20世纪90年代以后，西方国家的旅游地理学家开始就旅游地理学的学科地位问题进行反省，如：爱奥尼得司（D. Ioannides）认为"尽管旅游地理学很早就成为一个专业，但是微弱的理论基础使之成为地理学的外围学科"；皮尔斯（Pearce）也认为，旅游地理学一直缺乏较强的概念基础和理论基础。由于缺乏理论上的建树，距离成熟阶段还有很长的路要走。

2. 研究领域非常广泛

国外旅游地理学的研究领域日趋多元化。目前，国外研究领域除一般理论、方法的探讨和国家、地区旅游业发展的分析外，集中在旅游业的区域经济、社会和环境影响，旅游市场，文化旅游，旅游者行为和心理研究，旅游管理与决策，旅游地演化等领域。国外旅游地理学中纯理论研究占据重要地位，政治地理学、社会地理学、文化地理学等学科的理论在旅游地理学研究中日渐丰富和成熟，虽然也有一些实践/应用导向较强的研究（如目的地营销等），但这些实践/应用导向的研究大多建立在较强的理论分析的基础上。从基础到实用的过程中，国外学者合理分配精力且游刃有余地开展各种有兴趣的研究，而不是全力进行基础研究或全力作应用研究的两极化。[①]

虽然很多旅游地理学者强调地理学各分支学科都可对旅游现象研究作出自

---

① 陈晓磬. 基于时空视角的旅游地理学内容研究[J]. 地理与地理信息科学，2011，27（1）：81-84.

己的贡献，但很少有这方面的具体研究。斯奎尔（Squire）从人本主义地理学和文化地理学角度对旅游现象进行研究作的初步论述，可以说是从不同角度研究旅游现象的良好开端。而针对旅游地理理论缺乏的问题，布里腾（S. Britton）认为主要是地理学家没有抓住旅游是一种重要的资本主义积累方式的事实，应该将政治经济学引入旅游研究，主要研究旅游生产和消费的资本主义本质和旅游对于区域竞争和经济重组分析的贡献等。

受全球化、政府所提倡的加强旅游在经济重组中的作用、地理学新思潮以及新的旅游现象等影响，旅游地理学研究出现了一些新的研究点，如随着大众环境意识的增强，出现了许多新的旅游方式，如生态旅游（eco-tourism）、替代性旅游（alternative tourism）、自然旅游（nature tourism）等，有关这方面的研究也随之出现。随着对哲学思想尤其是人文精神和科学伦理对自然科学和人文科学的指导作用的重视，如"旅游弱势群体"、"旅游伦理"、"利益相关者"等新语汇近年来频繁应用于旅游研究中。

3. 旅游地理研究在不同国家表现出不同的特点

在发达国家，旅游地理学者对于旅游的研究以其多样化、多角度的全景鸟瞰式研究视野为特点，学者们在从事理论性研究时，常注意针对特定的案例，因此旅游地理研究表现出较明显的实证性质。发展中国家对旅游的研究多为借鉴发达国家学者的研究成果，把主要精力放在旅游开发和规划的实际调查与研究工作中，对理论的研究较少。

目前，西方旅游地理学研究注重新技术手段的运用，如 TGIS（旅游地理信息系统）的应用不仅可以快捷地获得信息，还可作为便利的分析工具，提升研究成果多样化的表达水平，并向研究、教学、咨询一体化方向迈进。如爱尔伯特等人在"Applying Geographic Information Systems"一文中采用 GIS 作为饭店区位选择的决策工具，充分分析和检验了经济、社会和环境对区位选择的影响。

旅游地理学者在继续保持着强调量化方法传统的同时，对量化方法的应用范围与局限已经有了清醒的认识，受后现代主义对社会发展的怀疑精神和反思潮流的广泛影响，包括旅游学者在内的西方学术界已经比任何一个时期都强调对研究意义和研究价值的深入追问，而对"量"和"质"的争议仅仅成为一个研究工具的问题。[1]

4. 大部分研究旅游和休闲的学者同时还涉足其他研究领域

旅游地理学者对于地理学各分支学科的重视与各分支学科对旅游地理学的看法并不是一致的。长期以来，西方国家的旅游地理学者常把旅游地理学放在经

---

[1] 保继刚，张骁鸣. 1978 年以来中国旅游地理学的检讨与反思[J]. 地理学报，2004，59（增刊）：132-138.

济地理学或人文地理学的范畴下,但人文地理学著作却又常常忽视旅游地理学的存在,如约翰斯顿(Johnston)在其有关战后人文地理学发展的重要论述——《地理学与地理学家:1945年以来的英美人文地理学》一书中的关键词索引中,根本就没有出现"旅游"、"游憩"或"闲暇"等词汇。

20世纪的八九十年代,许多旅游地理学者因为不愿自己的研究工作受到认为旅游地理不是主流空间研究的同辈地理学者的阻碍而纷纷脱离地理系,如在新西兰,除了一两个著名的学者以外,其余所有的旅游地理学者均供职于商学院的旅游和游憩系;澳大利亚的情况也类似。这种情况的出现,与学术界根深蒂固的偏见,即认为"旅游现象不是严肃的研究话题"有很大关系,同时也与旅游地理学的发展现状及大的学科背景有关。旅游地理学者脱离地理系的事实影响了旅游地理学在地理学学科内的发展,这种趋势应引起国内学界人士的警惕。

第三节 中国旅游地理研究概况

旅游在中国有着悠久的历史,帝王的巡狩、官场沉浮的宦游、诗人学士的漫游、和尚道士的云游、百姓的出游等,可以说都是古老的旅游形式。朴素的旅游地理记述见诸于诗歌、散文、游记和专著之中。中国独有的方志,总数不下万余种、十万余卷,堪称是世界上最丰富的古典旅游地理知识文库。张骞与"丝绸之路"、唐玄奘与《大唐西域记》、鉴真和尚六次东渡扶桑(今日本)、郑和七下西洋、徐霞客及其游记等,都为中华民族谱写了游历五洲四海、认识大千世界的绚丽诗篇。而有关旅游地理的内容,在中国早期的地理学著作《山海经》、《穆天子传》、《禹贡》、《史记》、《西域风土记》、《吴时外国传》、《水经注》、《石溪记》、《徐霞客游记》等中就已有记载,只是还没有从旅行游览与地理环境的关系方面去论述,使其成为一门学科。

一、中国旅游地理研究发展历程

中国旅游地理的初步研究始于20世纪30年代,一些地理学家对自然风景区的成因机制问题进行了研究,如张其昀的《浙江风景区之比较观》、任美锷的《自然风景与地质构造》等。中国系统科学研究旅游地理学始于20世纪70年代末80年代初,是在改革开放后旅游业迅速发展的巨大的现实需求和地理学大变革(如人文地理学的复兴等)背景下出现的,中国旅游地理学进入系统研究的标志是1979年中国科学院地理研究所组建旅游地理学科组。随后,旅游地理学得到了超常发展，其研究理论日趋深化和成熟起来，目前大量的旅游开发、规划与管理等均以旅游地理学为基础。透视三十余年的发展进程，中国旅游地理学的发展走过了一条"实践—理论—再实践—理论提升"的道路，中国旅游地理研究优势与挑战并存[①]，其发展历程大致可分为四个阶段。

1. 创立阶段（1979年～1985年）

1978年，陈传康在华东师范大学作了题为"地理学的新理论和实践方向"的报告，指出可以发展旅游地理学[②]；1979年底，中国科学院地理研究所组建旅游地理学科组；1985年，"中国旅游地学研究会筹备委员会"、全国高校旅游地理教学研究会成立。自20世纪70年代末至80年代中期，形成了旅游地理学的第一个较快发展时期。初创阶段的旅游地理学，主要以旅游资源开发和旅游地的研究为主，侧重于旅游地景观描述及探讨其分布、形成规律和旅游区的交通、客源流向、旅游区的开发建设，研究者大部分是地理专业人才。

中国旅游地理学界从开始就积极参与开发实践，并获得了成功。例如，郭来喜1983年在全国保护长城工作会议上提出"保护长城，研究长城"，首倡国内外集资修复长城代表区段，发展旅游业；1984年他主持完成的《华北海滨风景区昌黎段开发研究》，堪称一个获得巨大成功的旅游地开发范例。卢村禾（1985）等完成的《皖南旅游区开发对策考察报告》、孙文昌（1985）等制定的《辉南龙湾区旅游规划》等都有比较大的影响。1985年，李旭旦主编的《人文地理学概论》首次列入了旅游地理学条目，标志着旅游地理学正式成为地理学的一门分支学科。

2. 发展阶段（1986年～1992年）

20世纪80年代中后期至90年代初，随着旅游业的飞速发展，经过不断摸索和反思，旅游地理学在科学实践中逐渐成长起来。1987年12月，在深圳召开的人文地理学讨论会上，中国地理学会在人文地理专业委员会下设了旅游地理学组，标志着旅游地理学已经在中国地理科学领域占有一定地位，至1992年中国地理学会正式设立旅游地理专业委员会。地方旅游开发和管理的需要，使旅游地理学家对自己的研究计划和教学内容不断进行修正，以适应从计划经济转向市场经济的社会变革的需要，其独有的指导功能受到旅游界认可，承担的区域旅游开发规划数量骤增，完成了一大批有较高实用价值的科研报告，如范家驹等与海南省旅游局合作完成的《海南省旅游发展规划大纲》（1992）得到国内专家和海南省政府的高度评价，其进行规划工作的指导思想和做法为各省旅游规划提供了参考。

这一阶段的旅游地理学研究主要侧重于参与旅游资源方面的开发和规划实践，在大量个案经验的基础上，对区域旅游开发规划理论和模式有了初步总结。

---

① 刘锋. 旅游地理学在中国的发展回顾[J]. 地理研究，1999, 18 (4): 434-443.
② 保继刚. 中国旅游地理学研究问题缺失的现状与反思[J]. 旅游学刊，2010, 25 (10): 13-17.

陈传康在总结大量个案实证研究的基础上,先后提出了风景要素组成、风景结构层次、旅游业的结构、旅游活动行为层次图式和区域旅游六种开发模式,为区域旅游开发奠定了理论基础。郭来喜积极倡导开展旅游资源普查工作,提出了站在世界、全国、区域的大系统上来考虑区域旅游的优化模式,并走出国门积极推动旅游地理学的国际合作与交流,他的《中国旅游资源的基本特征与旅游区划研究》和《中国旅游资源基本特征及其开发研究》是最早向国外介绍中国旅游地理研究成果的论文,在国际上引起了广泛重视。

3. 深化阶段(1993年~1998年)

20世纪90年代中后期,中国旅游地理学研究进入旺盛时期,旅游地理学在各方面都有了很大发展,研究领域日益拓宽,研究手段和方法不断更新,旅游地理学界积极参与旅游开发实践,尤其是在旅游资源调查、旅游资源评价与开发、区域旅游规划和旅游产品开发、景区规划方面,成绩斐然,并参与了高层次旅游决策。如郭来喜倡导设置生态旅游主题年的建议被国家旅游局采纳,将1999年旅游主题定为"生态环境游";中科院地理所和国家旅游局资源开发司合作,制定了《中国旅游资源普查规范》,为制定中长期旅游规划提供了科学依据;1996年由中科院地理所和国家旅游局计划统计司共同承担,由郭来喜主持的《中国旅游业持续发展理论基础及宏观配置体系研究》课题被国家自然科学基金委员会列为"九五"重点项目,成为中国国家级自然科学领域的第一项重点旅游研究项目,显示了旅游地理学研究旅游产业的成熟性和先导性,成为旅游地理研究的一个新里程碑。

这一阶段,旅游地理研究内容的实践驱动明显,强调对旅游区域的评价与规划研究等。随着中国旅游业的快速发展,旅游业被列为第三产业的龙头产业和国民经济新的增长点,全国旅游资源开发全面启动,旅游规划的现实需求极大,旅游地理学界完成的旅游项目数以千计,国内几乎所有的旅游规划都有旅游地理学工作者主持或参与。如郭来喜1997年主持的《北海市旅游发展与布局总体规划》,首次进行了旅游资源普查、旅游发展战略研究和旅游业发展与布局总体规划制定三位一体化的综合性研究,通过实地调查、资源普查、抽样调查(游客、旅行商)和遥感图像分析,建立旅游信息系统(TIS),为旅游产业发展规划的编制奠定了坚实基础,该规划被认为是国内旅游规划体系最完整、技术方法最先进的区域旅游规划,已成为区域级旅游规划的典范,为后来业界编制地方旅游发展规划提供了完整的参考样本。

4. 提升阶段(1999年至今)

在20世纪90年代对旅游实践广泛参与的同时,国际交流的增多进一步促进了国内学者对研究规范的重视,在与国外同行的交流中,我国研究者的视野得到扩展。而随着对中国旅游业认识的加深,我国的学者意识到单一的地理学空间分析方法难以应对旅游问题的复杂性,逐渐在旅游地理学研究中引入了社会学、人类学、管理学、经济学、系统科学等学科的研究视角和理论工具,以增强旅游地理学对现实问题的解释力度,跨学科研究增多,研究领域获得较大拓展。例如,从经济学视角解释旅游线路的固化[①],从背包客视角研究旅游流空间行为[②]等。对国际研究前沿的跟踪,一系列新的研究领域,如社区旅游、城市旅游、遗产旅游、事件旅游、旅游流等出现。

这一阶段的理论建构是在广泛调研和综合基础上的理论概括和理论抽象,例如,马耀峰(1999)对旅游流的研究、吴必虎(2001)对环城游憩带的研究以及《区域旅游规划原理》著作等,都显示出学者们对理论建构的重视和较高的理论研究水平。这一时期旅游规划和咨询的分工体系逐渐形成,旅游地理学者主持参与编制了大量的各类规划,在理论应用方面有所突破,为推动中国旅游经济的发展、旅游标准化工作,以及为世界遗产保护和申报工作作出贡献,并且出现了一批可以与国际同行进行学术交流的研究成果,在国际旅游学术刊物Tourism Management和Annals of Tourism Research等上也陆续出现了部分中国旅游地理学者的研究成果。[③]

自2009年开始,"中国旅游科学年会"每年举办一次,整合了政府行业管理和旅游学术研究的力量,通过设立"中国旅游研究院科研课题",为学者提供研究机会,研究成果为行业管理提供理论支撑。这一阶段学科获得的重视程度和支持力度增强,还集中表现在相关的科研基金支持力度加大、每年获得资助的项目不断增多上。例如,2000~2007年国家自然科学基金资助的旅游类研究项目有35个,2010年有22项,2011年达33项,基本都是与旅游地理研究相关的。

二、中国旅游地理研究主要出版物

自1984年第一篇以旅游地理为主题的论文《武夷山风景区划及其旅游资源评价》(雍万里)发表于《地理科学》以来,以《地理学报》、《旅游学刊》、《经济地理》、《人文地理》、《地理学与国土研究》、《地域研究与开发》、《地理研究》、《桂林旅游高等专科学校学报》、《旅游科学》、《旅游论坛》、《自然资源学报》等为代表的学术期刊为旅游地理学及相关学科的学术交流发挥了重要作用,为更多的学

---

① 徐红罡,吴悦芳,彭丽娟. 古村落旅游地游线固化的路径依赖:世界遗产地西递、宏村实证分析[J]. 地理研究, 2010, 29 (7): 1324-1334.
② 苏红霞,马耀. 洲际背包客旅华空间流行为模式研究[J]. 旅游学刊, 2009, 24 (1): 61-65.
③ Ma Xiaolong, Ryan Chris, Bao Jigang. Chinese national parks: Differences, resource use and tourism product portfolios.Tourism Management, 2009, 30 (1): 21-30. Zhong Linsheng, Deng Jinyang, Xiang Baohui. Tourism development and the tourism area life-cycle model: A case study of Zhangjiajie National Forest Park, China. Tourism Management, 2008, 29 (5): 841-856. Li Mimi, Wu Bihu, Cai Liping. Tourism development of world heritage sites in China: A geographic perspective.Tourism Management, 2008, 29 (2): 308-319. Wu Bihu, Cai Liping A. Spatial modeling: Suburban leisure in Shanghai. Annals of Tourism Research, 2006, 33 (1): 179-198.

者发表研究成果提供了平台,充分展示了旅游地理学的研究成果,不仅促进了自身的发展,同时也为旅游地理学科的建设和发展作出了重大贡献。

中国科学院地理所和北京大学是中国旅游地理研究比较深入的两个研究和教育机构。北京旅游学院编印的《旅游资源的开发与观赏》(1981)和中国科学院地理研究所旅游地理组编辑的《旅游地理研究文集》(1982)是中国最早的两本有关旅游地理学的文集。由郭来喜等编写、北京旅游学院印行的《中国旅游地理讲义》(1981)为中国最早的一本旅游地理教材,其中《旅游地理研究文集》收录论文、报告、建议和其他文章共74篇,是中科院地理所在1979年底正式组建旅游地理学科组至1982年间的部分工作成果汇编,对旅游地理学的性质与任务,旅游资源的评价、开发、利用与保护,中国特色的旅游事业发展道路,旅游规划,旅游地图的特征及编制等问题进行了探讨,也收录了部分考察随笔和游记。吴传钧、郭来喜的《开发我国旅游资源,开展旅游地理研究》(1979)是中国旅游地理研究早期阶段最重要的一篇论文。

20世纪80年代末以来,中国旅游地理研究进入大发展时期,很多高校和研究机构开办了旅游地理或相关专业的研究所(中心)。1990年,《青年地理学家》出版了专刊,将20世纪80年代旅游地理学的1篇博士论文、19篇硕士论文汇集成册,这些论文反映了年青一代地理学者在旅游方面较高层次的研究广度与深度。随着旅游地理学受到广泛关注,刘振礼(1987)、雷明德(1988)、封玉璞(1995)、柴本源(1997)、李学伦(1998)、保继刚(1999)、王恩涌(1999)、韩杰(2002)、李永文(2004)、陶犁(2007)、李悦铮(2009)等学者撰写的各种以"旅游地理"、"旅游地理学"等为书名的教材与专著不断涌现,而区域旅游地理学研究方面的书籍更是层出不穷。

总体而论,中国旅游地理学者的学术著作侧重于旅游资源与开发研究,尤其是区域旅游资源开发更显突出,其他方面的研究论著相对较少。近年来,旅游地理学者追求学术规范,探讨学术问题,积极开展跨学科交流,建立学术共同体,出版旅游地理学刊物和专著呈现良好的学科发展趋势(保继刚,2011)。

三、中国旅游地理研究特点及发展趋势

中国旅游地理研究历经三十余年的发展,研究队伍日益壮大,学术研究成果不断增多,学科声望不断提高。虽然各类学术期刊上发表的众多旅游地理学"研究成果"中,真正有知识贡献的少之又少,研究问题的缺失成为当今中国旅游地理学研究的一大弊病[①],现有总结和评价仍多是基于学科内部视角,缺乏站在中

---

① 保继刚. 中国旅游地理学研究问题缺失的现状与反思[J]. 旅游学刊,2010,25(10):13-17.

国社会发展宏观背景、学术发展整体背景以及旅游业实践背景下的外部视角[①]，但随着研究领域和内容的逐步扩大和深入，原有理论在实践中得到进一步验证和提高，旅游可持续发展思想受到高度重视，并贯穿于开发实践中，技术应用也呈现出多样化和现代化的特点，传统技术方法得到革新，定性与定量相结合的方法得到普及，高新技术如 RS、GIS、GPS 等技术在资源普查和规划中得到运用，研究课题的实践意义和研究成果的应用价值受到重视，与相邻学科的交叉渗透不断加强等，中国旅游地理研究方兴未艾。

与西方国家相比，中国的旅游地理学还是一门年轻的学科，处于快速发展的过程中。目前，中国旅游业发展所呈现的行业管理、旅游影响、主客关系、社区发展、城市发展等问题为旅游地理学研究提供了新的方向。中国旅游地理学的研究已呈现出密切结合学术研究和社会实践、理论研究趋于系统化、注重预测分析、重视对国外理论的应用和总结等特点。在实用主义的影响下，中国旅游地理学的应用研究得到进一步的发展，旅游业发展的解读分析和指导将得到强化，为世界旅游研究提供丰富的应用成果。

1. 重视借鉴国外旅游地理研究经验，国内外相关研究差距不断缩小

中国旅游地理研究比西方国家晚了 60 年，因此，从一开始就十分重视借鉴和学习国外学者的研究经验。例如，楚义芳对英国的旅游地理学研究进行了介绍；陆林对国外和国内旅游地理学研究进行了比较研究；保继刚对国外旅游地理学的发展历史及发展趋势进行了介绍等。虽然在接受西方旅游地理研究技术和方法的同时，中国旅游地理根据自身特点努力建立了自己的科学体系，经过三十余年的发展已取得很大成绩，但同国际先进水平相比仍有明显的差距。

随着国内外学术交流的开展，虽然中国旅游地理学研究二元结构依旧明显，但国内外旅游地理学研究在方法和技术层面上的差距在不断缩小。总体上国内相关研究内容范围较为狭窄，视野不够宽阔；研究方法仍以描述性为主，比较单一和传统；研究手段方面新技术的运用尚处于初步尝试阶段；研究成果大多缺乏理论背景，理论研究尚不够系统化等。但就参与社会实践的规模与范围、为国民经济建设服务和获得的成效而论，中国旅游地理学界是走在世界前列的。近年来，尤其是随着国外旅游地理学新兴研究议题引入中国，国内旅游地理学界开始关注纯学术研究的议题，一些新兴的研究方法、手段不断地在研究中得以合理运用，如GIS、影像分析等。

[①] 保继刚. 从理想主义、现实主义到理想主义理性回归——中国旅游地理学发展 30 年回顾[J]. 地理学报, 2009, 64 (10): 1184-1192.

2. 在实践中逐步发展壮大，基础理论研究相对薄弱，亟待提升

中国旅游地理学的发展始终得益于改革开放后旅游业的兴旺繁荣。特别是在旅游地理学初创阶段，以地理学者为主体的旅游地理学界把握住旅游地理学为国民经济服务的主攻方向，充分发挥旅游地理学的应用性特点，紧扣旅游开发和建设主题，积极投身于旅游开发实践中，主动承担多种不同层次、不同类型的科研任务、规划实践，完成了大量有较高实用价值的项目规划、科研报告，为中国旅游业发展作出了重要贡献。以"任务带学科"的方式，中国旅游地理学也在实践中逐步发展壮大起来，提高了自身的学术地位，为旅游地理学的持续发展奠定了较为坚实的基础。

但是，每一次从实践向理论提升的工作都完成得不很彻底，因为大量的开发与规划任务占用了学者们过多的时间、精力。回顾、反思、提炼、升华学科进步的过程被一再压缩、推迟，甚至忽略。"规划成果"取代"研究成果"，学科的理论进展缓慢，"理论—实践"循环始终不能深入，相关研究者始终难以找到好的研究问题，由此必然导致学科面临比较严重的发展危机。[①]虽然相对来说已愈来愈注重学科基本概念的研究和应用，但"实践超前，理论滞后"[②]，忽视了学科理论的建设，缺乏对公认理论的系统梳理，研究内容纷繁复杂，研究主题分散，核心内容未能突出，应用价值被不当夸大，反过来制约了其他方面的研究拓展和深入，学科理论和方法未能得到迅速提升，由此导致的对各种层次的学生的学术训练不足将会影响未来中国旅游地理学研究以及中国旅游研究的创造力，旅游地理学的学科地位与作用有被弱化、边缘化的趋势。[③]

3. 旅游地理高等教育蓬勃发展，造就了一大批旅游地理专业人才

中国高等院校旅游地理教育始于20世纪80年代初，北京旅游学院、北京大学、杭州大学、上海旅游高等专科学校等一批大专院校率先开设旅游地理课程或讲座。随后，南开大学、北京师范大学、西北大学、华东师范大学、东北师范大学、中山大学等院校在地理系及全校相继开设旅游地理课程。中国旅游业统计公报资料显示，到2010年末，全国共有高等旅游院校及开设旅游系（专业）的普通高等院校967所，在校学生59.61万人，旅游地理学是这些院校设置的重要的旅游教育课程。

1984年，中国培养出了第一位旅游地理硕士（尹以明，《旅游资源评价——以北京市延庆县为例》，导师林超、陈传康，北京大学）；1989年，第一篇有关旅

---

① 保继刚，张骁鸣. 1978年以来中国旅游地理学的检讨与反思. 地理学报，2004，59（增刊）：132-138.
② 马耀峰. 中国旅游地理学的优势与挑战[J]. 地理学报，2004，59（增刊）：139-144.
③ 明庆忠，陈英. 旅游产业地理：旅游地理学研究的核心与主题[J]. 云南师范大学学报（哲学社会科学版），2009，41（2）：51-56.

游研究的博士论文（楚义芳，《旅游的空间组织研究》，导师鲍觉民、何自强，南开大学）诞生；1997年，中国旅游界第一个博士后出站（陆林，《现代国际旅游流研究》，导师郭来喜，中国科学院地理研究所）。中国已形成从硕士研究生、博士研究生到博士后研究的完整的高级人才培养体系，而上述三篇论文的题目也充分表明了中国旅游地理学者研究领域的拓展轨迹。郭来喜、陈传康等作为中国旅游地理学研究的开拓者，也是最富成效的实践者，极大地推动了中国旅游地理学的发展；在老一辈学者的示范效应及支持与鼓励下，保继刚、吴必虎、陆林等中青年旅游地理学者茁壮成长起来，已形成一个包括学术带头人和骨干力量在内的老中青梯形队伍结构。

4. 积极探讨多学科综合研究，跨学科、多视角研究成为主流方向

中国旅游地理学的研究人员大多数从其他相关领域转入，不同学术背景的学者带来了不同的思考方式和研究方式，也为这一学科注入了新的活力。从地理学外部看，旅游地理学科呈现多维视角，包括借鉴社会学、人类学、管理学、经济学、生态学、心理学和城市规划等学科的视角和理论方法工具，增强了旅游地理学对现实问题的解释力度，使现代旅游地理学研究带有鲜明的渗透性，各学科边缘的交叉、碰撞、组合推动了旅游地理学的发展。在实用主义价值观下，区别于国外社会和文化地理倾向，中国旅游地理学研究侧重于解决旅游发展中的实际问题，从早期的自然地理学倾向发展到目前具有更丰富的经济地理学和政治地理学的色彩，跨学科交流促进研究方法趋于多元化，跨学科研究成果增多，研究领域获得较大拓展。

中国旅游地理学经历了三十余年的积累，在经历了"量"的积累后，走向"质"的飞跃。回顾中国旅游地理学发展历程，研究者们一边致力于推进学术研究发展，一边不忘回首学科成长历程，在回顾与前瞻、反思与总结中不断明确旅游地理学的学科发展方向。经过三十余年的发展，中国旅游地理学的研究内容已从以旅游资源、旅游开发的区域社会经济条件研究为主，逐步向从相互联系的角度对资源、环境、市场的系统研究扩展，注重旅游的过程和驱动机制研究等，在社区旅游、事件旅游、遗产旅游、城市旅游和旅游流与空间结构等研究领域形成了一系列卓有特色的研究成果，学科涉及领域趋于多元化，研究方法不断创新，学科队伍不断壮大，学科平台不断扩大，国际交流日益频繁，中国旅游地理学研究逐渐与国际接轨。此外，旅游地理学者还广泛参与到省域及重点区域的旅游产业发展规划实践和世界遗产保护中，并致力于中国旅游标准化和旅游产业国际化的实践，旅游地理学为区域经济发展作出了突出的贡献。

展望未来，中国旅游地理学一方面将继续发挥理论结合实际的学科传统优势，不断壮大旅游地理学的学科力量；另一方面需不断加强学科理论体系的构建，进

一步提升旅游地理学研究的理论深度和国际化水平。[①]作为一门相对独立的新兴学科,旅游地理研究应抓紧建立和完善基础理论体系和研究方法,进一步进行聚焦研究,注重推进旅游地理学的理论、方法及应用的全方位发展。第一,重点应对旅游地理学科性质、研究任务、研究对象、研究内容等基础问题的内涵及外延,在取得基本共识的基础上作出界定。第二,作为一门学科的理论体系还应包括对学科研究中基本概念的界定,如旅游资源、旅游环境、旅游地、旅游产品、旅游商品等。第三,旅游地理学基础理论研究中还应加强运用理论对旅游个案的跟踪、剖析、研究。第四,旅游地理学研究的方法论应尽量吸收多学科前沿成果,重视对旅游地域系统的动态、量化探讨,突出研究成果的客观性、指导性、可操作性。

复习思考题

1. 何谓旅游地理学?简要说明旅游地理学的主要研究内容。
2. 简述旅游地理学与其他相关学科的关系。
3. 旅游地理学的研究方法有哪些?
4. 国外旅游地理研究发展历程可分为哪几个阶段?
5. 简述国外旅游地理研究发展趋势及特点。
6. 中国旅游地理研究发展历程可分为哪几个阶段?
7. 简述中国旅游地理研究发展趋势及特点。

---

① 保继刚,尹寿兵,梁增贤,陈钢华,李鹏.中国旅游地理学研究进展与展望[J].地理科学进展,2011,30(12):1506-1512.

第二章 旅游客流空间格局

【学习导引】

　　旅游客流的空间特性是旅游地理学研究的重点内容之一。国外较早就重视对它的研究,在以物理学万有引力模型为基础构建的旅游引力模型及其在旅游客流预测中的应用和修正、旅游客流空间分布模型、旅游者空间行为等方面,取得了较为丰富的成果;国内旅游客流研究仍是薄弱环节,虽然学者们在旅游客流空间分布研究方面也取得了一定的成绩,但总体来看,有关旅游客源市场空间分布的数学模型及旅游客流空间流动特征研究的成果仍不多见。本章分析了旅游客流产生的背景、旅游者需求特点、影响旅游者决策的主要因素,力图演绎和推理旅游者行为发展变化过程,揭示以旅游活动顺序为线索的旅游者行为的时空变化规律,并探讨国际旅游客流空间移动规律、中国旅游海外客源市场格局、旅游地客流季节性波动等。

【教学目标】

1. 了解和分析旅游动机的产生、旅游者需求特点。
2. 认识和了解影响旅游者决策的主要因素。
3. 认识旅游者空间行为,识别旅游者空间行为模式。
4. 了解和掌握中国城市居民出游目的地选择行为规律。
5. 掌握国际旅游客流空间移动规律。
6. 了解中国旅游海外客源市场格局。
7. 认识和掌握旅游地客流季节性波动规律。

【学习重点】

　　旅游动机的产生及旅游需求特点;影响旅游者消费决策的主要因素;旅游者空间行为模式;中国城市居民出游目的地选择行为;国际旅游客流空间移动规律;中国旅游海外客源市场格局;旅游地客流季节性波动。

旅游流，即游客在旅游空间场内的迁移现象。旅游流在狭义上是指旅游客流，广义上包括游憩流，以及与此相关或伴生的相关流，如信息流、资本流、技术流、货物流等。旅游者由"居住地—旅游地—居住地"的地理空间移动的人流形成旅游客流，是旅游者群体整体行为的表现。随着高速交通体系的快速完善，旅游融入全球产业结构、生产方式和消费模式之中，融入人们的工作生活之中，成为放松心情、缓解压力的途径之一，世界已进入"旅游时代"。20世纪70年代后，学者们结合旅游地理学与经济学模型，探索了旅游流与旅游者活动规律模型、时间序列模型、引力模型等，大多致力于寻找旅游流的解释模式。旅游客流长期变化及预测、旅游季节性变化及成因、不同类型旅游地景区客流的时间分布特征以及突发事件对旅游客流造成的波动，以及旅游流空间特性、空间效应、旅游流的时空演变等，是旅游流研究的重要内容。

第一节　旅游客流产生背景

旅游者（旅游主体）的产出、流向、规模及其行为特征等有着深刻的地理背景，作为现代社会的标志性群体，流动着的或者有流动意向的旅游者出于不同动机到世界各地去寻求不同体验；同时，又由于受到各种综合因素的影响（如原居住地的生活环境、年龄、性别、目的地的旅游环境等），表现出不同的旅游行为。旅游行为是指旅游者对旅游地、旅游季节、旅游目的和旅游方式的选择特征，以及与之紧密相关的旅游意识、旅游效应和旅游需求特征等。因此，旅游者的行为趋向甚至决定着地区旅游业的兴衰，而旅游行为的产生源于人的旅游动机。

一、旅游动机的产生

所谓旅游动机是指直接推动一个人进行旅游活动的内部动因或动力，是一种持续的意图倾向、一种内在的驱动或推动因素。简单地说，旅游动机是激发人去旅游的内在原因。而隐藏在动机背后的则是人的需要。按照马斯洛的需要层次论，人的需要依次可分为基本的生理需要、安全的需要、社会的需要、尊重感的需要、自我实现的需要等五个层次。旅游是人的一种高层次的精神需要，人们在满足了温饱之后就自然而然地追求更高层次的享受，旅游动机就出现了。据业内专家分析，旅游动机随着人均GDP总值的增长而提升，2010年中国人均GDP约合4200美元，中国旅游业已进入旅游消费升级阶段。

Iso-Ahola认为旅游者的动机主要在于：一是通过旅游逃避日常生活、工作环境的压抑;二是通过旅游寻求心理补偿。旅游动机与满意程度呈明显的正比关系,最强的旅游动机往往是最能使人感到满意的。根据Aderhold(1995)对欧洲8个主要客源国家3万多名旅游者的调查,发现出游动机主要集中在5个方面。(见图2-1)

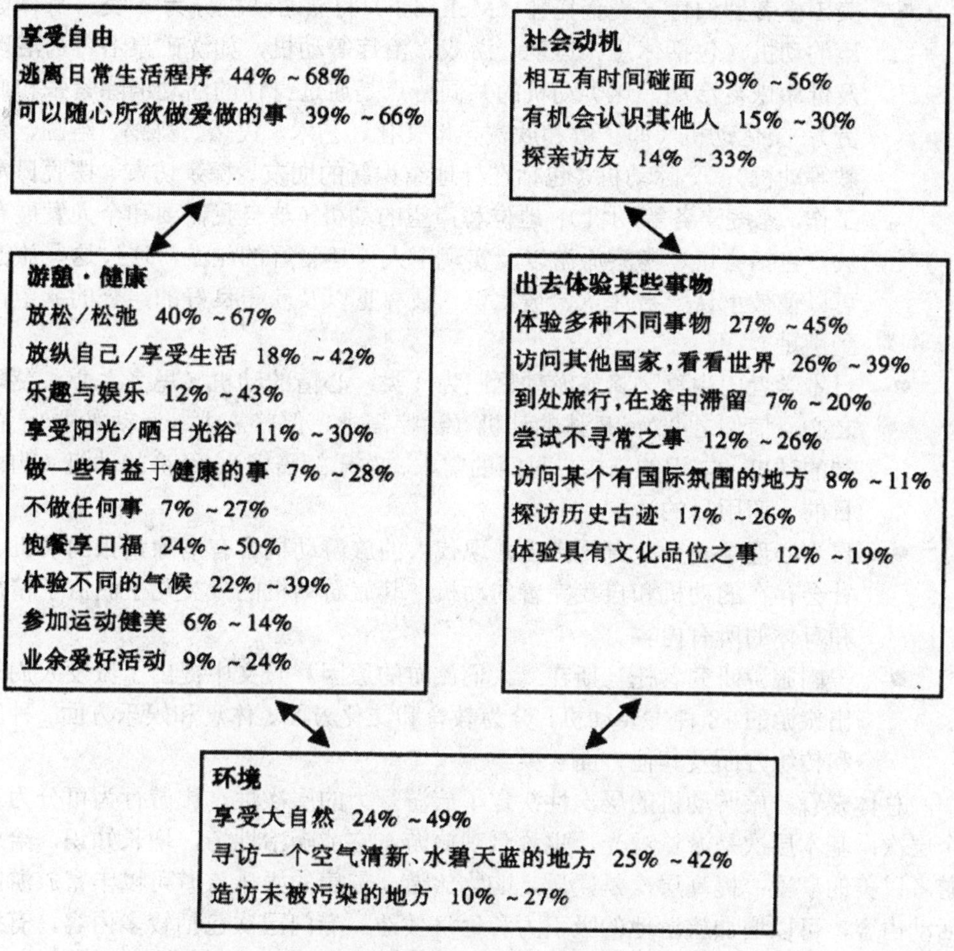

```
┌─────────────────────────────┐    ┌─────────────────────────────┐
│ 享受自由                    │    │ 社会动机                    │
│ 逃离日常生活程序  44% ~ 68% │    │ 相互有时间碰面    39% ~ 56% │
│ 可以随心所欲做爱做的事 39%~66%│    │ 有机会认识其他人  15% ~ 30% │
│                             │    │ 探亲访友          14% ~ 33% │
└─────────────────────────────┘    └─────────────────────────────┘
              ↕                                   ↕
┌─────────────────────────────┐    ┌─────────────────────────────┐
│ 游憩·健康                   │    │ 出去体验某些事物            │
│ 放松/松弛        40% ~ 67%  │    │ 体验多种不同事物   27% ~ 45%│
│ 放纵自己/享受生活 18% ~ 42% │    │ 访问其他国家,看看世界 26%~39%│
│ 乐趣与娱乐       12% ~ 43%  │    │ 到处旅行,在途中滞留 7% ~ 20%│
│ 享受阳光/晒日光浴 11% ~ 30% │    │ 尝试不寻常之事    12% ~ 26% │
│ 做一些有益于健康的事 7% ~ 28%│    │ 访问某个有国际氛围的地方 8%~11%│
│ 不做任何事       7% ~ 27%   │    │ 探访历史古迹     17% ~ 26%  │
│ 饱餐享口福       24% ~ 50%  │    │ 体验具有文化品位之事 12%~19%│
│ 体验不同的气候   22% ~ 39%  │    │                             │
│ 参加运动健美     6% ~ 14%   │    │                             │
│ 业余爱好活动     9% ~ 24%   │    │                             │
└─────────────────────────────┘    └─────────────────────────────┘
              ↕                                   ↕
           ┌─────────────────────────────────────┐
           │ 环境                                │
           │ 享受大自然  24% ~ 49%               │
           │ 寻访一个空气清新、水碧天蓝的地方 25%~42%│
           │ 造访未被污染的地方  10% ~ 27%       │
           └─────────────────────────────────────┘
```

图 2-1 欧洲旅游者的出游动机(引自吴必虎,2001)

1. 旅游动机的分类

旅游者是旅游活动的主体,虽然旅游者的需求是千差万别和千变万化的,但其中不乏相对稳定的因素,如猎奇求新的心理,回归自然、返璞归真的心态,讲究经济实惠、物美价廉等。旅游地不同,旅游者行为中动机的产生也有明显的差异。旅游需求的多层次性表现为旅游动机的多样性和复杂性,例如,旅游者对旅游资源文化属性体现出的需求是多样的,就旅游动机来看,有观光旅游、登山旅游、宗教旅游、探险旅游、渔猎旅游、保健旅游、度假旅游、寻根旅游、修学旅游、购物旅游、体育旅游等，因而很难对旅游动机进行准确的分类。不同专家对旅游动机的分类是有差别的。

- 美国学者罗伯特·麦金托什（McIntosh）将旅游动机分为4类：身体健康的动机（包括休息、运动、游戏、治疗等动机，如洗矿泉浴、药浴以及健康恢复活动，这类动机的共同特点是通过身体的活动消除紧张和疲劳）；文化动机（即了解和欣赏异地文化、艺术、民俗、舞蹈、绘画、宗教等动机）；交际动机（包括在异地结识新的朋友、探亲访友、摆脱日常工作、家庭事务等动机）；地位和声望的动机（与自我需要和个人发展有关，包括会议、考察旅游以及实现个人兴趣爱好的旅游，通过这些旅游可以使被承认、被注意、被赏识、被尊重以及获得良好的声誉的欲望得到满足）。
- 日本学者田中喜一将旅游动机归为4类：心情的动机（思乡之心、交际之心、信仰之心）；身体的动机（治疗需求、保养需求、运动需求）；精神的动机（知识的需求、见闻的需求、欢乐的需求）；经济的动机（购物目的、商用目的）。
- 日本心理学家今井省吾指出，现代人的旅游动机含有消除紧张的动机、社会存在的动机和自我完善的动机，其旅游动机的分类几乎涵盖了精神和身体的所有内容。
- 美国旅游研究者托马斯在《人们旅游的原因》一文中提出了激发人们外出旅游的18种主要动机，分为教育和文化方面、休息和娱乐方面、种族和传统方面及其他方面4类。

总体来看，旅游动机的层次性决定了旅游行为的层次性。旅游行为可分为三个层次：基本层次是游览观光，也称景观旅游，它能陶冶性情，增长知识，给旅游者以美的享受；提高层次是娱乐、购物旅游，健康的娱乐旅游可以丰富旅游的活动内容，可以增加旅游地的吸引力和经济效益；专门层次包括较多内容，有疗养、会议、展览、商业、宗教朝拜、考察探险等旅游活动（陈传康、保继刚，1986、1999）。不同旅游地的旅游行为层次各有侧重，主要取决于旅游资源的性质、旅游者的爱好、消费能力等，不同旅游行为层次可以同时并存。

2. 旅游者需求特点

旅游需求是指在一定时期内，在一定价格基础上，旅游者愿意而且能够购买的旅游产品的数量和质量。影响旅游需求的因素较多，概括起来主要包括两个方面：一方面关系到旅游客源地，涉及旅游客源地的旅游需求水平和旅游者个人的情况等；另一方面为旅游地的供给情况，主要是旅游资源的吸引力、旅游价格、交通条件和接待设施等。可以说,影响旅游需求的因子主要包括客源地人口特征(特别是城镇人口规模)、客源地经济发展水平等,其中居民的收入水平,特别是可支配收入的高低直接决定了出游力的强弱。深入分析人们的旅游消费需求波动,把握旅游消费行为及其变化模式,才能对旅游客源市场预测作出准确的判断,通过旅游资源的有效规划,吸引旅游者消费,促进旅游地的发展。[①]

(1) 出游决策理性化。

随着旅游业的不断发展,游客的消费模式和理念逐渐成熟起来。旅游者已将旅游作为生活的一部分,追求物质和精神享受。旅游者每次旅游活动的目的性、计划性明确,大多能按照自己的经济能力和时间状况安排活动,随机性、冲动性的消费群体逐渐减少。

(2) 旅游需求精致化。

教育、科技的发展使得旅游者的文化层次不断提高,游客由被动走向主动,不再满足于浅尝辄止的走马观花式旅游产品,旅游需求亦呈现出多样化、灵活化、个性化的趋势,特别是休闲度假、养生保健、生态旅游、乡村旅游等渐成旅游时尚,且旅游者的旅游品味也在迅速提升。以旅游线路设计为例,往往要求对旅游线路涉及的内容进行深加工,增加生态文化含量,设计内涵丰富、外观新颖、反映时代潮流和地区文化特色的旅游项目。

(3) 旅游形式两极化。

旅游形式出现动、静两极分化,动的方面向参与型、娱乐型方向发展;静的方面则崇尚自然,返朴归真,旅游者对生态旅游、文化旅游等越来越青睐。

(4) 出游方式多样化和个性化。

最初的旅游活动多为大众性的观光旅游,客源市场比较单一,现在已经被各种细分市场所代替,各个市场都有一定的特点,并且需求各异,从而构成总体旅游需求的多样性和每一个细分市场的特殊性。例如,目前旅游方式已由团体旅游向个体、散客型旅游转变,个人、家庭、亲友组成小单位形式出游的散客已成为市场的主体。

二、旅游客流背景分析

1. 自然地理背景

旅游需求的动因之一是地理环境的区域差异。地球上特征截然不同的自然地理环境会激发旅游者产生不同的出游动机,不仅是激发人类旅游最早的因素,也是最持久的因素。据世界旅游组织(WTO)统计,世界旅游者中,对自然风光的

---

① 林璧属. 试析旅游规划中的客源市场分析[J]. 旅游学刊, 2001, 16 (6): 54-56.

观光旅游、回归自然、投入自然的绿色旅游等至今仍是主流。诸如气象、气候条件等也影响客流的时间变化和空间分布。旅游资源的形成、价值大小和开发条件更是直接受到当地地理环境的制约。

影响旅游客流量的因子可以从旅游地、客源地及两者之间的距离等方面来考察。特别是旅游者的地理位置会从多方面影响旅游决策行为，其中气候条件对旅游决策影响最大。一是不同气候造就了自然景观的季相性，它正是吸引旅游者的主要动力；二是热量条件在时间和空间上的差异决定了人们对差异地区的向往。如冬季北方人喜欢到南方去享受温暖，南方人则喜欢去北方体验冰雪；夏季人们普遍喜欢到海滩享受阳光。

2. 文化地理背景

文化地理环境是在自然环境的基础上，人类为某种实践的需要有意识地利用自然所创造的有形的文化景观和蕴含在文化景观中的无形的气氛共同构成的，尤以物质文化要素和精神文化要素最能体现地域文化环境特征。因此，文化地理背景是激发旅游者产生旅游动机的又一个重要客观因素，文化差异越大，旅游体验质量越高。文化景观吸引强度的地区差异表现为：（1）与居住地景观差异越大，彼此间吸引强度也越大，吸引力由强至弱依次为：异质文化之间、同质文化区域内的不同文化区之间、同一文化区内的不同民族区域之间；（2）不论同质还是异质文化区中，历史越悠久、文化景观越丰富的地区，吸引强度越大。

受旅游者行为多样化特征的影响，旅游者体验质量的高低不仅取决于旅游者不同的历史文化背景和自身的文化知晓能力，旅游体验质量同时还受旅游者知识背景、学习和总结能力、旅游者对表面事物的观察、旅游者情境体验在旅游地的融入水平（旅游者的兴趣指向、体验过程的愉快程度、所接受的信息刺激程度、危机感知程度和危机概率）及情境配合等因素的影响。从文化要素看，旅游者越来越看重旅游的文化内涵，世界客源的流动也往往是从一个文化发达地区流向另一个文化发达地区。例如，从所接待游客的绝对数量看，欧洲一直是接待其他地区旅游者最多的远程旅游目的地；在美洲，除了约3/4的国际旅游者来自地区内，欧洲（17%）和东亚太地区（7%）是其主要的远程客源市场；而在东亚太地区，来自欧洲和美洲这两个远程客源市场的游客分别占到12%和8%。

3. 经济地理背景

世界上经济地理环境的地区差异有两种不同的划分标准：以经济发达程度为标准可划分为两大基本背景区，即经济发达地区和经济发展地区；以经济发展性质为标准划分也有两大基本背景区，即城市和农村。总体来看，经济发达地区以及城市往往既是主要的旅游客源地，同时也是重要的旅游接待地。

世界各国家、各地区的经济及旅游业发展是不平衡的，其中以西欧、北美最发达，东亚、东南亚或亚太地区近年来的发展也很迅速；南美洲、非洲西北部和西亚地区相对来说比较落后，这既受到国家制度、社会安定因素、旅游资源不丰富（特别是一些现代化的游乐设施少）等条件的限制，同时又与当地的区位、气候等自然条件差、物产相对少，特别是经济发展迟缓、人民生活贫困、旅游环境欠佳有关。

4. 环境质量背景

环境质量背景是由现代人类的经济、文化活动等改变了自然环境的原貌而派生出来的。环境质量指自然环境原始性质、状态的变化程度，与人类活动密切相关，对人类的旅游活动更有决定其去向的重要影响。衡量标准主要有：（1）生态环境的退化程度；（2）环境污染程度。发达国家主要表现在环境污染程度日甚，而发展中国家则以生态环境退化为主。良好的生态环境背景会吸引越来越多的旅游客流，并有助于形成一个良性循环。

三、旅游者的旅游决策

旅游决策是旅游动机的外在行为表现。旅游从本质上讲是人们以消遣、审美等精神愉悦为主要目的,到日常生活环境之外的地方旅行和逗留的各种身心体验，它是人们的一种短期休闲生活方式和跨文化交流活动。旅游者的选择行为直接关系到旅游地经济的发展。在可自由支配收入和闲暇时间得到保证的前提下，人们收集各种有关旅游地的信息，然后根据自己的主观偏好作出旅游的决定，这个过程称为旅游决策行为。旅游者的旅游决策是一个复杂的心理过程[①]，具有很大的不确定性。（见图2-2）

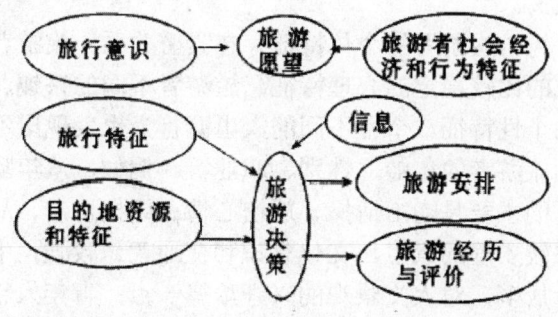

图 2-2　旅游决策过程（引自李君轶，2001）

---

① 李君轶. 旅游地理学研究重点及发展趋势分析[J]. 陕西师范大学继续教育学报，2001，18（4）：116-118.

1. 影响旅游决策的因素

Crompton（1977）认为旅游者选择旅游目的地包括两个阶段：决定是否旅游和去哪里旅游。吴必虎（1999）系统分析了上海市民的旅游地选择行为，发现影响旅游决策的主要因素是距离、目的地的性质、景观属性，以及决策者的年龄、职业、文化水平等。孙玉贞（1999）在入境旅游调查中发现，影响旅游者目的地决策的因素主要有对旅游地的感知程度和对旅游资源的偏好度。王斌（2002）对西安市民的调查发现，旅游决策主要受旅游地感知形象、外界旅游促销、旅游者自身的旅游经验等因素的影响。杜江（2003）在出境旅游的调查中发现，旅游决策的影响因素主要包括旅游者的人口统计学条件、旅游动机、旅游目的、旅游方式、旅游信息、目的地的文化、旅游产品与服务的价格、旅行社的品牌、亲友的意见等。[1]

总体上说，影响旅游决策的原因是多方面的，包括游客内在心理因素和社会环境因素等。具体而言，包括旅游知觉、动机和态度、旅游偏好、最大效益原则、文化因素、社会阶层、家庭及相关群体等，都与游客的旅游决策、旅游地选择、空间行为模式之间有着密切的关系。

（1）旅游者特征。

主要包括个性特征和人口统计特征。旅游客流的人口学特征分析是旅游研究的一项基础工作。其中旅游者人口学特征描述分析是客源市场结构最先触及的内容，受到普遍重视，其内容包括年龄、性别、收入、学历、职业等方面的结构分析。人口学特征对旅游者获取感知映象、动机形成、决策过程及实际行为在目的地的时空分布格局有决定意义，是研究旅游者各种行为形成的基础，并对旅游市场开发具有重要意义。[2]

旅游地选择行为与旅游者的个体特征存在紧密关系。旅游者的个体特征是个人长期发展和形成的比较稳定的心理特征，旅游者不同的兴趣、能力、气质、性格等构成了各自的个性特征。个性不同的人出游行为也表现出不同的特点。旅游者的个体特征包括旅游者的年龄、性别、职业等。例如，从年龄上看，老年人闲暇时间多，旅游目的主要是陶冶情操、放松心情、寻根访友、品味历史古迹，老年人怕喧嚣，爱去较安静的景点，文化意识和交通意识较强；中年人工作繁忙，商务、会议旅游者居多，对人文景观的兴趣浓厚一点；青年人精力充沛、求知欲强，喜欢选择刺激性和探险性的旅游项目；儿童则对趣味性和娱乐性的旅游项目感兴趣。

---

[1] 白凯.基于发生学的中国入境旅游者行为研究[D].陕西师范大学博士学位论文，2007，55.

[2] 张安，万绪才.南京国内旅游客流人口学特征及旅游决策行为探析[J].东南大学学报（哲学社会科学版），2004，6（1）：82-87，125.

家庭结构对旅游决策也有一定影响。家庭是社会生活的基本单位,也是一个单独的、最重要的闲暇群体。例如,美国人参加的娱乐活动中,大约有2/3以上是家庭性质;在文化性的闲暇活动中,约有40%属于家庭性质。家庭生活周期不同,家庭成员扮演角色不同,旅游行为和旅游活动特点也不同。(见表2-1)

表2-1 传统家庭生命周期与旅游活动特点(引自吴必虎,2000)

家庭生命周期	旅游者特征	旅游活动特点
单身阶段	新观念的代表者 身体活动能力强	喜欢富有刺激性、体力消耗大的旅游活动
新婚阶段	收入较高,自由性强	偏好度假休闲旅游活动
满巢阶段(子女不足6岁)	活动自由性低,消费能力低	旅游可能性较低
满巢阶段(子女6岁以上但未独立)	有一定自由性,消费能力较低	开始选择家庭式的旅游活动
空巢阶段	自由度高,经济富裕	以豪华型旅游居多
鳏寡阶段	退休,有一定的储蓄和财产	选择节奏慢、保健型、知识性的旅游产品

处于不同社会阶层的旅游者,其社会地位、经济收入、生活方式不同,因而在旅游行为上也存在较大差别。旅游者偏好是潜在或现实旅游者对某一旅游产品或旅游地所表现出的以认知因素为主导的具有情感和意向因素成分的心理倾向。同一阶层的成员,因经济状况、价值取向和受教育程度相近,兴趣、旅游偏好和行为方式也具有较高的相似性。就旅游行为方面而言,倾向于选择相同类型的产品品牌,对某些传播媒体有着共同的偏好等。(见表2-2)

表2-2 旅游者社会阶层与旅游行为特征(引自马耀峰,1999)

社会阶层	旅游需求	旅游消费水平
上上层	很注重旅游服务	豪华
下上层	注重旅游产品和服务	奢华
上中层	更注重旅游情趣	中高档
中层	只注重适合自己水平的产品和服务	中档

(2)旅游者的旅游感知(认知)。

旅游感知是旅游者在常住地或旅游地将外部旅游信息被动接收后和自身已有的旅游经验进行对比所形成的和旅游地事物密切相关的认识和评价,即形成对旅游地的整体印象。因知觉(感知)具有选择性、理解性、整体性和恒常性等特点,这也是旅游者对同类型旅游产品的感应存在差别，且一旦形成对某一旅游地的印象而不易改变的原因。另一方面，即使人们对某些旅游地的感知相同，但年龄、文化、收入、职业等的差异也会影响其兴趣和旅游偏好，进而影响到旅游决策行为。

当旅游者开始在旅游地活动后，旅游地的各类信息通过旅游活动的体验和各种信息传递渠道不断被旅游者所接收。旅游者在已有感知印象的基础上，根据原有旅游经验或实地旅游体验经历对旅游地相关信息主动进行选择、反馈、加工和处理的心理过程，就是旅游认知。该过程可以发生在旅游者常住地，也可以发生在旅游地，是旅游者对旅游地相关事物的总体认识和综合评价。其主要的影响因素是旅游者在旅游地的体验质量以及各种旅游地相关信息刺激的强弱程度。

国内外对旅游感知和旅游认知的研究多从实证研究入手，以旅游者调查问卷来收集基础数据，通过一定的数学方法进行汇总分析。[①]对旅游者感知的实证研究从时空角度可以划分为以下三种方式：

第一，抽样调查实施于旅游者常住地。此类研究中，抽样调查的内容主要是旅游者出游前在常住地对旅游地相关信息搜集的过程及前期评价，是在旅游者常住地进行的调查，受调查对象（潜在旅游者）对于感知对象基本没有亲身的经历和较为深入的了解。

第二，抽样调查实施于旅游地。此类研究和抽样调查实施与旅游者常住地的区别是：旅游者已经在旅游地进行了相应的旅游体验。

第三，抽样调查分两部分，旅游活动前和旅游活动后。此类调查研究实施于旅游地或旅游者常住地，调查内容为旅游活动前预期和旅游活动后评价两部分。其研究主要涉及旅游动机、旅游期望和满意度评价，旅游感知的实际来源是旅游者预期的旅游体验目标和实际体验质量之间的对比。

在旅游者对旅游地所感知的诸多层面中，对旅游决策行为影响较大的感知因素是旅游者对时空距离的感知及对旅游地整体形象的感知。

● 旅游者对时空距离的感知。

旅游行为总是发生在一定的时间和空间之中，因此旅游者计算距离一般使用两种尺度，即时间距离和空间距离，旅游者对时空距离的感知因人而异。距离又可分为客观距离和感知距离，客观距离以里程来衡量，感知距离则以克服客观距离所消耗的时间、资金和精力等来衡量，并受到交通便利程度的影响。例如，沃姆斯和詹金斯研究澳大利亚新南威尔士州的Coffs Harbour旅游者与当地居民的感知距离，发现两者差异明显，感知距离（CD）与实际距离（AD）之间的关系，对于旅游者而言大致符合CD=10.7+1.01AD，对于当地居民大致符合CD=1.14AD

---

① 白凯，马耀峰，游旭群. 基于旅游者行为研究的旅游感知和旅游认知概念[J]. 旅游科学，2008，22（1）：22-28.

−2.64。尽管居住地与旅游地的客观距离不变，但由于开辟了航空线或铁路，会使感知距离大大缩短。因此，对旅游地的吸引力真正起削弱作用的是感知距离而不是客观距离。当然，在现代交通高速发展的状况下，旅游吸引力因地域距离增加而衰减的规律，其影响程度正在不断减弱，如高铁"时空压缩"效应就对游客出游距离产生明显作用，并影响到游客对旅游地的选择，进而引发对旅游的"多米诺"效应。[①]

在一定空间距离和交通条件下所需的旅行时间即为时间距离。旅游者对时间知觉的要求常因动机的不同而有所不同，比如以度假为目的的旅游者会匆匆赶到一个度假地，把更多的时间消耗在那里，而以探险为目的的旅游者会把时间重点放在行程本身。旅游者对时间知觉的总体要求表现为：旅途要快，即要用最短的时间完成由甲地到乙地的行程；游览要慢，即活动时间充足，能从容地观赏和体验；活动要准时，现代社会人们的时间观念很强，不愿浪费时间。

● 旅游者对旅游地形象的感知。

旅游者对旅游地形象的感知信息，来自个体的体验，往往涉及旅游地的景观、基础设施、服务及可达性等方面；来自媒体广告、宣传和周围群体的介绍等。由于大多数旅游者接触的是一个陌生的环境，因而传递旅游地信息的间接渠道所发挥的作用越来越大，并在人们构建旅游地感知形象时起关键作用。

旅游者在出行前，一般会对旅游地各种信息进行搜集并形成一定的旅游地感知形象。某种程度上，旅游者摄取旅游地信息的途径和丰度甚至会影响其出游决策。因为人们在选择旅游地时会受到感知环境的限制，虽然客观环境中存在一些很有价值的旅游地，但由于某种原因，这些旅游地没能成为人们感知环境的一部分，那么，人们就不可能到该地旅游。可以说，旅游者对旅游地整体形象的感知是十分重要的，往往决定着人们是否到该地旅游，以及到该地旅游项目的安排等，这也是人们在选择旅游地时总是倾向于选择较著名旅游地的重要原因。

(3) 出游态度。

旅游态度是指对某一旅游吸引物的认知、评价及出游意向等，分为肯定的态度和否定的态度。肯定的态度会促成旅游行为的发生，否定的态度则起抑制作用。旅游者作出旅游决策要经历一系列的心理过程：首先从社会环境中接收知识和各种旅游信息，在此基础上形成针对旅游的态度，进而形成某种行动的偏爱和意图，激发旅游行为。此时，诸多因素又对这种偏爱或意图施加影响，二者相互作用的结果决定了具体的旅游行为是否能够发生。因而，旅游态度是影响旅游偏好以及旅游决策的主要因素之一。(见图2-3)

---

① 汪德根，陈田，李立，章鋆. 国外高速铁路对旅游影响研究及启示[J]. 地理科学，2012，32 (3): 322-328.

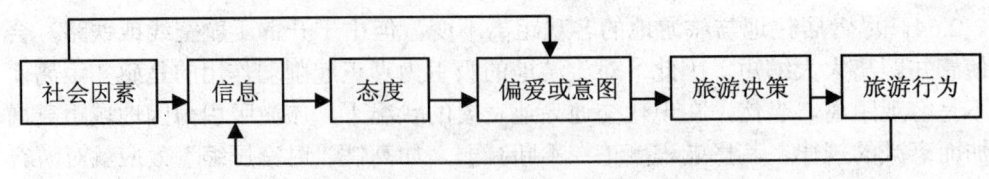

图 2-3　态度与旅游行为的关系（引自甘朝有，2001）

（4）文化因素。

人们成长于特定的文化空间，接受共同的价值观、道德规范和风俗习惯，所以文化对旅游者行为具有深刻而广泛的影响。而文化背景的差异也正是促使旅游产生、旅游需求和消费多元化、旅游空间分异等旅游行为差别的原因之一。旅游在很大程度上是一种精神消费，因此受教育程度越高，对旅游需求越大。一般情况下，旅游者的文化程度越高，消费能力也越强，主要原因在于不同的文化差异间接造成了旅游者社会地位、经济收入以及需求层次的明显差异。例如，美国的研究显示，教育程度越高者越倾向于参与体能挑战性较强的旅游项目，如航海、野营、背包旅行、登山、网球等；而文化程度较低者倾向于选择游泳、滑冰、观光等旅游活动。

2. 旅游决策过程

旅游者在出游时总要付出金钱、时间、身体甚至情感的代价，因此只有当在旅游中的收益大于代价时，才会作出旅游决策。除了前面探讨的一些因素外，影响旅游决策的因素还有很多，诸如旅游地的天气和气候状况、旅游地实际服务水平和住宿设施的实际质量、旅游地居民的好客程度等，而且这些因素在旅游决策作出时往往不确定或不明朗。旅游决策行为主要由感知行为、最大效益原则等决定。因此，旅游决策过程实际上需要采取有效的方法减少由于不确定因素带来的或然性，通过对各种可能的方案进行筛选，以寻求旅游需求的最大满足。图 2-4 描述的是整个度假决策的过程，当然这并不表示所有的决策行为都是遵照这一方式形成的；相反，个人在决策之时都会对可能影响他们决策的各个方面进行详细周密的考虑。

克朗普顿（Crompton，1977）就旅游者目的地选择过程提出了一个系统模型，后来又在1991年和厄姆（Um & Crompton，1991）对此模型进行了完善。[1]该模型是一个概念框架模型，认为旅游决策制定基于"外部因素、内部因素和认知评价"三个系列的变量，然后进一步将该认知评价过程具体划分为五个阶段：第一阶段，通过被动地获取信息或偶然地学习形成对旅游地属性的认同；第二阶段，在作出

---

[1] 孙延红. 国外旅游者行为研究综述[J]. 企业经济，2006，（3）：101-103.

一般的度假决定之后,对旅游地的选择过程正式开始(包括对环境制约因素的考虑);第三阶段,从简单地产生旅游地的意识向旅游动机被激发进而积极主动地选择旅游地逐步推进;第四阶段,通过主动的信息搜寻进而形成对令人产生欲望的旅游地属性的信任;第五阶段,从令人产生欲望的旅游地中挑选出一个特定的旅游地。

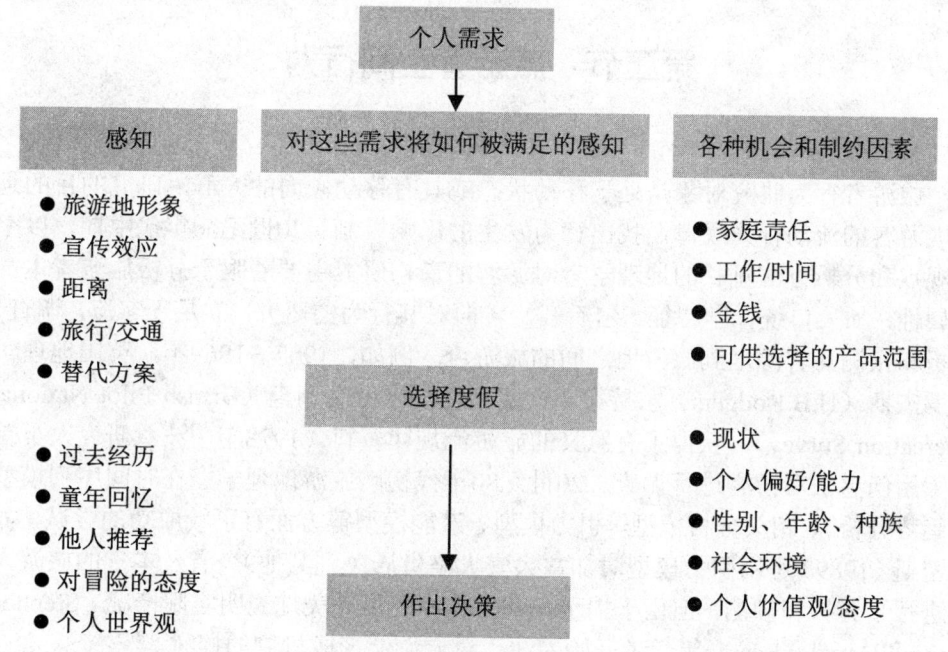

图2-4 度假决策过程(引自 Page, S., 2004)

莫提波(Moutinho,1987)在对葡萄牙的度假旅游者行为进行的调查中,曾绘制过一个概括的行为流程图,将原本极其复杂的概念框架简化成一个详细的、更具有操作性的度假旅游者行为模型,包括决策前及决策制定过程、购后评价、未来决策制定三个阶段,通过分析旅游者重复旅游产品和服务方面的可能性与对旅游者的后续行为结果的研究联系起来。

吉尔伯特(Gilbert 1991)认为,旅游者的决策过程分为四个不同阶段:(1)需求的原动力。初期引导人们作出游览某景区(点)或者度假决策的各种不同的力量,其中包括旅游动机。(2)需求效应。人们通过各种渠道(宣传手册、报纸、网络)获取有关旅游地的信息,从而形成对旅游地的特定印象和感知(既可能增加旅行实现的可能性,也可能减少旅行实现的可能性)。(3)角色与决策。旅游者作为消费者的角色将会影响他们对旅游产品的最终决策。例如,一个家庭中不同的成员会对度假时间、地点和所从事的活动产生不同的影响。(4) 需求筛选。旅游决策受到人口因素、社会经济因素以及旅游机会的重大影响和制约。尽管在对某一产品进行选择的过程中可能存在一股强大的"推动力",但是旅游需求仍然要经过大量限制因素的筛选和过滤。

第二节 旅游者空间行为

旅游者行为研究对象是处于移动状态或具有移动倾向的人群,研究的目的是发现游客的流动行为规律,找出行为发生的影响机制。20世纪60年代中期,以空间观点和分析方法见长的地理学者对游客的最初研究主要着眼于分析旅游者本身的属性,如人口统计学特征,尔后开始转向对其行为的研究,立足于客流,调查、分析和预测从客源地到旅游地之间的旅游流。例如,1967~1969年,英国地理学家罗杰斯(H.B.Rodgers)主持第一次实验性全国游憩调查(British Pilot National Recreation Survey),获得了有意义的旅游流规律资料。1978年,波兰研究人员首次采用问卷法对游客进行调查。20世纪80年代初,旅游地理学家在时间序列模型(趋势分析)、相关分析模型、引力模型、潜能模型等方面有了较成功的尝试,如史密斯(1989)运用引力模型对加拿大安大略省居民到其他9个省及本省的旅游人数进行了分析和预测,但由于揭示模式常常不足以完美地说明实际情况,Stephen Smith和Douglas Pearce等学者开始专注于对旅游流形成机制的探讨。[①]

随着国内旅游客源市场研究的深化,20世纪80年代后期,学者们开始运用引力模型、抽样调查等方法探讨个别旅游热点城市、风景名胜区游客的时序分布规律及城市居民的出游规律结构;讨论旅游者行为类型和空间规律;就不同尺度旅游区客源市场的地区结构和突发事件等不确定因素对旅游客源波动影响等方面进行研究。进入20世纪90年代,出现了RAS分析等新技术,研究者从城市游憩者的新视角透视市场结构,如吴必虎等对上海城市游憩者的行为规律进行的测量和研究,丁登山等对南京市游憩者流动行为的研究,张红等对西安市客源市场结构的研究等。还有学者对游客的旅游行为类型和空间规律进行了讨论,如陆林对黄山国内旅游客源市场的地区结构及山岳景区空间行为特点进行了调查分析。总体来看,有关旅游客源的空间分布虽然有一些案例描述和阐释,但是对于旅游地不同时期客源市场的空间分布演变,特别是旅游者空间行为方面的深入系统研究并不

---

① 杨新军,马晓龙. 大西安旅游圈:国内旅游客源空间分析与构建[J]. 地理研究, 2004, 23 (5): 695-704.

多见。

一、旅游者空间行为模式

旅游者空间行为是指旅游者在出发地至旅游地以及旅游地内部的空间移动行为。关于旅游空间行为模式的划分，由于研究角度不同学者们的看法也不一样。奥斯克（Miossec，1976）和戈曼森（Gormsen，1981）从空间结构和空间动力学角度观察了目的地旅游演变过程，并将旅游者的行为和类型同旅游者的地理分布模型结合起来考虑。朗德格仁（Lundgren，1973）和布里敦（Britton，1980）建立了核心—边缘理论模型（core-periphery model），强调在旅游行为中边缘地区对核心地区的依赖。Lundgren（1984）提出旅游者在中心城市间的相互流动以及大城市向内地旅游地的垂直流动模式。劳斯（Laws，1995）将国际旅游流的空间类型划分为跨境旅游流（cross-border tourism）和向缘旅游流（flows to tourism periphery）两种，前者是指跨越两国边境的国际旅游，后者是指游客从世界主要的人口集聚的大城市向距离客源地相当遥远的目的地的旅游行为。[1]

明思（Robrt C.Mings）和麦克休（Kerm E.Mchugh）研究了美国黄石公园旅游者空间行为，认为旅游者旅行空间结构模式可分为直游式（Direct Route）、直游—周游式（Partial Orbit）、周游式（Full Orbit）和飞行/驾驶式（Fly/Drive）。其中飞行/驾驶式是直游—周游式的特例，只是其旅行模式中的直游式部分路径是通过飞机完成的。

克兰普顿（Crompton J.）和费森迈尔（Fesenmaier D.）等在总结前人旅游空间行为研究的基础上，将旅游者空间行为模式分为五种，即：

- 单目的地模式（Single Destination Pattern）：指一个有较强吸引力的旅游地独处一地。
- 沿途线型模式（En-rout Pattern）：旅游者在往返主要旅游地途中，顺便游览线路附近旅游地。
- 基地旅游模式（Base-camp Pattern）：整个旅游期间旅游者均在主要旅游地并以此为基地游览附近旅游地。
- 区域旅游模式（Regional Tour Pattern）：旅游者周游区域内一系列旅游地。
- 环状旅游模式（Trip Chaining Pattern）：整个旅游线路呈环状，旅游者依次游览一系列旅游地，但没有一个主要旅游地。

比较上述空间行为模式的划分及各类型的特点，发现明思（Robrt C.Mings）与克兰普顿（Crompton J.）的分类基本相似。直游式相当于单目的地模式，直游—

---

[1] Laws, E. Tourist destination management issues, analysis and policies[M]. London Routledge Press, 1995.

周游式和飞行/驾驶式相当于沿途线型模式,周游式相当于区域旅游模式和环状旅游模式。

保继刚、楚义芳（1999）根据涉及的空间大小把旅游空间行为划分为大（省际、全国、国际）、中（省内、市内）、小（县内、风景区内）三个尺度,认为旅游者在各个尺度的空间行为具有以下一些特征:

- 大尺度空间的旅游者,总是力图到级别较高的旅游点旅游（倾向于选择有高级别旅游点的地方作旅游目的地,到达目的地后往往只游玩目的地附近级别较高的旅游点）;尽可能游玩更多的高级别旅游点;当旅游目的地不止一个时,为避免走回头路旅游者总试图采用环状线路等。
- 对于中、小尺度空间的旅游者,无论在居住地还是在暂住地附近旅游,旅游者有采用节点状路线旅游的倾向;旅游效果受旅游路线的影响等。

二、旅游客流空间使用曲线

旅游者的出行空间对距离十分敏感,例如,林木忠义（1966）提出三种有关基本距离的原理:"距离与行动圈（基本距离越长则观光者的观光活动范围与其旅行规模就越扩大）"、"距离与频度（基本距离越短则观光者访问观光对象的频度越高）"和"距离与观光内容（目的比较单纯的观光内容只能招徕近距离的观光者,而观光内容优良者则其招徕范围较广）"等。

从旅游学的角度来看,在一定的引力和外推力作用下,旅游客流量一般会随着与旅游地距离的增加而逐渐减少,这一现象被称为距离衰减规律。即客源地与旅游地之间的距离越大,旅游者为克服距离所付出的代价也随之增加,如旅行费用和时间的增大会造成旅游吸引强度降低,使旅游者出游的可能性变小,旅游客流量随之减少,用公式表示为:

$$F = \frac{T_1 T_2}{f(d)}$$

式中: F 为客流量的大小; T_1 为旅游地的吸引力,涉及旅游资源、服务质量、被了解程度、历史渊源、语言障碍、文明程度等; T_2 为旅游客源地的外推力,涉及收入水平、带薪假期长短、兴趣爱好等; d 为旅游地与客源地之间的相互距离。

旅游客流空间使用曲线是旅游地使用人数随着距离的变化而发生改变的一种统计学描述,已被国内外旅游研究证明为描述旅游客流量随距离的增加呈距离衰减的有效方法。客流高峰的分布一般与经济发达区、城市密集区的分布相一致,因为城市密集,居民收入水平高,居民出游力强,如东部地带是目前中国经济最发达的地区,分布着中国国内客流的三大源区（环渤海地区、长江三角洲地区、珠江三角洲地区）。旅游区内等级越高的旅游景区（点）之间旅游流相互作用的强度越大。

虽然在距离（包括空间距离、经济距离、时间距离、心理感知距离等）的阻逆作用下，旅游客流量的大小与距离影响力成反比关系，但由于旅游者心理因素、旅游客源地经济发展水平、大城市的空间分布等影响居民出游因素的作用，旅游客流量的空间分布会在距离衰减规律的基础上产生一定的波动。如保继刚（2002）以国内旅游业大发展为背景，探讨了桂林国内旅游客源市场的演变趋势，认为其发展呈现出波浪式推进的空间演变规律，同时还具有跳跃性增长的特点。

旅游客流空间使用曲线波动幅度较大，主要是距离衰减规律和由经济收入造成的人口出游力的空间波动等因素共同作用的结果。旅游客流空间使用曲线在距离衰减曲线的基础上会出现一些变形，有基本型曲线、U型曲线、Maxwell—Boltzman型曲线三种类型。旅游客流空间使用曲线会随着旅游地等级（吸引力大小）、旅游地所处的区位（包括经济区位、旅游区位、交通区位）不同而不同。例如，皖南地区的三大名山中，黄山是国际著名的山岳型旅游地，其引力场较大，旅游客流空间使用曲线较为复杂，是Boltzman型、U型和基本型曲线三者的复合；九华山旅游客流空间使用曲线是U型与基本型曲线的复合；齐云山旅游资源与黄山同质，但在旅游区位上处于黄山的阴影区内，其旅游客源市场主要为近距离市场，旅游客流空间使用曲线较为简单，与基本型相一致。

三、城市居民出游目的地选择行为

由于游客在一定条件下总的出游力是有限的，在特定时段、特定背景下只能到访一定数量、分布于一定范围内的旅游地。而对于旅游地来说，游客的到访实际上是客源市场在旅游地空间上进行市场分割的结果。伴随全国国内旅游需求普遍化、组织化、集中化、多元化、消费化的发展趋势，吴必虎（1997）对上海、西安、成都、长春 4 个城市居民出游目的地的选择行为进行研究发现[①]，虽然各城市在出游力、人口数量、城市规模、城市区位等方面存在相当大的差异，并因此造成同等空间尺度上出游率的一些不同，但城市游憩者在空间上的流动规律总体上呈现一致的趋势。（见表 2-3）

---

① 吴必虎，唐俊雅，黄安民，赵荣，邱扶东，方芳. 中国城市居民旅游目的地选择行为研究[J]. 地理学报，1997, 52（2）：97-103.

表 2-3　四个城市居民对不同距离目的地的到访率（引自吴必虎，1997）

区域	0~15 公里	15~50 公里	50~500 公里	500~1500 公里	>1500 公里
上海	94.6	56.5	68.8	26.6	6.4
西安	88.0	65.5	31.4	28.8	6.0
成都	94.2	69.4	49.0	23.0	18.4
长春	88.0	46.4	59.0	41.0	28.8
总平均	91.2	59.5	52.1	29.9	14.9

　　吴必虎通过 3394 份问卷的信息处理和分析，绘出了中国城市居民到访率在空间上的分割曲线，并从距离、出游能力、设施引力和可达性四个方面分析了其形成机制，得出中国城市居民旅游地选择行为的 4 个基本规律，并从旅游者个体特征角度讨论了性别、年龄、职业、受教育程度等因子与旅游地选择之间的相互关系。

- 中国城市居民旅游和休闲出游市场，随距离增加而衰减；城市的一级客源（由城市出发的本城居民）的 80% 的出游市场集中在距城市 500 公里半径的范围内。
- 中国城市居民的出游目的地中，城市多于风景名胜区，且较集中于东部沿海城市。
- 城市的二级客源（由旅游中心城市出发的非本市居民）的目的地选择范围主要集中在距城市 250 公里半径圈内。
- 中国城市居民关于目的地选择的态度和行为之间存在明显不一致，态度上偏好远程自然景观，行为上选择近程目的地，该不一致是由目的地的多种属性和旅游者所处的情境造成的。

　　丁健对广州市居民的出境旅游行为进行了研究[①]，得出广州市居民出境游市场在空间上的分割规律：

- 广州市居民境外游市场主要集中在港澳地区，其次是东南亚地区和韩国、日本，总体表现为随距离的增加而衰减；53% 的出境游市场集中在 300 公里范围内。
- 居民在出国旅游目的地选择的态度和行为上存在明显差异，表现为除对东南亚地区部分国家如马来西亚、泰国、越南和缅甸的旅游选择态度（意愿到访率）低于选择行为（实际到访率）外，对其他国家的选择态度均高于选择行为，特别是对澳大利亚、日本、美国、法国等国家，选择态度远高于行为。

---

① 丁健，李林芳. 广州市居民的出境旅游行为[J]. 地理研究，2004，23（5）：705-714.

出现目的地的选择行为和态度存在明显不一致的主要原因是：第一，个体行为除受态度影响之外，还受政策、距离和出境费用等的影响。如旅游者想到国外去旅游，但办理签证难等限制了人们的出游，另外到国外旅游花费较高，一般公民虽有出国旅游愿望，但考虑到所需费用便会改变出游态度甚至取消旅游。第二，同一对象中有多种属性和特征，当个体对某种属性持肯定态度而对另一种属性持否定态度时，就会导致和愿望不一致的行为。如人们对菲律宾、印度尼西亚的热带海滨风光持肯定态度，但对当地的治安环境持否定态度，就可能选择到泰国、马来西亚等国旅游。

四、旅游地内部旅游者空间行为

对旅游者行为的研究以往偏重于宏观尺度空间，侧重于解释不同尺度上的空间行为模式，包括全球尺度、国家尺度、区域尺度和地区尺度等。近年来，学者们开始关注微观空间尺度上的旅游者空间行为。在时空维度结合的框架下，旅游地内部旅游者行为的研究处于起步阶段[①]，而对旅游地内部实际旅游者的空间移动模式进行建模的研究，将有助于更好地理解旅游地内部旅游者行为的特征，对解决游客管理、旅游资源持续利用等问题起到关键性的作用。

- Alan Lew & Bob McKercher（2006），把行为模式分为领域模型和线路模型两类，将影响目的地内部旅游者行为的要素归纳为目的地特征和旅游者特征两个维度。
- Joanne Connell，Stephen J. Page（2008），以苏格兰罗蒙湖国家公园旅客行程地图调查问卷的方式收集了749份数据，应用地理信息系统（GIS）分析整体的旅游流以及更加细致的个人行程，并讨论了旅游规划与政策对此的影响。
- 黄潇婷（2009），以北京颐和园景区旅游者时空行为模式为研究对象，尝试将时间地理学研究方法引入旅游者行为研究中。实证研究表明，时间、空间、活动和路径是时空路径聚类要素。[②]
- Jianhong Xia（2011）提出利用半马尔可夫建模，在宏观层次上模拟游客时空运动的方法，作为基础模型不断地改进，并通过在澳大利亚菲利普岛自然公园456份问卷的实证研究验证了模型的有效性。[③]

---

① 陈立章，祁黄雄，肖剑. 旅游目的地内旅游者行为研究进展述评及其行为特征分析[J]. 企业导报，2011，(19)：93-94.

② 黄潇婷. 基于时间地理学的景区旅游者时空行为模式研究——以北京颐和园为例[J]. 旅游学刊，2009，(6)：83-87.

③ Jianhong Xia, Panlop Zeephongsekul, David Packer: Spatial and temporal modelling of tourist movements using Semi-Markov processes[J]. Tourism Management, 2011.

- Claire B. Smallwood，Lynnath E.Beckley，Susan A.Moore（2011），通过分析周期长达12个月的1208份访谈数据，描述、量化了采用不同交通方式到澳大利亚西北部尼格鲁海洋公园休闲娱乐的游客在目的地内部的移动模式。

旅游者在微观空间尺度与宏观空间尺度的行为差异一般体现在空间决策（景点选择与路线的安排）、时间的分配、空间决策的影响因素等方面。旅游者在旅游地内或景区内一定空间范围里的每一次移动都包含着一次决策与空间移动行为，是一个动态的决策行为与空间行为相互交替以及伴随整个游览过程不断延续的过程。其空间决策具有阶段性、过程性，旅游者时空移动的计划性相对较低，可变性与随意性较高，不是一次性的，而是多个阶段、多步骤的。（见表2-4）

表2-4 宏观空间尺度与微观空间尺度旅游者行为的差异（引自陈立章，2011）

		宏观尺度空间	微观尺度空间
决策行为与空间行为的构成关系	A.时间关系	决策在前，空间行为在后相互剥离	决策行为与时空移动交替伴随行进的一个过程
	B.目标与计划特点	倾向于目的明确 计划较完整	倾向于总体性目标 计划较模糊
	C.旅游行为可变性	决策对空间行为的决定性影响	自由度相对较高 随意性、变化性
决策理论假设		理性决策 单步式静态决策	有限理性决策 过程式动态决策
空间移动影响因素	A.时间因素	时间总体长度的制约	时间预算计划制约 对时间分配要求提高
	B.空间因素	主要是距离，体现在转移的时间与金钱成本上	景点分布的空间结构 地形因素
	C.其他		同游群体类型、熟悉程度等

关于旅游者空间行为的研究，从内容上看，主要集中于旅游者时空行为的特征、规律与模式类型，以及试图通过建立各种模型阐释旅游者的空间行为决策过程与影响因素。从采用的技术方法上看，学者们都趋向于量化旅游者的空间行为，并试图建立数量化的模型，模拟、预测、优化行为模式；地理信息系统GIS技术、手机移动数据等面向使用者的LBS技术都逐渐被应用于相关研究，数据收集与处理的方法不断改进。

第三节 旅游客流空间移动规律

掌握旅游流的流量和流向等规律，有利于区域间的交流合作，进而不断丰富和完善旅游产品体系，同时还可以促进客流辐射及流通，延长旅游流停留时间，加快区域旅游业发展。国内外学者对不同行程尺度的旅游流规律进行了较全面的研究，构建了很多旅游空间模型，总结旅游流的距离衰减性、相互流动性、集中性、等级性、多基于城市出游性等基本特征。但由于统计资料的缺乏，导致对旅游流空间模式的透视出现若干理解上的误区和不足，以及对具体的某一旅游地客源市场空间分布进行追踪的研究成果比较少见等问题，旅游流研究有待深入。关于旅游流研究，应注意突破旅游地资源的角度或区位、可达性的角度，融入其他相关学科的知识，如经济学、营销学、社会学、心理学等，进行跨学科、多角度的探索研究。

一、国际旅游客流空间移动规律

据世界旅游专家预测，进入21世纪以后，旅游业将继续保持增长势头，但增长的速度将逐渐平缓。就旅游客源市场而言，国际旅游仍然主要集中在欧洲、美洲、东亚及太平洋地区，呈现欧洲、东亚太和美洲三足鼎立的格局，总体趋势可归纳为"亚洲迅猛，美洲平稳，欧洲趋缓，非洲起步"。世界多极化、经济全球化和区域一体化发展的格局更加明显，为世界旅游经济提供了稳定的外部环境。世界旅游组织在2008年所作的《2020年世界旅游展望》中预测，到2020年，全球国际旅游接待人数可望达到16亿人次，其中3.78亿人次是跨区域的远程旅游者。接待量最大的三个区域分别是欧洲（7.17亿人次）、亚太地区（3.79亿人次）和美洲（2.82亿人次）。（见表2-5）

表2-5　2020年世界十大客源国和十大旅游目的地（WTO预测，1997）

位次	客源国家	出境旅游人数（万人次）	占世界市场比例（%）	目的地国家或地区	接待旅游者人数（万人次）	占世界市场份额（%）
1	德国	16350	10.2	中国	13710	8.6
2	日本	14150	8.8	美国	10240	6.4
3	美国	12330	7.7	法国	9330	5.8
4	中国	10000	6.2	西班牙	7100	4.4

续表

位次	客源国家	出境旅游人数（万人次）	占世界市场比例（%）	目的地国家或地区	接待旅游者人数（万人次）	占世界市场份额（%）
5	英国	9610	6.0	中国香港	5930	3.7
6	法国	3710	2.3	意大利	5290	3.3
7	荷兰	3540	2.2	英国	5280	3.3
8	加拿大	3130	2.0	墨西哥	4890	3.1
9	俄罗斯	3050	1.9	俄罗斯	4710	2.9
10	意大利	2970	1.9	捷克	4400	2.7
	总计	78890	49.2	总计	70880	44.2

国际旅游客流是指国际旅游者借助交通工具，从客源国向目的地国家或地区移动所形成的具有一定方向和一定数量的移动人群。国际旅游客流呈现出变化的一面，主要表现在包括战争、经济、政治形势、气候以及重大事件在内的各种因素都会使国际旅游客流的流量、流向发生变化。同时，国际旅游客流的空间移动又具有相对稳定的特征，呈现出一定的规律性。①

1. 国际旅游主流在发达国家之间移动

旅游客源国是世界旅游业发展的关键因素之一，据世界旅游组织（WTO）预测，2020年的十大旅游客源国占世界市场的比例为49.2%；十大旅游接待国家或地区占世界市场份额的44.2%。一般来说，经济、文化较为发达的国家是主要的客源国，如美国、英国、法国、日本等国的出游人数约占国际游客总数的40%以上。同时，人文和自然资源保护较好、旅游设施完善、社会较为稳定的国家和地区，如法国、西班牙、美国、意大利等也是世界重要的旅游目的地。总体来看，世界输出国际旅游客源最多的是以德国、美国、英国、加拿大、法国、意大利和日本为代表的发达国家，同时发达国家旅游接待占世界旅游市场的份额也超过了50%。根据1950～2000年各地区接待国际旅游人数统计数据显示，发达国家集中的欧洲和北美一直是国际旅游的重心。随着亚洲、非洲地区发展中国家对旅游业的重视，国际旅游的空间范围日渐拓展，涌现了一大批新兴的旅游接待国。尽管非洲、东亚太、中东和南亚等地区凭借着众多的名胜古迹、旖旎的自然风光、五彩缤纷的民俗风情以及持续增长的经济、不断改进的旅游环境等诸多因素，在总体上一直呈现增长势头，使得国际旅游客源流继续向东移动，从而使欧洲、美洲等传统旅游区在世界市场的份额呈现下降的趋势，但就总体实力看，亚非国家还不足以与欧美国家相匹敌。少数发达国家接待的国际旅游者人次和国际旅游收入

---

① 郭鲁芳. 国际旅游客流空间移动规律研究[J]. 社会科学家，2000，15（4）：19-25.

仍然超过了数量众多的发展中国家，国际旅游客流的主流在发达国家间移动的格局仍然没有改变。欧洲和美洲依然是世界上最主要的旅游目的地，它们在世界旅游市场中的主要地位仍未动摇，即欧美国家占据绝对优势的国际旅游业总体格局在一定时期内不会改变。

表2-6 1950~2000年世界国际旅游接待人数的地区市场份额变化（单位：%）

地区	1950年	1960年	1970年	1980年	1990年	2000年
非洲	2.1	1.1	1.5	2.5	3.3	3.8
美洲	29.6	24.1	23.0	21.3	20.5	18.6
东亚太	0.8	1.0	3.0	7.3	11.5	16
欧洲	66.4	72.5	70.5	66.0	62.4	57.8
中东	0.9	1.0	1.4	2.1	1.6	2.9
南亚	0.2	0.3	0.6	0.8	0.7	0.9

表2-7 2007~2009年世界主要入境旅游接待国比较

国家	入境旅游人数（千人）			旅游外汇收入（百万美元）		
	2007年	2008年	2009年	2007年	2008年	2009年
美国	55979	57937	54884	96896	109976	93917
西班牙	58666	57192	52231	57645	61628	53177
法国	80853	79218	74200	54273	56573	49398
意大利	43654	42734	43239	42651	45727	40249
中国	54720	53049	50875	37233	40843	39675
德国	24420	24886	24224	36038	40021	34709
英国	30871	30142	28033	38602	36028	30038
澳大利亚	5644	5586	5584	22308	24756	25594
奥地利	20773	21935	21355	18695	21587	19404
瑞士	8448	8608	8294	12181	14408	13945
加拿大	17935	17142	15771	15568	15668	13707
荷兰	11008	10104	9921	13305	13342	12365
瑞典	5224	4728	4875	11997	12494	12100
墨西哥	21370	22637	21454	12852	13289	11275
日本	8347	8351	6790	9334	10821	10305
俄罗斯	20605	21566	19420	9447	11819	9297
新加坡	7957	7778	7488	9066	10722	9187

2. 国际旅游客流以短程移动居主导地位

从地理要素讲，国际旅游主要发生在邻近国家之间和地区内部，表现为近距离流动多，远距离流动少。在世界各个地区，绝大部分的旅游者来自地区内部（只有南亚，约半数以上的客源来自欧洲，区内旅游约占 24%）。欧洲是世界上最依赖区内旅游的地区，约84%的旅游者产生于欧洲内部；东亚太、美洲地区，区内旅游者也占其客源总数的 3/4 左右；非洲和中东地区，区内旅游约占43%。在非洲内部，由北向南，地区内的客源不断增加，来自欧洲的客源呈现出不断减少的现象，如北非的欧洲客源占 55%，区内客源占 10%；而在南非，区内客源已占 3/4，欧洲客源仅占 16%。地处北美的加拿大每年出国旅游人次在 1200 万以上，占其整个国家人口的一半左右，其中87%在美洲地区内旅游，10%左右去欧洲旅游。

国际旅游客流过去几十年里始终以短程移动居主导地位。究其原因，主要在于：

● 距离衰变规律的作用。

一般情况下，旅游客源国与接待国的距离愈大，客源国对旅游目的国的旅游阻抗力愈大，旅游目的国对客源国的旅游吸引力就愈小，即距离衰减规律作用的直接结果便是客源流向的近域性。以欧洲为例，出境旅游多为洲内旅游，远途仅占其出境旅游总量的 4%。法国人最推崇的旅游目的地依次是西班牙、英国、意大利。意大利人最喜欢去的旅游目的地顺次是法国、西班牙、奥地利。亚洲出境旅游也以洲内移动为主。近年来，日本出境旅游者的50%在亚洲流动。新加坡出国旅游者中 55%以上在东盟各国旅行。无论是在美洲、欧洲还是在亚洲，一个普遍的特征是：一个旅游目的地国家的邻国往往是它最大的客源国，如加拿大、墨西哥旅游最大的客源国是美国，而加拿大出境旅游者去美国也占绝大多数。

● 旅游者外出旅游"一增二减"趋势及旅游者"有钱，没时间"特征的影响。

从世界范围看，旅游者外出旅行呈现"一增二减"趋势，即每年旅行次数增加，每次行程时间缩短，旅游地点减少。此外，随着经济的发展以及生活节奏的加快，现代人"有钱，没时间"的特征进一步强化，忙里偷闲去邻近国家或地区旅游成为大多数旅游者的选择。

3. 国际旅游客流的互动效应明显

国际旅游客流的互动效应表现出国际旅游客源在关系密切的国家之间相互移动的特征。旅游客流相互移动的二者，多是具有某种特殊关系的国家或地区。文化传统上的渊源、政治经济关系等，如有着民族的亲缘关系，或有相同的语言文字，或有较密切的政治经济联系，或有相同的宗教信仰等，都会促成彼此间大量、频繁的旅游者流动。

（1）由民族的亲缘关系形成的国际旅游客流的互动。

民族亲缘关系最突出的表现就是移民联系。如一个国家与另一个国家之间有大量移民，就会在移民母国和移民国之间形成文化联系。回母国寻根祭祖或探亲访友是移民的普遍心态，而移民母国的亲友也希望去移民国拜访亲友，移民的后裔往往怀有很深的思乡念祖之情，因而寻根续宗不断，在移民母国和移民国之间自然就会涌动国际旅游潮。

例如，美国是一个典型的移民国。其移民母国——英国、德国等一直是美国主要的客源国；与此相对应的是，在海外旅游目的地中，欧洲移民母国也是美国人出国旅游最钟爱的目的地之一，美国游客去的最多的欧洲国家分别是英国、意大利、法国、德国、瑞士、西班牙、奥地利、荷兰。

（2）由同质语言文化形成的国际旅游客流的互动。

国际旅游客源在同类语言文化之间移动的倾向日益明显。以澳大利亚为例，其出境旅游第一目的地为新西兰，随后就是英国、美国。与此同时，英国、美国也是澳大利亚的主要客源国。

同质语言文化之间客流互动，在一定程度上也反映了殖民联系对国际旅游客流的影响。非洲、大洋洲和拉丁美洲的一些国家过去曾是发达国家的殖民地（如澳大利亚曾是英国的殖民地）。殖民列强为了加强其统治地位，往往把自己的语言文字、教育、文化、货币及政治结构等强加于殖民地，从而形成了宗主国和殖民地之间千丝万缕的政治、经济、文化联系。尽管殖民时代早已成为历史，但前宗主国和前殖民地之间的文化、政治、经济联系却并不因殖民列强的退出而告终。前宗主国的旅游者仍喜欢去前殖民地观光游览。如法国与其法属西非和北非前殖民地之间的旅游流就说明了这一点。非洲的突尼斯、摩洛哥、塞内加尔、毛里求斯、埃及等国都排在法国出境游前30位之列。同样，荷兰旅游者喜欢到苏里南旅游，比利时旅游者到扎伊尔旅游，英国旅游者到东非和亚洲前殖民地旅游等，都说明了由殖民联系引起的同质语言文化对国际旅游客流流向的影响。

（3）由政治、社会、经济联系引起的国际旅游客流的互动。

随着世界经济一体化的趋势不断加强，各种政治、经济联盟相继成立。商品、资本、人员、劳务的流通大大促进了国际旅游客流的强度，旅游客流的互动效应更加明显。

4. 国际旅游客流主要由"北"向"南"移动

"南"、"北"有双重含义。从经济地理的角度考察，"南"指发展中国家，"北"指发达国家。据估计，每年从发达国家进入发展中国家的旅游者人数约占国际旅游总人数的20%左右，而发展中国家居民到发达国家旅游的人数仅占国际旅游总人数的5%左右，由"北"向"南"移动的旅游流显著强于由"南"向

"北"的旅游客流。同时，因大城市经济文化发达，信息集中，商业繁荣，观念新潮，感受大城市的气息已成为一种时髦。客源流向大城市，特别是现代化国际大都市，已成为一种趋势。

从自然地理的角度考察，"南"是指气候宜人、阳光充足的南方，"北"指气候寒冷、缺少阳光的北方。国际旅游客流大量由北方涌向南方（如从欧洲流向地中海沿岸，从美洲流向佛罗里达和加勒比海地区），气候因素起着主导作用。以欧洲为例，当北欧、西欧冰雪未融时地中海沿岸的一些国家已是春暖花开、阳光明媚，而当炎热的夏季到来之时地中海沿岸国家如西班牙、意大利却是海风徐徐、凉爽清心，因而，芬兰、瑞典、挪威、冰岛、丹麦、英国、爱尔兰、德国等国仍然气候寒冷或多阴雨天气的时候，这些国家居民组成的旅游流就浩浩荡荡涌向地中海沿岸国家。

5. 国际旅游客流由内陆向沿海地区及其岛屿移动

国际旅游者首选哪个国家或地区作为目的地，取决于很多因素，如距离、交通、费用、文化联系等。除此之外，气候环境及旅游资源吸引力也是重要的决定因素，往往会在很大程度上影响旅游者的动向。全球国际旅游客流由内陆向沿海地区及岛屿移动的特征非常明显。特别是驰名世界的三大海滨旅游胜地——美国的夏威夷群岛、美洲的加勒比海沿岸、欧洲的地中海沿岸地区，大多气候宜人，拥有得天独厚的"三S"旅游资源——"太阳、海洋、沙滩"（Sun、Sea、Sand），吸引缺乏这些资源的内陆国家旅游者产生强烈的向往之情，成为世界国际旅游者的主要目的地。

例如，前往"旅游王国"西班牙度假的外国游客中近90%集中在该国的太阳海岸、布拉瓦海岸、巴利阿雷斯群岛和加那利群岛。开曼群岛、美属维尔京群岛、巴哈马群岛接待的国外旅游者已超过本土人口10倍以上，百慕大群岛也在4倍以上。印度尼西亚的巴厘岛是许多旅游者向往的度假天堂。印度洋的马尔代夫群岛和塞舌尔群岛、南太平洋的斐济群岛、安得列斯群岛、佛得角群岛等，都是国际旅游的高度活跃区，每年吸引着成千上万的国际旅游者前去观光度假。

二、中国旅游海外客源市场格局

世界旅游组织（WTO，1997）预测，中国旅游业将在21世纪高速发展，到2020年中国将接待1.37亿人次国际旅游者，占世界旅游市场的8.6%，超过美国、法国、西班牙、意大利和英国，成为世界上最大的旅游目的地。届时，中国出境旅游者也将达到1亿人次，占世界旅游市场的6.2%，仅次于德国、日本和美国，名列世界第四，成为世界十大客源国之一。

"十一五"期间，中国旅游业奠定了以国民大众旅游消费为主体、国际国内旅游协调发展的市场格局，世界旅游大国地位更加巩固。①中国入境过夜旅游人数、旅游外汇收入已先后进入世界前五位，出境旅游人数稳居亚洲最大的客源国地位，并成为全球出境旅游增长最快的国家之一。截至2010年底，经国务院批准的中国公民出境游目的地国家和地区总数达到140个，中国出入境旅游已全面融入世界旅游发展的新格局，建设世界旅游强国的基础进一步加强。"十二五"期间，我国将坚持以国内旅游为重点，不断扩大旅游消费需求，即全面发展国内旅游，积极发展入境旅游，有序发展出境旅游，实现三大市场更加协调发展的市场格局。（见图2-5）

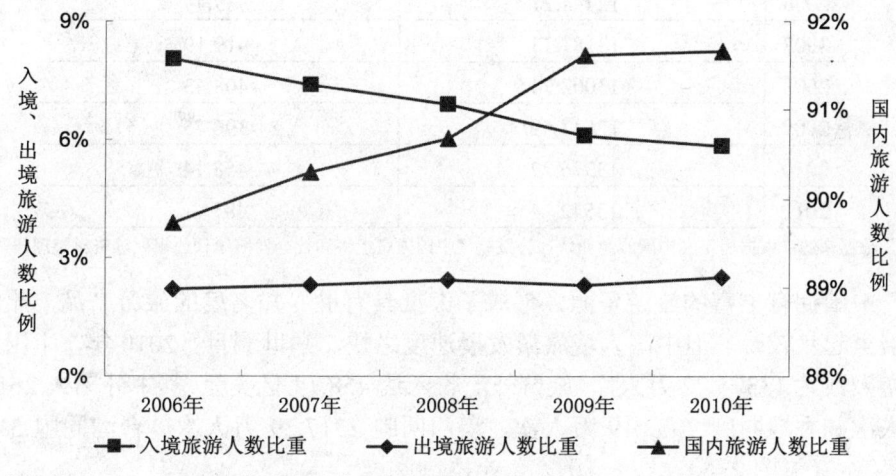

数据来源：2006～2010年度《中国旅游业统计公报》。

图2-5　2006～2010年我国三大市场人数结构

世界各国入境旅游业的发展规律表明，旅游业的发展普遍要经过初创期、发展期和成熟期三个阶段。改革开放三十多年来，随着中国入境旅游业的持续、快速、健康发展，中国入境旅游已经进入常规化增长轨道，目前已开始由初创期进入发展期，旅游业逐步由入境旅游一个市场超前发展成为入境旅游、国内旅游和出境旅游互补互促的全方位发展的产业，并对第三产业的发展、国民经济产业结构的调整和优化起到了积极作用。（见表2-8）

---

① 国家旅游局. 中国旅游业"十二五"发展规划纲要. 2010.

表 2-8 中国海外旅游市场发展情况一览表

年份	入境旅游人数（万人次）	旅游外汇收入（亿美元）
1980	570.25	6.17
1985	1783.31	12.50
1990	2746.18	22.20
1995	4638.45	87.33
2000	8344.39	162.24
2005	12029.23	282.96
2006	12494.21	339.49
2007	13187.33	419.19
2008	13002.74	408.43
2009	12647.59	396.75
2010	13376.22	458.14
2011	13542	485

数据来源：根据历年《中国旅游业统计公报》、《中国国民经济和社会发展统计公报》等资料整理。

中国拥有丰富的旅游资源，形成了大批具有世界知名度的旅游产品，旅游业发展虽起步较晚，但中国入境旅游发展速度之快，举世瞩目。2010年，中国入境旅游人数达13376.22万人次，旅游外汇收入达458.14亿美元，其中外国人2612.69万人次、香港同胞7932.19万人次、澳门同胞2317.29万人次、台湾同胞514.06万人次。（见图2-6）

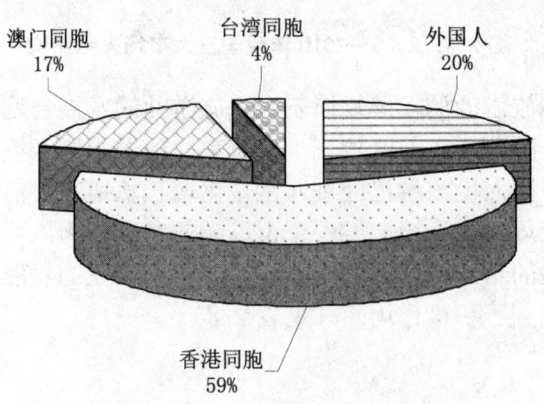

数据来源：2010年《中国旅游业统计公报》。

图 2-6 2010年中国入境旅游客源构成示意图

中国境外客源市场大体上可分两大块，一块是中国香港、澳门和台湾同胞及侨胞,另一块是外国人(包括已加入外国国籍的海外华人)。作为境外旅游者,中国港、澳地区和华侨游客自建国以来一直是中国境外客源市场的主体,1988 年以后,随着海峡两岸关系的变化,台湾旅游者也逐渐成为境外客源市场的又一重要组成部分。总体上说,三十多年来,在境外游客中,中国港、澳、台地区同胞和华侨约占 9/10,是入境旅游市场的主体;外国人约占 1/10。

中国旅游主要旅游客源国分别为:韩国、日本、俄罗斯、美国、马来西亚、新加坡、越南、菲律宾、蒙古、加拿大、澳大利亚、泰国、德国、英国、印度尼西亚、印度、法国。20 世纪 80 年代,在旅华客源国中,日、美遥遥领先,是中国最重要的客源国,约占中国旅游外国客源市场总量的 1/2(1979 年占 48%,1985 年占 51.7%),其次为西欧三国(英、德、法)和东南亚三国(菲、新、泰)。进入 20 世纪 90 年代以后,亚洲客源国家的市场发展强劲,东北亚的俄罗斯(主要是东部地区)、韩国、蒙古,东南亚的马来西亚、印度尼西亚等逐渐成为中国的新兴客源国,连同日本、菲律宾、泰国等,亚洲客源市场约占中国旅游外国客源市场的 1/2 左右,洲内市场已成为中国的基础主体客源市场。而远程的欧、美市场一直发展平稳,欧洲市场约占 1/4 左右,北美市场约占 1/10 左右,是中国稳定的传统客源市场。

中国的国际客源市场已呈现出明显的多元化格局,即以亚洲和东太平洋区域市场为中国境外客源市场的主体,欧洲和北美远程洲际市场为两翼。中国境外客源以周边国家和地区占绝对优势,以经济发达和较发达的国家、地区占绝对优势,以传统联系较多的国家相对比重较大。进入 21 世纪以来,中国的境外客源市场不断向横广方向和纵深层次拓展,入境旅游客流的地域结构也在不断拓宽,客源国数量在逐年增加,出现了一些有潜力的新兴的旅华客源市场。在"一体两翼"格局的基础上,中国境外客源市场进一步扩展到更多的国家和地区,如拉丁美洲、非洲、中东等薄弱部分得到进一步的开拓,规模更加宏大,质量不断提高,总体趋向全方位、多元化格局发展。

境外旅游者对中国旅游最感兴趣的是山水风光、文物古迹和民俗风情,其次是餐饮、购物和文化艺术等。由于我国旅游产品结构比较单一,且大都是一次性的观光产品,因此游客的回游率不高。尽管有着能反映东方文明和神州风韵的文物古迹、山水风光、民族风情等,且这些资源具有垄断性和丰富性特点,但中国旅游大都属于基本层次的观光旅游,虽然随着对外开放市场的不断扩大,观光产品还有相当长久的优势,但对此类产品也应加以改进、优化。针对中国台湾、港、澳地区等近距离市场,应多开发一些短线旅游产品。对欧美远程市场除了组合一些能反映中国民族特色和地方特色的产品外,还应增加一些富有参与性、娱乐性的产品。对于俄罗斯客人则应着重开发购物旅游产品以及一些海滨度假旅游产品。

三、旅游地客流季节性波动

虽然不同类型的旅游地可能表现各异,但旅游客流季节性变化是旅游地发展的固有特征。例如,中国东部沿海地区一年内有春、秋两个旅游高峰,西北地区的乌鲁木齐和呼和浩特全年只有8月份一个旅游高峰期,哈尔滨的冰灯、钱塘江的涌潮、潍坊的风筝会、洛阳的牡丹花会等都会引起突发的旅游高峰。事实上,任何旅游地在一定时间内所能容纳的游客总数是有限的,否则当大批游客蜂拥至旅游地时,看到的是"人"而不是"景",降低的首先是旅游的美学品质。

旅游业是敏感的产业。总体来看,形成旅游地客流季节性变化的原因可概括为自然季节性因素(如气候舒适)、社会季节性因素(如闲暇时间)及偶发性因素(如节庆活动)等。除了"黄金周"特殊休假政策以外,经济、游客、产品、季节等方面的因素都会导致旅游地游客量呈现"日周期"、"月周期"、"季周期"、"年周期"等形式的"振荡";突发事件(战争、灾害等)则会引起非周期形式的"振荡"。[②]

1. 日变化特征

旅游地客流日变化特征通常呈锯齿状波动,但高峰值的出现时刻各有差异。例如,陆林(2002)对黄山的研究表明,景点游客日变化与景点的特征景观(如日出、日落)的时间性及景点所在游览线路中的位置密切相关。张捷(1999)通过对九寨沟、黄山及桃源洞—鳞隐石林风景区的比较研究发现,观光旅游地进入人数日变化的高峰值呈现双峰型,主峰在上午,次峰在下午。这些旅游地通常处于一日游范围之内,而且单程距离小于2小时,峰值出现时刻取决于与主要客源出发点的距离及交通方式。

2. 周变化特征

周变化特征具有较大的可变性,在距主要客源地距离为1~2日游范围的旅游地,旅游地周变化主要表现为工作日与周末的周期变化。相关数据分析显示,周变化的分布均衡性随景点的级别增高而增强。主要是由于高级别景点的客源分布更为分散,周客流分布也更趋均匀,而地方性景点客源集中于周末休闲的本地市民及邻近地区游客。

1999年,中国假日制度改革后,历次"五一"及"十一"长假期间出现的高强度、全国范围的黄金周旅游流是国际旅游业中独特的短期旅游流现象。受时间、

---

① 任志远. 中国旅游的国外客源市场态势分析[J]. 西北大学学报(自然科学版), 2000, 30 (4): 345-348.
② 杨春宇,黄震方,毛卫东. 基于系统科学的旅游地演化机制及规律性初探[J]. 旅游学刊, 2009, 24 (3): 55-62.

空间、信息等各项条件的制约,短期旅游流表现出与一般时段旅游流不同的时空特征。同时,关于短期旅游流时间分布特征及其影响因素的研究是进行假日客流预测及调控的基础,因此对旅游地有着重要的意义。

中国黄金周旅游流是典型的高强度的短期旅游流。为反映客流在黄金周内的集中性,参考客流分布的Gini系数,可建立周内分布偏度指数G。[①]该公式与Gini系数计算公式在形式上相同,但Gini系数的i为客流量从小到大排序的序号,G指数的f_i为该周内第i天的客流量比例。G指数理论取值区间为[-6/7, 6/7],G<0,则客流分布偏向在黄金周前期;G>0,则其客流分布偏向在黄金周后期;G=0,则客流为对称分布。

$$G = \frac{2}{7}(\sum_{i=1}^{7} if_i - \frac{7+1}{2})$$

刘泽华(2012)[②]选择云南省的昆明、大理、丽江、西双版纳4座重点旅游城市的7处代表性景区为案例,建立黄金周客流周内分布偏度指数G,并使用相关分析及Person相关系数,发现短期旅游客流时间分布特征由区域旅游空间结构决定,即区域旅游空间结构决定了各旅游景区客流时间分布的峰型特征、集中度特征:在假日制度时间约束下,旅游景区距离区域旅游集散中心越远,其黄金周旅游客流峰值出现时刻越迟,黄金周客流周内分布偏度指数G值越高;而部分景区同时受不同尺度区域旅游空间结构的影响,出现客流时间分布对区域旅游空间结构的多重响应现象。

3. 季变化特征

客流季节性分布不均是旅游业的重要特征之一。国内外学者常用Gini系数、季节性强度指数等指标对旅游地客流时间分布特征进行定量分析。研究旅游地客流在不同时段的分布特征是否有较大变化时,多通过观察客流时间分布曲线,并使用季节指数(seasonal indices)观察多组指标的变动进行定性的判断,利用旅游客流季节性集中指数R定量分析旅游客流的时间集中程度。其计算公式如下:

$$R = \sqrt{\sum_{i=1}^{12}(X_i - 8.33)/12}$$

式中:R代表客流季节性集中指数,反映客流的波动程度;X_i为各月客流量

[①] 刘泽华,张捷,吴小根,史春云. 特殊时段旅游客流时间分布对旅游地理结构响应研究——以北京、黄山、西安TDD黄金周旅游客流为例[J]. 人文地理, 2010, 25(1): 129-133.

[②] 刘泽华,李海涛,史春云,汪侠,张洪. 短期旅游流时间分布对区域旅游空间结构的响应——以云南省黄金周旅游客流为例[J]. 地理学报, 2010, 65(12): 1624-1632.

占全年客流量的百分比。R值越大，客流季节性差异越大，旅游淡旺季越明显；R值越小，客流季节性分布越均匀；R值趋向零，则客流全年分布均匀。

中国大部分旅游地客流季节变化曲线均在5月、7~8月和10月形成高峰。陆林[1]利用国内旅游客流月份分布数据，分析了三亚、北海、普陀山等海滨（岛）型旅游地和黄山、九华山等山岳型旅游地国内客流季节性特征。各旅游地的旅游客流季节分布曲线特征如下：

- 安徽黄山（中国具有代表性的山岳旅游地）、浙江普陀山（以佛教为特色的著名海岛旅游地）、广西北海银滩（中国海滨旅游地的代表景区），旅游客流年内季节变化曲线呈现出明显的"三峰三谷"型特征："三峰"分别出现在5月、暑期和10月，5月和暑期为主峰，10月为次高峰；"三谷"中6月和9月为次谷，年末年初相连形成低谷。
- 海南三亚，中国著名的热带海滨旅游地，客流年内季节波动变化曲线总体上呈"三峰两谷"型："三峰"分别出现在年初、暑期和年末；"两谷"分别出现在6月和9月。
- 安徽九华山，以佛教为特色的著名山岳旅游地，与黄山相距仅数十公里，但九华山旅游客流季节变化曲线与黄山不完全一致，大体呈现"双峰双谷"型；春季（3、4、5月）和秋季（8、9、10月）形成"双峰"，前后持续约6个月；夏季（6、7月）和冬季（11、12月至次年1、2月）形成"双谷"。

卢松[2]以安徽的西递、宏村为例，对古村落旅游客流时间分布特征进行了研究，认为古村落客流季节性波动显著：客流增长迅速；客流季节性差异明显，呈现"三峰三谷"型波动（5、10月为主峰，8月为次高峰；1月、6~7月、9月为低谷）；一般性周内客流呈现斜"Z"分布（双休日游客最多，周二最少），黄金周客流呈"井喷"式，客流周内分布不均；客流日内呈双峰型分布，且时客流分布集中，对古村落极其脆弱的自然、文化生态系统来说是一个严重的挑战。

旅游地客流季节性波动，特别是旅游淡季与旺季的巨大反差，对旅游地的经济、社会、生态等子系统及旅游者的游览效果都会产生巨大的负面影响。旅游旺季，大量的客流在给旅游地带来经济繁荣的同时，可能会大大超出旅游地的承载力，从而出现旅游资源被破坏、旅游生态环境受损、物价上涨、旅游地居民正常生活被妨碍等负面影响，甚至可能引发游客与旅游地居民冲突。另一方面，大量

---

[1] 陆林, 宣国富, 章锦河, 杨效忠, 汪德根. 海滨型与山岳型旅游地客流季节性比较——以三亚、北海、普陀山、黄山、九华山为例[J]. 地理学报, 2002, 57 (6).

[2] 卢松, 陆林, 王莉, 王咏, 梁栋栋, 杨钊. 古村落旅游客流时间分布特征及其影响因素研究——以世界文化遗产西递、宏村为例[J]. 地理科学, 2004, 24 (2): 250-256.

客流也带来了住宿、餐饮、交通的不便，旅游者的利益也会受到损害，影响了旅游感知效果，最终也会损害到旅游地形象。旅游淡季，由于客源不足，旅游景点、宾馆饭店、旅行社等旅游资源和设施大量闲置、浪费现象严重，旅游企业为争夺客源纷纷降价，相互之间恶性竞争，经济效益低下。同时，旅游淡季造成的季节性失业也不利于旅游地的社会稳定。因此，缩小旅游客流淡旺季差异是关系到旅游地可持续发展的重要课题。

旅游客流季节性变化是旅游地发展的固有特征，但采取切实有效的措施可以减小旅游淡旺季差异，提高旅游经济效益，达到有效分流的目的，具体对策措施包括：加强报刊、广播、电视、网络等公众媒体对旅游者的宣传与引导，向潜在的旅游者陈述已经发生过的旅游超载现象及其后果，并预测旺季可能出现的旅游流量和超载情况，提供淡季旅游地开发的新产品及所采取的优惠政策等信息，从而影响旅游者选择旅游地的决策行为；利用价格杠杆平衡旅游需求，淡旺季采用不同的价格，实行在旅游旺季调高门票价格和限制游览人数，在淡季开发新的旅游项目并降低淡季旅游交通、住宿费用等方法吸引游客。例如，商务旅游、会议旅游对于气候等自然条件的要求不高，因此大力开拓商务旅游、会议旅游将是旅游地淡季进行旅游产品开发时应重点关注的旅游类型，而老年人旅游市场的开发也可以在一定程度上弥补淡季客源的不足。此外，还应有计划地安排可能导致客流产生重大变化的各种大型活动和推行带薪休假制度，分散出游时间，使之与旅游高峰期错开等。

复习思考题

1. 旅游动机可分为哪些类型？
2. 简述旅游者需求特点的变化。
3. 影响旅游者旅游决策的主要因素有哪些？
4. 试析中国城市居民出游目的地选择行为规律。
5. 国际旅游客流空间移动规律有哪些？
6. 简述中国旅游境外客源市场格局。
7. 为什么旅游地客流会有季节性波动？应采取哪些对策和措施？

第三章 旅游景观形成机理

【学习导引】

景观，"风景"之意，德国地理学家洪堡称其为"某个地理区域的总体特征"，还有学者认为是"空间的总体和视觉所触及的一切整体"等。任何旅游景观总是和其所处的地域紧密相连的，受地理环境的地域分异规律制约，地球上不同地区的自然环境和人文环境是千差万别的，由此形成了种类繁多的旅游景观。本章首先探讨了自然旅游景观、人文旅游景观形成的基本条件，对中国旅游景观的地域分异规律进行了分析研究，重点剖析了自然旅游景观、人文旅游景观的构景机理及所形成景观的类型，并简要介绍如何进行旅游景观鉴赏。

【教学目标】

1. 了解和掌握旅游景观的组成及分类。
2. 认识自然旅游景观形成的基本条件。
3. 认识人文旅游景观形成的基本条件。
4. 分析理解中国旅游景观的地域分异规律。
5. 识别自然旅游景观、人文旅游景观的构景机理及形成景观的类型。
6. 了解和掌握旅游景观的观赏方法。

【学习重点】

自然旅游景观和人文旅游景观形成的基本条件；中国旅游景观的地域分异规律；自然旅游景观的构景类型；人文旅游景观的构景类型；旅游景观鉴赏方法。

什么是旅游景观？对此有许多不同的解释，有学者认为自然旅游资源和人文旅游资源在一定区域范围内的综合表征，就称为旅游景观；还有学者认为旅游景观是指旅游者主要通过视觉（其次还有听觉、嗅觉等）对特定的某一旅游时间—空间场内具有旅游意义的自然、人文复合物象和现象的感知景象……可以说，旅游景观是一种综合体，它不仅是客观存在，而且融汇了旅游者的感受，是主客观的统一。旅游景观按其属性和形成原因大致可分为自然旅游景观和人文旅游景观两大类。（见图3-1）

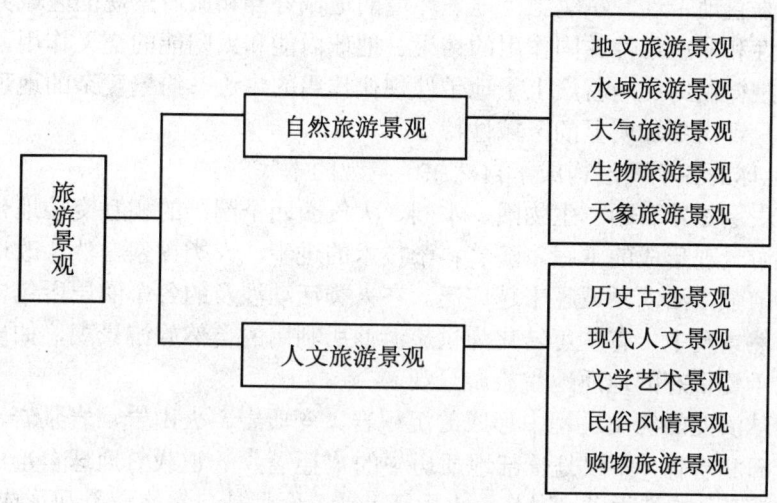

图 3-1　旅游景观的组成与分类

第一节　旅游景观形成的基本条件

地理环境的地域差异性是旅游景观形成的基本条件，一方面是因为旅游景观本身就是地理环境构成的重要因素，如地貌、水体、气象、生物旅游景观等；另一方面，旅游景观总是存在于特定的地理环境中，它的形成、发展、分布同地理环境有着密切的关系。

一、自然旅游景观形成的基本条件

自然旅游景观，指大自然天然赋存的，具有观赏价值的，以自然为吸引本源，主要由地貌、水体、大气、生物、天象等自然地理要素构成，能吸引人们前往进行旅游活动的天然景观，具有明显的天赋性质。通常是在某种因素主导作用下，在其他因素参与下，各种自然因素相互作用，经过大自然长期雕琢发育而成的，是自然景观中最具美学特征的地段或区域。当然，自然旅游景观一般都经过人工开发，或多或少带有一些人文因素。

造成旅游景观尤其是自然旅游景观分布具有鲜明区域性特征的主要原因是地球内能分布的不均匀性和太阳能在地球表面分布的不均匀性，它们也是地理环境地域分异的主要原因。前者形成非地带性差异，后者形成地带性差异，包括水平地带性和垂直地带性。事实上，地理环境的地域分异和旅游景观的区域分异，往往是地带性和非地带性共同作用的结果。地球内能和太阳能的交叉作用，使得受非地带性规律制约的地貌烙上了地带性规律作用的痕迹，纷繁复杂的地理环境和旅游景观呈现出更加明显的区域性特征。

1. 地球的各个圈层构成了自然旅游景观的本底

地球表层是岩石圈、生物圈、水圈、大气圈四个圈层的相互交接地带，它们是自然旅游景观形成的本底。随着科学技术的进步，人类探索自然、改造自然力量的不断增强，活动领域越来越广泛。在人类活动涉及的各个圈层所包含的丰富多彩的自然景观中，有些可转化为供旅游业所利用的自然旅游景观，如岩石圈表层可形成千姿百态的地质地貌旅游景观。

在地球演变的历史进程中形成的沉积岩、变质岩、火山岩、岩浆岩、混合岩等层状岩石和岩体，不仅是一部地质历史的"巨著"，记载着地球自形成以来地理环境的演变、构造运动、岩浆与火山活动等，而且是自然旅游景观形成的基石，塑造出形形色色、婀娜多姿的旅游景观，遗存下丰富多彩的自然旅游景观。此外，生物圈可形成令人眼花缭乱的生物旅游景观；水圈可形成江、河、湖、海等水域旅游景观；大气圈可形成丰富多样的大气旅游景观。

地球自形成以来，从未停止其变化和发展。我们今天所看到的地球，只不过是其运动发展过程中的一个阶段。尤其是地壳，一直处于运动变化之中，既受到来自地球自身发展的作用，又受到地球以外力量的作用。可以说，地球上没有一种岩石、构造、地貌能够完全仍保持其形成时的原貌。虽然在日常生活中人们常说"稳如泰山"、"坚如磐石"，但所谓"稳"和"坚"都是相对的。例如，据测量，红海正以每年1.5厘米的速度在加宽；东非大裂谷自2500万年前形成至今，其宽度平均已扩展了65公里。

2. 自然地理要素的地域组合与分异决定了自然旅游景观的形成和演变

地理环境各要素的相互联系、相互制约和相互渗透，构成了地理环境的整体性；但组成自然环境的地质、地貌、气候、水文、土壤、生物等要素，在一定的地点、一定区域内相互联系和制约，又形成了具有内部相对一致性的自然景观单元，即各地区之间也存在着地域差异，地理环境差异性是自然旅游景观形成的基本条件。不同自然区域内发育的旅游景观具有明显的区域性特征，也就是说，各种旅游景观都是在一定的旅游环境中形成的，其规模和结构无不受地域分异规律的制约，即使是人文景观，也是在自然环境基础上建立和发展起来的，并与自然环境相适应、相和谐。

影响自然景观地域分异的基本要素主要有两个：一是由于太阳辐射在地表按纬度分布不均，形成了各自然景观带东西延伸，沿着纬度变化的方向作有规律的更替，形成纬度地带性分异规律；二是由于海陆分布、地势起伏及岩浆活动等地球内能作用的影响，形成了自然景观的非地带性分异。在地带性分异规律和非地带性分异规律的共同作用下，形成了全球性、大陆性、海洋性、区域性、地方性等千姿百态的自然景观。在高山地区，从山麓到山顶的水热状况随着海拔高度的增加而变化，又形成了自然景观的垂直地带性分异；在海陆分布因素影响下，由于水分条件的差异，中纬度地区从滨海往内陆方向，各种自然景观带大致沿着经度变化的方向逐渐更替，形成经度地带性分异。例如，非洲赤道附近的刚果盆地为热带雨林景观，而同纬度的东非高原却呈现热带草原景观。

3. 地质地貌条件是自然旅游景观形成的基础和前提

地质地貌条件作为自然环境的重要组成部分，影响到其他自然景观的形成，并对某些人文景观的形成也有一定的影响。自然景观中的山水名胜，不论是峰谷、洞穴，还是河湖、泉瀑，都是在特定的地质条件下形成的，受到各种地质因素的控制。假设没有构造节理强烈发育的花岗岩地貌，就没有"中国第一奇山"——黄山的"奇峰"、"巧石"；如果没有地壳变动的断块隆起，雄伟险峻的泰山、华山、庐山等山地景观就无法形成；如果没有地壳变动的构造断陷，也就不可能产生青海湖、鄱阳湖、贝加尔湖等断陷湖泊旅游区。

地球上千姿百态的地貌景观，是在地球内力和外力的共同作用下形成的。地球的内力作用对地壳的发展变化起主导作用，决定着海陆分布、岩浆活动、地势起伏等，对自然旅游景观的类型与形成具有一定的控制作用，可以形成火山地貌、山岳地貌、峡谷、断陷湖泊、地热景观、地震遗迹等自然景观。地球的外力作用主要表现为风化作用、侵蚀作用、岩溶作用、搬运作用、沉积作用和固结成岩作用等，这些外力作用不断改变和塑造着地表形态，可形成风沙地貌、流水地貌、喀斯特地貌、雅丹地貌、丹霞地貌、海岸地貌、冰蚀地貌等自然景观。

各种类型和成因的地貌分布是有一定规律的。以外动力地质作用为主形成的地貌，有沿纬向呈水平分布规律和沿山地呈垂直分布的规律，主要是与一定的气候条件有联系（各气候带或气候区都有独特的外力作用方式和一定的外力作用强度，从而形成不同的地貌组合）。而以内动力地质作用为主形成的地貌，其分布和大地构造单元、地壳构造运动的方向以及时间有一定的联系。按板块学说理论，全球可分为6大板块、20多个小板块，各个板块构造的不同部位有不同的地质动力作用，形成不同的自然旅游景观，如太平洋板块与亚欧板块的俯冲带，形成火山与地震活动较强的阿留申群岛—日本群岛—菲律宾群岛岛弧带等以海洋、岛屿、火山、温泉等自然景观为主的旅游区；印度板块与亚欧板块的碰撞，则形成青藏高原等以高山、冰川为主要景观的旅游区。

4. 地球上的水体为自然旅游景观的形成提供了重要的构景环境和素材

水是自然界最活跃的因素之一，有"大自然的雕塑师"之称。地球表面约3/4的面积覆盖着水，因而地球有"水的行星"之称。地球上的水以固态、液态、气态等形式分布于海洋、陆地和大气之中，形成了海洋水、陆地水、大气水等各种类型的水体，并共同组成了一个连续不规则的水圈。

在海洋（占地球表面的71%，其中心部分为洋，边缘部分为海）内部和陆地边缘形成了海滩、海岛、珊瑚礁、海洋生物等海洋旅游景观，特别是在滨海地区形成了许多理想的避暑、休假、疗养旅游胜地，夏威夷、加勒比海滨、西班牙的阳光海岸等均享誉世界。在陆地上形成了江河、湖泊、瀑布、泉、冰川等旅游景观，如纵横交错的河流，在流经不同的自然景观带及不同的地貌部位时，会形成景观各异的风景走廊，由于不同的水文特征，往往形成了江河源头神秘莫测、上游多急流峡谷、中游波涛滚滚、下游河汊众多、水网密布的不同特色。

5. 气候条件是自然旅游景观区域差异形成的重要因素

气候是某一地区多年天气的综合特征。气候条件由太阳辐射、大气环流、下垫面性质等因素相互作用而成，它对自然旅游景观中风景地貌的雕塑、风景水体的形成、观赏生物的生长与演变都有重要影响。气象、气候的地域差异影响自然景观的季相变化，决定旅游景观分布的地域差异。首先，由于太阳辐射在地面上分布不均匀，使地球表面热量随着纬度的增加而减少，导致了从赤道到两极依次出现热带、亚热带、温带、寒带等气候带，并形成了相应的热带雨林到冰原的自然景观带。其次，由于海陆分布等因素的影响，从滨海往内陆方向水分逐渐减少，形成了湿润地区、半湿润地区、半干旱地区和干旱地区等，亦呈现出相应的自然带逐渐更替现象，如同处于北温带，近海地区为阔叶林景观，而远离海洋的内陆则呈干旱荒漠景观。此外，地表局部抬升形成的高山，从山麓到山顶由于水热状况（气温和降水）随海拔高度的增加而变化，形成了立体的自然旅游景观，即所谓"一山有四季，十里不同天"。

大气在特定的时空条件下所形成的康乐气候环境和大气与天象奇观，更是重要的旅游景观，例如高纬度地区山岳和海滨的避暑胜地；热带、亚热带的避寒胜地；在蒙蒙细雨、山间云雾、林海雪原、朝霞晚露、旭日夕阳、雾凇雨凇等作用下，形成了诸如"黄山云海"、"吉林雾凇"、"蓬莱海市"、"峨眉佛光"等奇景。

6. 生物的多样性是自然旅游景观重要的构景要素

生物是地球表面有生命物体的总称，可分为植物、动物和微生物三类。据统计，地球动物种类不少于50万种，植物种类不少于100万种，微生物更是多到难以统计种数。在地球发展历程中产生的生物种群随着地质历史的发展也在不断地演化，由低级到高级、由简单到复杂地进化着。大量的生物种群随地质历史时期地理环境的变迁而灭绝，其遗体或遗迹保存在地层中，形成了化石，成为重要的旅游景观，极具观赏和研究价值，如古生代地层中的三叶虫、珊瑚、鱼类化石，中生代的恐龙化石等；有的则在特定的条件下保留下来，形成古老的孑遗植物或动物，成为"活化石"，如中国的大熊猫、银杏、水杉、珙桐等。

不同的地理环境下，生活着不同的生物群落，景观上存在着明显的地域差异，不仅形成了地表最有特色、最生动的外部特征，也构成了丰富多彩的娱乐环境和观赏游览对象。为保护珍稀动植物及特殊的地理环境等建立的自然保护区，现已成为科学研究和旅游开发的重要场所。此外，由于绿色植物不仅是重要的构景要素，而且能够净化空气和美化环境，有疗养、休闲、健身等功能，因而也是绝大多数旅游区必不可少的组成部分。

二、人文旅游景观形成的基本条件

人文旅游景观，指人类社会历史发展进程中由人类社会行为促使形成的痕迹或实物，是人类在长期的生产实践和社会生活中所创造的艺术结晶和文化成就。它以社会文化事物为吸引本源，是具有人类社会文化属性的有旅游价值的物质和精神财富，是历史和现实、社会与文化的结晶，内容广泛，类型多样。其形成和分布不仅受民族、意识形态等因素的制约，而且由于人类活动受自然环境影响深刻，所以人文旅游景观多以自然景观为基础，并与自然景观特色相协调。

人文旅游景观的构成要素主要有遗址遗迹、建筑与设施、旅游商品、人文活动等人文景观。原来创建的目的可能并不是为了旅游，如寺庙是以宗教为主要动机、园林是以皇亲国戚或达官贵人的私家享受为主要动机等，但随着时间的演变，或成为历史遗迹，或构成乡土风光。当然，也有一些人文旅游景观是有意设置的，如各类博物馆、主题公园等，它们都能给予旅游者知识、教育、启迪，并由此获得乐趣和精神享受。

1. 不同时期的历史遗存

在人类历史发展进程中，不同的历史时期，有着与之相适应的生产力水平和社会生活方式，形成了许多反映时代特点的风物。作为历史见证的人文旅游景观，堪称是一部直观而生动的历史教科书，能引起人们的普遍兴趣。随着现代旅游活动的兴盛，"好古"成为广大旅游者普遍的心理倾向，如历史上许多工程浩大的陵墓——中国的秦始皇陵、明十三陵、清东陵、清西陵，印度的泰姬陵，埃及的金字塔等，建筑恢宏，文物价值极高，为众多猎奇寻古者所向往。

凭吊悠久的历史文化古迹是旅游者外出旅游的动机之一。众多在人类发展过程中保存下来的古人类遗址和古代建筑、雕塑、壁画、文学艺术、园林、工程、陵寝墓葬以及名人遗迹等，成为具有强大吸引力的游览热点。人们通过对它们的观赏与研究，了解不同历史时期的政治、经济、科技、社会、文化特点，从中探索和发现人类历史的发展规律。

2. 社会文化的地域差异

在自然因素和人文因素影响下，各地区的社会文化差异相当明显。而从某种意义上说，正是社会文化差异导致了旅游者在不同地域上的流动。不同地区、民族的人在长期适应、改造、利用环境的过程中形成了自己特有的文化，规范着人们的行为，表现在生产方式、生活习俗、节日庆典、民间娱乐、宗教信仰、建筑风格、城镇布局、审美观念等方面，呈现出迥异的地域文化和民风民情，满足了旅游者求"异"的旅游需求。可以说，不同地域、社会形态、民族的社会文化差异，是人文旅游景观形成的又一重要原因。

地球表层可分为七大洲、四大洋，各大洲之间由于海洋隔离及地理位置差异形成了相对独立的自然环境和各具优势的自然旅游资源，加之民族文化、宗教信仰、风俗习惯和经济发展水平等社会人文因素各异，形成了各具特色的旅游大洲。但在同一大洲内，因地域上的连续性，在交通联络、经济来往和文化交流方面比较方便，故而在社会风情和经济发展上又有近似性。如欧洲大部分国家地处温带地区，经济发达，旅游业繁荣；非洲绝大部分国家地处热带，多沙漠和热带稀树草原景观，属于发展中国家，旅游业不及欧洲发达。

3. 宗教的深刻影响

宗教，是一种特殊的社会文化现象，是一种社会意识。宗教文化对人们的思想意识、道德规范、文学艺术、生活习俗，乃至世界经济、政治等方面都有着极为深刻的影响，并且渗透到建筑及音乐、雕塑、壁画等许多艺术领域。早在原始社会时期就产生了"万物有灵"的原始宗教，人们崇拜山水、岩石、动植物、灵魂等。如中华民族自称是"龙的传人"，以龙为共同的崇拜物，保存至今的赛龙舟、舞龙灯等文体活动广受欢迎，建筑和艺术品中龙的图案使用广泛，体现了中华民族共同的文化和强烈的凝聚力。

宗教自诞生时起就伴随着交通运输的发展、民族的迁移和日益频繁的地区间经济文化交流，向世界各地迅速蔓延。目前，世界性的宗教有基督教、佛教和伊斯兰教等，它们在传播过程中与所传入地区的地域特点相结合，又衍生出许多分支，宗教圣地和圣物、宗教名山、宗教建筑、宗教园林、宗教艺术、宗教活动及宗教仪式等已成为重要的游览对象。例如，基于对宗教的敬仰和对宗教胜地的向往，宗教信徒的"朝圣"自古就非常频繁，成为较早的旅游活动之一。而有着极高美学价值的宗教建筑、雕塑、壁画等，不仅对教徒有着极强的吸引力，也成为广大非宗教人士的游览对象。

4. 适应旅游市场的需求

随着旅游市场的不断扩大，为适应和满足旅游者多样化的需求，新的旅游景区、景点正在不断形成。一方面，一些原来不是旅游景点的文化、教育、科研单位和商业场所、农场、工厂、企业等，现在已成为旅游者的游览对象。另一方面，在经济发达、交通便捷、客源充足的城市，为满足旅游者多方面的需求，创建了大量的人造景观，特别是随着旅游者行为层次的提高，游乐场所、度假区、运动场馆、主题公园等旅游景观的类型越来越多。例如，就主题公园而言，为满足日益增长的旅游需求，无锡的"三国城"、"唐城"、"宋城"，深圳的"锦绣中华"、"中华民族文化村"、"世界之窗"等主题公园自20世纪末以来如雨后春笋般涌现了出来。

5. 地理环境的制约

自然环境是人类吃、穿、住、行等基本生活需要的物质基础，也就是说，人类的生产和生活总是存在于一定的自然地理环境之中，对自然的适应与改造总是基于特定的自然环境，所创造的文化扎根于独特的自然与人文土壤，人类的活动总带有特殊的地域色彩。因而，人文旅游景观虽然是古今人类文化活动产生的结果，但其形成和分布不仅受历史、民族和意识形态等因素的制约，同样不可避免地要受到地理环境的制约。

例如，古人类遗址（岩洞）往往选址于近水、干燥之处，洞口背风；古建筑中凡高台、楼阁、宫殿、庙宇、园林的选址均考虑到地质、地貌、地下水等问题。人们常说的"风水"，主要是指选择建筑地点时对地质、地貌、气候、生态、景观等建筑环境因素的综合判断，以及建筑营造中的某些技术和种种禁忌的总概括。剔除其封建糟粕，"风水"确实有其科学合理的部分。

三、中国旅游景观的地域分异规律

1. 旅游景观类型多样

中国国土广袤，山川锦绣，历史悠久，民族众多，在辽阔的国土上形成了无比丰厚的旅游资源和绚丽多姿的旅游景观。不论是古代建筑、古城遗址、帝都王陵、禅林道观、古典园林、民俗风情，还是江河湖海、山川原野、生物景观，都多姿多彩，不可胜数。以花岗岩山景为例，既有因节理发育又经风雨剥蚀塑造而成、以"奇峰巧石"著称的黄山，也有因断层发育使巨大花岗岩体突兀凌空、以"险"称绝的华山，还有因花岗岩组分特性而导致的球状分化所形成的造型奇异的各种小尺度风景地貌（如"风动石"），散见各地。

中国拥有类型多样的风景地貌，不仅有海滨、山地、高原，还有郁郁葱葱的热带雨林、银装素裹的冰雪世界，从低于海平面155米的吐鲁番盆地的艾丁湖，到海拔8800多米的世界第一高峰——珠穆朗玛峰，绝对高差约9000米。不仅有纬向地带性的多样气候带变化，还有鲜明的立体气候效应，如在横断山脉地区，"一山有四季"现象非常明显，其多样的地貌和气候不仅为生物提供了优越的生存栖息环境，也使自然景观更加多姿多彩。

2. 旅游景观空间分布规律

受自然地理环境、人类地域空间活动等因素的影响，中国旅游景观呈现出具有一定规律性的相对集中，如：中国的名山胜水主要集中在东部地区；壮阔的冰川雪域、沙漠戈壁、草原草甸基本上集中在西部地区；历史古迹主要集中在黄河和长江流域；民族风情在大西南、大西北及南方部分山地和东北边陲体验最深刻；皇家建筑、帝王陵寝以北京、西安为代表的北方为胜；山水园林风光则以苏州、杭州为代表的南方最具观赏性；现代化建设成就和人造景观以地理位置优越、经济发达的东部沿海地区，如环渤海、长江三角洲和珠江三角洲地区最为集中；较原始的自然风光主要分布在西部地区，青藏高原东缘和四川、云南两省西部的横断山区。

总体上看，中国自然旅游景观以山水风光为主体，人文旅游景观以历史古迹及民俗风情为最突出。由于各地区地理环境的差异，旅游景观形成与分布受制于自然发展规律，在地域分布上一方面表现出较大的复杂性，另一方面也有一定的规律可循，其空间分布不仅具有显著的东西差异，也有明显的南北差异。

（1）东西差异。

自然旅游景观呈现出的综合形态大体有两种：一种是由各自然要素相互协调、衬托辉映的调和型综合形态；另一种是由各自然要素构成的相互矛盾、对立抗衡的矛盾型综合形态。就中国而言，两种形态的地区差别主要体现在东西部地区之间（大体以大兴安岭—燕山山地—鄂尔多斯高原—六盘山地—青藏高原东缘—中缅边界线西端为界）。

东部地区众多优美的自然景观往往构成层次丰富、色有浓淡、相互协调、相互烘托的统一体，形成自然旅游景观调和美的综合形态；而西部地区，由于受地形地势和深居欧亚大陆腹地的地理位置影响，旅游景观总体特征多以矛盾型的综合形态而存在，如在干旱或高寒气候条件下出现的大草原，生长在沙漠中的短命菊、仙人掌、胡杨树，在高寒、缺氧、高盐度湖水中栖息的鱼类，以及沙漠中的绿洲等，都是在对立抗衡的关系中产生的。

（2）南北差异。

中国西部地区，以昆仑山—祁连山为界，可分为南北两部分。南部属青藏高原区，自然旅游景观呈高寒性特点，有雄伟的雪峰、广布的冰川、星罗棋布的咸水湖、高山草原和草甸植被，以及羚羊、牦牛等为代表的高原动物等；北部属蒙新地区，自然景观呈干旱特征，有辽阔的草原和草地、浩瀚的沙漠和戈壁、多样的风蚀地貌、神奇的鸣沙和"海市蜃楼"奇观、婀娜多姿的沙海绿洲，以及奇特的草原和沙漠动物等。

中国东部地区，以秦岭—淮河为界，大致也可分为南北两部分。南部多为丘陵山地，水、热条件较好，气候温暖湿润，植被繁茂，动物多样，水域广阔，自然风景清新动人，形成了以"秀"为主的风景特色；北部地区虽然生物和水景相对来说稍逊于江南，但有以"雄"、"险"、"奇"为特色的风景名山，有一望无际、绿禾盈野的田园风光，有经流水强烈侵蚀塑造而成的各种黄土地貌，以及"千里冰封，万里雪飘"的"林海雪原"，其"雄"的特点往往较南方突出。中国东部地区总体上呈现出"北雄南秀"的风景特点，它的形成是有其客观自然基础的。

首先，南北方地貌的差别是构成南北方风景特征的基本骨架，北方具有高大山地与宽广平原的强烈对比度，给人以雄伟的感觉。而南方地区多蜿蜒起伏的丘陵，平原面积狭小，且多与山地丘陵相间分布，相对高差不大，再加上植被覆盖度高，林木随风偃伏，视野受阻，自然风景的"雄"和"险"特征常常不易体现。

其次，生物和水体的差异，是构成中国东部地区"北雄南秀"风景特征的直接因素之一。古人云"风景以山为骨架，以水为血脉，以草木为毛发，以云岫为服饰"，又云"山得水而活，得草木而华，得烟云而秀媚"，也就是说，水体和植被是构成秀丽风景的主要条件。南方地区的景色之所以称"秀"，既缘于南方水体面积大、植被覆盖率高，也缘于一年四季降水丰沛、植被四季常绿、多云雾且多佳木和名贵花卉。而北方地区在以上方面都要逊色于南方。

最后，气候条件的差别是形成中国东部地区"北雄南秀"特征的又一重要原因。中国东部地区虽距海洋都比较近，但南部地区地理纬度较低，受海洋影响比北部深刻，水、热状况较北部地区更加丰富，因而，由各种水体、长夏无冬的气候和云雾构成的自然美景当然也比北方要多。

第二节 自然旅游景观

一、地文旅游景观

地文旅游景观，指能对旅游者产生吸引力，可以为旅游业开发利用的，由地球内外营力综合作用于地球岩石圈而形成的各种现象与事物的总称。它既可以是地表高低起伏的地势、形态的变化,也可以是地表多姿多彩组成物质的地区差异与呈现,还可以是地下岩层中保留下来的古生物遗迹和深入地下的岩洞及暗河等。而正是复杂多样、千差万别的地表形态,直接为人类提供了丰富的地文旅游景观,如奇险的崇山峻岭、深奥莫测的洞穴、连绵起伏的丘陵、沃野千里的平原等。作为地理空间的物质基础,它对区域旅游活动的开展有规定和限制作用。

地文景观的形成与地质作用密切相关。在自然景观的构成中,地质地貌作为风景的骨架和载体而存在,植被、水文、气象等要素往往起到附加和修饰作用。地质地貌要素一般体量大,不同的地质地貌类型所形成的旅游空间和景观构图往往体现风景的总体特征,具有很强的视觉感染力。特别是在海岸型、湖川型、山岳型等自然风景类型中,独特的地质地貌形成了优良的自然景观,如西岳华山的"险"就缘于华山高大而险峻的地貌特征,可以说地质地貌条件对此类风景质量具有较高的贡献率。

1. 山地景观

在所有的地文景观类型中,最吸引旅游者的是多样的山地景观。山地由山岭和山谷组成,其特点是具有较大的绝对高度和相对高度,如按高度可将山地分为高山(绝对高度大于 3500 米)、中山(绝对高度 1000~3500 米)、低山(绝对高度 500~1000 米)和丘陵(绝对高度 200~500 米)。而依据山地的成因又可将其分为由地壳运动形成的褶皱山、单面山、断块山;由火山作用形成的各种类型的火山;经长期切割而形成的山原等。如世界第一高峰——珠穆朗玛峰,就是由新生代造山运动隆起而形成的,它险峻峭拔,顶部终年被冰雪覆盖,冰川发育,气候多变,素为登山健儿和滑雪爱好者以及科学探险家所心驰神往。

中国名山众多,虽然大多海拔在 2000 米以下,但各以其特色吸引游人,如享有"中国第一奇山"美誉的黄山,有"五岳"之称的泰山、衡山、华山、恒山和嵩山,作为"中国四大佛教胜地"享誉世界的五台山、峨眉山、普陀山和九华山,以道教胜地著称的青城山、龙虎山、武当山、齐云山、崂山,以"峰瀑洞石"见胜的雁荡山,"碧水丹崖"的武夷山,以形状怪异的火山熔岩地貌著称的五大连池火山群等。

据统计,地壳中的岩石不下数千种,但只有花岗岩、玄武岩、砂岩、石灰岩、页岩、大理岩等最易形成景观。

(1) 花岗岩山地。

花岗岩是岩浆侵入岩。由花岗岩形成的山体,一般主峰突出,山岩陡峭险峻,多奇峰、绝壁、深壑、怪石。中国花岗岩山地分布广泛,黄山、华山、泰山、崂山、庐山、衡山、九华山、天柱山、千山、盘山、碣石山、贺兰山、天台山等,几乎全部或大部分是由花岗岩组成的山地。此外，厦门鼓浪屿的万石山、浙江的普陀山、海南三亚的天涯海角和鹿回头等都属于花岗岩名丘。

（2）流纹岩山地。

流纹岩是一种火山酸性喷出岩，常有流纹构造。由流纹岩构成再经风化作用造就的山峦常景观奇特，造型丰富逼真，而且在不同时间从不同角度观看常会呈现出不同形象，有变幻之妙，典型的如浙江的雁荡山、天目山，杭州西湖的孤山和宝石山等。如雁荡山的"灵峰"，在不同情况下可变幻成双手相合、雄鹰展翅、夫妻幽会等形象，故又有"合掌峰"、"雄鹰峰"、"夫妻峰"等名称。

（3）砂岩山地。

砂岩结合当地其他自然条件，可以塑造出各种造型景观，如新疆吐鲁番的火焰山就是由红色砂岩构成的。砂岩一般化学性质稳定，抗风化力较强，又易于雕塑，为凿窟造龛提供了理想的天然场所，因而也常是摩崖石刻的选材选址区，如龙门石窟、云冈石窟、麦积山石窟、栖霞山千佛洞石窟、大足石刻、乐山大佛等，都是以砂岩为基础的。

● 丹霞地貌景观。

山体多由红色砂岩、砂砾岩和砾岩等岩层所构成，"色渥如丹，灿若明霞"，呈现"顶平、身陡、麓缓"的地貌特征，因最早发现于广东北部仁化的丹霞山，故称"丹霞地貌"。"丹崖"是丹霞地貌景观的最大特色，山体陡峭呈紫红或棕红色，阳光照耀下，宛如一片红霞；悬崖绝壁尺度大，布满凹槽或凸起，并为垂直节理裂隙所切割，又被垂直下泻的片状流水侵蚀，溶蚀成条条竖槽，看去似砖垒石砌，又似高楼林立。"碧水丹山、霞蔚云蒸"是对丹霞地貌景观之美恰到好处的赞誉，典型代表有福建武夷山、安徽齐云山、江西龙虎山等。此外，也有学者将承德棒槌山和双塔山、天水麦积山、韶关金鸡峰等也归属此类。

● 砂岩峰林景观。

特指武陵源砂岩峰林地貌景观。武陵源位于湖南省西北部，包括张家界、索溪峪、天子山三个景区，以世界罕见的石英砂岩大峰林、大峡谷地貌为主体，"三千奇峰、八百秀水"，洋溢着古朴原始之美。风景区以石英砂岩为物质基础，强烈的地壳运动导致石英砂岩中节理发育，岩层发生纵横交错的破裂，在风化侵蚀、搬运、重力崩塌等作用下，经流水侵蚀不同阶段的作用而发育成方山、桌状山、墙状岩、石柱、石峰等多种多样的砂岩自然造型景观，千姿百态的石英砂岩峰林列队成阵，横无际涯，气势磅礴。

（4）高山景观。

中国地势总体来说西高东低，呈阶梯状，故高山雪峰偏集于兰州—成都—昆明一线以西。珠穆朗玛峰（中尼边界，8844米，世界第一高峰）、希夏邦马峰（西藏，8027米）、慕士塔格山（新疆，7509米）、公格尔山（新疆，7649米）、贡嘎山（四川，7556米）……这些高峰海拔一般在6000米以上，山峰险峻峭拔，终年为冰雪覆盖，冰川发育，气候多变。

（5）高原景观。

中国境内有自然景观特色各异的四大高原：内蒙古高原，开阔平坦，辽阔无边的塞外草原牧区景观使人心情舒畅；黄土高原，沟壑纵横，黄土窑洞成为高原上特有的人文景观；云贵高原，石灰岩广布，构成丰富的"石林洞乡"奇观，引人入胜；青藏高原，号称"世界屋脊"，独特的高原气候、多姿多彩的现代山岳冰川、浓郁的藏族风情和极具地方民族特色的宗教建筑，使其成为人们向往的旅游探险胜地。

2. 岩溶景观

岩溶地貌，指水对可溶性碳酸盐类岩石进行溶蚀、侵蚀等综合地质作用及由此产生的各种地貌的总称，又称喀斯特（Karst）地貌。19世纪末20世纪初，前南斯拉夫学者司威治（J. Cvijic）在研究该国西北部喀斯特高原的各种石灰岩地形时命名。石灰岩是自然界沉积岩中最主要的造景岩石，是岩溶地貌景观的物质基础。岩溶地貌在世界上的分布十分广泛，面积达5100万平方公里，约占地球总面积的10%，从热带到寒带，由山区、平原到海岛都有它的踪迹。

中国的岩溶地貌面积广，类型齐全，裸露的可溶性碳酸盐类岩石面积占全国陆地面积的94%，不论是类型的丰富性、发育过程的复杂性，还是景色的优美性都是世界罕见的，为世界最大的岩溶地区。典型的岩溶景观广布于中国的西南地区，桂、黔、滇、川等地区著名的岩溶地貌景观均以石灰岩为基础，又以桂林山水、路南石林、安顺龙宫等最为著名。

（1）地表岩溶景观。

峰林、峰丛、孤峰、石林等是地表岩溶景观的主要形态类型。2007年6月，"中国南方喀斯特"作为世界自然遗产被列入《世界遗产名录》，由云南石林的剑状、柱状和塔状喀斯特，贵州荔波的锥状喀斯特（峰林），重庆武隆以天生桥、地缝、天坑群等为代表的立体喀斯特共同组成。由于石灰岩易于溶蚀，因此江河溪涧在穿越石灰岩地区时易于形成峡谷，如长江三峡及大宁河小三峡、云南的虎跳峡、北京延庆的龙庆峡等。

峰丛，是指成簇相连或同一基座而峰顶分离的石灰岩山峰，其间为洼地，人们形象地称这样的形态为峰丛漏斗。

峰林，是指成群或分散的石灰岩山峰，一般是峰丛受流水进一步溶蚀而成为没有基座的密集山峰群，受构造影响形态多变，有的呈锥形，有的呈塔形，有的浑圆矮小，有的高耸兀立。

孤峰，是指峰林被流水进一步溶蚀渐成孤立分散的石灰岩山峰。

（2）地下溶洞景观。

地下水向下渗透流动，并沿着岩层层面或裂隙进行岩溶溶蚀作用，被溶蚀的空间不断扩大所形成大小不一、形态各异的洞穴。中国的溶洞广布于贵州、广西、云南、湖南等地区，著名的有广西桂林七星岩、芦笛岩、冠岩及荔浦丰鱼岩，贵州安顺龙宫，重庆武隆芙蓉洞，辽宁本溪水洞，浙江桐庐瑶琳仙境等。洞内的石钟乳、石笋、石柱、石幔等化学堆积物形态绚丽多姿。

石钟乳。地下水从溶洞顶部的裂隙中渗出，地下水中所含的钙质，遇到温度升高、压力降低、水分蒸发、二氧化碳逸出，使水中碳酸钙沉淀而形成自洞顶向下增长的沉积物，即为石钟乳。

石笋。水滴从洞顶的钟乳石滴到洞底，碳酸钙在洞底沉淀，形成自洞底向上增长的沉积物，称石笋。

石柱。石钟乳和石笋各自向相对方向发展和伸展，最后可相互连接起来，形成石柱。石柱不断壮大，姿态各异。

石幔。从溶洞壁的裂隙中渗出的地下水，碳酸钙沿洞壁呈片状沉积，如同帷幕一样展开，称为石幔，又称石幕。

3. 风沙景观

风沙作用以干旱地区最为活跃，在中国西北地区的新疆、甘肃、内蒙古、宁夏等省区，由风沙作用形成的各种形状的沙丘、风蚀柱、风蚀蘑菇等随处可见。壮观的风蚀地貌、苍凉荒芜的原始自然风光、神奇的沙漠"海市蜃楼"，以及沙漠探险中所蕴含的冒险精神强烈地吸引着旅游者。

（1）沙漠戈壁。

沙漠是干旱、极端干旱地区所特有的一种地表类型，新月形、纵向沙垄、方格状、蜂窝状、金字塔形等各种形态的沙丘风姿绰约，气象万千，适于开展沙漠探险、科考、游览、观光、滑沙等活动。内蒙古西部的巴丹吉林沙漠、腾格里沙漠、南疆的塔克拉玛干沙漠中随处可见新月形沙丘的分布，甘肃敦煌的鸣沙山也是一处著名的新月形沙丘。戈壁，蒙古语意为"难生草木的沙石地"，是粗砂和砾石覆盖在硬土层上的荒漠地貌，植被稀少，景色单调、孤独、荒凉。石化森林、干涸河床、盐湖遗址、白雪皑皑的山峰、沙漠中的孤岛绿洲以及"海市蜃楼"幻景等，使得浩瀚的沙漠戈壁魅力无穷。

（2）雅丹景观。

"雅丹"一词源于维吾尔语，意指陡壁的小丘。雅丹地貌是在干旱、大风环境下形成的一种风蚀地貌类型，为干旱区特有的由一系列平行的垄脊和沟槽构成的地貌景观，又称"风蚀垄槽"，因以新疆塔里木盆地罗布泊附近雅丹地区最为典型而得名。在柴达木盆地西北部南八仙、一里坪一带，塔里木盆地东部的罗布泊地区，克拉玛依以北的乌尔禾地区，准噶尔盆地东部的将军戈壁等广泛分布。

4. 黄土景观

黄土由第四纪黄土母质沉积形成，是中华民族的文化摇篮和农耕社会的发祥地。黄土颗粒细，土质松软，土体深厚，因暴雨侵蚀多形成沟壑交错的地形。广义的黄土地已是炙手可热的旅游胜地。

（1）黄土塬。

名震天下的陕西岐山县五丈原即为典型的黄土塬。五丈原的塬体突兀而起，塬顶平阔，东、北、西三面壁坡陡峭，是河流侵蚀而成，且均有河水阻隔，唯南面背靠秦岭，可谓地势险要，攻守皆宜。汉末三国时期，诸葛亮率大军伐魏，在五丈原曾与魏帅司马懿对垒百余日。

（2）土林。

由长期流水侵蚀而形成的一种自然地貌类型，多由砂砾、粘土组成，含有少量钙质胶结物，间或夹杂一些铁质结合体。土林一般出现在盆地和谷地内，其突起的残留体土柱侧坡常保持陡直。土林不但在黄土高原地区可以见到，在其他一些松散土状沉积物分布地区也可看见。如云南元谋土林（与路南石林、陆良彩色砂林，并称云南"滇中三林"）、四川西昌土林、西藏札达土林、吉林乾安土林等。

5. 火山景观

火山爆发是世界上最宏伟壮观的自然现象之一。在地球漫长的演变历史进程中，岩浆侵入与火山活动频繁发生。火山喷发物诸如火山灰等往往堆积在火山口周围，因此火山往往具有锥形外貌。火山停止喷发后，火山口常积水成湖，形成火口湖，如长白山主峰白头山顶的天池即为火口湖。火山景观包括现今尚在活动喷发的火山，近代火山活动喷发的遗迹，以及地质历史上火山活动留下的火山构造等。

火山活动时常喷溢出大量高温气体、固体碎屑和熔岩流等，并形成火山熔岩风景。当今世界上尚有大量火山在活动，其中80%集中在环太平洋—喜马拉雅—地中海地震带上。夏威夷火山国家公园内，有冒纳罗亚、基拉韦厄等活火山，每当火山喷发之时，金黄色的熔岩巨流从火山口溢出，温度高达摄氏1100~1200度，宛若巨大炼钢炉中倾泻出的钢水，汹涌澎湃，又像一条由玄武岩组成的深红色河流，沿着山丘向下流动，观赏价值极高。

中国近代曾活动喷发过的火山以黑龙江的五大连池、云南的腾冲火山、台湾的大屯火山等最为典型。据古籍记载，公元1719~1721年，五大连池火山群有2座火山爆发，喷出的黑色火山熔岩，犹如沸水翻腾，凝固后的熔岩酷似绳束状、麻花状，更有酷似巨蟒、石象、石熊、石猴等各种动物造型的，千姿百态，极具观赏性。

6. 地震遗迹景观

地震，一种灾害性的自然现象，是地壳运动的一种特殊形式，即因地壳释放出积聚很久的强大能量而导致大地强烈振动并产生巨大破坏作用的自然现象。2008年5月12日，四川汶川大地震令全世界震撼。1976年7月，河北唐山发生大地震，为使震迹原貌不全部消失，留给后代一些"创伤"作为"纪念"，保留了唐山十中旧址、河北理工大学原图书馆楼、原唐山机车车辆铸钢车间等7处地震遗址，以教育后人。在西昌泸山光福寺内有一个地震碑林，从明嘉靖15年（公元1536年）发生地震开始，至今已立下地震石碑100多座，碑文详细刻载了地震发生的时间，前震、主震、余震、受震范围、人畜伤亡、建筑物创伤等。

二、水域旅游景观

没有水，就没有生命，水也是自然景观的"雕塑家"。各种形态的水体在地质地貌、气候、生物以及人类活动因素的配合下，形成了不同类型的水体景观，按其形态可分为河、湖、瀑、泉、海等。一般来说，大的江河、湖泊、瀑布，观气势，体验壮观美；小的溪瀑、泉涧，听声音，观动静，体验声色美、宁静美、清幽美、动静对比美。

1. 江河景观

江河是水景中最重要的一类。陆地上纵横交织的河川，在流经不同地理环境及地貌部位时，常形成许多风貌各异的景观走廊。例如，地处热带的亚马逊河、刚果河，由于受热带气候和自然景观带的影响，水量大，河面开阔，水质澄碧，并与河两岸的热带雨林景观融为一体，犹如林中"长海"。在中国辽阔的大地上，江河纵横，从随山势径流、迂回曲折、水声潺潺的溪涧（如四川的九寨沟，台湾的秀姑峦溪，北京的松山、隆庆峡、云蒙山等均是以溪涧构景为主的景区）到坦荡宽阔的大江皆特色独具，奔腾咆哮的长江、黄河，诗情画意的富春江，天险乌江以及钱塘江涌潮等，均令人叹为观止。而桂林—阳朔之间的漓江两岸，秀峰亭亭，碧水蜿蜒，景色秀美多姿，素有"桂林山水甲天下"的美誉。

峡谷主要分布于河流的上游地区，是江河流经山区岩岸地段，由于流水及其挟带的砂砾等对河谷谷底的长期侵蚀，把谷底深切成"V"、"U"字形谷。峡谷地段，两坡陡峻，河道狭窄，且向下游方倾角较大，有一定的高差，水势汹涌，加之两岸峭峰壁立，峰巅烟雾氤氲，山水景观配合尤佳，美不胜收，为江河上最为迷人的风光带，也是开展观光、漂流、探险等旅游活动的理想之地，堪称"水在地球上的杰作"。如号称世界"七大自然奇观"之一的科罗拉多大峡谷，长约349公里，深约1.6公里，呈"V"字形，顶部宽8～25公里，谷底水面宽度不足

1公里。据考证，它的形成经历了漫长的岁月，在几千万年甚至几万万年中，科罗拉多河不停地奔腾流过谷底，湍急的河水像一把锋利的剪刀，将坚硬的岩层剖开，切割出了令人震撼的奇迹，众多的山岩、峭壁、沟壑、急流、瀑布、洞穴组成了一幅气势磅礴的图画。中国著名的峡谷景观有长江三峡、大宁河小三峡、澜沧江大峡谷、金沙江峡谷、雅鲁藏布大峡谷等。

2. 湖泊景观

湖泊，地球陆地表面封闭洼地中积水形成的面积较为宽广的水域。湖泊形态千变万化，湖光、湖影、湖色、湖声和某些奇特的属性对游人有很大的吸引力，以波光潋滟的湖泊为载体可开展荡舟、垂钓、采莲、水上竞技、民俗采风等活动，自古被视为风景佳地。按其成因类型大致可分为：

（1）构造湖。

由地壳的断裂、沉陷所形成的构造盆地和谷地积水成湖。世界上的大湖大都是构造湖，如俄罗斯的贝加尔湖，中国的青海湖、鄱阳湖、滇池、洱海等。构造湖一般处于山地中，有幽深、清净等特点，山水配合和谐，自然环境优美。

（2）火山口湖。

由盆状古火山口积水而成，如长白山天池等。其特点是处于山地峰顶，水源补给以雪水、雨水、泉水为主，水深质清，视野开阔。

（3）堰塞湖。

由火山口喷发的熔岩、冰川携带的冰碛物以及地震或山崩的碎屑物质堵塞河谷形成的湖泊，如黑龙江五大连池为熔岩堰塞湖，西藏安措湖为冰川堰塞湖。这些湖面积一般不大，也不很深，但因有火山或冰雪风景衬托，显得不同凡响。

（4）岩溶湖。

由碳酸盐类岩层的溶蚀洼地积水而成的湖泊。它们无一定排列方向，形状呈圆或椭圆，面积不大，水不深，既有地上湖，又有地下湖，干季和湿季水量变化较大。

（5）风成湖。

由风蚀洼地积水而成，多以时令湖和小型湖泊出现，分布于沙漠地区，如内蒙巴丹吉林沙漠中成百个不超过 0.5 平方公里的小湖泊，犹如茫茫黄沙中的点点明珠。

（6）冰成湖。

由冰川侵蚀、雪蚀而成古冰窖残留成湖，如阿尔泰山的喀纳斯湖等。主要分布于高寒地区，与山岳风光、冰雪景观相结合，构成独特的"山水"风景，适宜观光、考察旅游。

(7) 海成湖。

沿海地区海湾被沙嘴、沙坝等封闭而形成的湖泊，又称泻湖。大多分布在沿海三角洲冲积平原上，地势低平，一片水乡泽国风光，适于划船、游泳等活动。

(8) 河成湖。

由于河道摆动，形成河曲，然后截弯取直而成，形似弯月的牛轭湖，以及河流在平原地区淤积的天然堤之间，因地势低洼积水成湖。多位于大河中游平原地区，水产丰富。

(9) 人工湖。

指人工水库和公园内湖池等。它们对调节园林或公园环境，增加景观秀色，丰富观赏内容，开展水上活动，都有很高的价值。

据不完全统计，中国拥有大小湖泊2万多个，从水天一色的鄱阳湖、洞庭湖，烟波浩渺的太湖、五百里滇池，美如碧玉的洱海、长白山天池、赛里木湖和阿尔泰山深处的喀纳斯湖，到北京的昆明湖、北海、什刹海，烟雨迷蒙的嘉兴南湖，以及武汉东湖、扬州瘦西湖、南京玄武湖、青海湖、纳木错、艾丁湖、博斯腾湖、天山天池、台湾日月潭等，均是闻名遐迩的旅游胜地。"阴晴雨雪，风韵万千"的杭州西湖，更以"淡妆浓抹总相宜"驰名。而自新中国成立以来，各地兴建的水库，已经有很多被辟为游览地，著名的有新安江水库（千岛湖）、刘家峡水库、红枫湖水库、十三陵水库等。

3. 瀑布景观

瀑布是从河床横断面陡坡悬崖处倾泻下来的水流，因水从陡峭的山崖上直泻而下，远观宛若垂挂于天际的白练在飘荡而得名。瀑景的形成原因多种多样，或因火山熔岩的阻塞，或受流水的侵蚀，或因地层的断裂与错落，或由于冰川的切割和堆积等。其最大特点是山水完满结合，将水的形、声、色融为一体，有喷洒百米以上的飞瀑，也有巨涛滚滚的瀑浪，以晶莹的水帘和轰雷似的"音响"构成了壮观的奇景，是独具特色的动态水景。

位于加拿大和美国交界处的尼亚加拉瀑布、位于阿根廷与巴西交界处的伊瓜苏瀑布、位于津巴布韦与赞比亚交界处的维多利亚瀑布等为世界著名的大瀑布。中国疆域辽阔，地势复杂，为瀑布大量发育提供了条件。据统计，中国有大小瀑布数百个，著名的有黄果树瀑布群、庐山瀑布群、雁荡山瀑布群、九寨沟瀑布群、黄河壶口瀑布、长白山瀑布等。黄果树瀑布上下22级并连，其中18级为地面瀑布，4级为地下瀑布，主瀑落差74米，是中国第一大瀑布，夜晚瀑布溅珠凝结下降，洒在黄果树街上，有"夜雨洒金街"的美誉。

4. 泉景观

泉即地下水的露头，不仅有造景、育景的独特功能，而且泉水中富含多种微量元素，也有疗养、疗疾的医学价值。由于地质构造、地貌、水文地质等条件的不同，形成了不同类型的泉景。如按地下水的储存条件，有温泉、冷泉、间歇泉、药泉、矿泉、水火泉、甘苦泉、鸳鸯泉等之分。据不完全统计，中国泉的总数有10万之多，其中水质好、水量大或因奇水怪泉而闻名遐迩的名泉也有上百处之多。有的泉水甘美、纯净，沏茶香气隽永而味醇，如江苏镇江金山"天下第一泉"、无锡惠山"天下第二泉"、苏州虎丘"天下第三泉"、杭州虎跑泉、济南趵突泉号称中国"五大名泉"；有的泉水能酿出名酒，如贵州茅台；有的泉水饮用有益于身体健康，如山东崂山矿泉水；有的适于沐浴，如西安骊山华清池、重庆南北温泉、广东的从化、内蒙古阿尔山、巢湖的半汤温泉、南京的汤山、北京的小汤山以及福州的温泉等，都是著名的天然浴池。

世界温泉的分布与火山地震带相当，集中在环太平洋带和地中海——喜马拉雅带，其他的地热异常区往往也有温泉出露。如新西兰的罗托鲁阿——陶波地热区，高温、高压的地下水通过裂缝上升到地面，呈现为温泉、沸泉、喷气孔、沸泥塘等，水温最高达120℃以上，有"太平洋温泉奇境"之称。由于地质活动活跃，美国黄石国家公园内，上千个炽热的喷泉及冒泡的泥浆形成了世界最大的地热谷，有各类热泉、间歇泉、喷气孔和温泉多达1万余处，其中被称为世界奇观的300多处间歇喷泉，以"忠实泉"（Old Faith）最著名，此泉平均每隔65分钟喷发一次，水柱高达40~56米，自1870年发现至今一直准时无误，故赢得"老忠实"的称号。中国温泉资源极为丰富，最密集的是西藏、云南、广东、福建和台湾等地区，其中西藏温泉多达630余处，数量居全国之冠，大致呈东西向带状分布，拉萨附近著名的羊八井，最高温度可达92℃，喷发时可升起40~50米，极为壮观。

5. 海域景观

海洋的旅游价值主要表现在：海滨或海岛空气清新，阳光充足，是理想的休闲度假疗养胜地；一望无际、波澜壮阔的海洋本身就是独具魅力的景色，令人眼花缭乱、五彩斑斓的海底世界更是诱人；海浪和潮汐时刻拍打着海岸，由于海岸基岩岩性及裂隙发育的不均衡性，海岸在后退的过程中形成了许多奇观异景，海蚀柱、海蚀穴、海蚀平台、海蚀崖、海蚀窗、海蚀拱桥等海蚀地貌形态各异，构成了海滨独特的自然景观。此外，种类繁多的海水浴、沙浴、海底探险、潜水（尤其在珊瑚礁海域）、造访自然区域（红树林等），以及观潮、游泳、日光浴、冲浪、帆板和沙滩运动等活动，满足了旅游者的多种需求，国外"3S"（sun、sand、sea）旅游一直是最具魅力的旅游形式。

世界海洋总面积约3.62亿平方公里（包括大陆架和大陆坡），相当于全球面积的70.9%，平均深度3800米，最深处马里亚纳海沟为11034米。海洋中心部分称洋，边缘部分叫海，目前已开发利用的多限于边缘部分，如海陆交界处的海岸带和岛群等，地中海沿岸、黑海沿岸、南亚海岸、北美东西海岸、加勒比海各岛群以及太平洋热带海域和大洋洲东部沿海，已形成很多具有世界规模的海滨旅游度假胜地。中国大陆海岸线绵延18000余公里，拥有大小6000多个岛屿，如海南三亚，河北秦皇岛北戴河，山东青岛、烟台，辽宁大连，浙江嵊泗列岛、普陀山，福建厦门鼓浪屿、湄洲岛，广西北海等皆是我国著名的海滨度假胜地。

（1）海蚀景观。

海南三亚的"天涯海角"原为呈岬角深入大海的下马岭之余脉，由花岗岩构成，在海浪长期冲蚀下逐步后退，海滩上残留了许多形如擎天玉柱的海蚀柱，以"南天一柱"等最具代表性。浙江普陀山的梵音洞、潮音洞等是著名的海蚀穴，大连金石滩以鬼斧神工的海蚀风景和化石风景著称。

（2）沙滩景观。

最典型的海积景观就是海滨沙滩。沙细滩平、阳光充足的沙滩是开展以水浴为主的水上体育运动的好地方。一般来说，海湾顶部多分布着一些空气清新、阳光和煦、滩缓沙细、景色优美的海滩。

（3）珊瑚礁景观。

珊瑚，生长在热带和亚热带地区的海洋生物，形如树枝。活的珊瑚颜色鲜艳，死的珊瑚被洗成纯粹的白色。从沙滩向海中看去，五彩缤纷的珊瑚令人眼花缭乱，当珊瑚伸出细长的触手觅食时，看上去就像花朵一样，人称"海石花"。

（4）红树林景观。

红树林，一种木本胎生植物，生长于热带和亚热带陆地与海洋相接的滩涂上，耐盐、耐碱，根系极为发达，涨潮时浸没在海水中只露出碧绿的树冠。红树林不仅是休闲观光场所，同时也捍卫着海堤和农田免受海浪冲击，起着海岸森林的作用，并为海洋生物提供了良好的生存环境，吸引大量鱼、虾、蟹、贝类等在此觅食栖息。

（5）海岛景观。

海岛是周围环水的陆地，多成群成带地分布于大陆沿海地区或大洋中，或以山水见胜，或以火山称雄，或以珊瑚礁造型等闻名，有些岛屿还以文化遗址和民族风情享誉，如美国的夏威夷群岛、马来西亚的槟榔屿、中国的台湾岛和海南岛等都是自然风景与人文景观两全其美。

（6）海底风光。

旅游者在潜水督导员的指引下，潜到水下去观赏鱼类、珊瑚等海洋生物，或游览和考察海底地貌（如断沟、陡坡、洞穴等），或去探寻水下的沉船古迹，水下狩猎、摄影和打捞等潜水旅游正在兴起。

(7)海潮景观。

地球在自转和公转运行过程中受到日、月的引力作用,海水每天涨退两次,白天涨为"潮",夜晚涨为"汐",故称海洋"潮汐"。由于海潮的涨落差较大形成了涌潮,势如万马奔腾,声震如雷,数里之外就可看到汹涌澎湃的浪涛。如钱塘江涌潮,以8月18日为最,有"壮观天下无"之称。

6. 冰川景观

冰川形成于雪线以上的常年积雪区,只要地表或冰面有适当的坡度,一定厚度的冰体就会在重力作用下向雪线以下地区缓慢流动,伸出冰舌,形成冰川。其发育规模主要取决于雪线以上积雪区面积的大小及固态降水量的多寡。中国现代冰川多分布在西部高山地区,喜马拉雅山、喀喇昆仑山、念青唐古拉山、祁连山和横断山是中国冰川规模最大的山系。著名的已被开发为旅游基地的冰川观赏地有四川贡嘎山的海螺沟冰川、甘肃嘉峪关七一冰川、新疆乌鲁木齐胜利达坂冰川、云南玉龙雪山和梅里雪山等。四川海螺沟冰川长14.7公里,伸入森林带6000米,最低海拔2850米,是世界同纬度海拔最低、可供游人观光的现代冰川,其冰瀑布高1080米,宽约1100米,甚为壮观。

冰川景色雄伟瑰丽,加之冰川所在地的环境质量优于一般风景区,所以愈来愈受到酷爱自然之人的青睐。虽然冰川运动速度非常缓慢,每年只有数十米至数百米不等,但它在运动时能对地表进行侵蚀,形成冰川弧、冰川断层、冰川槽谷和冰崖、冰塔、冰桥、冰川石蘑菇、冰川城门、冰缝等许多奇异的造型。每当冰川崩裂之时,冰雪飞腾,响声如雷,气势磅礴。

三、大气旅游景观

多变的气象与气候对景观产生了非常重要的影响,在特殊环境和条件下,还可形成罕见的奇景。例如,对流层大气中的水在不同环境条件下发生的三态变化,以及因大气密度不同发生的光线折射产生幻影现象等,不仅丰富了景观的内容,而且增添了景观的神秘色彩。

1. 雨景

雨景是旅游中经常遇到的一种自然景观,江南烟雨、梅雨赏梅、巴山夜雨等,都是被传为佳话的雨景。"清明时节雨纷纷,路上行人欲断魂",平原地区地形起伏小,有单调空旷之感,但在蒙蒙细雨的笼罩下显得悠远飘渺,诗意盎然;山地的雨景使山石林木若隐若现,更具朦胧之美,"雨中看山也莫嫌,只缘山色雨中添"、"雨丝风片,烟波画船",江上烟雨令人销魂,"秋风秋雨愁煞人"……

2. 云雾景

云雾是在一定条件下由空气中的水分凝结形成的,由于空气的流动性强,使得云雾形状极不固定，时有时无，时聚时散，时浓时淡，时厚时薄，时如堆雪，时似轻纱，千态万状，飘忽不定，在风的作用下更具有动态景象。同时，云雾也造成了景观的间隔和隐藏，给人留下极丰富的遐想空间。云雾中的山水，由于云雾的动态和明暗变化，极大地丰富了实体山水的景象，使自然山水的美感更加多姿多彩。山区云雾积聚，瞬息万变，凡名山多有与云雾有关的胜景，如庐山云雾、黄山"云海"、苍山"玉带云"、泰山"云海玉盘"、三清山"响云"等。

3. 冰雪景

雪是中纬度地区冬季和高纬度地区及雪线以上山顶地带出现的一种特殊天气降水现象，具有特殊的色彩美，配合其他自然景观，以奇异的冰雪风光著称。人们"赏雪、踏雪、观雪、望雪、玩雪、听雪"，乐在其中。例如，冰岛全境被厚厚的冰雪所覆盖，但冰雪之下却是沸腾的火山和滚热的温泉，冰川、岩浆、海潮造就了冰岛独一无二的自然景观，享有"火与冰的世界"的美誉。在隆冬季节，中国北方许多地区"千里冰封，万里雪飘"，白雪皑皑的北国风光魅力独具。"西山晴雪"（燕京"八景"之一）、"少室晴雪"（嵩山"八景"之一）、"平冈积雪"（九华山"十景"之一）、"断桥残雪"（杭州西湖"十景"之一）、"玉山积雪"（台湾"八景"之一）、"太白积雪"（关中"八景"之一）、"江天暮雪"（长沙潇湘"八景"之一）等自古就享有盛誉。

4. 雾（雨）淞景

雾淞又名"树挂"，是一种白色固体凝结物，由过冷的雾滴附着于地面物体上迅速冻结而成，经常出现在有雾、风小的严寒天气里。由于雾滴直径比雨滴小得多，雾滴与雾滴之间空隙很多，因此雾淞呈完全不透明的白色，中国高寒山区和东北地区的冬季较多出现。著名的吉林雾淞出现于每年 12 月到次年 2 月，江水蒸腾的雾气遇寒冷的空气一串串地挂在或附着在树枝上，呈现一簇簇"雪柳银花"的景象。

雨淞是与雾淞类似的天然景观，是平滑而透明的冰层，温度在-6℃～0℃，由过冷却雨、毛毛雨接触物体表面形成；或是经长期严寒后，雨滴降落在极冷物体表面冻结而成。通常形成于树枝、电线上，总是在物体的迎风面上增长，且在受风面大的物体上凝聚最多。中国出现雨淞日数最多的地方是峨眉山（年均 135.2 天），最多可达 167 天/年。

5. 风景

风是空气相对于地面的运动，是气象变化的主要因素之一，此景只能感受而不能观赏，大多用以衬托其他景观，古代曾有许多景观的命名是表现风之美的，如"石洞秋风"（碣石山"十景"之一）、"经台秋风"（东天目山"八景"之一）、"石室清风"（北京平谷"八景"之一）、"茶磨松风"（浙江海盐"八景"之一）、

"白水秋风"(峨眉山"十景"之一)、"下关风"(云南大理"风花雪月"四大奇景之一)、"西沼薰风"(贵州龙里"八景"之一)。

6. 霞景

霞是日月斜射天空中,由于空气层的散射作用以及天气现象和时辰影响,使天空的云层呈现黄橙红等色彩的自然现象。霞光是阳光穿过云雾射出的色彩缤纷的光芒。霞和霞光多出现在日出或日落之时,有朝霞、晚霞、彩云、雾霞等之分,此种景致瞬息万变,五彩缤纷,对游人极具吸引力。中国古代以霞景命名的景点极多,如鸡公山的"晚霞夕照"、天子山的"霞日"、浙江东钱湖中的"霞屿镇岚"、江西彭泽的"观客流霞"、贵州毕节的"东壁朝霞"等。

夏日雨后,浓云消散,当斜阳重又显现出来,会在阳光照射的对面出现一条有规则的弧状七彩光环,如同一座彩桥飞架天空,即彩虹。特殊情况下,还可出现四条、五条彩虹并存的神奇现象。有时在虹带的外圈还会出现与其排列相反的彩带,即霓(也称副虹),其成因与虹相似,是阳光多反射一次造成的。

7. 佛光

又称"宝光",是一种特殊的大气自然现象。以峨眉山金顶最为典型,黄山、庐山、泰山等地区也有发现。主要是由于当地空气潮湿,云雾迷漫,太阳、旅游者和投影三者形成一条直线,当阳光穿过层层云海射入云雾时,不远处的第二层云雾充做了"映幕",人站在其间,光线从背后射来,便把人的身影投射到"映幕"的光环之中,远看好似佛像头上的光环。关于该记录相关分析认为:第一,佛光中"佛影"乃是"人影",是旅游者自身受阳光照射后的投影;第二,佛光是形成于太阳相对方向处的云层或雾层上的围绕人影的"彩色光环";第三,佛光是光线透过云层或雾层中的小水滴时,经衍射作用所形成的;第四,佛光必然产生在旅游者的前方或下方。

8. 蜃景

即"海市蜃楼"奇景,是一种反映天气变化的奇特自然景象。在海边或沙漠地区,无风或风力微弱的气候条件下,由于气温在垂直方向上的剧烈变化,使空气密度的垂直分布变化显著,引起光线的折射和全反射现象,导致远处的地面景物在人眼前造成奇异的幻觉,以山东蓬莱和长岛附近海面上的"蓬莱仙境"海市最为著名。

9. 立体景

大气造景在山区中最引人注目的就是立体景。在空气温度垂直递减率的影响下(每升高100米,温度下降0.6℃),山顶、山麓气候不同,植物分布也呈地带性,出现"一山有四季"的景观。例如,位于赤道附近的非洲第一高峰乞力马扎罗山,海拔5895米,自下而上呈现出热带、温带、寒带等三种差异极大的自然景观。山下最高气温可达 59℃，热浪滚滚；山麓及山腰处生长着葱郁的热带森林；2700 米以上是温带森林和草地，牧草成茵；5000 米以上为雪线，白雪皑皑，是一片银色的冰雪世界；山顶气温则常年保持在-34℃左右，晶莹的峰顶在赤道骄阳的照耀下闪闪发光，故有"赤道雪峰"之称。

10. 极光景

极光是由太阳发出的高速带电粒子与地球上空的大气粒子碰撞，使之带电辐射后激发的一种色彩瑰丽的大气发光现象，是地面可见的最为壮观的自然现象之一。由于地球磁场的原因，极光只出现在磁场附近的高空，即南北两极附近。极光形状多样，或像一条长长的彩带，或呈弧形像发光的彩虹，或像瀑布挂在人的眼前，或像一把打开的扇子向周围呈放射状。明亮时多为黄绿色，微弱时是白色，有时带红、蓝、灰紫色，或兼而有之。在北半球的阿拉斯加北部、加拿大北部、冰岛南部、挪威北部、新地岛南部和新西伯利亚群岛南部的一个环状地带，每年约有 2/3 的时间可以看到极光，中国黑龙江漠河、新疆阿尔泰地区每年也能看到一次极光。

四、生物旅游景观

生物是地球表面有生命物体的总称，为自然旅游景观中最富特色的类型。每种生物都有自己独特的生态、习性、色彩等，并各以其自身生命节律周期性所表现出变化多端的形态构成景观的实体，既能起到烘托主景的作用，又能独立成景。生活空间广泛、种类繁多的生物，除了能满足人们的观赏娱乐功能外，其中植物可以点缀庭院、为人类创造优美的环境，动物还可以被利用开展垂钓、狩猎等活动，以达到促进旅游者身心健康、增长知识、扩大视野的目的。

1. 植物景观

据统计，中国现有种子植物 300 多个科、2980 个属、24600 个种，其中有"活化石"之称的水杉、水松、银杏，以及珙桐、香果树、鹅掌楸等享誉世界。植物是大地的彩衣，把神州的四时打扮得无比美丽。春天，桃红柳绿、野花烂漫，一派欣欣向荣的气象。盛夏，南方的稻田、北方的"青纱帐"构成一片绿的海洋，清风吹来，绿浪滚滚，点缀着似火的榴花、娇艳的荷花，令人心旷神怡。秋天是收获的季节，金灿灿的大地上枫叶流丹，把万山装点得如同霞染一般。冬季，北国苍松傲雪、大地银装素裹，南方茂林修竹、青翠喜人，太湖之滨邓尉山"香雪海"的梅花、昆明的茶花等纷纷绽放，更是美不胜收。

（1）森林景观。

风景秀丽、气候宜人的森林，是人们回归大自然的理想场所，适宜开展观光、避暑、野营、度假、科考、探险、疗养、森林浴和一些户外体育活动等。其旅游价值主要体现在：森林空气中富含负离子，能消除疲劳，提高人体免疫能力；一些植物分泌的气味能够杀菌和治疗人体某些疾病；森林美景能够给人以美的享受，陶冶情操；森林中千姿百态的景物能够激活人的想象力和创造力；森林中所蕴含的大自然的奥秘能够激发人更深层次地认识到生命的价值，热爱大自然，树立环境意识。吉林长白山、云南西双版纳、湖南张家界、陕西太白山、广西十万大山等都是中国具有代表性的森林旅游地。

（2）草原景观。

草原是指在半干旱条件下，以旱生或半旱生的多年生草本植物为主的生态系统，适宜开展草原观光、骑马、滑草、野餐露营和体验草原民族风情等活动。草原的旅游价值主要体现在：蓝天、白云和草原上一望无际的绿色自然风光，"天苍苍，野茫茫，风吹草低见牛羊"，能给人以美的享受；游人在欣赏草原自然美景时，可以缓解生理和心理上的焦虑和紧张；草原上独特的气候以及高质量的空气使之成为夏季避暑疗养的胜地；与草原自然风光相协调的草原民族风情对旅游者也有极大的吸引力。中国的草原以温带草原为主，集中分布在东北地区的西部、内蒙古、黄土高原的北部以及海拔较高地区的高山草甸，各类草地总面积约4亿公顷。内蒙古呼伦贝尔草原、锡林郭勒草原，新疆天山高山草甸等是中国著名的草原旅游地。

（3）植物园。

植物园可分为两类，即大型综合性植物园和独具特色的专科性植物园。北京植物园、南京中山植物园等是中国著名的综合性植物园。专科性的植物园种类很多，如反映气候的有杭州亚热带植物园、海南的热带植物园等，反映物种特色的植物园有山茶花园、秋海棠园、多浆植物园、蔷薇植物园、牡丹园等。

（4）奇树名花。

在自然风景中，有一些植物如松、竹等，或以其奇特的形态，或因具有特殊的风韵，或属珍稀品种等，成为游人喜爱观赏的对象。如中国独有的珍稀名贵观赏植物珙桐是1000万年前新生代第三纪留下的孑遗植物，有"植物活化石"之称，因其花形酷似展翅飞翔的白鸽，被西方植物学家称为"中国鸽子树"。陕西黄陵县桥山脚下黄帝庙内的"轩辕柏"，相传为黄帝亲手栽植，是中国最大的古柏，被誉为"世界柏树之父"。

中国栽培的名贵珍稀花卉有牡丹、菊花、梅花、茶花、杜鹃、兰花、芍药、玉兰、水仙等。各种赏花游别具情趣，例如，梅花为寒冬难得的观赏花卉，花香沁人心脾，著名的赏梅胜地有无锡梅园、南京梅花山、武汉东湖磨山、杭州塘栖的古梅园、苏州邓尉的香雪海等。浙江天台华顶山的云锦杜鹃，杜鹃花树高达5～6米，花蕾有鸽蛋大，花开大者如盏，花瓣细腻如丝绸，一棵树有上千朵杜鹃花，能覆盖几个平方米，花盛之时各色绚丽的杜鹃花海漫山遍野，如云锦层层铺展。广州 3 月的羊城花会、洛阳 4 月的牡丹花会、北京 10 月的菊展等全国各地举办的花展、花会，引得游人络绎不绝。

2. 动物景观

据统计，中国有鸟类 1160 多种、兽类 420 多种、爬行与两栖类动物 500 多种，动物资源极为丰富，其中大熊猫、金丝猴、白唇鹿、白鳍豚、东北虎、扭角羚、丹顶鹤、扬子鳄等皆为珍稀动物。动物的旅游功能和植物一样：首先是保持优良的生态系统，创造美好的旅游环境；其次，有娱乐斗趣的功能，如马戏团以及动物园中饲养的狮、虎、熊、猴、狗、象、海豚等能做各种表演以娱乐游人；赛马、斗牛、斗蟋蟀、斗鸡等活动也吸引了众多游人，如西班牙奔牛节就以惊险刺激的斗牛比赛为主要节目。

动物虽不像植物那样可以构成一个区域的景观特色，但对加强景观整体空间美的感受、提高游人的兴趣具有一定作用。中国有许多候鸟越冬栖息地，每年 11 月至翌年 3 月候鸟群集，是观鸟的最佳时机，如江苏盐城观丹顶鹤、山东荣成赏大天鹅、江西鄱阳湖看白鹤、黄河三角洲观水禽、江西婺源赏鸳鸯等。

（1）动物园。

公元前 11 世纪，中国周朝武王建"灵囿"圈养珍禽异兽，专供王公贵族游览，为中国最早的动物园。动物园的特点：一是动物完全固定在人工控制的小圈子内；二是园址在城市或城市附近，便于城市居民就近观赏。而野生动物园则是一种在自然环境基础上围圈的、对动物半开放的动物园，面积一般比较大，动物可在园内自由行动，追逐食物，游人必须乘封闭车辆观看动物。动物园分为综合性和专门性两大类：北京动物园、上海动物园等均是综合性动物园，专门性的动物园有水族馆、鸟园、蝴蝶园、蛇园、猴园、鳄鱼园等。

在水族馆和海洋公园中，游客可观看水族表演，欣赏缩微海洋风光。20 世纪初期，世界各国水族馆均停留在"死标本"阶段，后来随着科技的发展，人们由控制水温、光度、咸度，到进行人工输氧，掌握了饲养繁殖技术，水族馆进入"活标本"阶段。它既是人类认识海洋的窗口，也是动物园和博物馆发展的新形式。

（2）野生动物栖息地。

以动物的主要栖息繁衍区为重点保护对象而建立的自然保护区，可分为综合性野生动物保护区和单一重点野生动物保护区。如非洲坦桑尼亚的恩戈罗恩戈罗自然保护区，不仅有闻名遐迩的世界最完整的火山口，还有数量和种类惊人的羚羊、犀牛、狮子、大象等动物。其西缘的塞伦盖蒂国家公园里生活着数以百万计的斑纹角马、羚羊等食草动物和它们的天敌狮子、豹、鬣狗、狼等。每年 5、6 月间，随着雨季和旱季的自然交替，一年一度的角马、羚羊等动物的大迁徙构成了奇特的场面,它们成群结队,浩浩荡荡,队伍绵延数千米,壮观的场面令游客震撼不已。

狩猎、钓鱼旅游等开始成为旅游潮流之一。黑龙江小兴安岭南坡兴建的桃山狩猎场,面积近18万公顷,内有黑熊、马鹿、狍子、野猪、雪兔、野鸡、山鸡、鹌鹑等10多种野生动物,为中国第一个对外开放的狩猎区。广东乳源韶关狩猎中心、河北承德木兰围场以及青岛海滨、无锡太湖等地的狩猎、垂钓旅游等都颇受游人欢迎。

五、天象旅游景观

天象指天文现象,诸如"日月并升"、"极昼·极夜"等奇观,并不是由地球本身及其所包含的大气圈、水圈、生物圈、岩石圈相互作用所产生,而是由地球作为太阳系的一个星球,在太阳系内与太阳、月球等天体相互相对运动而产生的。

1. "极昼·极夜"景观

"极昼·极夜"景观是地球环绕太阳公转而产生的自然现象。"极昼",即太阳24小时都在地平线上,周而复始,但始终不落;"极夜",即只有黑夜,没有白天,始终看不到太阳。地球遵循一定的轨道绕太阳公转,由于地轴是倾斜的,因此,可观赏到"极昼·极夜"景观的地方只能在南北半球纬度高于66°33′的地方,如在北半球的挪威、瑞典、芬兰、冰岛、俄罗斯的北部、美国的阿拉斯加、加拿大西北的育空地区、格陵兰岛等地以及南半球的南极大陆。每年夏至日前后,在"中国北极村"黑龙江漠河观赏昼长夜短的"白夜现象"(夜晚之时天空通宵处于半光明状态)的旅游者络绎不绝。虽然漠河所处纬度已略偏南,那里的"白夜"也已不太"完善",但仍能吸引很多游客。

2. "日月并升"奇观

"日月并升"又称"日月合朔"、"日月合璧",其景霞光缥缈,扑朔迷离,奇丽无比,为自然界的一大天文奇观,历来为游人所神往。中国可观赏到"日月并升"奇观的地点不多,大致集中在浙北和苏南太湖东侧、浙江平湖九龙山的临海山顶、杭州葛岭初阳台、苏州洞庭西山山顶、苏州天平山顶莲花洞等,其中最佳观赏点是在杭州湾北岸浙江海盐南北湖畔的云岫山鹰巢顶。

"日月并升"奇观一般可持续15分钟,短的仅5分钟,长则可达半小时。因游人观赏的时间和当时的环境条件存在着一定差异,故而不同游人的描述也略有不同。归纳起来主要有:

- 当太阳初出海平面时,月亮随即跳出,并入日心。
- 旭日升腾海面不久,有3个灰暗色的月亮围绕着太阳跳个不停,太阳被月亮遮住的部分光色暗淡，未被遮住的部分呈月牙状，闪烁着金黄色的光彩。
- 太阳和月亮重叠为一体，同出东海，太阳外围呈现出血红或青蓝色的光环。
- 太阳在下，月亮在上，紧追不舍地跃上海面，成为一幅美丽的太阳托月图。

第三节 人文旅游景观

一、历史古迹景观

中国是人类文明的发源地之一，历史悠久，文化灿烂，民族众多，虽然自然旅游景观分布广、类型多，但在世界上独占鳌头的并不多。而人文旅游景观则不同，中华文化上下五千年的历史，创造出许多丰富多彩的物质文明，各种历史文化遗存遍布全国，从万里长城、京杭大运河等古代工程到园林、宫殿、城镇、陵墓，乃至京剧、书画、烹饪、武术等，无不具有中国文化的独特风格。

1. 古人类文化遗址

古人类文化遗址是指从人类产生到有文字记载以前的人类历史遗迹，包括原始聚落遗址、生产和生活用具、原始艺术和墓葬等。中国古人类文化遗址众多，从旧石器时代、新石器时代到母系社会，各个时期的遗址遍布全国，数不胜数，以黄河流域和长江流域最为集中，有云南"元谋人"遗址、北京周口店"北京猿人"遗址、陕西"蓝田人"遗址、广东韶关"马坝人"遗址、山西襄汾"丁村人"遗址、广西"柳江人"遗址、四川"资阳人"遗址等，其中"元谋人"历史最早（距今170万年），周口店龙骨山的古人类遗物最丰富。陕西西安半坡村遗址、山东龙山和大汶口文化遗址、甘肃马家窑文化遗址和秦安大地湾文化遗址、浙江余姚河姆渡文化遗址等，都在世界文明史上留下辉煌的篇章。

2. 古代工程景观

从古到今，人类为生产、交通、水利、军事、科技和文化娱乐等目的而兴建的重大工程，无论是在外部造型、建筑风格、装饰和色彩，还是在内部结构、功能等方面，都比较注重突出美学效果、反映时代特征，因而能引人入胜，常形成独具特色的旅游景观。例如，长城，中国古代最伟大的军事防御工程，始建于公元前7~前6世纪的春秋时代，东起河北的山海关，经北京、河北、山西、内蒙古、陕西、宁夏等省区，西至甘肃的嘉峪关，全长约 6350 公里（合 12700 里），又称"万里长城"，其悠久的历史、浩大的工程、雄浑的气魄为世人所神往，被誉为古代人类建筑史上的一大奇迹。

而就农田水利工程而言，最出色的当推荷兰的围海造地（共修筑总长约 1800 公里的层层堤坝，增加土地 7000 平方公里，相当于全国陆地面积的 1/5）、菲律宾的巴纳韦高山水稻梯田（面积共约 400 平方公里，最高梯田海拔 1500 米以上，梯田外缘石壁长达 2.25 万公里，约为地球圆周的一半以上）等。中国历史上兴建的水利工程，时至今日仍在发挥作用的以都江堰、灵渠、京杭大运河、坎儿井等最为著名，是古人因地制宜、巧妙改造自然的产物，不仅促进了地区经济的发展，而且多分布在形势险要、风光秀丽之地，已成为极具吸引力的旅游景观。

3. 古建筑景观

建筑，英文原意为"巨大的工艺"，含有工程与艺术结合的意思，是人类按照实用的要求和美学规律、法则，因时因地对自然界进行加工改造而创造出的物质实体，有"凝固的音乐"、"石头写成的史书"、"文化的窗口"之誉。伟大的建筑，精美绝伦，往往是一个国家、一个民族、一个地区、一个城市的象征物，并以其巨大的物质实体和造型风格给人以强烈的美的直观感受。世界古建筑类型繁多，根据建筑的形态、功能和旅游观赏价值，可分为宫廷建筑、陵寝建筑、宗教建筑、纪念性建筑以及大型工程建筑等。

（1）中国古建筑景观。

● 采用木结构。

中国古建筑多用圆木、方木和木板等建造，采用接榫、螺栓、梢、键、胶等方法结合，加工方便，且自重较轻。高级的木结构建筑，如宫殿、庙观、陵寝等，常使用斗拱，既能承担屋檐重量使屋面出挑，又有装饰性能，还兼具抗震作用。

● 组群布局。

中国古建筑很少是单个的，殿、楼、阁、亭等大多是组群布局，主次分明，重要的建筑物布置在中轴线上，次要的建筑则对称列于中轴线两侧。结构以"间"为单位，构成单座建筑，再以单座建筑组成庭院，进而以庭院为单位组合成各种形式的组群。

所谓"间"就是由四根柱子围成的空间，一般间数均为奇数。古建筑的面阔指横向的间数，如有 10 根柱子其面阔为 9 间；进深指纵向的间数，如有 6 根柱子其进深为 5 间。面阔、进深越多表明建筑物的等级越高，如面阔 9 间、进深 5 间的建筑为最高级别，即皇宫的大殿，其他建筑不允许使用，因而皇帝又称"九五之尊"。

- 装饰多样。

建筑主体旁常有华表、阙、照壁、牌坊等衬托式建筑，如北京天安门城楼前后各有一对雕有云龙的汉白玉华表，对故宫的主体建筑物起烘云托月的作用。中国古建筑中的窗是装饰的重点，仅窗的形状就有方、圆、椭圆、花形、扇形、木瓜形、横披形、多角形等，窗中的格纹及种类更是多得无法统计。屋顶的式样可分为庑殿式、歇山式、攒尖式、悬山式、硬山式，又有重檐和单檐之分等。

- 建筑等级森严。

中国历代王朝对建筑物的等级均作出了明确的规定，如就建筑物的屋顶而言，等级自上而下依次为重檐庑殿式、重檐歇山式、重檐攒尖式、单檐庑殿式、单檐歇山式、单檐攒尖式、悬山式、硬山式等，重檐庑殿式的屋顶是最高级的，只有皇宫大殿及皇家重要建筑才能用。

古时官府门前常置石狮，是权势的象征。等级越高，石狮越大，其头顶上的卷毛也越多，如一品官的官府门前石狮，头顶卷毛为13个，二品为12个，三品为11个，依此类推，直至七品，七品以下门前不准置石狮。在建筑物的色彩方面也有严格规定，如皇宫屋顶用黄色琉璃瓦，皇子、亲王的屋顶用绿色琉璃瓦，普通百姓民居的屋顶只能用黑色或青色瓦片。

（2）西方古建筑景观。

- 采用石制的梁柱作为基本构件。

世界建筑艺术风格变化最多的当首推欧洲。古希腊、古罗马时期创造了一种以石制的梁柱作为基本构件的建筑形式，即主要采用冷而硬、厚而沉、庞而大的石块，主要的建筑结构是拱券和各种复杂的柱式，以追求一种高大、强壮、神秘、威严、震慑的效果，体现弃绝尘寰的宗教精神。后经过文艺复兴时期的进一步发展，一直延续到20世纪，成为一种具有历史传统的建筑体系，不论是罗马式、哥特式、巴洛克式，还是文艺复兴式等，都继承了这一传统。

- 注重建筑个体。

西方古建筑注重的是个体的艺术效果和建筑风格，重在立体发展，楼层较高，如古希腊的雅典卫城，虽为群体，但它没有中国建筑那种用中轴线来控制整个群体的整体性设计，有的只是各自相对独立的神庙、议会会场等单体建筑物。著名的帕特农神庙建在陡峭小山的顶端，将其最壮美的部分朝向各个角度观瞻的人们，而不作任何的掩藏与遮盖。

- 建筑形式多样。

西方古典建筑常以不同的柱式、屋顶、窗门的变化来体现特点，形式多样，有线条简单、造型敦实厚重的罗马式；以直刺苍穹的垂直线条和锋利的"尖"顶为特色的哥特式；圆形屋顶、多柱子和呈波浪式曲线窗户的巴洛克式；以人体美的对称和谐为其意表、平稳大方的文艺复兴式等。室内常以雕塑、挂毯、油画、镶嵌画等作装饰，如梵蒂冈的圣彼得教堂内，大理石柱、墙壁、天花板、门扉乃至地面、玻璃上，随处都是精美的雕刻、壁画和镶嵌画。

● 强调理性美。

许多西方建筑师的建造哲学理念源自"美产生于度量和比例"，因此很多宫殿都以各类古典柱式做建筑基础，突出轴线，强调对称，注重比例，造型严谨。如法国巴黎的卢浮宫，原是法国王宫，现为国立美术博物馆，它是一个带有角楼的封闭式四合院，因由不同的建筑师设计建造从而形成了内部不同的风格。其中宫内西面建筑由莱斯科所建，采用了文艺复兴时期的建筑形式，主体是长柱廊，柱子贯通二、三两层，气势宏伟，没有了繁琐的装饰和复杂的轮廓线，更显简洁严肃，被视为"古代理性美"的典范。

4. 宗教文化景观

宗教是一种特殊的社会意识形态，产生于史前社会的后期。人们相信并崇拜超自然的神灵。在世界各国、各民族的历史和现实中，宗教是一种普遍存在的特殊的社会文化现象，具有巨大的包容性，几乎囊括了从哲学、道德、文学到建筑、音乐、绘画、雕塑等方面的所有内容，甚至对人们的思维方式都产生了或多或少的影响，不仅在人类历史发展进程中产生过重大影响，而且至今还广泛影响着世界许多国家、地区和民族的社会生活。目前，世界总人口60%以上的人信仰宗教。在一些地区或城市，宗教活动高于一切，如沙特的麦加与麦地那、中国的拉萨、印度的瓦腊纳西、土耳其的伊斯坦布尔、耶路撒冷、梵蒂冈等都是名扬世界的宗教朝觐旅游胜地。

宗教通常可分为原始性宗教（如"图腾"崇拜）、地区性宗教（如印度的印度教、日本的神道教、中国的道教、以色列的犹太教等）和世界性宗教（基督教、伊斯兰教、佛教）。

（1）基督教文化景观。

基督教，公元1~2世纪形成于罗马帝国东部的巴勒斯坦和小亚细亚一带，信奉"上帝"，传说创立者是耶稣基督。基督教于中世纪时在欧洲占统治地位，16世纪后传播到非洲、美洲、大洋洲和亚洲东部，对欧美各国历史、文化的发展有着非常大的影响。据有关方面统计，现代基督教徒总人数约12亿，主要分布在欧、美以及世界各地的150多个国家和地区，其信徒总人数为世界三大宗教之首，几乎遍布全球，是目前世界上流传最广、教徒最多的世界性宗教。

基督教又分为西部的罗马公教（天主教）、东部的正教（东正教）、基督教新教等派别。目前，东正教主要分布于波兰（信天主教）以外的东欧地区及希腊、土耳其等；天主教主要分布于西南欧拉丁民族地区，并随移民流传至拉丁美洲，梵蒂冈是现天主教教会中心罗马教廷所在地；新教则分布于北欧和爱尔兰（信天主教）以外的西北欧，并随移民流传至北美洲和澳大利亚等。基督教的节日很多，最重要的有圣诞节、复活节、万圣节等。

基督教文化除了它的教义和以"弥撒"为主的宗教活动外，还表现在宗教建筑形式上。教堂为基督教建筑的典型代表，亦称"礼拜堂"，源于希腊文，意为"上帝的居所"，是教徒们举行宗教活动的场所。其中，以天主教堂最为宏伟壮丽。罗马教廷所在地梵蒂冈的圣彼得大教堂，是一座罗马式与文艺复兴式风格相结合的宏伟建筑群，教堂前还有可容纳数十万人做弥撒的大广场。哥特式教堂为天主教建筑的代表，讲究立面效果，以大量向上高耸的尖塔象征"直上天国"，其经典建筑有法国的巴黎圣母院、意大利的米兰大教堂、德国的科隆大教堂等。东正教建筑风格又称"拜占庭式"，特征是"洋葱头式"穹隆形屋顶，著名的有俄罗斯莫斯科的瓦西里·勃拉仁内大教堂、意大利威尼斯的圣马可大教堂等。

（2）伊斯兰教文化景观。

伊斯兰教，最年轻的世界性宗教，在中国又被称为"回教"、"清真教"等，源于公元7世纪初的阿拉伯半岛，创立者是麦加城古莱什部落哈申族人穆罕默德，认为安拉（"真主"）是创造万物、全知全能的神，安拉的人间使者是穆罕默德，教徒称为穆斯林，意为"信仰真主，顺从先知"的人，其经典是《古兰经》，寺院建筑名为"清真寺"。据统计，现有教徒8亿多人，分布在70多个国家，主要集中于西亚、北非、南亚、中亚、东南亚等地。"政教合一"是伊斯兰教的传统，故伊斯兰教被许多国家定为国教，《古兰经》也随之成为国家基本法，其教规也成为全国民众必须遵循的行为规范。伊斯兰教的主要教派有逊尼、什叶两派，前者分布于大多数伊斯兰国家；后者主要分布在伊朗、也门等国。

清真寺（"清"指"真主"不拘方位、无始无终，又超然无染；"真"指"真主"永存常在，独一至尊）是穆斯林聚众礼拜的场所，为伊斯兰教建筑的典型代表，由礼拜殿、望月楼、唤醒楼、浴室等组成。其建筑风格主要表现为高耸的尖塔，宛若葱头形的穹隆顶，顶部收束呈尖锥状，给人以升举之感。礼拜殿是清真寺的主体建筑，其建筑布局和形式较为灵活，但内部设计固定，殿内不供奉任何偶像，寺内的装饰忌用动物图案，多采用几何纹、植物纹等，寺内壁上多有用阿拉伯文书写的伊斯兰经文和穆罕默德的语录，由于书写时进行了美化，具有一种装饰图案般的美。世界各地的清真寺礼拜殿方向都必须朝向圣地麦加，所以中国清真寺大殿的大门总是向东开（教徒在殿内背对着门，正好面向圣地）。

（3）佛教文化景观。

佛教源于公元前6～前5世纪的迦毗罗卫国（今尼泊尔境内），是起源最早的世界性宗教，创始人为迦毗罗卫国的王子乔达摩·悉达多，即释迦牟尼（释迦族的圣人)。佛教的教义、规定、修习等集中保存在"三藏"(《经藏》、《律藏》、《论藏》)中,又分小乘佛教、大乘佛教、喇嘛教(藏传佛教)等派别。据统计,全球信仰佛教的信徒有 2.4 亿多人,其中 99.7%集中于亚洲,主要分布在东南亚、东亚、南亚等地区,近代在欧美各国也有流传。由于佛教在其发源地区的逐渐衰落,现今佛教胜地多分布在中国、日本、泰国、缅甸等东北亚和东南亚国家。佛教的礼仪和节庆活动十分丰富,双手合十是最常见的见面礼,对佛像磕头跪拜和唱经绕行则是佛事道场的常规礼仪。佛教的重要节日有佛诞节、盂兰盆节等。除了藏传佛教和小乘佛教外,佛教礼俗和禁忌的社会化一般要小于伊斯兰教和基督教。

佛教建筑种类繁多,有佛塔、寺院、石窟等,建筑追求布局艺术。其中以佛塔最为醒目,多建于山巅、水边或空旷之地,不仅造型美观,而且类型多样,有密檐式、楼阁式、喇嘛式、金刚宝座式等。一般佛塔均独成一体,不与殿堂相连,可以单塔独立、双塔并峙、三塔鼎立或由多塔组成塔群。例如,缅甸仰光大金塔、尼泊尔加德满都的斯瓦扬布纳特寺佛塔、印度尼西亚爪哇岛的婆罗浮屠塔等,均为佛塔中的佼佼者。佛教文化对中国影响深远,五台山、普陀山、峨眉山、九华山是中国著名的四大佛教圣地,厦门南普陀寺、杭州灵隐寺等亦终年香火不绝。敦煌莫高窟、大同云冈石窟、洛阳龙门石窟、天水麦积山石窟等都是著名的佛教石窟艺术精华。

5. 古典园林景观

园林是人们模拟自然山水,利用树木、花草、山、水、石和建筑物,按一定的艺术构思建成的人工生态环境,具有观赏游览、休憩娱乐、修身养性、陶冶情操等多种功能,是融建筑、雕塑、绘画、文学、书法、金石等艺术为一体的综合性艺术品。世界园林大体可分为中国园林、西方园林两大类。

(1) 中国园林。

中国园林最早见于史籍的是公元前 11 世纪周代帝王所建的"灵囿"("囿",指在圈定的范围内让草木和鸟兽滋生繁育,并挖池筑台,以供帝王和贵族狩猎和享乐之用)。中国古典造园艺术有"世界园林之母"美誉,具有源于自然、高于自然,追求诗情画趣,建筑美与自然美高度统一等特点。

● 以"师法自然"为原则。

中国园林大多属于写意的自然山水型园林,布局方式是不规则的,依照建园处的地形地貌,任其高低起伏;溪河池塘、花石树木顺其原形,稍加修整,不修剪造型;园林建筑力求疏密相间,主次分明,以亭、榭、轩、厅、堂、楼、阁、廊为主,把满足人们的赏景要求放在第一位,追求"虽由人作,宛自天开"、"天人合一"的天然野趣。

- 讲究意境的涵蕴。

中国园林讲究建筑、山池、园艺、雕刻、绘画、书法、装饰、美学等融于一体，使生景、画景、意境巧妙结合，模拟自然山水，幽曲与开朗相结合，虽为人作却有自然之理，得自然之趣，具有曲折、多变、雅朴、空透等特点，富有田园情趣，使人不出城郭而获山水之怡，身居闹市而享林泉之美。

- 采用多种构景手法。

借景，指把周围的佳景组织到观赏视线中，使园林空间扩大，层次增加，构成景外有景的效果。借的方法有远借、近借、邻借、仰借、俯借等，借的对象有山水、建筑、日月、雨雪、飞禽走兽、风声虫鸣等，如为了借景可用虚的栏杆或空透的门窗替代原来实的围墙。

对景，在园林中以一处景的视点眺望另一空间的景色，使两者之间产生呼应与联系，如苏州拙政园中部的枇杷园与雪香云蔚亭即构成对景。

框景，利用形状多样的门或窗作取景的画框，使景色好似嵌在镜框中的一幅图画。

藏景，就是园中园，一般藏在僻静之处，游人往往容易漏掉，如颐和园中的谐趣园就是藏在颐和园东北角的一处小园林。

引景，吸引游人继续游览的景物。如在山上建一个亭，游人就会往上走；水中建一个亭，游人就会泛舟渡水前往。

- 艺术风格多样。

依据古典园林所处的地理位置和艺术风格，可分为北方园林、江南园林、岭南园林。

北方园林，以皇家园林为代表，常以自然山水改造成宫苑，富于宫廷气派，包括宫殿区、苑景区两大部分。宫殿区，基本是按照宫殿规格建造，采用中轴式对称均衡布局，建筑风格富丽堂皇，规模宏大；苑景区，园林风格粗犷，多野趣。著名的有北京的颐和园、北海，河北承德的避暑山庄等。

江南园林，多属私家园林，规模小，建筑多为白墙青瓦栗柱，与江南的蓝天绿树、玲珑的山石、柔媚的湖水相调和，明媚秀丽、淡雅朴素、曲折幽深，富有田园情趣，有"城市山林"之誉。著名的有苏州的拙政园、沧浪亭、狮子林、留园，无锡的蠡园、梅园，扬州的个园、何园等。

岭南园林，发展历史较晚，曾师法北方园林和江南园林，因而风格介于二者之间，近代又受外国构园方法的影响，造园时多用榕树、木棉、藤本植物，故又具有热带、亚热带自然景观特征。著名的有顺德清晖园、东莞可园、佛山十二石斋和番禺余荫山房等。

(2) 西方园林。

西方园林，也称欧式园林，源于古希腊，受当时美学思想的影响，追求"最美的线形"和"最美的比例"，企图用一种程式化和规范化的模式来确立美的标准和尺度。因西方人信奉"天人对立，改造自然"的哲学观，故在线条中崇尚直线，认为直线代表着一种能以最小代价和最直接方式获取最大利益的功利意志，视几何形的直线为美。在这种思想的影响下，逐渐形成了西方几何规则式园林，力求体现出严谨的理性，重在表现人的力量，一丝不苟地按照纯粹的几何结构和数学关系发展，强调人工美高于自然美。

● 整齐一律、均衡对称。

西方园林完全是人工雕琢，其基本特征是将高低不平的地形平整成大片平地，或把山地筑成不同标高的几何形台地，然后沿等高线建造园林。

● 具有明确的轴线引导。

中轴线是整个园林中最精华的部分。中央主轴线控制整体，配上几条次要轴线和几道横向轴线，并与大小路径组成一个严谨的几何网格，主次分明。在主轴线上巨大建筑物前面多有一个面积适宜的广场，以形成豪华壮丽、适于露天交际活动的场所。

● 讲求几何图案的组织。

包括草坪的布置、花草树木的修剪、水面形态等均一丝不苟地按照几何形态布置。林荫道笔直，草坪修整平齐，花卉多栽种为图案花坛，对称种植的树木排列整齐并修剪成几何体造型，水体也采用具有几何形状的水池和喷泉等，空间十分开阔。

● 追求形似与写真。

西方园林属于写实的几何园林，重视运用水景来装饰。水景以喷泉为主，多用石块砌成形状规整的水池或沟渠，并设置大量喷泉，再配以古希腊、罗马神话故事为主题的裸体和半裸体的人像雕塑，形象逼真，栩栩如生。

西方园林常分为花园和林园两部分。花园部分主要是按一定几何规则加以安排，大型园林除了花园部分外，常带有一个种有树木和林间草地的林园景观，以作为正规社交活动之余的散步去处。例如，美国白宫底层外交接待大厅的正前方即是著名的南草坪，位于草坪中间一泓池水中的银色喷泉高达数丈，池塘四周花圃里鲜花灿烂。国宾来访之时，常在南草坪举行正式欢迎仪式。

6. 陵墓景观

由于东西方文化观念上的差异，在陵墓建筑方面，东方与西方迥然不同。西方信奉基督教的国家一般不修建大型陵墓，人死后通常葬于教堂附属的墓地，国王、皇帝等名人也多是将其遗骸安置在特建的教堂地下室。东方国家比较重视殡葬，故帝王陵寝规模宏大，或端庄肃穆，或富丽豪华，埃及的金字塔、印度的泰姬陵、柬埔寨的吴哥窟以及中国的秦始皇陵、明十三陵等均举世闻名。埃及是世界上最早大规模修建陵寝的国家，从公元前50世纪起，历代法老们前赴后继地营造自己的陵墓，高大的金字塔相继落成。

"厚葬以明孝"，中国古代历来重视修坟造墓，经过千百年的洗礼，现存帝王陵有陕西临潼骊山的秦始皇陵、北京昌平的明十三陵、河北遵化的清东陵和易县的清西陵，以及汉茂陵、唐昭陵、唐乾陵、成吉思汗陵、明孝陵、清福陵等。黄帝陵、伏羲陵、女娲陵、尧陵、禹陵等多为后世根据传说而建，其意义在于纪念性，因而同一人的陵墓常有多处。此外，中国历史上的名人墓地，如孔子墓、司马迁墓、关帝墓、昭君墓、岳坟等，也多是后人瞻仰之地。山东曲阜的孔林是孔子及其嫡系后裔的墓地，延续2000余年，历76代无间断，更因保存了一个整谱系家族墓地而闻名。

7. 纪念地景观

人类历史上，曾经出现过许多对不同领域甚至整个历史进程产生重大影响的事件和人物，后人在其发生地建立纪念馆及其他纪念性设施，以回溯历史，长期纪念，如重大战役纪念馆、纪念地，重大历史事件纪念地，各领域的名人纪念馆（故居、工作和活动地）等。例如，南昌"八一"起义纪念馆、井冈山（第一个红色革命根据地）、延安、西柏坡、韶山（毛泽东故乡）、嘉兴南湖（"一大红船"）以及上海"一大"会址、重庆红岩村等。至于名人纪念馆更是多不胜数，还有为纪念历史上的名人或神话人物而建庙祠以祭祀的，如"五岳"分别建庙（华山有西岳庙、嵩山有中岳庙、衡山有南岳庙等），山东曲阜有孔庙、邹县有孟庙，山西解州有关帝庙、太原有昌祖庙和晋祠，湖北当阳有张飞庙、浙江杭州有岳王庙，河北秦皇岛山海关有孟姜女庙，四川成都有武侯祠、眉山有三苏祠，安徽合肥有包公祠，广西柳州有柳侯祠等。

二、现代人文景观

1. 产业旅游地景观

产业旅游是一种旅游业与其他产业相融合的新的旅游形态。产业旅游的崛起，既是旅游业自身发展和创新的需要，也是相关产业实现其综合经济社会效益的需要。随着旅游市场的成熟和旅游者消费需求的多样化，农业旅游、工业旅游、会展旅游等应运而生。

（1）工业旅游。

指以工业企业的厂区、生产线、生产工具、劳动对象和产品等为主要吸引物的专项旅游，活动范围一般限于企业之内。现代化的生产流水线、繁忙的港口码头、蓬勃发展的新经济组织等，受到越来越多的关注，正在成为一道独具魅力的风景线。工业旅游内容多集中于：参观企业标志性建筑、企业特有的人文景观以及厂区美化绿化建设；了解企业生产制作过程，增长知识，拓宽旅游者视野；学习企业先进的管理经验，感受企业文化；认识企业或行业的发展历史，纵观发展全貌等。

（2）农业旅游。

指以古朴、原始、自然的乡野风光及独特的农业文化景观、农业生态环境、农业生产活动以及传统的民族习俗为基础所开展的旅游活动，主要形式包括农业观光、瓜果采摘、乡村度假等。事实上，首先在英国等工业化国家产生的现代旅游就是组织伦敦、曼彻斯特等城市居民乘火车到乡村观光娱乐和休闲。虽然中国具有悠久的农耕文明史，大多数地区都具备各种农业资源，但要将其转化为旅游产品还需考虑市场需求等相关条件。

（3）会展旅游。

会展业具有强大的产业联动作用（国际会展业的产业带动系数约为 1:9），在国际上被称为 MICE，不仅包括会议（meeting & convention）和展览（exhibition & exposition），而且还包括奖励旅游（incentive tourism）和大型活动（event）。根据世界权威的国际会议组织——国际大会和会议协会（International Congress and Association）的统计，全世界每年举办的参加国超过 4 个、参会外宾超过 50 人的各种国际会议多达 40 万个以上，会议总开销超过 2800 亿美元，会展所带来的旅游商机令人瞩目。

2. 现代工程建筑景观

随着社会的发展、科技的进步，现代建筑与工程也受到旅游者的青睐。一些大型水利工程由于工程浩大，建成后或在建设中就已成为旅游热点，如地处非洲尼罗河上的阿斯旺大坝；位于南美洲巴拉那河上的伊泰普水电站；中国长江上的葛洲坝、三峡工程，黄河上的刘家峡、小浪底水库等。而世界各地星罗棋布的车站、桥梁、运河、码头、海港、机场等，除了使用功能外，其中不少或规模宏大、气势雄伟，或造型别致、装饰优美，获得了各国游客的称誉，如全球最长的公路铁路两用桥——日本濑户大桥、德国法兰克福机场、香港的维多利亚港等，均是闻名世界的交通工程。

虽然美国和加拿大建国较晚（美国建于 1776 年、加拿大成立于 1867 年），历史古迹类景观相对较少，但是两国精彩纷呈的现代建筑和工程景观吸引众多游客前往观光。例如，在纽约造起了帝国大厦等摩天大楼，繁华的市中心曼哈顿区鳞次栉比的楼房高度多在 300 米以上，故而为纽约赢得了"站着的城市"之称；在多伦多建造了世界第一高塔——加拿大国家电视塔（高 553.5 米）；拉斯维加斯五光十色的豪华旅馆、佛罗里达肯尼迪航天中心的巨大火箭等各类现代人造景观令人向往。

3. 文体康娱度假地

包括城市公园、博物馆、文化娱乐场馆、体育场馆、主题公园、旅游度假区等。城市公园是一种准公共性产品,以满足城市居民的日常休闲生活需要为主要功能,但同时也具有一些旅游功能。主题公园(theme park),指具有特定的主题,由人工创造的舞台化的休闲娱乐活动空间,与一般城市公园的最主要区别在于主题公园从立项开始就是商业化经营。美国洛杉矶迪士尼乐园、荷兰的小人国、日本宫崎的"海洋巨蛋"、澳大利亚姆尔拉巴的海洋世界、中国香港的海洋公园、广东深圳的"锦绣中华"等都是成功的主题公园代表。

博物馆有天文博物馆、地质博物馆、古人类博物馆、航空航天博物馆、古船博物馆、汽车博物馆、兵器博物馆、古墓博物馆、美术馆、钱币展览馆等。就其展览内容而言,可谓丰富多彩,无奇不有,甚至包括个人收藏的报刊杂志、奇石、戏装、火花等。体育场馆更是受到体育爱好者的欢迎。以滑雪场(被业内人士形容为"燃烧的冰雪")为例,黑龙江、吉林、内蒙古、四川……凡是有冰雪的地方,都已树起了滑雪旅游的旗帜,黑龙江的亚布力、吉林的北大湖、四川西岭雪山和峨嵋山滑雪场等地游人络绎不绝。

三、文学艺术景观

中国的旅游胜地分别以其诱人的自然或文化景观称胜,而历代文人学士们在踏遍天下名山大川后亦留下诸多讴歌赞颂的诗篇、辞赋、楹联和绘画,构成了各旅游地的文学艺术宝库,又强烈地诱发着人们出游的欲望。中国著名的山水旅游胜地大都凝聚着深厚的历史文化底蕴,正如余秋雨在《文化苦旅·阳关雪》中写道:"我曾有缘,在黄昏的江船上仰望过白帝城,顶着浓烈的秋霜登临过黄鹤楼,还在一个冬夜摸到了寒山寺……差不多在大多数人的心头,都回荡着那几首不必引述的诗。人们来寻景,更来寻诗。"

1. 山水文学作品景观

指与某旅游景观直接有关的文艺作品、传说故事等,艺术造诣高,影响大。如苏州寒山寺,之所以能成为旅游热点,很大程度上是因为唐代张继的《枫桥夜泊》:"月落乌啼霜满天,江枫渔火对愁眠。姑苏城外寒山寺,夜半钟声到客船。"优美的意境,千百年来吸引游人无数。郁达夫在《游西湖》诗中说"楼外楼头雨似酥,淡妆西子比西湖。江山也要文人捧,堤柳至今尚姓苏",更道出了景观和诗文之间的密切关系。江南三大名楼——黄鹤楼、滕王阁、岳阳楼,分别因崔颢的《黄鹤楼》、王勃的《滕王阁序》、范仲淹的《岳阳楼记》等三篇著名的诗文而名垂千古，千百年来屡毁屡建。因苏轼的《赤壁赋》而出名的黄冈"文赤壁"，其名声甚至超过了历史上三国赤壁大战的蒲圻"武赤壁"。

2. 雕塑绘画景观

雕塑是指以坚硬或软质的物质为材料，用雕、塑、刻、捏等手段制作出具有实在体积艺术形象的艺术。按技法可分为圆雕、浮雕；按放置环境的不同，可分为纪念性雕塑、园林雕塑、城市雕塑、案头雕塑；按材料可分为泥塑、木雕、石雕、玉雕等。中国雕塑总体特征是安静含蓄，稳健内向，以线条轮廓造型，集中体现了中国人内敛的哲学观念。著名的雕塑景观有：陕西临潼秦始皇陵兵马俑，兴平县汉茂陵霍去病墓石雕"马踏匈奴"，甘肃武威的青铜奔马"马超龙雀"（又称"马踏飞燕"，为中国旅游标志）等。当然，中国古代雕塑的主要舞台是在宗教洞窟和寺庙中，如敦煌莫高窟、大同云冈石窟、洛阳龙门石窟、大足石刻等。

绘画是以色彩、线条、明暗塑造形体，在二维平面上创造出艺术形象的艺术。中国画以线条为主要的造型手段，重视笔墨情趣，讲究虚实藏露，运用装饰性色彩，并使诗、书、画、印四者合一，融为一体。中国现存的古代壁画最著名的莫过于甘肃敦煌莫高窟中面积达 45000 多平方米的壁画，山西芮城永乐宫壁画，是中国现存最大、画工精细、内容最丰富的元代壁画。

3. 民间传说景观

美丽的自然风光、迷人的人文景观，如果再加上一些民间神话传说的烟霞笼罩，更能让旅游者处于神奇、隽永、风情、深沉的气氛中，滋生更美好的心灵感受。中国几乎所有的旅游胜地都有相关的民间传说故事，如承德磬锤峰、武夷山玉女峰、桂林象鼻山、雁荡山合掌峰等奇异的山石以鸟兽物象喻景者比比皆是，再加上绘声绘色的神话传说，使得山石胜景更富神秘色彩。长江三峡的神女峰因巫山神女的传说而尤为引人注目；云南路南石林中的"阿诗玛"，因流传的"阿诗玛"故事而更加美丽；山东蓬莱阁，有神奇的"海市蜃楼"，更因有"八仙过海"的传说而独具魅力；河北秦皇岛孟姜女庙，因孟姜女寻夫哭倒长城的传说，千百年来催人泪下，成为长盛不衰的旅游胜地之一。

四、民俗风情景观

民俗指民间的风俗习惯，是一个民族或社会群体在长期的共同生产实践和社会生活中逐渐形成并历代相传承的一种较为稳定的文化事象，能够吸引旅游者，具有一定旅游功能和旅游价值的民间物质制度和精神习俗。"一方水土养一方人"，衣食住行的种种事项，乃至语言文字、观念、信仰、习俗、娱乐以及生存环境，不同的地区有着或多或少的差异，这便形成"十里不同风，百里不同俗"，也是民俗风情因地理环境不同而具有较大差异的原因所在。旅游者在观赏山水名胜之余"入乡随俗",了解和体验当地民俗,也是旅游中最受欢迎的项目之一。

中国是一个"文明古国"、"礼仪之邦",也是一个有着56个民族的大家庭,淳朴的民风、独特的地域文化,构成了一幅幅浓郁而又色彩斑斓的中国民俗风情图画,诸如昆曲、中国古琴艺术、新疆维吾尔木卡姆艺术、蒙古族长调民歌,都已名列世界人类口述和非物质遗产/无形遗产。

1. 特色聚落景观

(1) 历史古城。

虽然创建的年代比较早,但它们大多在现代社会中仍或多或少地发挥着作用。例如,欧洲的一些历史名城不仅是欧洲历史的载体,也是欧洲历史和文化的交汇点,诸如英国的伦敦,法国的巴黎,俄罗斯的莫斯科、圣彼得堡,荷兰的阿姆斯特丹,奥地利的维也纳,德国的柏林、科隆、慕尼黑,捷克的布拉格,匈牙利的布达佩斯,瑞士的日内瓦,意大利的罗马、佛罗伦萨、威尼斯,希腊的雅典等。每一座城市都保留着岁月留下的个性,向人们展示着其无可比拟的魅力,宛若颗颗璀璨的明珠。

中国的历史古都大多有"宫、皇、外"三重城墙设置。宫城,即皇宫所在,是皇帝理政和居住的场所;皇城,是中央衙署和官吏住宅区;外城,为平民百姓的居住区和商业区。为了强调宗法礼制,在皇城前往往左建太庙,右建社稷坛;在皇城外的东、西、南、北四方分别设日坛、月坛、天坛、地坛等;为了报时和报警之需,靠近都城中心的位置还建有钟楼、鼓楼,"钟声鼓韵"传闻四方。古城墙一般都很高大,低的4~5米,高的可达18米。随着时代的变迁,全国各地古城墙大都已被拆除。凡保存下来的古城墙不论是整体保存,还是局部残存,都显现出它们的稀有价值,如西安古城墙、南京古城墙都已成为极具特色的旅游景观。

(2) 现代城市。

现代城市按其职能可分为综合性城市、工业城市、商业城市、交通运输城市、教育科技城市、国际性旅游城市、行政管理城市和一般城市等。无论是哪种职能的城市,旅游者观览的主要内容有:不同风格的街区和建筑,城市标志物,商业中心,著名的企事业单位,大型公建设施,交通体系,公园、博物馆、名人故居、纪念地、著名的文化和宗教遗存、娱乐场所,城市新的发展变化等等。此外,城市居民的物质及精神生活也是旅游者体验、比较的对象,最敏感的如物价高低,居民的社会道德水平和礼貌、礼仪,生活和工作的节奏,对国际、国内大事件的关心程度,业余的物质文化生活以及社会治安的优劣程度等。

例如,美国是世界经济最发达和高度现代化的国家之一,全国形成了几个大城市带,大西洋沿岸的波士华城市带(波士顿—纽约—费城—华盛顿)、五大湖南岸城市带(芝加哥—底特律—克利夫兰—匹兹堡)、太平洋沿岸城市带(圣弗兰西斯科—洛杉矶—圣迭戈），集中了美国人口的 1/2，繁华的现代城市风光最令旅游者心驰神往。

（3）传统民居。

最能显示民俗风情的就是各地的传统民居：蒙古大草原上洁白的蒙古包，凤尾竹、椰林掩映下的傣家竹楼，沟壑纵横的黄土高原上的黄土窑洞，西藏的碉房，福建永定的客家土楼，台湾兰屿岛上雅美人半地穴式的居室，北京的胡同四合院，上海的石库门房子，苏南浙北的周庄、同里、乌镇等地"人家尽枕河"的江南水乡民居等，都具有很强的观赏性和返朴归真的自然魅力。湖南岳阳渭洞镇的"张谷英大屋"，浙江兰溪的诸葛村、永嘉的苍坡村和芙蓉村、绍兴诸暨的斯宅、俞源太极星象村，江西婺源古村落，广西三江程阳八寨，黔东南的西江苗寨——车江侗寨、"歌舞之乡"朗德上寨等，宛若珍珠般洒落在群山翠谷之间的村寨聚落，都是古村落的精品，皖南古村落（安徽的西递、宏村），还以其特色古民居被列入世界文化遗产名录。

2. 节庆旅游活动

节庆，是有主题的公众节日与庆典，在一定程度上表现或反映出不同国度、不同民族独特的历史面貌和社会风情，是民族特征的综合反映。每逢传统节日，世界各国、各民族常会举行各具特色的庆典，因其隆重而热烈、生活气息浓郁、地方性和民族性特征鲜明，故而有极强的吸引力和广泛的群众基础。如每当欧洲和美洲大陆一年一度的狂欢节来临之时，大批旅游者蜂拥而至，加入到以各式彩车为纽带的游行队伍中，与当地居民一起欢跳狂呼；泼水节是中国傣族的新年，节日活动有"放高升"、赛龙舟、跳象脚舞、丢包等，以人们相互间泼水为最重要内容，谁被水泼得最多意味着谁最幸运等等。

依据形成的原因和活动内容、方式等，世界范围内的节日庆典大致可分为：

- 属于政治范畴的，如各国的国庆节等。
- 属于经济范畴的，如尼泊尔的插秧节、丹麦渔民的捕豚节等。
- 属于文化娱乐范畴的，如一些国家或城市举办的国际电影节、戏剧节、音乐节等，奥地利的维也纳文化节、突尼斯的撒哈拉联欢节等均属此类。
- 属于宗教范畴的，如基督教的圣诞节、伊斯兰教的开斋节、佛教的浴佛节等。
- 属于人生历程范畴的，如日本的女孩节、男孩节、欧美国家的情人节等。
- 属于饮食和服饰范畴的，如德国慕尼黑啤酒节、匈牙利面包节、新加坡食品节等。
- 属于生物范畴的，如泰国龙眼节、捷克马铃薯节、墨西哥仙人掌节、西班牙奔牛节、突尼斯斗羊节等。

3. 地方风味佳肴

不同的地理、气候、历史、民族，造就了差异极大的饮食习俗。在旅游途中品尝当地的风味佳肴，也成为各旅游地推出的"拳头产品"。中国被称为"烹饪王国"，中华民族"食文化"源远流长，名扬四海的中国菜肴讲究色、香、味、形，选料极为广泛，从山珍海味到一般动植物，均可入菜。粤、川、鲁、浙、湘、闽、徽、淮扬等8大菜系，北京菜、上海菜、河南菜、湖北菜等20多种地方菜，以及清真菜、素斋等各有千秋，其共同点是用料考究，刀工精细，制作精绝，百菜百味，回味无穷。此外，中国的风味小吃，如香气四溢的宁夏回族风味小吃烩羊杂碎，四川的担担面、夫妻肺片、赖汤元，山西太原的刀削面、烩锅面，甘肃兰州的牛肉拉面，天津的狗不理包子，广州的生滚粥，昆明的过桥米线，西安的羊肉泡馍和饺子宴等十分丰富。

五、购物旅游景观

购物是旅游活动的重要组成部分，例如中国香港、新加坡等地均以"购物天堂"称誉。旅游者在旅游过程中购买的主要是土特产品和工艺美术品等。土特产品指一地独有或一地独优、他处逊色，或一地产量特多而他处很少的农副产品及其加工品等。中国的茶叶、丝绸、刺绣、陶瓷、酒、字画等无不具有浓郁的中国特色，长期以来一直是海外旅游者向往的珍品。中国是茶的故乡，茶的品种多样，而产茶地往往也是山水胜地，如黄山（毛峰）、太湖（碧螺春）、西湖（龙井）、庐山（云雾茶）、武夷山（乌龙茶）等地，皆产名茶。中国养蚕、制造丝绸已有数千年历史，素有"丝国"之誉，苏州、杭州等地的丝织品更是名扬海内外。景德镇的瓷器以"青如天、白如玉、明如镜、薄如纸、声如磬"享誉世界，宜兴的紫砂陶器、洛阳的仿古唐三彩等都广受欢迎。

中国各地著名的购物中心和特色市场，如北京的王府井、上海的南京路、浙江海宁皮革城和义乌小商品城、云南昆明滇池东岸的斗南花市、山东潍坊杨家埠木版年画（与天津杨柳青、苏州桃花坞的年画并称为"全国三大年画"）、浙江仙居白银市场（全国最大的白银市场，每年回收、加工、交易的白银有五六百吨，相当于全国白银产量的 1/4）等，琳琅满目的时尚品牌，舒适的购物空间，良好的服务和便捷的交通，不仅吸引了当地人，更引得中外游客纷至沓来。旅游途中，到各地特色市场逛逛，既增长见识，又能淘得价廉物美的商品，可谓一举两得。

第四节　旅游景观鉴赏

一、旅游景观的美学特征

　　旅游归根结底是一种主要以获得心理愉悦为目的的审美经历与体验行为，不论是哪一种目的的旅游，旅游者都会在活动中寻求娱乐和消遣，以得到美的享受，陶冶性情，愉悦身心，开阔眼界，增长知识，增添生活的乐趣。可以说，旅游是人生的一次美学散步，自然的意境美、艺术的传神美、社会的崇高美和悲壮美等，是现代人对美的高层次的追求，是综合性的审美实践。总体来说，旅游景观美的形态主要表现为：

- 自然美。

　　即自然景色之美，山川湖泊、日月星辰、烟岚云霞、花草树木……在天气变化、四季更替等特殊条件下呈现出一定形式的审美状态，引起旅游者的审美感受，为旅游者所欣赏。

- 人工美。

　　建筑物、道路和桥梁等是构成风景美不可缺少的组成部分，它们与自然景物形成一个统一的整体，构成绚丽多姿的风景美，这种美就是人工美。

　　中华民族有着悠久的历史，留下众多的文物古迹供今人游赏，古城、古塔、古桥……万里长城之壮美、丝绸古道石窟之宏丽、北京故宫紫禁城之豪华等，均是人们心仪游赏的对象。以城市为例，从东到西，由南到北，中国的城市因为地理环境的差别而风格迥异；秦汉名城，唐宋重镇，中国的城市又因为历史的传承而各具特色。洁白的蒙古包与广袤的草原融为一体，而小桥流水又是江南水城恰到好处的点缀，紫禁城是巍巍皇城最重要的标志，平遥古城则是古代市井城镇最好的写照。

　　除了自然美和人工美之外，许多景区还流传着一些神话故事和民间传说，给景区笼罩上一种神秘的传奇情趣和丰富的审美色彩。如桂林的七星岩，不仅本身的自然风景秀美，更令人神往的是，洞中有一歌仙台，相传是壮族"歌仙"刘三姐唱歌的地方，这个美丽的传说不仅丰富了七星岩的自然美，更为景区披上了一层神秘色彩。

1. 形象美

　　指各种景观总体形态和空间形式的美。旅游景观美中最显著的特征就是形象美,景观只有以其形象显现出来,审美主体才能感受到它的美,而正是景观所具有的万象纷呈、千姿百态的形象美吸引着旅游者,如烟波浩渺、渔帆点点、瀑布斜飞、清泉潺潺、奇峰壁立、峰峦叠起、一轮红日喷薄而出等风景,都是以形象美显现出来的。景观形象美的特征极为丰富,主要表现为雄、奇、秀、险、明、幽、古、新、巧、康、舒等。

雄,是一种壮观、壮美、崇高的形象,体量高而大,人常需用高仰角来观看,有压顶之势或铺天盖地、席卷一切之态,是巨大的力的展示,具有动人心魄的气势,能引起赞叹、震惊、崇敬、愉悦等审美感受。"五岳"之首的泰山,位于辽阔的齐鲁腹地,以磅礴之势凌驾于山东丘陵之上,故显得特别高大雄伟,"会当凌绝顶,一览众山小"(唐·杜甫),泰山之美就在于其"宏大"、"雄伟"的形象。

险,"无限风光在险峰"。高挺而陡峭,人立其上如凭虚蹑空,常使人感到心惊胆颤。而受人的好奇心所致,越是险的地方越想攀登,所以往往会激励旅游者奋勇进取,全力拼搏,给人战胜险阻、战胜自我的自豪感和独特的美感。如恒山的悬空寺,以神奇惊险著称,当地流传着这样一首民谣:"悬空寺,半天高,三根马尾空中吊",一座寺院"吊"在三根马尾上,其惊险程度可想而知。

秀,主要特征是柔和、秀丽、优美,给人一种甜美、安逸、舒适的审美感受,陶冶人性情,安慰人情绪,使人感到幸福愉快,是风景中最常见的一种审美形态。苏东坡在《饮湖上初晴后雨》一诗中赞曰:"欲把西湖比西子,淡妆浓抹总相宜",将西湖比作春秋时代的美女西施,西湖之秀美通过绝代佳人显现了出来。

奇,奇特之美,往往给人一种巧夺天工而非人力所为的感叹。景观号称"奇"者,或因数量稀少难觅,或因形态特异,或因互相配合构成出人意料之情景,或体现了自然界的天斧神工,或表现出人类的奇思巧构等。峨眉"佛光"、蓬莱"海市蜃楼"、吉林雾凇、漠河"白夜"、海盐云岫山"日月并升"等景观皆以"奇"著称。

幽,是一种意境,指整个环境而言,使人感到安逸、舒适、悠闲自得。凡"幽"者,其势必曲,人的视野受到局限,即所谓"曲径通幽",幽美在于深藏,景藏得越深越富于情趣。"青城天下幽",青城山之美就在一个"幽"字上:当游人沿山间小路上山,两侧苍松翠竹成荫,溪泉清澈见底,潺潺流水声入耳,偶尔传来几声鸟鸣,更添一层幽深莫测的神秘感。而"幽"的环境亦常使人超然物外,可助人潜心静思,最宜养性颐情。

古,中华民族源远流长,自有历史记载以来,历经西周、东周、春秋战国、秦、汉、两晋、南北朝、隋、唐、五代十国、宋、元、明、清、民国,直到新中国的漫长历史长河中,留存的古建筑、古文物、古庙观、古园林、古代军事工程、古代水利工程等堪称世界独有。

野，"天然去雕饰"。凡称"野"者，必然是妙景天成，或受现代文明影响少而保持"原汁原味"。"大漠孤烟直，长河落日圆"表现了大漠荒原之野趣；"芳树无人花自落，春山一路鸟空啼"呈现的是山林之野趣等。"重返大自然"，现代文明的负面影响使人产生了强烈追求野趣的渴望。"野"趣，富有自在之情、自由之趣，故探险旅游、访古旅游、森林旅游、绿色旅游等日益兴旺。

旷，景观开阔、高远，给人一种心旷神怡的审美感受。凡称"旷"者，皆因人的视线没有阻隔，放眼四望，茫无际涯。"天苍苍，野茫茫，风吹草低见牛羊"的内蒙古大草原；蜿蜒起伏，长达6000多公里的万里长城……无论是自然景观还是人文景观，"旷"景具有雄浑、博大、深沉、单纯之势，能给人以壮伟的感觉，令人心胸开阔，心情豁达，解脱烦忧。

康，随着生活水平的提高，大自然的秀丽风光和清新空气，以及快捷舒适的交通、现代化的旅游设施、细致周到的旅游服务等，使人心情开朗、舒畅，从而可以调节人的生理、心理，有利于身体健康。自然风光幽静的山间盆地、空气清新的湖滨江畔、树木葱郁的森林公园、阳光绚丽的海滩，都适宜开展保健旅游。

2. 色彩美

山水草木、鸟兽虫鱼、朝辉夕阳、虹霓海市、建筑、服饰、工艺美术等，无不以其色彩引人注目。色彩在构景中起着非常重要的作用，在某些情况下甚至超过了形象的效果，一定程度上改变了事物的形象，赋予它特有的神韵。梅花盛开之时的"香雪海"、"千里冰封、万里雪飘"的"林海雪原"景观，皆以其纯白洁净而独具魅力。虽然野花野草的形象往往不能与"仙苑奇葩"媲美，然而当春回大地、山花烂漫之时呈现出花团锦簇的景象，其魅力绝非单独把玩一支名花可比。

自然风景中的色彩美主要是由花草树木、江河湖海、烟岚云霞及阳光等构成，五彩缤纷，最易于被人们直观感受，给旅游者带来欢乐和赏心悦目的美感。"日出江花红胜火，春来江水绿如蓝"、"西山红叶好，霜重色愈浓"、"碧水丹崖"武夷山……大自然色彩之绚丽，色彩之变幻莫测，令人着迷，如秋季的山野，在黄红（某些变色树叶）、白（芦花等）、绿（常绿树）各色植物的映衬下，色彩斑驳，较之其他季节尤为动人。

3. 动态美

动态美使人活泼、有朝气，激励人进取。波涛、飞瀑、溪泉以及烟岚、云雾的飘动，使风景具有一种动态美。"行云飘烟"，当云雾从深谷里冉冉升起之时，峰峦似乎隐在虚无缥缈的轻纱帷幔之中，烟云飘动，山峰似乎也在移动，游人若行至峭壁陡岩，常有腾云驾雾、身入"仙境"之感。

黄山之美，就美在云雾之中。黄山"云海"变化莫测，每当烟云升腾之时，犹如大海波涛翻滚，又似流水荡漾在千山万壑间。而当观赏太湖风景时，烟波浩渺、渔帆竞流的景象最令人流连。李白的《望庐山瀑布》一诗写道："日照香炉生紫烟，遥看瀑布挂前川。飞流直下三千尺，疑是银河落九天"，淋漓尽致地描绘出了庐山瀑布的动态美。

4. 朦胧美

朦胧是相对清晰而言的。水中看月，雾中看花，模模糊糊的色彩，湿漉漉的触觉，使人对眼前的景色产生一种看不清、摸不着、虚无缥缈、空幻朦胧的美感。朦胧之美属于半为感受半为想象而产生的美感，留下充分想象的空间，引发人的想象力，使人思维活跃，启迪人的创造能力，景观亦变得更为生动活泼。

王维有诗："江流天地外，山色有无中"，描绘的就是一种朦胧的美态。景妙在模糊，美在朦胧。若清晰可见，其丑陋之处则尽露之，而云遮雾障则能弥补其不足，显出神奇。如透过云雾看风景，云雾中的景物若隐若现，令观者捉摸不定，于是产生幽邃、神秘、玄妙之感，能引起观者许多遐想。苏轼描写烟雨迷蒙的杭州西湖之佳句"山色空蒙雨亦奇"，西湖就像美女穿上一层薄纱，隐约显露出婀娜的体态，美得就像一幅水墨画。

5. 听觉美

人通过听觉获得的美感仅次于视觉，音色、音强，特别是节奏，很容易引起人们感情的共鸣。柔美的声音、徐缓的节奏，使人松弛、沉静，有助于思维；激越的声音、跳跃的节奏，令人欢快激动。瀑落深潭、雨打芭蕉、风起松涛、幽林鸟语、寂夜虫鸣、燕子呢喃、莺语婉转等，组成大自然"交响曲"华美的乐章，对于久居闹市的都市人来说，亲耳听听黄山的松涛、九寨沟的飞瀑流泉、峨眉山万年寺"弹琴蛙"的鸣奏、普陀山潮音洞大海的涛声，无疑是一种美的享受。

声音效果有时还是某些景区的特色，如北京天坛回音壁、山西永济普救寺舍利塔、洛阳齐云塔、重庆潼南定明寺附近石蹬道等，都因有回音之趣而备受游人青睐。登高一呼，群山响应，也成为游人旅途中的一大乐趣。中国古典园林中，常叠石为峡、为涧、为坝，植荷、种芭蕉，以获得声音之美感，即所谓"留得残荷听雨声"。

6. 嗅觉美

美食、佳酿、名茶、鲜果、花卉、草原和森林的气息等，都会引起人生理方面尤其是嗅觉或味觉产生美感，且此种美感不同于其他的美感，会诱使人产生亲自去品尝和体验的兴趣，令整个旅游过程倍添乐趣。当然，其乐趣绝非仅仅是果腹解渴，而是获得精神享受，因为不仅其制作过程体现着文化，而且在享用过程中也经常伴随着某种能表现一个民族文化特色的礼仪，如有些民族的敬酒方式、进食程序等，包含着丰富的文化内涵，故而成为对某种文化的体验，即所谓"饮食文化"、"茶文化"、"酒文化"等。

7. 布局美

主要指各类旅游景观在整体布局上体现出来的风格特征。旅游景观的种类不同，其布局形式也不一样，即使是同一类旅游景观，东西方也体现出不同的特点。如中国传统古建筑讲究"中轴对称"、院落式格局常在布局上显示出整齐、对称和均衡之美。宫殿建筑常遵循"前朝后寝"、"三朝五门"、"左祖右社"的布局原则。如北京故宫，有大明门（大清门）、天安门、端门、午门、奉天门（太和门），以合"五门"制度；有太和殿、中和殿、保和殿，以合"三朝"之制等。布局美虽然主要通过线条、色彩、形体、力度与空间布局作用于人的感官，但更需要有较高的审美能力才能够领会。

8. 结构美

指各种旅游景观由于构成材料、组合方式的不同所体现出来的风格，以及带给旅游者的审美感受。人文旅游景观的多样性决定了结构美的多样性，如中国古代建筑普遍采用木结构，屋顶及梁架全部重量皆由柱来承担，墙壁只起遮蔽和隔断空间的作用，具有"墙倒屋不塌"的特征。自然界的许多物体都具有一定的组织结构，其形状、线条、色彩等表现出整齐、对称、均衡、对比、节奏、多样统一的美，诸如岩石、冰雪、植物的花和叶、动物羽毛的花纹等多是如此，均能给人以美感。

9. 装饰美

建筑装饰美。中国古建筑主体旁常有富于装饰性的华表、阙、照壁、石狮、牌坊等衬托式建筑进行点缀，以达到整体的美感。或通过几株树、几块石，在庭院或窗前廊间着意进行布置，使古建筑环境富有诗情画意。古建筑屋脊两端常用鸱尾以加强屋顶的形象特征，屋顶檐角的角兽不同，表示不同的等级和意义。清朝更是将室内空间分隔艺术推向了高峰，出现了落地罩、鸡腿罩、花罩、圆光门等半隔半透的分隔艺术，加上工艺精细、镶金嵌玉的家具陈设，使室内呈现出豪华气氛。

雕塑装饰美。中国各式古建筑，如宫殿、寺庙、道观中常可见到大大小小的石雕、木雕、铜铸、泥塑的各种雕塑，或人或兽，或佛或神，有的用以朝拜，有的用以装饰。特别是在宫殿、官府、寺庙门前，常置有狮、象、龟、鹤等动物雕塑，用以增加华贵、庄严的气氛，有的则代表某种吉祥如意与祝福的含义。

字画装饰美。不论是殿堂寺庙、园林厅堂还是山村小亭，往往都有字画楹联的点缀。或与山水景观结合，或与历史人物相联，传神写意，渲染气氛。如中国画特别讲究用墨，主张以墨为主、以色为辅，用线条进行造型，虚实相生，得意忘形，不被客观对象所束缚，能"以小见大"，采用移步换影式的散点透视画法强调表现对象的内在生命与体现画家的情感，追求画中的意境。

色彩装饰美。色彩的使用使中国古建筑更富有装饰性。特别是在明清两代，色彩的运用已趋于制度化，白石台基，黄、绿色琉璃瓦，朱红色的门窗墙柱和以青绿冷色为主调的金碧辉煌的梁枋彩绘，成了宫廷、庙坛中最盛行的建筑色调。北京天坛祈年殿，采用蓝色琉璃瓦顶，冠以巨大的鎏金顶，下面配以朱红色柱子、门窗和白色台基，使整组建筑愈显富丽堂皇。

10. 民俗风情美

不同民族由于历史进程、地理环境的不同，在长期的生产和生活中形成了有别于其他民族的风俗。独特性是民族风情美之所在，表现在民俗习惯、禁忌、节日等方面，又具有一定的神秘性。如生活在泸沽湖畔的摩梭人，因其至今保留着母系氏族社会后期的特点，独特的"阿注"婚姻形态成为学者们研究的热点，同时也使泸沽湖成为具有神秘色彩的旅游景区。民俗风情不仅可以观赏，而且还可以参与，穿上当地居民的服装，下榻当地民居，食用当地风味饮食，参加当地民众的活动甚至劳动等，获得亲身体验，留下深刻印象。

11. 意境美

同一旅游景观，由于旅游者审美能力高低的差异，欣赏角度会不同，对其美的解释、美的评价、乐的摄取、情的寄托亦会大有差别。所谓"意境"就是客观图景和思想感情融合一致而形成的一种境界。中国历代文人墨客留下大量描绘景观美的游记、山水诗和山水画，"千里莺啼绿映红，水村山郭酒旗风"，杜牧《江南春》中的诗句，淋漓尽致地表现了江南村邑春意盎然、鸟语花香、山水相依的旖旎风光。情与景的交融，从"形似"到"神似"，能使人产生一种含蓄、空灵、迷怅的美感，使旅游者"性灵和精神境界顿时升华、跃迁"，是旅游者在欣赏旅游景观中所能享受到的最高层次的一种美。

二、旅游景观的观赏

每个人的心里都有一张旅游地图，去过的地方、想去的地方、将去的地方，圈圈点点。在旅游者与旅游景观之间，会有"相看两不厌，只有敬亭山"之感慨者，终究是不多的。即使是同样的景物，因季节的不同、观赏时间的不同，甚至带着不同的感情欣赏到的景观美也是不同的。作为旅游者，应该怀有积极的感情，在这种感情的支配下，景物才更显生命力。自然旅游景观中的山水、花鸟、林瀑，人文旅游景观中的雕塑、建筑等都是旅游者获得美感体验的源泉，景区布局合理，营造出"天人合一"的整体环境氛围，以及旅游从业人员和当地社区居民的友好、和善、热情等，也是旅游者获得审美体验的途径之一。

观赏活动几乎是所有旅游过程中不可或缺的。无论是名山大川、奇石异洞、海湖泉瀑，还是文物古迹、民俗风情，旅游景观的美质、丰度、价值、结构和布局是因地因时而异的，甚至有的一直处于动态变化之中。如何才能欣赏到旅游景观之美呢？如何才能在游览古迹遗址时达到"片石成景，寸石生情"的境界？对旅游景观的欣赏能力，就每个人而言有强有弱，欣赏能力越强，从旅游中获得的美感与乐趣也就越多。要想游得好，游得有趣味，必须要具备一定的美学知识和审美观赏方法，即注意把握观赏时间、选择最佳观赏位置、注意调整观赏姿态、培养观赏感情、调解观赏节奏等，能对身临其境的旅游景观之美具有一定的理解、领会、融合、欣赏能力，才能不仅感受旅游景观的"形似"之美，而且更能享受"神似"之韵。

　　当然，在旅游之前，首先要"知情"，尽量查阅一些旅游地与沿途的地图及有关景点资料，了解掌握景观形成原因、历史概况、风光特色、主要景点、著名特产、奇闻轶事，以及旅游线路和游览方法等。景区内多种旅游景观集中，景点极多，为了便于游客的观赏安排，大多进行了分类和评价，并划分级别，比如国家级、省市级、县级等。中国名胜组景遍布全国 34 个省（市、区），从 3~108 景不等，[①]以"八景"、"十景"等偶数组景为主，如杭州"西湖十景"等，形象生动地点明了最佳景观，包括最宜观赏的时间、方位或重点所在等，既是景点精华的彰显，又是景点游览的导引，给出了一幅幅欣赏的"认知图"，可供旅游者赏景时参考。

1. 观赏方式

（1）动态观赏。

　　一种或步行、或乘车、或乘船的游览方式，正越来越受到旅游者的欢迎。唐代诗人李白有诗："朝辞白帝彩云间，千里江陵一日还。两岸猿声啼不住，轻舟已过万重山"，生动地描绘了他乘船沿长江流动观赏的感受。观赏风景，与在电影院看电影不同，观赏者是身临其境，立体地感受风景，得到的美感是强烈的。

　　例如，"江作青罗带，山如碧玉簪"，漓江山水之美使游人迷醉，从桂林到阳朔的 80 公里水程，最宜乘船游览。"江到兴安水最清，青山簇簇水中生。分明看见青山顶，船在青山顶上行。"清代袁枚的诗句，不仅写下了流动观赏的感受，更生动地描绘了漓江山水与倒影形成的迷人景色，可以说动态观赏本身就极富魅力。

（2）静态观赏。

　　即旅游者在特定的位置上，面对风景的一种欣赏活动；或缓慢地移动视线，

[①] 贾文毓. 旅游地理学视域中的中国名胜组景分析[J]. 地理学报，2009，64（6）：745-752.

仔细地玩味其中的奥妙。北京熙和园中的谐趣园、北海中的静心斋，苏州的网师园等，其特点是小巧精美，以小见大，以少胜多，都适合静态观赏，仔细玩味，如果移动过快就不易感受景中之美。

黄山美，美在犹如神工天成的"奇峰巧石"，但这些奇石近看只不过是一些普通的石头，必须离开一段距离，在特定的位置上仔细玩味，才能体会其妙处，如"梦笔生花"、"笔架峰"、"骆驼石"，必须在散花坞中才能看到；"仙人下棋"、"仙人背包"、"丞相观棋"，需到曙光亭去欣赏；看"猴子观海"，则要到清凉台；"仙人晒鞋"、"天女绣花"、"仙人踩高跷"，立于排云亭中看才最像。

2. 观赏距离

观赏风景时，选择距离是很重要的。距离不当，往往看不到景观之美，原因有二：一是距离太近，二是习以为常，即所谓"不识庐山真面目，只缘身在此山中"、"入芝兰之室，久而不闻其香"。离开一段距离后，由于审美主体与客体拉开了距离，再加上云遮雾绕，模糊不清，从而能造成奇特的意象美。无论是远观或近察，一般都应到观赏点进行观景，因为观赏点上所观赏到的风景从距离和角度都是最佳的。大多数景区内一般都建有亭、台、楼、阁等，这些建筑物实际上有许多都是观景点，如杭州西湖的"平湖秋月"、"三潭映月"、"苏堤春晓"等都建有观景的亭或台。再如雁荡山的"迎客僧"、昆明西山的"睡美人"、路南石林的"阿诗玛"等，都必须在特定的位置观看才最逼真。

3. 观赏角度

不同的观赏角度，或平视，或俯视，或仰视，其观赏效果是不一样的。苏轼有诗云"横看成岭侧成峰，远近高低各不同"，便道出了不同观赏位置有不同观赏效果的奥妙。"仰望峭壁，俯视水波"，仰望峭壁显得层层叠嶂，十分雄伟；俯视湖面，水平如镜，游船飘荡，颇有诗意。观赏"山色空蒙雨亦奇"的西湖景色、黄山云海，应取平视，才能看到"冲融而缥缥缈缈"。"登泰山而小天下"，在泰山顶上俯视群山，其壮美令人叹为观止。

观赏角度不对，有时可能会看不到风景美。如在北京玉泉山眺望万寿山，万寿山只不过是一个单调的小山头，感觉不到什么美；而在颐和园昆明湖东岸再看万寿山时，林木苍翠，高峻雄伟，在山上层层殿堂的衬托下，具有"山外青山楼外楼"之感，万寿山显得十分壮观，玉泉山和西山的群峰似乎也成了颐和园的景物。

4. 观赏姿态

绝大多数旅游对象对于观赏姿态并无要求，然而个别情况下，只有采取特殊的观赏姿态方能获得出人意料的美学效果。例如，延安清凉山腰有景曰："清水照延安"，若以通常姿态观看，不过是一平石中凹，凹中有水，水旁立一小石碑，碑上倒书"清水照延安"，一般人会不知其为何意。然而当人们平卧石上再向水中望时，奇景出现了：背后的延河对岸山上的延安古城清晰地映在水中，碑上之字也正了过来。只要留意，在旅游的过程中还会发现更多的同类现象，将给整个旅游活动增添不少乐趣。

5. 观赏时间

观赏风景时间选择不当，也会影响审美效果。"风花雪月"、"阴晴雨雪"，有些景观只有在特定的季节和时间下才会出现，或在特殊的气候条件下观赏才能尽显其美。例如，云南大理的"蝴蝶会"出现在每年农历四月底到五月初；杭州西湖的"断桥残雪"只能在积雪半融时才能领略到，否则将很难理解一座完好的桥是如何"断"的；"海市蜃楼"、"佛光"、"极光"等，则更是只可巧遇而不可求其必得。观赏风景的时间必须恰到好处，即"当令"和"应时"。

"当令"，即当地的风光以什么季节去游为最好。例如，7、8月的九寨沟，雪山裸露着光秃秃的山顶，除了熊猫海、五花海等高山湖泊让人惊艳外，映入眼帘的多是深深浅浅的绿色，到了秋天（通常10月中旬以后）那里才会是色彩斑斓的世界；欣赏峨眉山"佛光"最好在夏秋之交；黄山最美的景色是在云雾中，但云雾太多也不行，所以游览黄山最当令的季节是在秋季，即9~11月；同样泰山观日出的时间以夏至与冬至前后各一个月为最好。

"应时"，即什么时间游览最为相宜。例如，杭州西湖"平湖秋月"宜赏晚景和夜景，"苏堤春晓"宜赏晨景。清《西湖游览志》有"三月，苏堤一带，桃柳阴浓，红翠间错，脂蓄粉凝。春时，晨光初启，晓雾未散，杂花生树，飞英蘸波，纷披掩映。若美人浴后，暖艳融酥。都人揽其胜，咸谓四时皆宜，而春晓为最"，字里行间，写尽苏堤春意。

6. 观赏节奏

景观观赏是有一定节奏的，山径弯弯，每隔数里便设一亭供游人小憩；园林里更是通过围墙、假山、长廊、屏风，或隔或阻，使游者在游览途中或行或止，或近观细赏，或极目远眺，形成一种节奏上的跌宕。这一点对于旅游活动日程安排尤其重要。因在一定时段内，人的感官对外界的信息量有一定承受限度，刺激强度不足，难以把兴奋点引起，而刺激强度过大又会使人疲劳和麻木。观赏活动中，应根据旅游者的生理和心理承受能力，在旅游路线、参观项目、行走速度、观赏对象等方面做到有张有弛，有一般性的浏览，也有仔细的鉴赏，形成"序幕→发展→高潮→尾声"，以获得最佳观赏效果。

（1）古建筑群的观赏。

首先，游前详读有关的文字资料，对相关情况有一个总体概念，例如历史文化背景、各殿堂的功能和特点等,做到心中有数、有的放矢。其次,游览过程中分清主次,把注意力集中在中轴线上的重要殿堂,特别是正殿上。中国古建筑群往往讲究中轴线对称、院落式布局,游览时应沿着中轴线由外至内进行观赏;由于主体建筑物是建筑群中的精华,游览时应作为重点,注意在同一中轴线上的建筑物级别高低是:台基高>台基低,台基数多>台基数少,须弥座台基>其他台基,有栏杆栏板>无栏杆栏板。欣赏单个建筑时,可从建筑的外部造型、内部空间、色彩搭配、装饰陪衬与环境的关系等方面着手,从多角度仔细玩味,宜静观。

游览宗教寺观一般宜沿着中轴线由外向内逐个进行观赏。佛寺的大雄宝殿、道观的三清殿、清真寺的礼拜堂是精华,可多花时间观赏。但有些寺观中的侧殿、后殿也很有特色,如北京白云观的后殿邱祖殿、苏州西园的戒幢律寺侧殿罗汉堂等,游览时可重点观赏。

另外,在游览中还须掌握以下要点:第一,注意氛围的意境(崇仰什么);第二,了解各殿堂的功能及特色;第三,正确领略各种陈设和装饰的含义;第四,重视对艺术的评价和对诗文碑联的赏析;第五,尽力张开联想的风帆,从启迪中使自己的美感境界得以升华。

(2) 古典园林的观赏。

古典园林是空间性和时间性相结合的综合艺术品,涉及建筑、山水、花木、禽兽、历史、书画等方方面面,所以掌握正确的游园方法十分重要。

首先,必须选择正确的游览路线,或称为游览欣赏线。一般小型的私家园林中大都采用以山池为中心的环行方式,但中型园林与大型宫苑的路线则比较复杂,除了主要路线以外,还有若干辅助路线,或穿林越涧,或临池俯瞰,或登山远眺,或入谷探幽,或循廊,或入室,或登楼。所以,园林游览路线常有两种情况,一是与山池对应的走廊、道路;一是登山越水的山径洞壑和桥梁等,较大的园林则二者兼而有之。

其次,游览过程中注意"动"和"静"相结合。登山途中,沿小径漫步等边走边观景的方式是动观;对于厅、堂、榭、桥头、山巅等观赏点,应驻足细细品味,即要静观。一般来说,小园宜静观,大园宜动观、静观相结合。

此外,因古典园林数量多,造园手法千变万化,园林的风格也异彩纷呈,有皇家园林、江南园林、岭南园林之别即使同属江南园林范畴,其造园风格也迥然不同,如:苏州的沧浪亭,古朴幽静,富有山林野趣;狮子林,以假山洞壑取胜;拙政园,质朴开朗,水景最为优美;网师园,以玲珑精巧为特色等。

游园前查找有关资料,熟悉该园的历史文化背景及园内具体情况,对将要游览的园林有一个总体特征的把握;游园时,能将所游之园与以前游过的园林作一比较,从园林布局、花木配置、建筑风格乃至主题、意境等方面逐一品味的话,将会获得更多的乐趣。

复习思考题

1. 何谓旅游景观？简述旅游景观的组成及分类。
2. 简述自然旅游景观形成的基本条件。
3. 简述人文旅游景观形成的基本条件。
4. 简述中国旅游景观地域分异规律。
5. 中国东部地区"北雄南秀"风景特征形成的原因是什么？
6. 试比较分析中、西方古建筑景观的特点。
7. 试比较分析中、西方古典园林景观的差异。
8. 试举例说明旅游景观的鉴赏方法。

第四章　旅游地发展

【学习导引】

旅游地，指一个独立的可供人们进行旅游活动的地理区域，又被称作旅游目的地、旅游胜地，它既可以是旅游资源集中的地方，如黄山风景区、石林风景区、九寨沟风景区，也可以是旅游中心城市，如深圳市、成都市、杭州市、西安市等。为了更好地引导旅游地健康有序地发展，认识旅游地的类型、把握旅游地的发展及演化规律、选择适合的旅游地发展策略等是关键。关于旅游地的研究，也是中国旅游地理学界研究最多、取得成绩最大的领域之一。本章首先从旅游地分类入手，主要探讨了旅游地演化规律，包括旅游地生命周期理论、旅游地空间竞争—合作、旅游地评价等，并对风景名胜区、历史文化名城、世界遗产、自然保护区、森林公园、主题公园、旅游城市、旅游度假区等典型旅游地的旅游开发与保护状况等进行了初步分析研究。

【教学目标】

1. 认识旅游地基本概念，了解旅游地的划分方法及类型。
2. 理解旅游地生命周期理论（包括其存在的一些缺陷）。
3. 分析旅游地空间竞争与合作的关系。
4. 了解典型旅游地（包括风景名胜区、历史文物景区、世界遗产、自然保护区、森林公园、主题公园、旅游城市、旅游度假区）的开发与保护现状。
5. 掌握旅游地评估的基本方法。

【学习重点】

旅游地基本概念的涵义；旅游地分类；旅游地生命周期理论；旅游地空间竞争与合作的关系；典型旅游地发展现状；旅游地综合性评估的基本内容与方法。

旅游地（tourist destination），又被称作旅游目的地、旅游胜地，指一个独立的可供人们进行旅游活动的地理地域，是旅游活动开展的空间环境，即"一定地理空间上的旅游资源同旅游专用设施、旅游基础设施以及相关的其他条件有机地结合起来，成为旅游者停留和活动的目的地"。旅游地的涵义比较宽泛，旅游地空间范围有大有小，大到可以泛指一个城市、一个国家，甚至跨越国界线，小到一个景区、一个城镇或村落等，既可以是一个旅游资源集中的地方，如黄山风景区、九寨沟风景区等，也可以是一个旅游中心城市，如杭州市、西安市等。

旅游地也可以说是一种具有特殊功能的社区，旅游业是这一社区的重要产业，旅游设施高度集中。在空间上一般可分为两部分，第一部分为旅游活动区，也就是旅游资源之所在；第二部分为接待区，是服务设施集中的场所。美国学者布哈里斯（Dimitrios Buhalis, 2000）认为，大多数的旅游地具有下列属性：

- 旅游吸引物（attractions）：指旅游地的自然景观、人造景观或特殊节庆活动等。
- 交通通达性（accessibility）：指旅游地整体交通运输系统的情况，如航空、公路、交通工具等。
- 基本服务（amenities）：指旅游地的住宿、餐饮、零售以及其他旅游服务。
- 一揽子服务（available package）：指旅游地各类旅游企业或服务性企业之间的合作性，是否能相互合作为旅游者提供方便的一揽子服务。
- 游览活动（activities）：指旅游者在对旅游地参观游览过程中参与经历的一切活动。
- 附属服务（ancillary services）：指旅游地为旅游者提供的除旅游之外的其他服务，诸如银行、电信、邮政、医疗服务等。

第一节 旅游地概述

一、旅游地的类型

旅游地是具有独特的市场形象、具备诱发旅游者产生旅游动机、激发旅游者作出出游决策、满足旅游者获取个性化旅游体验和具有完善的区域管理与协调机构的综合地域单元，主要由旅游吸引物、旅游设施和旅游服务三方面要素组成。不同类型旅游地的形成，从内因上看，是由旅游资源的性质与功能所赋予的；从外因来看，是旅游者爱好与需求、旅游经营者的开发建设意图等对旅游地所产生的影响。

由于人们对旅游地类型认识存在差异，旅游地类型划分的依据和方法也不一致，研究者们通过各种维度划分旅游地类型。例如，20世纪50年代联邦德国地理学家哈恩就是从游客的性质、逗留时间、季节性变化方面来划分德意志联邦旅游地类型的。

1. 旅游地分类

左大康认为，旅游地类型是在一定的自然或历史、文化条件下形成的，具有形态或发生上的共同性，并将旅游地划分为六大类：海洋类、城市类、山地类、宗教类、温泉类、文化类。其中每一类还可以再细分，如文化类可分为民族风情、科学勘查等（《现代地理学辞典》）。

郭来喜从旅游的构景物质基础出发，以旅游资源的性质及其适宜旅游活动类型为依据，将旅游地划分成七大类，分别为：自然风景旅游地、文化旅游地、历史古迹旅游地、娱乐旅游地、运动性旅游地、产业旅游地和综合性旅游地。在风景旅游地中，又按照旅游功能进一步分为：风景旅游地、消夏避暑与隆冬避寒地、矿泉疗养地、体育旅游地等。

张文奎根据旅游资源性质不同、开发工作着眼点的差异，将旅游地的类型划分为：温泉旅游地（又分疗养型、观光型）、山地旅游地（又分登山基地、滑雪山地、观光娱乐山地、综合型山地）、海岸旅游地、宗教旅游地、城市旅游地和其他旅游地等。日本旅游地理学家山村顺次（1990）将旅游地分为温泉旅游区、山岳高原旅游区、海岸旅游区和都市旅游区四种基本类型。

吴必虎（2001）将各种旅游地概括为城市型目的地（urban destination）与胜地型目的地（resort destination）两种基本类型。

杨新军（2004）以西安为例对旅游地进行了界定，即以"一日游"旅游行为基准给出了西安旅游目的地区域范围，以250公里为半径，相当于单程旅行2.5小时的通达范围。

此外，还有学者根据旅游地的形态、旅游活动的类型等来进行旅游地类型划分。而按照旅游地功能的差异，可将旅游地分为观光旅游地、度假疗养旅游地、科学文化旅游地、体育旅游地、探险猎奇旅游地等。

总体来说，在进行旅游地分类时，必须遵循两个原则：一是相互独立原则，即所划分出的类型相互之间是独立的，不会出现互相包容或重叠的情况；二是简明原则，即分类体系应简单明了，不宜繁多。当然，在对旅游地综合评价中，一般要求针对适宜于某类具体的旅游活动来评价，因此旅游地的分类不宜过粗；而服务于一般目的，如旅游市场促销时，对于旅游地的分类则应以简单为佳。

2. 旅游地等级和吸引半径

旅游地的等级是由多种因素决定的，其中旅游资源的价值起着重要作用。凡属世界独有的、艺术价值高的或历史悠久的旅游资源，其旅游地的等级就高；反之则旅游地等级就低。除此以外，制约旅游地等级的还有开发程度、可进入性以及旅游者爱好等因素。虽然旅游地等级的高低与吸引游客的数量多少成正比，但也不排除有些旅游地从旅游价值上看等级很高，却由于受游客兴趣或交通条件限制导致游客很少的情况存在。

旅游吸引半径就是旅游腹地，即旅游地联系和影响的区域范围。根据距离衰减规律，旅游地的吸引半径与其吸引力成正相关，而与距离成负相关。一般来说，旅游地等级越高，其腹地范围就越大；反之，旅游地等级越低，其吸引半径就越小。

二、旅游地发展演化规律

旅游地作为一个开放复杂的巨系统，其演化过程的研究仍然处于"前范式"阶段，尚未形成较为完善的研究体系。[1]旅游地演化的非线性导致其演化过程具有不确定性，这使得对演化行为的预期变得非常困难。旅游地的发展演化规律往往是难以预测的，或者说带有一定的随机性。虽然被若干种干扰因素包围着，但旅游地在其演化分歧点处所实现的选择过程却总会受到一定内外部条件的制约，即具有现实可能性的各种可供旅游地选择的演化方式、方向和速度等总是有限的、可数的，并呈现出一定的规律性。一个旅游地内发生的某种变化，可能会使整个系统跨越某个阈值而发展成为另一种稳定状态。

旅游地的形成与发展是一个极其复杂的、系统的长期演进过程，关于旅游地发展演化方面的探讨，加拿大学者巴特勒（R. W. Butler）1980年提出的旅游地生命周期理论[2]是目前被学者们公认并广泛应用的关于旅游地发展演化规律研究的重要理论。生命周期是用来描述某种生物从出现到灭亡的演化过程。巴特勒提出旅游地的发展是旅游地生命周期的自然生长规律，旅游地的发展是一个循环演化的过程（tourism area life cycle），基本呈现出一个近似于S形的曲线，[3]随着时间变化不断演进，旅游地先后经历6个阶段，即探查（exploration）阶段、参与（involvement）阶段、发展（development）阶段、巩固（consolidation）阶段、停滞（stagnation）阶段、衰落或复苏（decline or rejuvenation）阶段。（见图4-1）

---

[1] 陆林，鲍捷. 基于耗散结构理论的千岛湖旅游地演化过程及机制[J]. 地理学报，2010，65（6）：755-768.
[2] Butler, R. The Concept of a Tourism Area Life Cycle of Evolution: Implications for Management of Resources [J]. Canadian Geographer, 1980, 24 (1).
[3] 杨春宇，黄震方，毛卫东. 基于系统科学的旅游地演化机制及规律性初探[J]. 旅游学刊，2009，24（3）：55-62.

第四章　旅游地发展　·119·

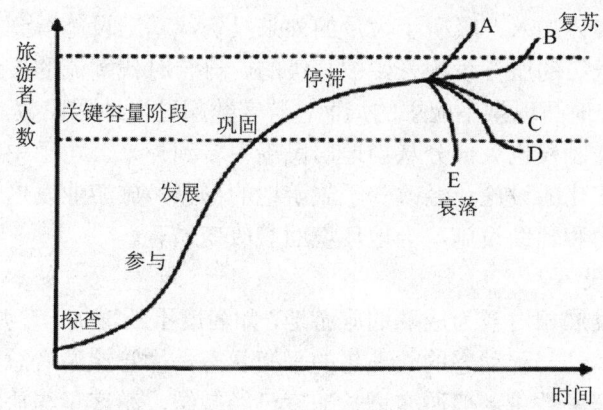

图 4-1　旅游地生命周期曲线（引自 R.W. Butler 1980）

A. 深度开发卓有成效，游客数量继续增加，市场扩大，旅游地进入新的发展阶段；
B. 经过较小规模的调整和改造后，游客量小幅度增加，复苏幅度缓慢，注重对资源的保护；
C. 重点在于维持现状，遏制游客量下滑趋势，使之保持在一个稳定的水平；
D. 过度利用资源，不注重环境保护，导致竞争力下降，游客量显著降低；
E. 战争、瘟疫或其他灾难性事件发生，导致游客量急剧下降，游客量难以恢复到原有水平。

1. 探查阶段

旅游地发展的初始阶段，始于少数具有冒险精神、勇于追求新奇风情、不喜欢商业化旅游地的"探险型"或"多中心型"旅游者的"早期冒险"。旅游吸引物聚集体基本上都是自然生成及历史遗留的，其特点是旅游地只有零散而自发的旅游者作无规律的旅行游览，且数量有限，此时旅游地几乎没有特别的旅游服务设施为旅游者服务，旅游的先头部队与当地居民接触频繁，在很大程度上依靠城（都）市当地居民的生活服务设施，旅游地的自然、社会环境未因旅游活动而有所变化。

2. 参与阶段

旅游活动随着旅游者人数的逐渐增多变得有规律，随着数量日益增加的旅游者到来，当地居民逐渐形成了旅游开发意识，开始积极参与为旅游者提供一些简单的吃、住、行等基本生活方面的旅游服务设施，但此时还没有外来投资，当地居民独占服务市场。旅游者依旧频繁与当地居民交往，地方政府和旅游机构开始增加，注意改善旅游设施和旅游交通状况。明显的旅游淡旺季逐渐形成，旅游地进行广告宣传活动，旅游市场范围已界定出来，对当地环境也开始初步改造。

3. 发展阶段

随着旅游者数量的快速增加，在大量广告和旅游者的宣传下，旅游地知名度逐步扩大，旅游市场空间日益广阔并迅速成长、成熟起来，不断有新开发的人工旅游吸引物聚集体加入，吸引了大量的外来投资，基础设施得到极大改善，原来那些简陋的、低级的服务设施开始被高级的、符合时代潮流的旅游专业化设施所代替。此时旅游地凸现供不应求的局面，游客数超过当地居民数，就业大大增加，对旅游经营的控制权也大部分从当地居民手中转到外来公司手中。外来投资提供的大规模、现代化的设施已经改变了旅游地的形象，旅游业发展迅速使其部分依赖于外来劳动力和辅助设施，当地环境面貌改变显著。

4. 巩固阶段

作为一个发展相对较为成熟的旅游地，知名度不断增加，客源地也更加扩大。旅游供求关系达到一种动态的、理想的平衡状态，尽管旅游者总人数仍在继续增长并超过长住居民数量，但游客增长速度已经减缓，游客量与旅游地经济发展达到最佳平衡状态。旅游地经济发展与旅游业紧密联系在一起，游客量与旅游地经济收益处于最高水平，有了界线分明的娱乐商业区，旅游服务设施建设速度远大于旅游者增加速度，以前的旅游设施有可能已降为二级设施而满足不了旅游者需要，旅游地空间结构趋于稳定但仍在演变过程之中。当地居民对旅游者和旅游设施的不断增加已产生反感和不满。为吸引更多游客，旅游地市场促销力度和范围扩大。

5. 停滞阶段

旅游者人数已经达到顶点，旅游容量已趋饱和或超饱和。由于游客量的进一步增长超过了旅游地的环境承载极限，给旅游地带来了严重的负面影响，导致旅游地出现许多经济、社会、环境问题，如旅游地拥挤不堪、环境污染严重、旅游质量下降等。旅游地本身已不再让旅游者感到是一个特别时髦的去处，各类旅游及服务设施开始出现过剩，自然或历史文化形成的旅游吸引物逐渐被数量众多的人造设施取代，旅游地吸引力下降，旅游市场在很大程度上依赖于重游旅游者、会议游客等。

6. 衰落/复苏阶段

随着旅游业的衰退，旅游者被新的旅游地所吸引，旅游客源市场逐渐缩小，具有旅游投机行为的本地和外来投资方开始减少或撤出投资。旅游供给逐步减少，旅游地经济开始迅速下滑，大批旅游设施被其他设施所取代，宾馆可能变为公寓、疗养院或退休住宅，原有的旅游地开始变为"旅游贫民窟"，或完全失去旅游功能而与旅游脱节，此时旅游地面临着衰落的局面。但如果旅游地通过创造一系列新的人造景观，发挥未开发的自然旅游资源优势等，即由于新的自然旅游资源的深度开发、人造景点的建设，旅游环境容量增大，进行市场促销重新启动市场，重新开始吸引新、老旅游者，旅游地也可能进入一个新的成长期（复苏阶段），旅游地经济走出萧条，整个旅游地发展又呈现上升的势头。（见表4-1）

表 4-1　影响旅游地演进的因素（引自 R.W. Butler, 1980）

内部因素	市场区位
	旅游资源特点
	景区环境质量
	景区旅游环境容量
	当地居民的态度
	旅游产品
	景区规划作用
	旅游企业的营销作用
	旅游形象定位
	景区后续开发能力
外部因素	旅游地的交通通达性
	同类旅游地的竞争
	社会经济条件
	旅游者偏好的改变
	政府政策因素
	旅游地外部投资力度
	突发因素

巴特勒提出的旅游地生命周期理论为研究旅游地演化过程提供了理论框架，作为旅游地的解释和预测模型，充分描述了旅游地的发展历程，为考察旅游地的发展过程、分析旅游地的增长状况等提供了一种模式。旅游地的演进受到众多因素的影响，旅游地生命周期演化曲线不尽相同，旅游地发展的各个阶段都有自己的特征又互有联系。因此，可根据旅游者人数、市场需求与市场竞争态势预测旅游地未来的发展趋势，它对旅游地的市场定位、营销和规划方案的制定具有指导性意义。很多实例研究结果多数表明，旅游地的生命周期可以通过人为有意识、科学有效的管理、控制和调整得以延长，从而改变其生命周期的轨迹。

旅游地生命周期理论自提出以来受到学术界的普遍关注，并广为世界各地的专家引用、验证和讨论。例如：

- 霍维宁（C. Hovinen，1982）研究了美国宾夕法尼亚州 Lancaster 的旅游发展演化过程，发现因接近美国几个重要的客源地，且当地有关部门采取了有效措施，不断提高环境和旅游质量，旅游地具备承受内、外部因素导致的旅游发展波动的能力，使得将巩固和停滞阶段合并称之为"成熟阶段"。

- 海伍德（K.M.Haywood，1986）总结相关实证研究后发现，极少有旅游地的生命周期完全符合巴特勒模型所描述的那种标准的"S"形曲线，而是表现为各种异常发展态势（尤其是在后部阶段如衰落、停滞阶段异常）。
- 斯特普对加拿大安大略 Sauble Beach 的旅游发展进行研究，发现它在停滞阶段后成为更多旅游者的第二居住地，没有经过衰落阶段或复苏阶段，直接进入了稳定阶段。
- 盖茨（D. Getz，1992）研究了尼亚加拉瀑布的旅游生命周期，发现其进入发展阶段非常快，致使参与阶段与发展阶段之间的界限比较模糊，没有单独完整的稳固、停滞、衰落或复兴阶段，并认为成熟阶段更能反映尼亚加拉瀑布这样历史悠久的旅游地和大多数旅游城市的现状。
- 森德与斯蒂芬（Send Lundtorp, Stephen Wanhill，2001）运用长期时间序列数据，采用定量方法证实常见的有 3 种不同的生命周期模型，即"成长—衰落—成熟"型、"主循环—再循环"型和扇贝型。

中国学者余书炜（1997）、杨效忠（2004）尝试在巴特勒旅游地生命周期曲线理论模型的基础上提出"双周期模型"。沈苏彦（2012）认为，旅游地系统具有适应能力，而且该系统经历着一个重复的循环过程，包括快速增长、稳定、释放和重组四个阶段的适应性循环。[1]

保继刚（1995）、谢彦君（1995）、陆林（1997）等借鉴旅游地生命周期理论，分别对一些旅游地演化规律进行了探讨：

- 大尺度即具有广域旅游市场的国际旅游地，如安徽黄山等，其旅游地生命周期特点是在一定经济条件下均会走向稳定成熟阶段。因此，该类旅游地在规划建设和管理方面重要的是保持自己持久连贯的旅游形象，控制好旅游环境容量，尽量避免负面影响，只要保持好自己的旅游形象，这类旅游地将维持长久的稳定成熟阶段。
- 中尺度即具有区域旅游市场的国家级旅游地，如广东肇庆星湖等，它们在竞争中较易失去竞争力，生命周期进入停滞或者衰落阶段。延长其生命周期的方法有：开发新的具有吸引力的旅游资源；通过广告、改进产品、降低成本和价格等方法，保持良好的旅游形象来延缓衰退。
- 小尺度旅游地，如溶洞等，常会直接进入发展阶段，一般孤立洞穴的巩固和停滞阶段都很短，会很快进入衰落阶段。如果是在旅游热线或著名风景区内，则其巩固和停滞阶段较长，不会很快衰落。因此，在同一地域应选择最有价值的洞穴进行开发；旅游投入以满足基本游览条件为准

---

[1] 沈苏彦. 恢复力：旅游影响研究的新视角[J]. 商业时代，2012，(3)：4-7.

则，不宜在游客量下降时进行大规模投资；当游客量下降到低于门槛游客量，维持不了管理费时，考虑关闭洞穴。

巴特勒理论模型中高度抽象的演化曲线阐述了旅游地复杂系统的演化规律。从巴特勒理论模型中可以看出，对旅游地不同阶段划分是基于旅游者数量的变化、旅游供给与需求关系变化的过程。实际上，旅游地发展演化还体现在旅游地空间的扩展、旅游景区（点）的扩展、旅游服务设施的拓展、旅游活动类型的变化、旅游业态转型、旅游功能提升等很多方面。同时，由于旅游产业具有复杂性、敏感性和脆弱性等特点，不断变化的政治、经济和社会条件以及战争、自然灾害等很多因素都会影响旅游地的演化过程。因此，用旅游地生命周期理论很难预测和解释复杂多变、竞争激烈、形式多样的各类旅游地的发展规律及演化过程，而且生命周期理论对于旅游地短期发展的内在规律常常很难作出科学的解释。巴特勒自己也指出如今全球旅游业面临着激烈的竞争环境，他的旅游地生命周期理论很难预测某一个具体的旅游地的演化走向。[1]

旅游地生命周期理论本身有许多模糊不清和难以操作的地方，存在一些缺陷：没有考虑时间和空间的变动因素；在市场营销方面没有考虑市场细分因素以及市场营销和竞争状况；替代品价格、消费者偏好转移、政府法令等外部因素会加速或延缓旅游地生命周期的进程；由于各阶段的时间跨度不同，以及销售量和旅游者来访人数的长期统计资料难以获得，因此该理论还不能作为一个完美的预测工具；不同类型旅游地因供给和需求因素的差异会导致生命周期曲线形状差异，不能将一个旅游地生命周期的研究结果应用到其他旅游地（虽然由于不同旅游地之间社会文化、经济、生态环境等诸多方面的差异性，一个旅游地成功模式不可能直接嫁接于另一个旅游地，但可以从中吸取经验教训）；即使对同一旅游地，也存在着难以确认各阶段时间跨度和阶段转换点等问题。总体来看，该模型可以更多地作为解释性工具，是一种描述和分析旅游地发展轨迹的理想模型，能帮助人们把握旅游地的发展趋势。

三、旅游地竞争与合作

当多个旅游地在同一地域范围内同时出现时，它们各自的知名度、吸引力和客流量往往会出现此消彼涨、同步增长或同步衰减的动态变化，以及由此引起的旅游客源市场的再组织和再分配等现象。这一现象自然引起以空间研究见长的地理学家的注意，已有许多学者从不同角度进行了分析，产生了多种有关旅游地空间关系的理论。

---

[1] Butler, R. Tourism in the Future: Cycles, Waves or wheels? [J]. Futures, 2009, 41 (6).

楚义芳（1989）将某一旅游地与其附近旅游地之间的空间相互作用概括为补充和替代两种关系。（见表4-2）在同一等级的旅游地之间，这种作用是相互的；在不同等级的旅游地之间，其作用是单向的，表现为上一等级作用于下一等级。

表4-2　旅游地之间作用关系的确定（引自楚义芳，1989）

	旅游地性质相异	旅游地性质相同
旅游地等级相同	互补关系	替代关系
旅游地等级不同	单补关系（上—下）	单代关系（上—下）

张序强[①]、董雪旺[②]、方世敏[③]等将生态位（niche）、生态学种群间关系的有关理论引入到旅游研究中，用以分析旅游地复杂空间关系的一般特征和划分旅游地的生态关系类型。（见表4-3）

表4-3　旅游地生态关系类型与特征（引自张序强，2003）

基本类	具体型	基本特征
竞争	优胜劣汰	激烈竞争条件下，资源品位高、吸引力强的一方获得发展，其余被淘汰
	两败俱伤	激烈竞争条件下，各方资源品位、吸引力相差不大，彼此的发展都受到一定抑制
	协同进化	适当竞争条件下，各方的吸引力都得到提高，获得较好的发展
互利共生	共生	旅游地之间相互依存，相得益彰
	合作	各方的资源品位与吸引力都较强，彼此可以脱离对方而独立存在，但结合起来之后，吸引力产生叠加效应
偏利共生	偏利共生	一方的资源品位与吸引力较弱，需要依附于较强的旅游地，但不会对其产生不利影响
寄生	寄生	一方的资源品位与吸引力极差，无存在价值，需要依附于较强的旅游地，并会对其产生不利影响

1. 竞争：优势、特色、理性发展的空间关系

经济全球化使得每个国家、每个地区都不可避免地被卷入"竞争强迫（Imperative）"状态。所谓竞争是指同一地域范围内的两个或多个旅游地，在资源条件、客源市场或交通区位等方面具有较强的一致性或相似性时所出现的对客源市场和发展空间进行争夺的现象。例如，20世纪90年代中后期，长三角地区出现了福禄贝尔、未来世界、美国科幻乐园、西奇乐园等一批以科学科幻、机动游

[①] 张序强，董雪旺，李华. 旅游地间生态关系分析[J]. 人文地理，2003，18（1）：14-18.
[②] 董雪旺. 旅游地空间关系的生态学解释——以山西省旅游业发展为例[J]. 经济地理，2004，24（1）：110-114.
[③] 方世敏，廖珍杰. 长株潭旅游景区群落空间关系及其结构优化[J]. 经济地理，2009，29（2）：342-347.

乐为主题的主题公园，熙熙攘攘、热闹非凡的开业旺季过后，由于行业竞争日趋激烈，导致了这些主题公园像被推倒的多米诺骨牌，纷纷走向衰败，关门歇业。

旅游地的空间竞争主要是同类旅游地之间的竞争，如果同类型的旅游地之间的资源条件相差不大，在过度竞争的情况下，则会产生游客量的分流，使竞争双方都受到抑制；如果同类型旅游地之间的资源条件相差较大，就会产生高级别旅游地抑制低级别旅游地发展，即同类型的旅游地等级越高，其旅游竞争力也越强。究其原因，主要是在市场经济体制下，各旅游地都在追求自身的最大利益，都想扩大自己的影响范围，因而相互之间不可避免地存在着竞争关系。旅游地空间的竞争关系主要以马太效应表现出来（强势者更优，劣势者更弱）。虽然有些旅游地的资源品位和价值并不低，但由于受到附近同类型更高级别的其他旅游地的影响，难以展示其应有的魅力，"影区"理论论述的就是这种情况。如"三孟"处于"三孔"的"影区"内，齐云山、九华山处于黄山的"影区"内等。这种竞争对处于"影区"内的旅游地来说有百害而无一利，这些旅游地应另辟蹊径，尽快重新定位自己的旅游形象。

旅游地空间竞争是普遍客观存在的现象，竞争导致了市场机会的重新分配，旅游地之间差距扩大，竞争中隐藏着种种隐患，甚至会导致各旅游地之间开展价格大战、客源大战、大量低水平重复建设、产品雷同等一系列问题，特别是弱势旅游地在旅游地空间竞争下所产生的问题最为明显。如何避免旅游地之间不良的恶性市场竞争，促进各旅游地之间和谐快速发展？弱势旅游地要想从周边强势旅游地中发展甚至脱颖而出，必须充分分析自身条件及周边旅游地情况，科学合理地选择错位差异化发展战略、合作共赢发展战略、创新发展战略等[①]，即基于竞争前提下，对地域旅游资源重新优化整合，重视挖掘旅游地自身的潜力，进行旅游地项目的创意，通过对景区进行创意化、主题化打造，促进旅游地开拓性发展。

"竞争"一词的拉丁文词源意为"共同追求"。这一涵义更近似于合作的概念，而不是冲突性的对抗行为这一狭隘的概念。合理的竞争能促进专业化和创新发展，但是不受控制的竞争（盲目竞争）行为会阻碍协调，而过多的控制又会抑制创新，三者都适度才会在整合中形成良性循环。[②]事实上，竞争并不都是有害的，旅游资源条件相差不大的同类旅游地，如果适度进行理性竞争，也可以打破行业垄断，因为在日益激烈的竞争压力下，各旅游地会千方百计深入挖掘自身潜力，不断"内强素质，外树形象"，努力提高各自的接待能力和服务水平。特别

---

① 蒋坤富，张述林，葛小涛，唐为亮. 旅游地空间竞争下弱势旅游地发展战略研究——以重庆璧山县为例[J]. 兰州教育学院学报. 2010, 26, (2): 61-68.
② 王士君，高群，王丹. 城市相互作用关系的一种新模式——近域城市整合研究[J]. 地理科学, 2001, 21 (6): 558-563.

是在旅游旺季，适当的竞争还会使游客分流，把客流量限制在旅游地的合理容量范围内，不但保证了游客的体验质量，还确保了旅游地的生态环境和旅游资源质量不退化。适度的理性竞争可以说也是一种生产力，是"超越意识"的全部解读，各旅游地在竞争中扩大了规模，开阔了视野，增强了参与国际竞争的能力。

总体来看，在认识旅游地空间关系规律的基础上，应采用各种有效的旅游规划和旅游管理手段，限制过度的、恶性的竞争，鼓励适度的、良性的竞争，进而使得各旅游地之间的空间关系能够趋利避害、扬长避短。

2. 合作：互补、均衡、和谐发展的空间关系

合作，指在承认矛盾和对立的前提下，处于同一区域范围内的两个或多个旅游地之间相互促进，共同发展，并努力构筑成一个和谐共赢的整体。从旅游要素配置的角度考虑，实质上就是旅游资源在旅游地之间有意识、有目的、有计划地优化配置，通过促进旅游要素在旅游地内部乃至区域间的自由活动，实现空间优化配置的效益最大化。

合作需要有广泛的参与主体和良好的协作平台。近年来，长江三角洲、珠江三角洲、环渤海经济区、长江沿线、丝绸之路等区域旅游发展合作格局渐趋成熟，无障碍旅游区和跨区域旅游合作方兴未艾。"十二五"期间，中国旅游业本着"东部地区旅游国际化、中部地区旅游城市化、西部地区旅游产业化"的发展原则，以沿海、沿长江、沿新欧亚大陆桥为主轴，以都市群为依托，统筹区域旅游发展，秉着整体规划、优势互补、信息互通、资源互享、市场共有、效益共赢的目的，构建特色鲜明、优势互补、充满活力的区域旅游新格局，形成一批国内外知名的起示范带动作用的旅游功能区，最终实现区域旅游全面协调发展。

区域旅游合作的最高形式是区域旅游一体化发展。所谓区域旅游一体化，包括两层含义：一是指各成员之间旅游活动中的人为限制和障碍逐步被消除，各成员市场得以融合为一体；二是指成员之间签订条约或协议，逐步统一旅游政策和措施，甚至建立超越地方、国家行政区划的统一组织机构，并由该机构制定和实施统一的旅游发展政策和措施。前者可称为功能一体化，其发展是来自于各成员旅游市场自发的内在要求；后者为制度一体化，会加深观念性一体化的程度。

旅游业作为一项开放性、关联性程度极高的产业，近年来，以市场开放、客源互送、优势互补为原则的区域合作，即"合作促进发展"已成为旅游业界的共识，合作是区域旅游一体化的必经道路，也是区域旅游系统优化的目标与方向。追求效益的最大化和成本的最低化是各地推动旅游合作的内在动力（张殿发，2006）。旅游业与其他产业一样，在资源共享的情况下可获得成本优势，在追求旅游经济互利共赢的基础上，通力合作形成旅游产业的规模经济，不仅能进一步提高区域旅游经济效益，同时可以缓解空间相互竞争的程度。

以利益共享为前提，以制度保障为基础，充分发挥政府、企业、行业组织的作用，构建资源优化配置、政策统一、信息共享、品牌共建、市场共拓的多方共赢的竞争机制，才能真正实现区域旅游一体化发展。（见表4-4）

表4-4 "十二五"期间中国旅游合作示范区建设

区域	旅游合作示范区	战略措施	旅游产品
东部地区	环渤海旅游区、长三角旅游区、泛珠三角旅游区、海峡西岸旅游区、海南国际旅游岛、江苏沿海旅游带、京杭大运河沿线旅游区	依托良好的产业基础，以改善旅游环境，打造旅游品牌，提高产业水平，提升产业素质，促进产业转型升级	商务会展、滨海度假、康体养生、城市旅游
中部地区	武汉城市圈旅游区、环鄱阳湖生态旅游区、成渝旅游区、长株潭3+5城市群旅游区、皖江城市旅游带、中原城市群旅游区、太原城市圈旅游区、武陵山区旅游区	紧抓"中部崛起"战略机遇，依托区域联合、产业联动、市场互动等策略，构建沿长江、沿陇海、沿京广和沿京九的旅游合作带	生态探险、民俗文化、宗教朝圣、世界遗产、红色旅游和乡村旅游
西部地区	"丝绸之路"旅游区、青藏铁路沿线旅游区、北部湾旅游区、三江源旅游区、大香格里拉旅游区	以《深入实施西部大开发战略》为指导，借助区域联合、产业联动、市场互动等策略，形成旅游业发展新的增长点	以观光旅游、民俗体验和生态旅游为核心
东北地区	辽宁沿海旅游带、呼伦贝尔—锡林郭勒—科尔沁草原生态旅游地、大小兴安岭—长白山—辽东山地森林生态旅游地、三江—松嫩—辽河下游平原湿地生态旅游地	依托东北老工业基地丰富的旅游资源，突出区域旅游活动组织特征，培育生态旅游品牌，重点建设生态避暑度假旅游城市	冰雪旅游、边境旅游、草原和森林生态旅游

资料来源：根据《中国旅游业"十二五"发展规划纲要》整理。

3. "合作性竞争/竞争性合作"：推进区域旅游一体化发展

竞争与合作是各旅游地之间空间相互作用、不可分割的两个方面。事实上，旅游地之间关系并不是一成不变的，而是连续不断变化的，而且有可能还会相互转化。虽然各旅游地之间的竞争不可避免，但在经济全球化和区域一体化的浪潮下，在无数次"博弈"的过程中，越来越多的旅游地认识到单凭一地之力已难以做大市场，纷纷改变发展战略，由竞争转向合作，并凭借区域整体力量"借力"腾飞，以求得在更大空间上的发展，即从更广泛的参与区域与全球旅游竞争视野来考量各旅游地的发展问题。对处于同一区域的旅游地来说，一个旅游地旅游竞争力的提高并不以牺牲另一旅游地为代价，各旅游地之间的竞争也正在由对抗性竞争逐步演进为宽容性竞争，最后转化为"合作性竞争/竞争性合作"。

所谓"合作性竞争/竞争性合作"是指旅游空间竞争与合作共存，在竞争中谋求合作，在合作中提升竞争档次，其实质是推动和实现区域旅游一体化发展。相同的空间认知、趋同的目标市场、无序竞争的可能、旅游资源具有差异性以及旅游地的空间拓扑结构是影响区域内旅游地竞争与合作的主要因素（刘佳，2005）。目前，中国市场体制尚未完全建立，市场化程度还不高，要切实解决旅游发展中出现的过度竞争、整体规模效益低下等问题，实现区域旅游的有序、和谐发展，应采取"区域旅游竞（争）—合（作）发展模式"，即坚持"大旅游、大市场、大产业、大发展"的区域旅游合作指导思想，不同旅游区域或同一旅游区域中的不同旅游地在基于竞争的前提下进行有效的密切合作。近年来，谋求区域大联合在国际旅游市场上占有一席之地，以达到"双赢（win-win）"甚至"多赢（multi-win）"，成为当今时代旅游竞争的根本性策略[1]，并成为旅游地发展研究关注的焦点和学者们共同关心的研究课题。（见图4-2）

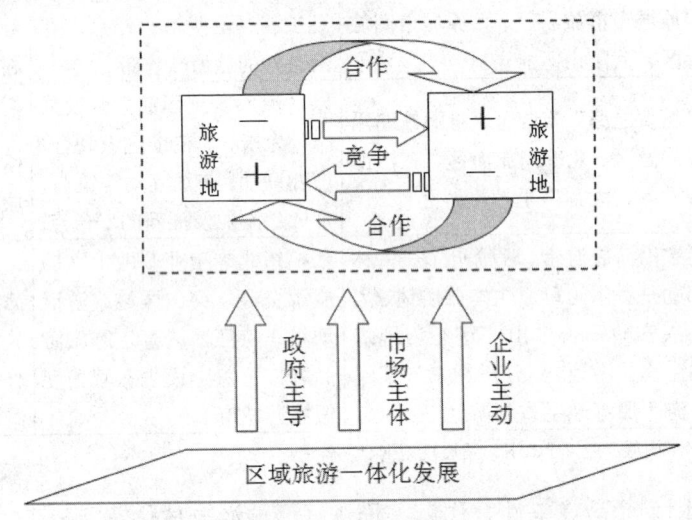

图 4-2　区域旅游空间竞争与合作模式

从空间的分散和集聚效应看，可以将旅游地之间的"合作性竞争"分为两个层次，即分散的专业化分工协作和产业集聚中的合作性竞争。波特（1998）在研究加利福尼亚葡萄酒产业集群时首次提出了"旅游集群"的概念。而从旅游产业集群发展角度审视，必定会对创新和拓展各旅游地竞争力带来积极影响。按照价值链的观点，在产业集聚中实行合作性竞争，是同类旅游地用自己价值链中的强势部分（核心优势）与其他旅游地的强势部分相结合，通过空间集聚整合产生规

---

[1] 崔凤军. 城市旅游的空间竞争与合作[J]. 商业经济与管理，2004，（3）：44-48.

模经济和集群效应；不同类型的旅游地突出比较优势，以形成区域完整的产品链和产品体系，实现旅游要素一体化经营和旅游价值链的重构，从而缓解激烈的对抗性竞争，创造出更强的竞争优势。同时，产业的集聚能够及时了解旅游者动态需求，培养旅游地和企业的敏捷应对能力，共享研发、分销渠道和信息网络，也便于组建跨地区旅游产业集团，提高抗风险能力和规模经济效应。

促进旅游地竞争性合作的措施还有构建互补的旅游产品群、联合塑造区域旅游形象、共同建设基础设施、联合开拓旅游市场、营造区域旅游大环境等。在市场经济条件下，旅游实践中"竞—合"的动力以区域旅游整体发展为背景，以相关地方的利益为基础，以市场交易为基本方式，以政府协作为补充，各旅游地必须融入区域旅游的背景中，加强与区域内各旅游地之间分工协作关系，从区域旅游整体的角度来重新解读各旅游地发展定位及旅游空间布局。即旅游地发展必须置于区域旅游整体发展框架中，通过协调、合作，联手打造具有强势竞争力的区域旅游共同体，重塑新型旅游关系，使参与合作的各旅游地之间的旅游竞争从无序走向理性，并获得更强的竞争力，最终实现区域旅游的可持续发展。[①]

4. 区域多层次管治

区域旅游合作不仅带来了区域空间的整合，而且也引发了区域管治的重构。基于区域旅游合作发展脉络的梳理与分析发现，区域旅游合作与管治有着内在关系，多层次管治是区域旅游合作和协调发展的重要机制。伴随着未来区域旅游多中心发展趋势的更加明显，一个网络化的地方政府关系正在逐步取代区域内原先垂直状的关系体系。而随着区域旅游空间形态多中心趋势，以及"诸侯经济"日益明显，将进一步受到区域管治问题的困扰，尤其是对区域多中心旅游城市区域的多层次区域管治缺乏必要的认识。

实践证明，区域旅游合作的核心问题是协调，解决途径是不断完善与创新区域管治。区域管治已逐步成为协调区域发展的重要制度保证。所谓管治是使相互冲突的不同利益得以调和，并且采取联合行动使之得以持续的过程，而区域管治的一个重点是涉及不同层级政府或发展主体之间、同级政府之间的权力互动关系。[②]由于一直以来区域旅游合作模式备受人们重视，相对来说对区域旅游管治问题的关注还很不够。因此，应从国家、区域和城际三个不同的层面构建职能明确、分工合理、多层次的区域旅游协调与管治体系。（见图4-3）

[①] 尹贻梅. 对旅游空间竞争与合作的思考[J]. 桂林旅游高等专科学校学报, 2003, 14（1）: 56-60.
[②] 张京祥, 黄春晓. 管治理念及中国大都市区管理模式的重构[J]. 南京大学学报（社科版）, 2001,（5）: 37-42.

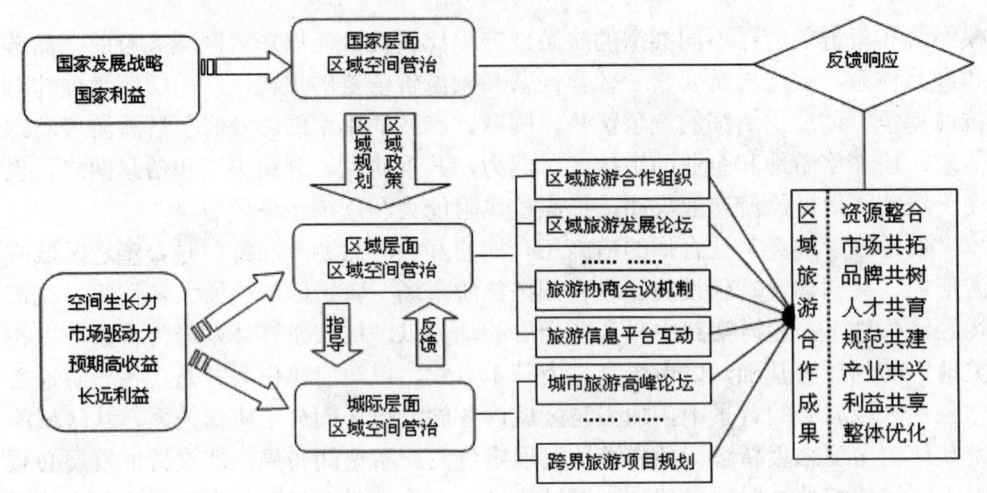

图 4-3 多层次区域旅游协调与管治模型

多层次管治是一种创新型的、富有效力的管治形式，包括现有行政体系内的政策性创新和现有体制外的各种非正式的制度安排。[①]国家层面的区域管治主要表现为通过制定区域发展政策来影响区域发展和促进区域协调。区域层面的区域空间管治主要体现为区域内省（市）之间形成的区域协调发展和区域合作组织、发展论坛等活动。城际层面的区域空间管治主要以解决具体的问题为指向，某两个或多个城市政府之间以市场利益为纽带，形成各种跨行政区域的管治形式。国家、区域层面上空间管治所达成的协调发展协议需要由各旅游城市来实施和推行。城际层面的区域空间管治主要职能是按照协调发展协议要求，在正确处理城际之间政府、企业和公众的互动关系基础上，建立小区域内城市间的联合机构，并根据各城市的不同优势建立合理的分工体系，达到统一规划、统一管理和统一实施的目的，促进城际区域旅游的协调发展，实现"同城效应"。

第二节 典型旅游地

一、风景名胜区

风景，指地理环境中能提供人们游览、观赏、疗养、度假、修学求知、探险

---

① 张京祥，罗小龙，殷洁. 长江三角洲多中心城市区域与多层次管治[J]. 国际城市规划，2008，（1）：65-69.

猎奇、科学考察的物质条件。广义的风景又称风景名胜（natural and cultural attractions），指有吸引力的地理环境，包含山川泉瀑、风花雪月等自然景色，也包含人类发展过程中遗留下来的名胜古迹（包括现代人的创造）。从地理学角度看，风景具有以下特征：

- 风景是地理综合体，是地理景观的一部分，由岩石、宝石、化石、水体、生物、大气、建筑、历史文化等自然和人文要素构成。
- 风景是地理综合体中最有吸引力的部分。在空间上不是连续、成片地分布，而是呈斑点状分布，其范围可大可小，大者构成独立的景区，小者可以是一个景点。
- 风景具有地域分异现象，即处于不同地理位置的风景具有不同的性质、成因及美学特征。风景的美学、科学和历史文化特征及其在不同地区表现出来的差异往往给人以新、奇、美的感觉，从而具有吸引人进行游览观赏、修养度假、探险考察的魅力，是触发旅游动机的主要因素之一。
- 风景是一个综合体，构成风景的自然和人文要素在地理环境发展中各自起着独特的作用，而且相互影响。有的以一种构景要素为主，塑造独特的美学形象，如长城；有的以多种构景要素展现出综合美学形象，如长江三峡。
- 具有各类价值的风景是大自然和人类历史遗留下来的宝贵财产，人们在观赏的过程中能激发起爱国主义情感，陶冶高尚的情操，给人以知识和力量。

1. 风景名胜区的概念

风景名胜区是指具有观赏、文化或者科学价值，自然景观、人文景观比较集中，环境优美，可供人们游览或者进行科学、文化活动的区域（《风景名胜区条例》，2006年），是由许多相互联系、有机结合的自然风景点、古迹组成的独具风格的旅游地。广义的风景名胜区包括自然保护区、历史文物保护区和森林公园等。

风景名胜区是以具有美感的自然景观为基础，渗透着人文景观美的地域综合体，既有典型性和代表性的自然景观，又保留着珍贵的历史文化胜迹，有极高的观赏游览价值，其范围不等，旅游点多寡不一。根据风景名胜区的观赏、文化、科学价值和环境质量、规模大小、游览条件等，可划分为国家级和省级。自1982年起，国务院已先后公布8批225处国家级风景名胜区，分布在全国30个省级行政区中，其中浙江省和湖南省最多，达19处。（见表4-5）

表 4-5 中国国家级风景名胜区

省(区/市)	风景名胜区
北京	八达岭—十三陵、石花洞
天津	盘山
河北	承德避暑山庄外八庙、秦皇岛北戴河、野三坡、苍岩山、嶂石岩、西柏坡—天桂山、崆山白云洞、太行大峡谷、响堂山、娲皇宫
黑龙江	镜泊湖、五大连池、太阳岛
吉林	松花湖、"八大部"—净月潭、仙景台、防川
辽宁	千山、鸭绿江、金石滩、兴城海滨、大连海滨—旅顺口、凤凰山、本溪水洞、青山沟、医巫闾山
内蒙古	扎兰屯
山东	泰山、青岛崂山、胶东半岛海滨、博山、青州
山西	五台山、恒山、黄河壶口瀑布、北武当山、五老峰、碛口
陕西	华山、临潼骊山—秦兵马俑、宝鸡天台山、黄帝陵、合阳洽川
河南	鸡公山、洛阳龙门、嵩山、王屋山—云台山、石人山、林虑山、青天河、神农山、桐柏山—淮源、郑州黄河
甘肃	麦积山、崆峒山、鸣沙山—月牙泉
宁夏	西夏王陵、须弥山石窟
新疆	天山天池、库木塔格沙漠、博斯腾湖、赛里木湖、罗布人村寨
江苏	太湖、南京钟山、云台山、蜀岗—瘦西湖、三山
浙江	杭州西湖、富春江—新安江、雁荡山、普陀山、天台山、嵊泗列岛、楠溪江、莫干山、雪窦山、双龙、仙都、江郎山、仙居、浣江—五泄、方岩、百丈漈—飞云湖、方山—长屿硐天、天姥山、大红岩
安徽	黄山、九华山、天柱山、琅琊山、齐云山、采石、花山谜窟—渐江、巢湖、太极洞、花亭湖
江西	庐山、井冈山、三清山、龙虎山、仙女湖、三百山、梅岭—滕王阁、龟峰、高岭—瑶里、武功山、云居山—柘林湖、灵山、神农源、大茅山
湖南	衡山、武陵源、岳阳楼—洞庭湖、韶山、岳麓山、崀山、猛洞河、桃花源、紫鹊界梯田—梅山龙宫、德夯、苏仙岭—万华岩、南山、万佛山—侗寨、虎形山—花瑶、东江湖、凤凰、沩山、炎帝陵、白水洞
湖北	武汉东湖、武当山、大洪山、隆中、九宫山、陆水
四川	峨眉山、黄龙寺—九寨沟、青城山—都江堰、剑门蜀道、贡嘎山、蜀南竹海、西岭雪山、四姑娘山、石海洞乡、邛海—螺髻山、白龙湖、光雾山—诺水河、天台山、龙门山
重庆	缙云山、长江三峡、金佛山、四面山、芙蓉江、天坑地缝、潭獐峡
青海	青海湖

续表

省（区/市）	风景名胜区
西藏	雅砻河、纳木错—念青唐古拉山、唐古拉山—怒江源、土林—古格
福建	武夷山、清源山、鼓浪屿—万石山、太姥山、桃源洞—鳞隐石林、金湖、鸳鸯溪、海坛、冠豸山、鼓山、玉华洞、十八重溪、青云山、佛子山、宝山、福安白云山、灵通山、湄洲岛
广东	肇庆星湖、西樵山、丹霞山、白云山、惠州西湖、罗浮山、湖光岩、梧桐山
海南	三亚热带海滨
云南	路南石林、大理、西双版纳、三江并流、昆明滇池、玉龙雪山、腾冲地热火山、瑞丽江—大盈江、九乡、建水、普者黑、阿庐
贵州	黄果树、织金洞、潕阳河、红枫湖、龙宫、荔波樟江、赤水、马岭河、都匀斗篷山—剑江、九洞天、九龙洞、黎平侗乡、紫云格凸河穿洞、平塘、榕江苗山侗水、石阡温泉群、沿河乌江山峡、瓮安江界河
广西	桂林漓江、桂平西山、花山

从某种程度上说，中国的国家级风景名胜区，相当于国际上的国家公园，同时也有自己的特点（中华人民共和国建设部发布《中国风景名胜区形势与展望》绿皮书，1994）。

国家公园，是一个国家的政府为保护境内的植物、动物、风景或其综合体的自然状态而设立的，旨在保护自然生态系统和自然地貌的原始状态，同时又作为科学研究、科学普及教育和为公众提供游乐、了解和欣赏大自然神奇景观的场所。自1872年世界上第一个国家公园——美国黄石国家公园诞生后，100多年来，已有120余个国家建立了2600多个国家公园，其总面积约占地球陆地面积的2.6%。非洲的国家公园主要保护野生动物，英国的国家公园主要保护原野，美国和加拿大的国家公园则综合保护原野及野生动物。

美国虽然建国只有200多年，历史文化遗产不多，但以国家公园或生物圈保留地而成为世界自然遗产的，有黄石国家公园、大峡谷国家公园、奥林匹克国家公园、大雾山国家公园、红杉树国家公园、约塞米蒂国家公园、大沼泽国家公园、夏威夷火山国家公园、卡尔斯巴德洞窟国家公园、猛犸洞穴国家公园等，居世界各国之冠。

2. 风景名胜区的保护

近年来，中国风景名胜区的管理保护和旅游发展成效显著，绝大部分国家级风景名胜区已成为国内旅游热点景区。与此同时，风景名胜区城市化、商业化等问题突出，已引起社会各界高度关注：有的风景名胜区在风景资源最好的地方和交通要道上大开商店；有的风景名胜区由于常住人口增长失控，大兴土木，大面积建造房屋；有的风景名胜区开山取石，断水截流，超量接待游客，致使环境恶化，安全隐患增多。风景名胜区的资源是以自然资源为主的、独特的、不可替代的景观资源，是通过几亿年大自然鬼斧神工所形成的中华民族珍贵的、不可再生的自然文化遗产，必须切实做好相关的保护、建设和管理工作。

风景名胜区保护，一般划分为三个级别的保护区和一个防护带，并制定相应的保护措施：一级绝对保护区，指景点界线范围内的区域，要切实保持景点的原貌、风格和环境，不准建大型生活性建筑物，即使是观赏型建筑物也要注意精、美、少，以突出景物自然美；二级严格保护区，指景区界线范围内的区域，要保护一切景点和植物，除观赏建筑物外，也可建人工与自然风景融为一体的小型服务设施；三级环境保护区，指景区视线范围内的区域，可建造一些生活设施，但要保护好视野空间环境，确保景观的完整度；防护地带，指为保护景观特色、维护景区内生态平衡，在风景区专门辟出区域进行大面积绿化以保持水土不流失，不兴办污染环境的工厂和控制农药化肥的使用，作好居民点规划，控制不适宜的建设等。

二、历史文物保护区

文物是人类社会遗留下来的遗迹或遗物，是人类智慧的结晶，也是全世界宝贵的文化财富。1972年联合国教科文组织（UNESCO）在世界文化和自然遗产保护会议上对文物所作的定义是，从历史、艺术或科学价值的角度具有突出价值的纪念物、建筑和考古遗迹的综合体。《中华人民共和国文物保护法》规定："革命遗址、纪念建筑物、古文化遗址、古墓葬、古建筑、石窟寺、石刻等文物，应当根据它们的历史、艺术、科学价值分别确定为不同级别的文物保护单位。"根据文物内容性质的存在形态，可分为不可移动文物和可移动文物两大类。不可移动文物资源的类型基本又可分为：古文化遗址、古墓葬、古建筑、石窟寺与石刻、革命遗址及历史纪念建筑物等。

1. 历史文化名城

文物可以小到单体，如一块石碑、一幅壁画，大到多种文物综合体，如北京故宫、万里长城等，甚至可以再扩大到整座城市，即为历史文化名城。《中华人民共和国文物保护法》第十四条规定：保存文物特别丰富并且具有重大历史价值或革命纪念意义的城市，由国务院核定公布为历史文化名城，据其价值可分为国家级、省级。历史文化名城的评定必须具有：第一，城市本身应具有重大历史价值或革命纪念意义；第二，城市现在保存的文物应特别丰富；第三，应经法定程序获得政权机关核准公布，未经批准不得以历史文化名城自称。

中国是一个历史悠久的文明古国，很多历史文化名城或是历代王朝的都城，或是历代重要的经济、文化、军事重镇，或是近代革命以及重大历史事件的发生地，或是具有特别优秀的自然和文化遗存等。历史文化名城大多建筑风格独特，在这些城市的地上和地下，保存了大量的文物古迹，无论是一处处断墙、废墟，还是一座座宫殿、园林，均是从历史风雨里演绎出来的，因而成为国内外旅游者的首选目标，也是展示国家和民族优秀文化的橱窗。不仅对研究中国悠久的历史文化、考察古代建筑艺术、探索城市规划体系有珍贵的价值，而且对保护和弘扬中国的历史文化传统、增加旅游活动的文化内涵、促进旅游业的发展具有积极意义。

中国现有国家级历史文化名城约120座，连同已确定的历史文化保护区和各级重点文物保护单位，初步形成了保护历史文化遗产的完整体系。不仅可以使文物古迹及其赖以存在的历史环境得到全面保护，充分展示文物古迹的历史价值、艺术价值和科学价值，而且从单个文物古迹、成片的历史地段，到更大范围的古城，包括古城鲜明的规划格局和传统风貌特色等，都可以得到有效的保护。

按照各个城市的特点，中国的历史文化名城主要分为七类：古都型，以都城时代的历史遗存物、古都的风貌为特点，如西安、北京；传统风貌型，保留一个或几个历史时期积淀的有完整建筑群的城市，如平遥、聊城；风景名胜型，由建筑与山水环境的叠加而显示出鲜明个性特征的城市，如桂林、承德；地方及民族特色型，由地域特色或独自的个性特征、民族风情、地方文化构成城市风貌主体的城市，如丽江、拉萨；近现代史迹型，以历史上某一事件或某个阶段的建筑物或建筑群为其显著特色的城市，如上海、遵义；特殊职能型，城市中的某种职能在历史上占有极突出的地位，如"盐城"自贡、"瓷都"景德镇；一般史迹型，以分散在全城各处的文物古迹为历史传统体现主要方式的城市，如长沙、济南。（见表4-6）

表4-6　中国国家级历史文化名城

省（区）	城市
直辖市	北京、天津、上海、重庆
河北	承德、保定、正定、邯郸、山海关
黑龙江	哈尔滨
吉林	吉林、集安
辽宁	沈阳
内蒙古	呼和浩特
山东	曲阜、济南、青岛、聊城、邹城、淄博、泰安、蓬莱
山西	大同、平遥、新绛、代县、祁县、太原
陕西	西安、延安、韩城、榆林、咸阳、汉中
河南	洛阳、开封、安阳、南阳、商丘、郑州、浚县、濮阳

续表

省（区）	城市
甘肃	天水、武威、张掖、敦煌
宁夏	银川
新疆	喀什、吐鲁番、特克斯、库车、伊宁
江苏	苏州、常熟、南京、镇江、扬州、徐州、淮安、无锡、南通、宜兴
浙江	杭州、绍兴、宁波、临海、衢州、金华、嘉兴
安徽	歙县、寿县、亳州、绩溪、安庆
江西	南昌、景德镇、赣州
湖南	长沙、岳阳、凤凰
湖北	荆州、襄樊、武汉、随州、钟祥
四川	成都、宜宾、自贡、阆中、乐山、泸州、都江堰、会理
青海	同仁
西藏	拉萨、日喀则、江孜
福建	福州、泉州、漳州、长汀
广东	广州、潮州、肇庆、佛山、梅州、雷州、中山
海南	琼山、海口
云南	昆明、大理、丽江、建水、巍山
贵州	遵义、镇远
广西	桂林、柳州、北海

2. 历史文物景区的保护

在文物景区的开发与管理中，保护与开发一直是存在普遍争议的一对矛盾。一方面旅游为文物保护提供必要的资金保障，增强人们的保护意识，进而有利于文保事业的发展；但另一方面，旅游的发展又加剧了文物资源的坏损，如敦煌莫高窟的壁画和雕塑，正是由于旅游开发，大量游人涌入洞窟，使其褪色、脱落速度加快。因此，文物景区应在文物得到有效保护的前提下，坚持"保护为主、抢救第一、合理利用、加强管理"的方针，协调好文物保护与旅游开发的关系，把资源优势转化为经济优势。

中国历史文化名城保护工作大致经历了这样一个过程：由个别文化遗址保护到系统街区保护，由单纯物质文化保护到物质文化保护与非物质文化保护并重，由古建筑群落保护到城市风貌保护，由重点文物保护到历史文化内涵保护，由少数学科及职能部门研究保护到多学科综合研究、政府及社会力量共同参与保护。其发展所面临的问题主要有：古城历史传统风貌与现代化都市的矛盾；旧城与新城建设的矛盾；有形资源与无形资源的矛盾；旅游业的发展与当地居民生活质量的矛盾。

历史文化名城的建设和发展目标,不仅包括对城内历史建筑物的维护和修缮,而且更应致力于对历史文化遗产分布集中地段内居民生活环境的改善以及对历史文化遗产的再利用,从而保持历史文化遗产的活力,并使其价值在新的时代得到不断提升。如古村落,作为传统的人居空间,有着悠久的历史,承载着璀璨的地域文化,是历史的微缩,具有很高的历史文化、美学、建筑、科考等价值,被称为"传统文化的明珠"。古村落旅游地正逐渐发展成为中国重要的旅游地类型,吸引众多旅游者纷至沓来。与此同时,不断攀升的客流量以及客流时间分布的不均衡,正在给自然、文化、生态系统均极为脆弱的古村落构成巨大的压力和威胁,所引起的负面影响日益凸现。因此,如何采取有效措施减缓客流时间分布不均等问题,以促进古村落旅游的可持续发展,实现古村落旅游经济、社会、生态效益的和谐统一,是目前亟需解决的一个现实问题。

三、自然保护区

为了保护自然环境和自然资源,拯救濒临灭绝的物种群落等,对一些具有代表性的自然生态系统、珍稀濒危野生动植物物种的天然集中分布区、有特殊意义的自然遗迹等保护对象所在的陆地、陆地水体或者海域,依法划出一定面积予以特殊保护和管理的区域,就是自然保护区。建立于1872年的美国黄石国家公园,是世界上第一个自然保护区。随后自然保护区在世界各国如雨后春笋般涌现,目前全球已形成了较为完整的自然保护区网络。因保护对象的性质与类型多样,故有很多名称,如世界性的有世界自然历史遗产、人与生物圈保护区;各国还有国家公园、自然公园、保护公园、生物保护区、森林保护区、自然禁伐禁猎区(sanctuary)、自然保护地(nature protected area)等。

"人与生物圈计划"(简称 MAB)是联合国教科文组织科学部门于1971年发起的一项政府间跨学科的大型综合性的研究计划,它将传统的绝对保护过渡到开放式、多功能的积极保护,受到世界各国的重视。截至2011年,全球共有114个国家的580个自然保护区被联合国教科文组织认定为"世界生物圈保护区",成为全球最大的政府间保护区网络之一。

中国自然条件复杂,生态系统类型及生物种类极其丰富。1956年,中国第一个自然保护区,即以保护南亚热带季雨林为主的广东鼎湖山自然保护区建立。目前,已基本形成布局比较合理、类型比较齐全、功能比较健全的覆盖全国的自然保护区体系。在生物多样性较为丰富、生态环境相对脆弱的西部地区,已抢救性地建立起一批各种类型的自然保护区,其中西藏、新疆、内蒙古、青海、甘肃、四川等省区自然保护区面积约占全国的77%。

自 1973 年加入世界"人与生物圈计划"、1979 年开始实施"人与生物圈计划"以来，中国目前已有长白山等 31 个自然保护区被联合国教科文组织认定为"世界生物圈保护区"（biosphere reserves）。同时，1993 年创建的"中国生物圈保护区网络"目前已有 142 个保护区成员，成为世界上最大的区域"生物保护圈"，既表明"人与生物圈计划"在中国正不断地深入发展，也表明中国自然保护区的建设与发展已引起国际上越来越广泛的关注。（见表 4-7）

表 4-7　中国已加入联合国"人与生物圈保护区网"名录的自然保护区

自然保护区	省/区	主要保护对象
丰林	黑龙江	原始红松林生态系统
五大连池		近期火山遗迹和自然生态系统
兴凯湖		丹顶鹤等珍禽及湿地生态系统
长白山	吉林	温带森林生态系统及野生动物
锡林郭勒草原	内蒙古	温带草原生态系统和河谷湿地生态系统
赛罕乌拉		森林、草原、湿地生态系统、珍稀野生动植物、西辽河上游水源涵养林的山地
达赉湖		湿地生态系统和以鸟类为主的珍稀濒危野生动物
佛坪	陕西	大熊猫及其栖息地
牛背梁		羚牛及其栖息地为主的森林和野生动物
宝天曼	河南	暖温带与亚热带过渡带森林生态系统和珍稀动植物
白水江	甘肃	大熊猫等珍稀野生动物及其森林生态系统
博格达峰	新疆	濒危动物、荒漠和山地森林生态系统
盐城	江苏	海岸带与以丹顶鹤为主的珍禽栖息地
天目山	浙江	中亚热带北缘森林植被、华东黄杉
南麂列岛		海洋贝藻类及生态系统
井冈山	江西	中亚热带天然常绿阔叶林
神农架	湖北	金丝猴、珙桐等珍稀动植物及温带和亚热带森林生态系统
卧龙	四川	大熊猫及其栖息地
九寨沟		自然景观、森林生态系统和野生动物
黄龙		喀斯特地貌、珍稀动植物及其生态系统
亚丁		古冰体遗迹"稻城古冰帽"
武夷山	福建	亚热带森林生态系统及野生珍贵动植物
鼎湖山	广东	亚热带常绿季雨林生态系统
车八岭		中亚热带常绿阔叶林及珍稀野生动植物

续表

自然保护区	省/区	主要保护对象
西双版纳	云南	热带森林生态系统及野生动物
高黎贡山		珍稀动植物资源及其生态系统
梵净山	贵州	亚热带森林生态系统及灰金丝猴、珙桐等珍稀动植物
茂兰		中亚热带喀斯特森林生态系统
山口红树林	广西	大陆红树林海岸生态系统
猫儿山		原生性亚热带常绿阔叶林森林生态系统、漓江源头水源涵养林
珠穆朗玛峰	西藏	长尾叶猴、熊猴、长蕊木兰等珍稀动植物

1. 自然保护区的涵义和设立目的

自然保护区的设立，为人类认识、利用和改造自然，保护自然环境和自然资源，保护代表不同自然地带的自然景观及生态系统，保护珍稀动植物物种等提供了必要的条件，开辟了可行的途径。自然保护区是地球上自然生态系统保存相对较完整的地段，是保护国家和民族自然遗产的长远性重要措施，是研究自然的实验室和保存物种的基因库，堪称是活的自然博物馆，蕴藏着丰富的旅游资源，如秀丽的自然风光、完整的生态系统、珍稀动植物、典型且有代表性的地理现象等。自然保护区优良的自然生态景观对游客具有较强的吸引力，在自然保护区中，适度、有条件地开展旅游活动，也是普及科学知识、提高人类文化素质的一种途径。

虽然世界各地自然保护区的保护对象各不相同，但"保护"是其共同的首要功能。通过实践，人们对建立自然保护区的意义逐渐加深了认识，并逐步认识到它的多种功能，除极少数绝对保护区外，大多数自然保护区都向着保护、科研、教育、旅游、生产多功能、可持续利用方向发展。生物圈保护区是用来"展示和推广人与自然界和谐相处"的地区，世界"人与生物圈计划"对生物圈保护区进行认证，旨在促进生物多样性保护与社会经济需要、文化完整性之间协调发展。具体来说，一个生物圈保护区必须具有一块被立法保护的核心地区，周边必须有缓冲区域，缓冲地区之外还须有过渡区域。

2. 自然保护区的分类

国际自然保护同盟（IUCN）将自然保护区分为：科学保护区和绝对自然保护区、国家公园、自然遗址和自然景物保护区、人工维持的自然保护区和野生生物保护区、景观保护区、自然资源保护区、自然生物和人类学保护区、多种经营管理区和资源经营管理区等类型。

目前，中国尚无统一的分类标准，有学者将中国自然保护区大致分为三大类型：森林及其他植被类型、野生动物类型、自然历史遗迹类型；也有学者根据保

护的目的,将中国的自然保护区分为以下六个类型:

- 以保护完整的综合自然生态系统为目的的自然保护区(如广东鼎湖山自然保护区)。
- 以保护珍贵动物资源为主要目的的自然保护区(如四川卧龙自然保护区)。
- 以保护珍稀子遗植物及特有植被类型为目的的自然保护区(如广西花坪自然保护区)。
- 以保护特有的地质剖面和特殊的地貌类型为主要目的的自然保护区(如天津蓟县地质剖面自然保护区)。
- 以保护沿海自然环境及自然资源为目的的自然保护区(如河北昌黎黄金海岸自然保护区)。
- 以保护自然风景为主要目的的自然保护区和国家公园(如四川九寨沟)。

3. 自然保护区的旅游开发

自然保护区的旅游开发,世界各国情况有所不同。在保护区的功能认识方面,一些国家自然保护区的早期功能仅是保护和科研,随着认识的深入,建立了集保护、科研、教学、旅游、生产为一体的综合自然保护区,其中旅游的发展势头较旺;还有一些国家的自然保护区是集保护与旅游为一体的,旅游是其主要功能之一。

自然保护区旅游开发最为成功的当数美国的黄石国家公园,它不仅是世界上最早建立的国家公园,也是世界上最大的自然保护区之一。黄石国家公园占地8956平方公里,因园内的黄石河两旁峡壁呈黄色而得名,以湖光、山色、悬崖、峡谷、珍稀动植物、瀑布、温泉称胜,其中最具特色的是温泉和生物季相变化。黄石公园自建园以来一直都以保护自然风光著称,各种旅游资源均受到法律的保护,公园内的服务设施也与自然景色相协调。

许多著名的旅游胜地都位于自然保护区内,如日本的富士山、法国的阿尔卑斯山;中国的九寨沟、张家界、西双版纳等。随着经济和旅游的发展,自然保护区的旅游接待压力越来越重,旅游开发强度越来越大,这与景观优美的自然保护区最大的生态特征——脆弱性相矛盾,若利用和开发不当,必然会导致对自然保护区的破坏。因此,促进自然保护区旅游功能发挥的同时,更要注意保护,做到开发与保护并重,使游客在旅游过程中不仅享受大自然之美,又能得到环境教育,进而去主动保护环境。

中国是生物多样性十分丰富的国家,但众多的人口和经济发展对自然生态系统和生物多样性的压力日益增加。"中国生物圈保护区网络"已覆盖了几乎所有的省份,以保护区为研究点,中国已建起生物圈保护区气候变化监测网络,逐步开展如生物多样性、荒漠化、水循环和全球变化等问题的国际研究计划，中国正在"世界最大生物圈"内不断探索生态保护的新机制。

中国自然保护区体系的特点是面积小的保护区多，超过 10 万公顷的保护区不到 50 个；保护区管理多元化，多数保护区管理级别低，县市级保护区数量占 46%，面积占 50.3%。自然保护区中自然风景资源占绝对优势，因此以保护自然为主要目的，应采取保护、科研教育、生产相结合的方式。在自然保护区内，要将人工设施减少到最小程度。具体体现在自然保护区的结构上，中国自然保护区内部大多划分成核心区、缓冲区和外围区 3 个部分：核心区是严格保护区，不允许生产利用；缓冲区可进行科学研究和科学实验；外围区则可进行能保证可持续发展的开发利用，如教学、旅游、农业生产等活动。

四、森林公园

指森林景观优美，自然景观和人文景物集中，具有一定规模，可供人们游览、休息或进行科学及文化、教育活动的场所（《森林公园管理办法》，1994）。即森林环境优美，生物资源丰富，自然景观和人文景观比较集中，具有观赏、文化、科学价值和一定的规模，经科学保护和适度建设可供人们游览、休憩、疗养或进行科学文化活动的地域。它是以大面积森林资源为基础的一个森林地域综合体，构成了一个较为完善而又相对稳定的森林生态系统，保护着自然景观与森林资源，维护着一个地区的生态平衡，可以说是开展自然教育的理想地方。

1. 森林公园的旅游开发

森林公园，风景秀丽，景色宜人，空气中含有大量的负离子，具有消除疲劳、促进新陈代谢、提高人体免疫力的功能；一些病菌在这样的环境中难以存活，一些植物芬芳的气味甚至可以杀菌和治疗某些疾病。除了为人们提供休憩、疗养的场所，还可以森林为载体开展观光游览、野营、狩猎、避暑、度假、科考、探险等活动。目前，森林游憩已经成为现代人们生活方式的一个重要组成部分，满足现代人类回归自然的心理要求。据不完全统计，每年参加森林游憩的人次达 20 多亿。

森林公园大致可划分成下列不同功能区：野营区（开展野营、露宿、野餐等活动用地，多为森林茂密、较为平坦的地面）；狩猎区（多选择周围有较大的山岭封闭谷地，适于野生动物繁殖生活的地带，面积一般不小于 100 平方公里）；漂流区（在有河流经过的森林公园中，可以选择水质清洁、河床起伏较大、水的流速快慢相间的河流段作为漂流区）；森林浴区（通过专门的测量，将空气质量达到一定指标、环境幽静的地段作为游客进行室外活动、呼吸新鲜空气的地点）；垂钓区（在森林公园中的湖泊等水源地，可利用水中的野生鱼类或经过人工饲养的鱼类给游客提供垂钓的场所，最好是环境幽静、空气清新的地段，也可以将森林浴区与垂钓区设在一处）；管理区（公园工作人员办公的地点，一般应与主景区分开，但与各个景区要有交通干道相连，以利于公园的管理）。

中国森林公园的建设，往往是从一些自然保护区中开发出来的。在经历了20世纪80年代的稳步发展、90年代的迅速发展阶段后，形成了国家级、省级、市县级三级森林公园体系。自1982年中国第一座森林公园——湖南张家界国家森林公园建立以来，经过30年的发展，截至2012年，全国已有761处国家级森林公园。

2. 森林公园的可持续发展

森林公园的首要目标是保护森林资源，实现可持续利用（据美国社会经济学家计算得出，保护森林所提供的经济价值相当于砍伐这些森林的38倍，同时产生的社会就业岗位是31倍）。一个森林公园是否具有强大的生命力，关键在于有没有对森林资源特别是森林公园特色资源进行合理的开发利用。森林公园的开发利用，应立足于对资源特点和特色的把握上，坚持走资源保护—资源开发利用—资源保护的良性循环道路，积极开辟一系列与森林公园资源特色有关的景观景点项目，如针对森林公园的特点重点开发休闲运动型旅游产品、科普教育型产品、特色旅游商品等。

五、世界遗产

世界遗产，特指被联合国教科文组织和世界遗产委员会确认的，具有突出意义和普遍价值的自然景观与文物古迹，是人类罕见的且目前无法替代的财产。世界遗产又分为自然遗产、文化遗产、自然和文化遗产、文化景观等。联合国教科文组织1972年11月通过了《保护世界文化和自然遗产公约》(Convention Concerning the Protection of the World Cultural and Natural Heritage)，公约主要规定了文化遗产和自然遗产的定义以及文化和自然遗产的国家保护和国际保护的措施等。为了使世界遗产得到全世界的共同关注和保护，联合国教科文组织编制了《世界遗产名录》。目前该公约的缔约成员共有188个国家或地区，是加入缔约国最多的国际公约之一（中国于1985年加入，成为该公约的第89个缔约国）。

1. 世界遗产的评选标准

申报世界遗产，是联合国开展的一项国际性活动，旨在承认这些遗产是世界遗产的一部分，并通过国际社会的多方合作，使之成为全人类的共同遗产加以保护。倘若被列入《世界遗产名录》，意义极大，能受到联合国教科文组织所有成员国的共同保护和集体援助，如古希腊、古罗马时期的建筑，联合国都曾拨出巨款加以修缮保护。更重要的是，在战争中，世界遗产不能成为军事攻击目标。（见表

4-8）

表 4-8 世界遗产的评选标准

类型	标准
文化遗产	1. 代表一种独特的艺术成就，构成一项创造性的杰作
	2. 在一定时期内或在世界某一文化领域内，对建筑艺术、技术、纪念物艺术、城镇规划或景观设计的发展产生过重大影响
	3. 能为一种现存的或已经消逝的文明或文化传统提供独特的或至少是特殊的见证
	4. 作为一种建筑、建筑群或景观的杰出范例，展示人类历史上一个（或几个）重要阶段
	5. 作为人类传统的居住地或使用地的杰出范例，代表一种（或几种）文化，尤其是处在不可逆转的变化之下容易损毁的地点
	6. 与某些事件或现行传统、思想、信仰或文学艺术作品有直接或明显关联，具有突出的普遍意义（只有在某些特殊情况下，并将该项标准与其他标准共同考虑时才能作为列入《世界遗产名录》的标准）
自然遗产	1. 代表地球演化史上重要阶段的突出例证
	2. 代表不同生态系统和动植物群体之重大演变发展过程的重要例证
	3. 具有绝妙的自然现象或含有罕见的自然美景，在美学上有重要意义的地带
	4. 对就地保护生物的多样性具有重大意义的自然栖息地，包括从科学和保护的角度来看具有突出普遍价值的濒危动植物生长地

虽然世界各国都非常重视，但要被列入《世界遗产名录》并非易事，它的要求高、难度大，不仅本身要有极高的价值，而且要保护得好，申报区域内不能有人为破坏的痕迹等。因此，尽管世界上的自然景观、文化遗址多如牛毛，但截止到目前，被列入《世界遗产名录》的项目仅962项，包括745项文化遗产、188项自然遗产以及29项自然与文化双遗产。中国被列入《世界遗产名录》的自然景观和文化遗址现有43处（包括自然遗产9项、文化遗产30项、自然与文化双遗产4项），在世界排名第三，仅次于意大利和西班牙，是名符其实的世界遗产大国。

● 文化遗产：长城，北京故宫（沈阳故宫），敦煌莫高窟，秦始皇陵及兵马俑坑，周口店北京人遗址，布达拉宫（大昭寺、罗布尔卡），承德避暑山庄及周围寺庙，曲阜孔庙、孔府、孔林，武当山古建筑群，丽江古城，平遥古城，苏州古典园林，颐和园，天坛，大足石刻，青城山—都江堰，洛阳龙门石窟，明清皇家陵寝：明显陵、清东陵、清西陵、明十三陵、明孝陵、清盛京三陵，皖南古村落（西递、宏村），云冈石窟，高句丽王城、王陵及贵族墓葬，澳门历史城区，殷墟，开平碉楼与村

落,福建土楼,五台山,登封"天地之中"历史建筑群,元上都遗址
- 自然遗产:九寨沟,黄龙,武陵源,三江并流,四川大熊猫栖息地,中国南方喀斯特(云南石林、贵州荔波、重庆武隆),三清山,中国丹霞(福建泰宁、湖南崀山、广东丹霞山、江西龙虎山包括龟峰、浙江江郎山、贵州赤水),澄江化石地
- 自然和文化遗产:泰山,黄山,峨眉山—乐山大佛,武夷山
- 文化景观:庐山,杭州西湖

2. 世界遗产的保护

世界遗产被称为"精品中的精品",吸引游人纷至沓来,为当地所带来的旅游经济效益不言而喻。世界遗产被包围在一波高过一波的经济浪潮中,失控、超载、错位的旅游开发屡见不鲜。作为人类共同的珍贵财富,世界遗产必须得到认真、切实、有效的保护。世界遗产公约指出,可对世界遗产进行展示,但不允许擅自进行改造,必须保护遗产的真实性与完整性,保护是宗旨。世界遗产没有"终身制"。由于种种原因,一些遗产正在遭到破坏。有专家剖析世界遗产"濒危"的七大原因:灾害和灾变导致遗产被破坏;城市或旅游业迅速发展造成遗产有可能消失的危险;自然原因导致遗产的蜕变加剧;大规模的公共或私人工程对遗产造成威胁;武装冲突和战争的爆发造成对遗产的威胁;遗产地的土地使用发生变动或易主造成的破坏;其他未知原因造成对遗产的破坏等。

联合国教科文组织世界遗产中心专门设立了《濒危世界遗产目录》,把保护得不好的世界遗产列入"另册",目前被列入《濒危世界遗产名录》的已有35项遗产。一旦列入该名录,就意味着"黄牌警告",若不采取必要保护措施,任其发展下去,就会被"红牌罚下",即取消被列入《世界遗产名录》的资格。2007年阿曼阿拉伯羚羊保护区因面积急剧缩减90%被除名,2009年德国德累斯顿易北河谷的一个现代化桥梁工程因破坏河谷景观未能得到改善而被除名。虽然中国至今还没有一处世界遗产被列入《濒危世界遗产名录》,但相关的保护工作并不令人满意。为了不把"遗产"变"遗憾",针对日益兴旺的世界遗产旅游热,必须对其加以严格保护,采取诸如定时定量方法限制旅游人数、实行景区轮休制度,或者通过政策与价值杠杆来达到保护目的等措施,以确保世界遗产旅游的可持续发展。

六、旅游城市

城市是一个综合性的载体,工业化和城市化曾一度使城市环境恶化,使人们的生活、工作变得压抑,导致了旅游和城市相背离,使城市的旅游功能被淡化。随着城市综合实力的增强、环境的改善和基础配套设施的完善,除了传统的旅游

城市以高质量的旅游资源为依托吸引旅游者外，现代城市也以其方便的交通、繁荣的经济、优越的商务与购物环境、发达的科技与信息、优良的服务水平、现代化的城市风貌、丰富多彩的城市文化等对旅游者形成强大的吸引力。人们逐渐改变了对城市的传统看法，愈来愈多的人选择将城市作为旅游地。因此，城市旅游可以说就是指以城市为旅游目的地的旅游活动。

1. 城市旅游的兴起与发展

自有城乡差别以来，人类对旅游的需求，总的看来有两大方面：一方面，人类有回归自然的旅游需求，特别是对于长期生活在城市中和处于紧张工作中的人来说，期望回归自然进行调节的需求更为强烈；另一方面，人类也有向往繁华城市体验的旅游需求，随着科技的发展和现代文明的发展，大城市更成为现代科技和现代文明最集中的地方。

从国际旅游业的发展经验看，世界各国几乎都以城市作为整个国家旅游业的"窗口"、"支柱"、"基础"和"辐射中心"。如美国的旅游业"窗口"在洛杉矶、芝加哥、纽约、华盛顿等大都市，并以这些大都市作为向全国辐射的基地。西班牙则以马德里为"窗口"和基地向各地辐射。英国以伦敦，荷兰以阿姆斯特丹，德国以柏林、波恩，澳大利亚以堪培拉、悉尼，日本以东京、大阪，泰国以曼谷等大城市为中心发展旅游业。

2. 城市旅游研究的主要内容

最早在旅游研究中提及城市旅游的是美国学者斯坦斯费尔德（Stansfield, 1964），他在其著作《美国旅游研究中的城乡不平衡（A Note On the Urban-nonurban Imbalance in American Recreational Research）》中首次阐述了旅游业中一个不可忽视的领域：城市旅游。直至1980年以后，城市旅游研究才真正发展起来。主要研究内容包括了城市旅游有关理论探讨，城市旅游的经济理论（需求与供给），城市旅游对经济、社会、文化和环境的影响，城市旅游开发规划与建设研究，城市旅游的管理，城市旅游的市场营销，城市文化旅游与节庆旅游，城市旅游形象和定位研究，城市旅游的空间模型构建，城市旅游者消费行为等。

总体来看，大部分学者将重点放在城市旅游实证研究上，相对来说忽视了基础理论研究。中国学者则以城市旅游开发规划与建设方面的研究居多：一方面，有学者通过绩效分析总结了中国城市旅游发展阶段特征，发现了城市旅游绩效和发展阶段差异，深化了城市旅游研究；另一方面，对城市滨水旅游、城市商务旅游、城市旅游定位和城市旅游竞争力等方面的研究，扩大了城市旅游研究的范围。

3. 城市旅游吸引（资源）的营造

城市旅游吸引要素可以说就是城市旅游资源。一个地区城市旅游的发展是由该地区的城市旅游供给、城市旅游需求以及实现需求与供给结合的城市旅游支撑体系决定的。城市旅游供给一般认为由城市旅游吸引（资源）、住宿设施、饮食设施、购物设施、交通设施和娱乐设施等构成。城市旅游吸引要素主要可分为自然与文化遗产类、公务（政务）类、经济类、文化类、信息科技类、环境类、娱乐类等几大类型。上述各要素的有机整合构成了城市的整体形象，而旅游形象、城市形象与产品形象一样，都是构成城市竞争力的关键。

城市旅游吸引（资源）营造遵循以下基本原则：注重城市整体塑造，形成主题与特色，突出核心要素（可从标志性建筑及代表性区域、特色性项目、购物等方面着手）等。城市旅游吸引建设的主要内容包括：形象吸引、活动吸引、设施吸引、景观与环境吸引、氛围吸引、服务吸引等。[①]

现代旅游城市的发展实践越来越表明，城市本身就是一个巨大的旅游景区。因此，旅游城市宜人化、家园化的特征表现得越来越清晰，各旅游城市都十分注重城市自然环境的建设，追求绿化、美化、艺术化和个性特征，人造建筑与自然环境协调统一，建筑物在现代气息中绽放出古典文化和民族风情的芬芳。如享有"花园城市"之称的新加坡、有"浪漫之都"美誉的巴黎、以"音乐之城"著称的维也纳等城市别具一格的风光，都是吸引游客的重要因素。[②]

中国的旅游城市是伴随着世界范围内旅游业的兴旺而迅速发展起来的，旅游业在这些城市的经济及社会生活中占有重要地位，并作为城市经济产业的重要组成部分。据有关方面调查显示，中国的旅游结构正处于一个大众旅游的快速增长期，散客的比重越来越高。随着旅游活动的常态化、大众化、散客化、个性化发展，城市中某个具体的景区，乃至城市的整体氛围都是旅游者想感受和体验的。

鉴于旅游业的经济拉动作用突出，与旅游相关的行业超过110个，产业融合成为促进城市旅游业发展方式转变、推动城市旅游产业结构整合与优化升级的战略突破口。只有第一、第二产业与旅游业融合协调发展，"旅游城市"才会富有竞争力。因此，城市旅游业转型升级发展应从强化"旅游城市"建设到重视"城市旅游"嬗变，实质是从"旅游立市"到"旅游利市"的转化。[③]

七、主题公园

主题公园（theme park）是具有特定的主题、由人工创造而成的"舞台化的休闲娱乐活动空间"，是一种休闲娱乐产业（保继刚，1999）；为了满足游客多样化的休闲娱乐需求和选择而建造的一种具有创意性游园线索和策划性活动方式的现代旅游目的地形态（董观志，2000）。Medlik 认为，主题公园是指通过一系列围

[①] 李立勋. 广东城市旅游发展研究报告. 1998.
[②] 李滨，张志明. 实现旅游可持续发展的应有理念[J]. 学术交流，2001，98（5）：104-106.
[③] 邵璐璐，王勇森. 从旅游城市到城市旅游还要走多远？[J]. 走向世界，2011，(29)：26-27.

绕一个或多个历史或其他主题的吸引物,为游客提供娱乐和消遣的地方,包括餐饮与购物等服务,通常要收取门票。主题公园具有强烈的个性、普遍的适宜性、被动游憩形式、投入高、占地规模大、高门票、高消费、游客重游率低等特点。特别是现代大型主题公园通常都是高风险、高投资的项目,能够提供大量的就业机会。

作为一种现代旅游地,主题公园满足了旅游者多样化的休闲娱乐需求,并且有效地突破了以资源为导向的传统旅游开发模式,改写了传统风景名胜区的"旅行+游览"模式,很大程度上克服了旅游时空割据的缺陷,减轻了大规模开发对自然生态的破坏,而选择在特定集中的空间内借助于现代科技手段,采取主题包装形式,综合运用多种方式(游览、购物、餐饮、表演等)传递高强度信息,可以使游客在相对短的时间内收获一次震撼的情感体验。

1. 主题公园发展趋势

1955年,美国人沃尔特·迪士尼(Walt Disney)以其出色的创造力和想象力,在美国洛杉矶构造了一个理想而愉悦的世界——迪士尼乐园(Disneyland),该乐园的出现标志着主题公园的诞生。迪士尼乐园的成功促进和刺激了各种主题公园的发展,荷兰的小人国、日本宫崎的"海洋巨蛋"、澳大利亚姆尔拉巴的海洋世界、香港的海洋公园等都是成功代表,它们共同的特点是:主题鲜明,寓教于乐,科技先进,服务上乘。

影响主题公园经营成败的关键因素概括起来主要有:吸引人的设施、合理的价格、适宜的距离、和谐的气氛、特色的主题等。经营失败的主题公园究其原因主要有:自然环境破坏严重;公园地形设计不合理,游客旅游吃力;主题混乱,模糊不清;节目无特色;缺乏人情味。主题选择失误或经营策略不当很容易导致失败。近年来,主题公园发展趋向由主题模仿向主题原创转变,由侧重娱乐向娱乐与教育并重转变,由分散经营向品牌经营转变,由单一主题向多主题转变,由单一领域向多领域转变,主题公园活动设施高科技化,主题公园产业链优化等。主题公园的经营策略应当作相应调整:面向短期度假市场,强调游客参与,主题公园与零售业相结合,价格策略多元化,普遍应用高科技。

2. 主题公园区位选择

对于主题公园来说,其空间区位选择(空间布局)对其生存与发展尤其重要。通常情况下,主题公园区位选择比较注重市场、交通、地价和环境等的导向作用。一个大型主题公园的开发除了项目内容新颖、个性强烈、资金充足、用地条件良好之外,由于主题公园维持费用高,要求的门槛游客量也较高,因此大多选址在经济发达、流动人口多、有良好公共交通的大城市和特大城市。例如,美国主题公园75%的游客来自241公里半径范围内。英国旅游局认为,主题公园的理想位置必须具备4个条件：第一，在2小时车程范围内，有1200万以上的居民或离大的旅游度假区不到1小时车程；第二，为了促销的需要，主题公园必须临近2个商业广告密集区；第三，最好与其他主题公园相毗邻；第四，距交通主干道在15分钟的车程范围。影响主题公园布局的主要因素有客源市场、交通条件、区域经济发展水平、城市旅游感知形象、空间集聚和竞争以及决策行为（保继刚，1997）。（见图4-4）

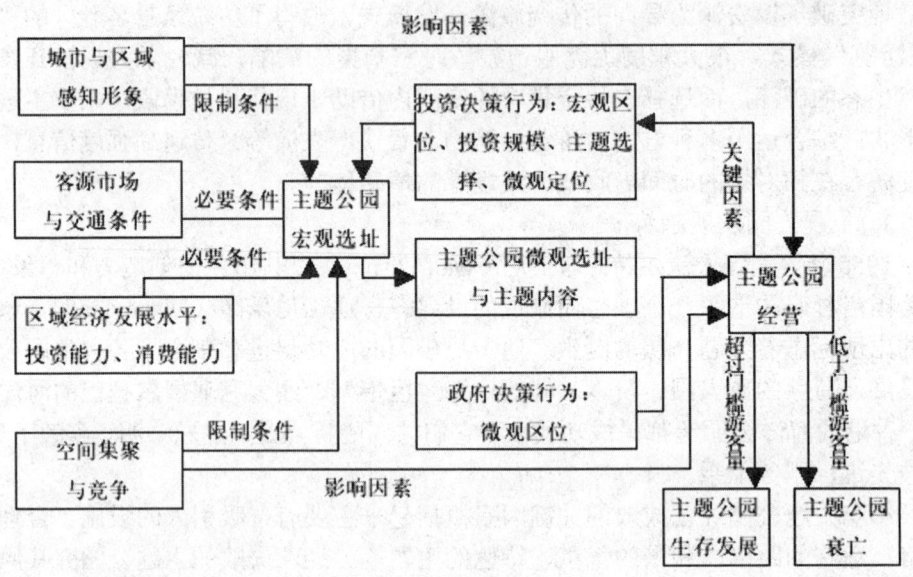

图4-4 主题公园发展影响因素分析（引自保继刚，1997）

多个主题公园在空间上集聚，可以增加这一地区的总体吸引力，同时也产生空间竞争，使游客分流。与其他类别的旅游地一样，主题公园的空间竞争也是知名度大、地位高的主题公园抑制知名度小、地位低的主题公园。但与海滨沙滩旅游地、喀斯特石林旅游地的空间竞争替代性较强有所不同，由于主题公园都有自己的主题，也即有个性，因此，主题公园的空间竞争一般是一种非替代竞争。在同一地域出现的主题公园，虽然知名度小、地位低的发展会受到抑制，丧失一部分客源市场，但也会有一些特定的市场，只要集聚规模适度，也能发展。当然，主题公园是一种高投入的旅游项目，过多相同类型及档次的主题公园在同一地域集聚，要使每个主题公园的游客都能达到和超过门槛游客量也是不易的。

3. 中国主题公园开发

1989年9月，随着广东深圳"锦绣中华"旅游微缩景观的成功开业，标志着中国主题公园的诞生。该项目运营非常成功，仅用短短的10个月就收回了全部投资。由于"锦绣中华"轰动性的示范效应，随后中国迅速兴起建造主题公园的浪潮，大型主题公园不断上马，在全国如雨后春笋般涌现，已形成数量繁多、类型多样的 2500 多家主题公园（相关调查数据显示，70%的主题公园处于亏损状态，仅有 10%左右盈利）。作为中国第一个自主创新的主题公园品牌，深圳、北京、成都、上海四地"欢乐谷"目前已累计接待游客 3500 万人次，销售收入达 36 亿元，跻身世界主题公园产品前八强。

随着旅游消费需求的增长，中国的主题公园必将进入一个国内外主题公园品牌同台竞技的大型主题公园发展的新时期，市场竞争将更加激烈，因此要集中优势资源形成国际知名的精品主题公园，并以此来带动中国主题公园行业的发展。中国主题公园的分类方法有很多种，或以主题内容进行划分，或以吸引范围进行划分，或以规模大小进行划分等，如按照功能和用途可把主题公园分为：

- 微缩景观类。如深圳"锦绣中华"、北京"世界公园"等。
- 影视城类。如无锡"三国城"、"唐城"、"水浒城"等。
- 活动参与类。如苏州乐园、深圳华侨城"欢乐谷"等。
- 艺术表演类。如深圳"中华民俗文化村"、"世界之窗"等。
- 科幻探险类。如常州"中华恐龙园"等。

纵观中国主题公园 20 多年的发展历程，虽然形成了开发热潮，但大多数主题公园在经营、管理和建设方面都有待改善和提高，其中存在许多值得深思的问题：第一，中国主题公园数量多，规模小；第二，公园的主题较为单一；第三，主题公园缺乏精品支撑。主题公园保持生命力的关键在于构建多维产业链，实施多业态混合跨界经营，建立多层次盈利体系，追求多元贡献度（就业、税收、地域品牌等）。无论是华侨城集团的"主题公园+主题地产+旅游社区"模式，还是常州"中华恐龙园"追求的"动画+衍生产品+主题公园+旅游"模式，还是方特欢乐世界构想的"实体乐园+卡通形象+游戏动漫+特种电影"模式，其实质都是通过构建复合型多业态运营体系，提高产业黏合度，从而增强发展弹性与抗风险能力。

八、旅游度假区

旅游度假区是一种集度假、休闲、娱乐、健身、观光多功能于一体，经县级以上（含县级）行政管理部门批准成立，具有明确地域界线和功能分区，以度假市场和会议市场为主要目标市场，提供完善的配套设施和服务项目，区位条件优越，环境优美舒适，适合短期性居住，能满足度假者"吃、住、行、游、购、娱"等多方面需求的综合性旅游区。目前，国内外旅游度假区基本上多属于旅游经济开发区，即划出一定的范围作为整体单元，进行成片开发，形成旅游业在一定地域范围内的规模集聚。作为一种重要的旅游地，一个完善的旅游度假区应该满足：
- 通常是由独立的经济实体开发经营，而不是完全的政府行为。
- 包括度假酒店、分时和产权度假村、俱乐部会所等，主要为度假者、旅游者、周末旅行者、季节性居民和房产业主服务。
- 旅游功能齐全，接待设施配套，"吃、住、行、游、购、娱"等内容应有尽有，能提供有吸引力的自然或人造景观。
- 以休闲为中心，游乐项目多，且项目内容多具有新奇性、创造性和参与性，并同观光项目相结合，突出传统文化和地方特色。
- 度假区的环境质量要求高，不仅自然环境优美，而且社会秩序好，有令人愉悦的消费环境。度假区不仅是创汇基地，而且有良好的生态效益和社会效益。
- 度假区交通便利，进出方便，一般附近都有机场，并开通主要客源地的国际和国内航班。
- 度假区有明确的目标客源市场，能有针对性地开展市场营销活动和做好服务接待工作。
- 一个大型的旅游度假区往往由若干个功能地段和度假单元组成，全部建成需 10～20 年，甚至长达 40～50 年。因此，度假区的开发常采取逐步建设、滚动发展的战略。

旅游度假区是一个有机系统。从功能的角度出发，是一个自足（self-sufficient）系统，可以拆分成住宿设施、餐饮设施、交通设施、康体休闲活动设施、基础设施和商店服务设施等，往往凭借各自特有的娱乐设施，如高尔夫球、骑术、牧场、健身、自然景观、体育探险等异彩纷呈。土地是旅游度假区的载体，旅游资源、服务设施和基础设施是旅游度假区的主体构成部分，是连接旅游者与旅游供给商的纽带和桥梁，因此可以认为旅游度假区是土地、旅游资源和旅游服务设施的交集。

中国旅游度假区的大规模开发建设，以 1992 年 10 月国务院正式批准在大连金石滩、北海银滩等地区试办 12 个国家级旅游度假区为标志，随后各省市陆续批准建设了一批省市级旅游度假区。中国的国家旅游度假区主要以海滨度假地为主，其次是湖畔，利用优美、独特的自然环境，导入有关游憩设施，适应国民休闲娱乐的需求，是在保护的前提下重视开发利用。从度假区所处的气候类型区来看，除三亚亚龙湾地处热带季风区，大连金石滩、青岛石老人位于温带、暖温带季风区，其余大都分布在亚热带季风气候区内；从空间分布上来看，除昆明滇池、福建武夷山外，其余皆分布在京津环渤海、长江三角洲、珠江三角洲等地区或与此相近的中国东部沿海经济发达地区。因而从总体布局来看，也造成了中国 12 个国

家级度假区自然环境背景相近、区位条件雷同的先天不足，度假区的开发力度还需继续加强。（见表4-9）

表4-9　中国国家级旅游度假区

省（区/市）	国家级旅游度假区	资源类型
辽宁	大连金石滩	温带海滨型
山东	青岛石老人	温带海滨型
江苏	无锡太湖	河湖型
	苏州太湖	河湖型
上海	佘山	山地型
浙江	杭州之江	河湖型
福建	武夷山	山地型
	湄洲岛	亚热带海滨型
广东	广州南湖	河湖型
广西	北海银滩	亚热带海滨型
云南	昆明滇池	高原内湖型
海南	三亚亚龙湾	热带海滨型

1. 旅游度假区分类

按照靠近主体市场的远近程度分类，可以分为目的地度假区和非目的地度假区。由于距离主体市场的远近不同，旅游者来访的时间及逗留的方式有所不同。目的地度假区通常至少距主体市场几百公里远，旅游度假者的交通工具是飞机，一般一年到度假区一次，每次一至两周，此种类型的度假区大多坐落在极富魅力的地方，足以吸引远方旅游度假者乐此不疲地来此消磨假期。非目的地旅游度假区一般距主体市场2～3小时的车程，客人自驾车频繁到来，每次逗留3小时或4小时，此种度假区的酒店入住率没有目的地度假区高。

按照旅游度假区的位置及主要娱乐设施分类，可分为海洋度假区、湖泊/河流度假区、山川/滑雪度假区、高尔夫度假区等。法国以海洋康复温泉等类型的度假区为主；日本以高尔夫度假旅游区最受欢迎；美国强调体育运动，滑雪、冲浪、潜水、网球等类型的度假区占主要市场。海洋度假区依赖于沙滩的质量和范围、景色、气候以及水上体育运动。湖泊/河流度假区不仅依赖于水，更依赖于娱乐活动，而且与海洋度假区相比，其娱乐活动更离不开水。它们更有可能位于距离旅游者居住地只有几小时车程的地方。山川/滑雪度假区近年来摒弃了传统的冬季度假方式而转型于四季度假，常以其拥有的矿泉为资本，把"健康"作为度假区的主题。高尔夫度假区的日益兴起也使缺乏水、依赖景致与气候的沙漠地区成为开发度假区的选择。

2. 旅游度假区选址

旅游度假区的选址是一项复杂的系统工程，选址的正确与否直接影响到旅游度假区开发建设的成败。总体来看，应选址在旅游资源丰富、经济发达、交通便捷和有持续发展后劲的地区。旅游资源丰富指具有较高质量的文化旅游资源和开展度假休闲的自然旅游资源，且资源品位高，开发利用价值大。经济发达指对外开放程度高，商贸活跃，开发建设的基础条件好。交通便捷指可进入性强，航空、铁路和公路四通八达。有持续发展后劲指旅游业已发展到一定规模，并且有稳定的海内外客源市场基础，开展度假休闲旅游可以进一步拓展市场与产品的发展空间。

旅游度假区选址要综合分析以下四个方面：适宜的度假气候、优美的自然风光、丰富的可供开展特色室外活动的体育健身资源、文化旅游资源等。旅游度假区区位的影响因素应从区域经济水平、客源分布、交通状况、基础设施等方面予以评价。从理论上讲，资源与区位条件全优的地区构成了旅游度假区的最佳选址区位，但事实上优势资源与优势区位条件在空间上往往是分离的，这也在一定程度上导致旅游度假区选址的复杂性。

度假区开发中，度假区的竞争优势主要来源于区位、类型和规模。如地中海俱乐部的选址标准为优美的自然环境、未污染的海滩、合适的基础设施、距离国际机场在1小时车程以内（国际上一般都把乘坐飞机2个小时可以到达的地域划为度假旅游的主要客源圈）。目前世界上最受青睐的旅游度假区位有非洲印度洋上的毛里求斯与科摩罗群岛、加勒比地区、太平洋的马里亚纳群岛、墨西哥西海岸及班加半岛的洛斯卡博斯地区，亚太地区有泰国、夏威夷、印度尼西亚、马来西亚、澳大利亚。由于受拥挤、污染的影响，地中海地区日渐失去魅力，使得亚太度假区在欧洲市场发展势头日趋强劲。

3. 旅游度假区发展趋势

从出现时间的先后来看，温泉旅游度假区（如英国的巴思温泉区等）出现最早，随后依次出现海滨（如地中海沿岸海滨旅游度假区、加勒比海海滨、印度尼西亚的巴厘岛、泰国的芭提亚旅游度假区等）、滑雪（阿尔卑斯山的滑雪中心等）以及其他类型的旅游度假区。

从经营季节上看，旅游度假区是由夏季型发展到冬季型，再发展到四季型。温泉、海滨旅游度假区属于夏季型，滑雪旅游度假区属于冬季型，夏季或冬季型适当扩展其他季节的度假休闲项目，就会延长旅游季节，变成四季型。

从空间上看，欧洲最早开发旅游度假区，然后依次向北美洲、南美洲、非洲、大洋洲和亚洲"传播"。

从选址上看，遍布全球的旅游度假区实际上分属于资源型、资源—客源型、客源型,一般的发展趋势是由客源型旅游度假区发展到资源—客源型旅游度假区,再发展到资源型旅游度假区。

目前,度假区专一化与大型化两种趋势并存。许多开发者认为,专一化是度假区成功的关键,但实际上度假区正呈规模扩大趋势,因为此种地产可以开设综合业务,包括会议、奖励、团队旅游。如泰国的芭提亚 Jomtien 使馆城有 2500 间客房,分成三翼:大使翼接纳低收入游客,花园翼接待老年人,海洋翼接待商务会议旅游者。

旅游度假区的主要客源市场是度假旅游者、奖励旅游者、会议旅游者及康复疗养旅游者。随着市场需求的个性化与差异化,旅游者对旅游活动追求经历、强调自我参与等。从度假区开发趋势来看,"十二五"期间,中国将以国家旅游度假区为抓手,引导一批山岳、湖泊、滨海、温泉等不同类型的休闲度假产品聚集区的开发和建设。

第三节 旅游地评价

科学地评价旅游地是对其有效保护和合理开发利用的关键。自 20 世纪 50 年代以来,旅游地评价问题引起了国内外众多专业人士的高度关注。中国有关旅游地评价研究主要集中在旅游地美感质量评价研究、旅游地开发环境的适宜性评价、旅游地开发与规划评价、旅游地开发潜力评价等方面,大多以探讨构建旅游地评价指标体系为主(如利用层次分析法作定量评价),对已有旅游地评价多偏重于现状的描述性研究。

一、一般体验性评价

一般体验性评价是由旅游者或旅游专家根据自己的亲身体验对某一或一系列的旅游地,就其整体质量进行定性评估,且其结果可以形成一个评价序列。这种评价的显著特点是评价的项目简单,甚至可以没有评价的细项,只要求就旅游地进行整体质量评价,或在问卷上按优劣序号先后填写评价者认定的旅游地即可;或统计各旅游地在报刊、旅游指南、旅游书籍上出现的频率,从而确定一个国家或地区最佳旅游地的顺序等。一般体验性评价结果大体能够表明旅游地的整体质量和知名度。例如,1985 年,《中国旅游报》发起"中国十大风景名胜"评选活动(见表 4-10);1991 年,由国家旅游局主持的"中国旅游胜地四十佳"评选等(见表 4-11),即属于这一类型的评价。2000 年 4 月,一批旅游网迷在携程旅行网(http://

www.ctrip.com）上对国内部分旅游地进行了点评（见表 4-12）。该点评以"五分制"的方式进行，即"五分"为最佳，"一分"为最差，点评的内容包括了旅游景区的风景、住宿、餐饮、娱乐、购物和交通等，此种点评方式也属一般体验性评价。

一般体验性评价大多由传播媒介或行政管理机构发起，且局限在少数知名度较高的旅游地和已经接待游客的旅游地，其评价的目的多着眼于推销和宣传，评价的结果往往可以使某些旅游地知名度提高，客观上也会对旅游需求流向产生诱导作用。一般的或尚未开发的潜在旅游地无法采用这一方法。

表 4-10　中国十大风景名胜（《中国旅游报》，1985）

序次	旅游名胜名称	序次	旅游名胜名称
1	万里长城	6	安徽黄山
2	桂林山水	7	长江三峡
3	杭州西湖	8	台湾日月潭
4	北京故宫	8	避暑山庄
5	苏州园林	10	秦陵兵马俑

表 4-11　中国旅游胜地四十佳（国家旅游局，1991）

原有以自然景观为主的旅游胜地		原有以人文景观为主的旅游胜地	
1	长江三峡（重庆、湖北）	1	八达岭长城（北京）
2	桂林漓江（广西）	2	乐山大佛（四川）
3	黄山（安徽）	3	苏州园林（江苏）
4	庐山（江西）	4	故宫（北京）
5	杭州西湖（浙江）	5	敦煌莫高窟（甘肃）
6	峨眉山（四川）	6	曲阜三孔（山东）
7	黄果树瀑布（贵州）	7	颐和园（北京）
8	泰山（山东）	8	明十三陵（北京）
9	秦皇岛北戴河（河北）	9	中山陵（江苏）
10	华山（陕西）	10	避暑山庄—外八庙（河北）
新开发的以自然景观为主的旅游胜地		新开发的以人文景观为主的旅游胜地	
1	九寨沟黄龙（四川）	1	秦始皇陵兵马俑博物馆（陕西）
2	桐庐瑶琳仙境（浙江）	2	自贡恐龙博物馆（四川）
3	织金洞（贵州）	3	黄鹤楼（湖北）
4	巫山小三峡（重庆）	4	北京大观园（北京）
5	井冈山（江西）	5	山海关及老龙头长城（河北）
6	蜀南竹海（四川）	6	成吉思汗陵（内蒙古）

续表

新开发的以自然景观为主的旅游胜地		新开发的以人文景观为主的旅游胜地	
7	大东海—亚龙湾（海南）	7	珠海旅游城（广东）
8	武陵源（湖南）	8	深圳锦绣中华（广东）
9	五大连池（黑龙江）	9	夫子庙及秦淮河风光带（江苏）
10	黄河壶口瀑布（山西）	10	葛洲坝（湖北）

表4-12　携程旅行网（http://www.ctrip.com）景区点评（2000）

景区名称	北京	长江三峡	大连	峨眉山	桂林	海南	杭州	黄果树	黄山	九寨沟黄龙	丽江	南京	普陀山	青岛	苏州	泰山	武夷山	西安	西藏
综合评价	3.7	3.2	4.0	3.3	3.6	3.5	3.9	3.4	3.1	3.2	3.8	3.7	3.0	4.0	3.7	3.3	3.5	3.5	3.2
风景	4.2	4.4	4.4	4.3	4.6	4.5	4.5	4.6	4.7	4.7	4.7	4.0	3.9	4.6	4.3	4.3	4.4	4.0	4.9
住宿	3.7	3.1	3.9	3.3	3.5	3.6	4.0	3.2	2.8	3.1	3.9	3.7	3.0	4.0	3.6	3.1	3.6	3.5	3.0
餐饮	3.7	3.1	3.8	3.2	3.6	3.3	4.1	3.4	2.7	2.9	3.6	3.8	3.1	3.9	3.8	3.1	3.4	3.8	2.9
娱乐	3.7	2.8	4.0	3.0	3.3	3.4	3.7	2.9	2.6	2.9	3.7	3.4	2.6	3.7	3.3	2.8	3.5	2.8	2.9
购物	3.8	2.7	3.9	2.7	3.2	2.7	3.6	2.7	2.4	2.9	3.4	3.6	2.5	3.7	3.5	2.7	2.9	3.2	3.1
交通	3.5	3.3	4.2	3.5	3.4	3.5	3.6	3.3	3.0	3.8	3.8	3.0	3.9	3.8	3.7	3.3	3.3	3.2	2.5

二、综合性评估

旅游地的综合性评估，着眼于旅游地旅游资源的整体价值评估、旅游地的开发价值评估等。评估的范围包括现有的旅游地和潜在的未开放的旅游地，评估的目的是对不同地域的旅游地进行开发价值比较，或规划与管理意义上的重要度排序等。对于某一类型的旅游地，评估工作遵循一个统一的评估系统，有着确定的通用的评估标准，评估结果多是数量化的指数值。

1. 评估模型

对旅游地的综合评估，事实上有一个潜在的认定，即旅游者出游的决策意向和出游的行为同旅游地的综合性评估之间呈现为确定的正比例相关。即旅游地的综合评估值越高，则旅游者到这一旅游地来旅游的愿望（对于潜在的旅游地）和行为（对已开发的旅游地）越强烈。可以说旅游地综合评估的理论基础是旅游者的消费决策和行为规律，其评估模型就是基于消费者决策模型（费什拜因—罗森伯格模型）建立的，旅游地综合性评估模型如下：

$$E = \sum_{i=1}^{n} Q_i \cdot P_i$$

其中，E 为旅游地综合评估结果值；Q_i 为第 i 个评价因子的权重；P_i 为第 i 个评价因子的评价值；n 为评价因子的数目。在求取各评价因子的评估值时，同样可以采用与此形式相同的模型。一般情况下，对应于旅游地综合性评估值还有一个定量表，即可以将定量的结果转化为确定的定性结论，以便于决策者使用评估结果。

目前，世界上很多国家在对旅游地进行综合评估时都采用此模型。只是由于不同国家的社会经济发展水平不同，所以对旅游地的综合评估有不同的侧重点。发达国家由于旅游开发投资能力强、交通发达，因而主要侧重于对旅游资源进行综合性评价，或将旅游资源与设施状况加在一起进行旅游地的吸引力评价；发展中国家着重于对旅游地的旅游资源、区域条件、区位特性进行综合评价。实践证明，只要取得评价因子的权重值和评估的方法适当，运用此评价模型得到的评估结果是具有很高应用价值的。

2. 评估的基本内容和方法

旅游地综合性评估工作可分为两大部分：一为确定各评价因子的权重；二是获得各评价因子的评估值。由于评估的目的是对同一类型中不同旅游地进行比较或重要度排序，因此对于模型中因子的评价必须遵循一个统一的标准，这就要求就评价因子建立一个评估系统。评价因子可有一定的层次，下一层因子是上一层因子的具体化，对基层因子评价也必须有统一的标准，而且这种评价的结果必须是量化的，因为要根据适当的标准对因子给予相应的评分。

在旅游地综合性评估中，选取合适的评价因子是非常重要的。由于影响旅游地综合评估值的评价因子客观上很多，而为了尽量简化评估工作又不可能面面俱到，必须选择那些主要的，对旅游地整体开发价值和重要程度有主要影响的因素作为旅游地的评价因子。无论被评估的是何种类型的旅游地，其评价因子主要包括：旅游资源；旅游地及其所在区域的自然、社会和经济条件（区域条件），包括旅游设施、基础设施、自然生态条件、用地状况、当地社区中心等因素；旅游地的区位关联特性（区位特性），包括旅游地与客源地的区位关联（可及性）、旅游地之间的相互影响等因素。

旅游地的综合性评估，最终落实到对基层因子的评价上，旅游地因子的评价得分，多采取分级标定评分的方法。对基层因子得分值的评定，就旅游资源因子而言，即是进行体验性评价或技术性评价；就区域条件因子而论，很大程度上依赖于对过去经验总结基础上建立的评价标准；就区位特性因子而言，则必须基于对旅游者出游决策和行为的调查或经验归纳。

当然，在旅游地综合性评估中，对各评价因子给予适当的权重也至关重要，它原则上是对旅游地进行定量评价必须满足的一个条件。评价因子权重值的获得，一般来源于专家征询（征询的规模以 20～50 人为宜），并运用层次分析法等数学方法获得。

3. 案例

（1）中国优秀旅游城市评估。

自 1998 年国家旅游局开始进行"中国优秀旅游城市"评估，它实际上就是对城市旅游地的一种综合性评估。《中国优秀旅游城市检查标准》（2007 修订本）将评估指标分为 20 大项、183 个评分点，满分为 1000 分，验收分数线分别根据城市的级别不同而异（直辖市为 850 分以上、副省级市为 800 分以上、地级市为 750 分以上、县级市为 700 分以上）。（见表 4-13）经过评审，1999 年 1 月，54 个城市被国家旅游局正式命名为第一批"中国优秀旅游城市"（见表 4-14）；截至 2010 年，已先后有 339 个城市获此荣誉。城市创优活动极大地调动了各级政府和社会各界发展旅游业的积极性和热情，优化了城市环境，提高了精神文明程度，强化了公民的旅游意识，并营造出了高质量的旅游环境。

表 4-13 中国优秀旅游城市检查标准（国家旅游局，2007）

序号	项目分类	最高得分
1	城市旅游经济发展水平	60
2	城市旅游产业定位与规模	35
3	城市旅游业政策支持和资金投入	35
4	城市旅游业发展的政府主导机制	35
5	城市旅游业的管理体系	70
6	城市旅游行业精神文明建设	60
7	城市的生态自然环境	45
8	城市的现代旅游功能	100
9	城市的旅游教育培训	40
10	城市的旅游交通	60
11	城市的旅游景区开发与管理	40
12	城市的旅游促销与产品开发	60
13	城市的旅游住宿	50
14	城市的旅行社	40
15	城市的旅游餐饮	40
16	城市的旅游购物	40
17	城市的旅游文化娱乐	40
18	城市的旅游厕所	40
19	城市的旅游市场秩序	70
20	城市的旅游安全与保险	40

表 4-14　第一批中国优秀旅游城市名单（国家旅游局，1999）

级别	城市
直辖市（共3个）	上海市、北京市、天津市
省级市（共14个）	深圳市、杭州市、大连市、南京市、厦门市、广州市、成都市、沈阳市、青岛市、宁波市、西安市、哈尔滨市、济南市、长春市
地级市（共24个）	无锡市、扬州市、珠海市、肇庆市、苏州市、黄山市、桂林市、昆明市、威海市、烟台市、秦皇岛市、海口市、长沙市、岳阳市、南宁市、绍兴市、合肥市、三亚市、承德市、镇江市、泰安市、北海市、郑州市、咸阳市
县级市（共13个）	峨眉山市、都江堰市、亳州市、敦煌市、曲阜市、武夷山市、吐鲁番市、韶山市、库尔勒市、景洪市、井冈山市、大理市、瑞丽市

（2）旅游景区质量等级评定。

为了规范旅游区（点）质量管理，提高服务水平，国家旅游局旅游景区质量等级评定委员会自 2000 年 11 月开始对全国范围内旅游景区进行质量等级评定，即根据旅游景区质量等级划分条件确定旅游景区质量等级，也可归属综合性评估。按照《旅游景区质量等级的划分与评定》（修订）（GB/T17775－2003）标准，根据《服务质量与环境质量评分细则》（包括旅游交通、游览、旅游安全、卫生、邮电服务、旅游购物、综合管理、资源和环境的保护等项目）、《景观质量评分细则》（包括资源要素价值、景观市场价值）的评价得分，并结合《游客意见评分细则》（包括总体印象、外部交通、内部游览经路、观景设施、路标指示、景物介绍牌、宣传资料、讲解服务、安全保障、环境卫生、旅游厕所、邮电服务、购物、旅游秩序、景物保护等项目）的得分数综合进行。

经评定合格的各质量等级旅游景区，由全国旅游景区质量等级评定机构向社会统一公告。从高到低中国的旅游区质量等级共划分 5 级，依次为 AAAAA、AAAA、AAA、AA、A 级旅游区，其中 5A 是目前全国旅游景区的最高评定标准。截止到 2012 年 12 月，全国共有 147 家旅游景区成为国家 5A 级旅游景区。从总体上看，评定结果是对旅游区（点）景观质量、环境质量和服务质量的综合反映。目前国内管理水平较高、服务质量较好、资源品位较强、市场知名度和影响较大的旅游区（点）基本都涵盖在 4A、5A 级旅游区（点）中，可以说它们代表着中国旅游资源开发和旅游地建设的最高水平，反映出中国旅游业的最高接待能力和最好服务水平。（见表 4-15）

表 4-15 中国第一批国家 5A 级旅游景区（国家旅游局，1999）

省（区/市）	5A 级旅游景区
北京	故宫博物院、天坛公园、颐和园、八达岭长城
天津	天津古文化街旅游区（津门故里）、天津盘山风景名胜区
河北	秦皇岛市山海关景区、保定市安新白洋淀景区、承德避暑山庄及周围寺庙景区
黑龙江	哈尔滨市太阳岛公园
吉林	长春市伪满皇宫博物院、长白山景区
辽宁	沈阳市植物园、大连老虎滩海洋公园—海洋极地馆
山东	烟台市蓬莱阁旅游区、济宁市曲阜明故城（三孔）旅游区、泰安市泰山景区
河南	登封市嵩山少林景区、洛阳市龙门石窟景区、焦作市云台山风景名胜区
山西	大同市云冈石窟、忻州市五台山风景名胜区
陕西	西安市秦始皇兵马俑博物馆、西安市华清池景区、延安市黄帝陵景区
宁夏	石嘴山市沙湖旅游景区、中卫市沙坡头旅游景区
甘肃	嘉峪关市嘉峪关文物景区、平凉市崆峒山风景名胜区
新疆	乌鲁木齐市天山天池风景名胜区、吐鲁番市葡萄沟风景区、阿勒泰地区喀纳斯景区
江苏	南京市钟山风景名胜区—中山陵园风景区、中央电视台无锡影视基地三国水浒景区、苏州市拙政园、苏州市周庄古镇景区
上海	上海东方明珠广播电视塔、上海野生动物园
浙江	杭州市西湖风景名胜区、温州市雁荡山风景名胜区、舟山市普陀山风景名胜区
安徽	黄山市黄山风景区、池州市九华山风景区
江西	九江市庐山风景旅游区、吉安市井冈山风景旅游区
湖南	衡阳市南岳衡山旅游区、张家界武陵源旅游区
湖北	武汉市黄鹤楼公园、宜昌市三峡大坝旅游区
四川	成都市青城山—都江堰旅游景区、乐山市峨眉山景区、阿坝藏族羌族自治州九寨沟旅游景区
重庆	重庆大足石刻景区、重庆巫山小三峡—小小三峡
福建	厦门市鼓浪屿风景名胜区、南平市武夷山风景名胜区
广东	广州市长隆旅游度假区、深圳华侨城旅游度假区
海南	三亚市南山文化旅游区、三亚市南山大小洞天旅游区
云南	昆明市石林风景区、丽江市玉龙雪山景区
贵州	安顺市黄果树大瀑布景区、安顺市龙宫景区
广西	桂林市漓江景区、桂林市乐满地度假世界

复习思考题
1. 旅游地基本属性包括哪些?
2. 基于巴特勒旅游地生命周期理论,分析旅游地演进过程中各阶段的特征。
3. 试析旅游地生命周期理论的贡献及存在的缺陷。
4. 旅游地空间关系类型有哪些?
5. 为什么说"合作性竞争/竞争性合作"有助于推进区域旅游一体化发展?
6. 举例说明典型旅游地开发与保护现状。
7. 简述旅游地综合性评估的基本内容和方法。

第五章 旅游地空间结构

【学习导引】

　　旅游地空间结构是旅游地研究中不容忽视的一个重要内容,对具体旅游地的旅游业发展策略选择具有重要的理论意义和实践价值。近年来,有关旅游地空间结构嬗变与优化的研究引起了旅游业界和学术界的广泛关注。相关研究发现,在经济全球化和区域一体化浪潮下,旅游地空间结构正趋向网络化发展,即为了实现旅游地和谐可持续发展,达到旅游地景观生态空间、社会经济空间和历史文化空间的最佳组合,网络化将是建构及优化旅游地空间结构最有效的方法、策略与措施之一。本章从解释旅游地空间结构的基本概念、认知旅游地空间结构模型入手,对旅游地空间结构的构成要素、旅游地空间结构演进阶段及模式嬗变进行了初步研究,并探讨了旅游地空间结构演进规律和旅游地空间结构优化的目标与方向。

【教学目标】

　1. 掌握旅游地空间结构基本概念,认知旅游地空间结构模型。

　2. 理解和掌握旅游地空间结构构成的基本要素及主要特征。

　3. 分析和了解影响旅游地空间结构嬗变的主要要素。

　4. 认识旅游地空间结构演进的动力机制。

　5. 辨识旅游地空间结构演进阶段及形态模式进化。

　6. 了解旅游地空间结构演进规律。

　7. 从旅游景区网络化、旅游交通网络化、旅游线路优化设计、旅游产业网络化、旅游客源市场网络化、旅游发展环境优化等方面认识旅游地空间结构优化的目标与方向。

【学习重点】

　　旅游地空间结构的基本概念;旅游地空间结构构成的基本

要素及主要特征；影响旅游地空间结构嬗变的主要因素；旅游地空间结构演进的动力机制；旅游地空间结构演进阶段辨识及形态模式进化；旅游地空间结构演进规律；旅游地空间结构优化的目标与方向。

旅游地空间结构合理与否，对旅游经济增长和可持续发展有着显著的促进或制约作用。旅游地的健康、快速发展需要正确的空间发展战略来指导，而正确的空间发展战略来源于对旅游地空间结构优化理论的深入研究，只有甄别清楚旅游地空间结构的基本构成要素、归纳和演绎出旅游地空间结构演进过程、旅游地空间结构发展基本规律与模式、优化途径等，才能有助于克服空间距离对旅游经济活动的约束，实现旅游经济效益最大化，即通过旅游地空间结构的优化可以将地区旅游业发展调整到最佳状态。

第一节　旅游地空间结构构成

20世纪60年代，学者们开始注意对旅游地空间结构进行研究，先后提出并归纳了多种空间结构描述的数学模型和地理方法。20世纪80年代后期的区域发展研究中，人们普遍关注空间结构的变化及其效应，同时也使得许多区域发展战略理论流行，如发展极理论、点轴理论、梯度推移理论、反梯度推移理论等。20世纪90年代以来，空间结构研究又引入了可持续发展思想，使得空间结构优化成为区域可持续发展的研究核心，区域关系研究受到重视。从另外一个角度来看，学者们对旅游地空间结构的研究经历了由静态研究转向动态研究（20世纪50年代以前），由结构关系研究为主转向空间机制研究为主（20世纪70年代至80年代），再由区域内空间机制的研究转向区域之间空间机制研究（20世纪90年代以来）的过程。

随着地方旅游业的不断发展和旅游资源组合方式的多元化，旅游地空间结构研究已成为旅游学研究走向纵深的一个重要方面。学者们纷纷从旅游地空间动态演变、边界认定、等级划分、游憩设施的空间透视及基本布局模式等多种不同视角对旅游地空间结构进行研究，随着旅游地空间结构研究的方向、深度和广度的不断扩展，已有的研究包括以统计数据为基础的宏观空间结构研究，以及以市场调查数据为基础的微观个体的空间行为研究。[①]不仅研究旅游地范围内各旅游要

---

① 翁瑾．规模经济、产品差异化与中国入境旅游空间结构的变动[J]．旅游学刊，2008，23（6）：30-35．

素的空间组合状态,还探讨了各要素相互作用所形成的组织形式和相互作用机制及演进过程和演进规律等。

一、旅游地空间结构的定义

关于"空间"的研究历史悠久,它几乎是人类最关心和经久不衰的探索与研究的内容之一。[1]空间是一个抽象而宽泛的概念,基于研究的目的与方法被赋予了不同的内涵。从哲学意义上来说,空间与时间是一切运动着的物质存在的两种基本形式。[2]空间是"物质存在的广延性",是"物质存在的一种形式与一种重要的资源"。[3]康德认为,从空间与时间中可以获取有关自然界的地理描述,按时间描述为历史,按空间描述为地理,是对地球表层的一种抽象。空间的类型是相对的,在一定的条件下可以相互转化,任何空间类型只是空间事物发展过程中某一个阶段的表现形式而已。借鉴宁越敏对地理空间分类的研究,可以划分出多种旅游空间类型。(见表5-1)

表5-1 旅游空间的类型

划分依据	空间类型	示例	特征
行政	政治空间	各级行政旅游区	相对稳定性、封闭性、层次性、边界清晰
	非政治空间	旅游经济区	动态性、开放性、层次性、边界模糊
发展	确定的空间	旅游目的地区	旅游空间的面积与边界都是确定的
	流动的空间	旅游客源市场区	面积与边界随着旅游空间关系而变化
区域	秩序的空间	旅游规划区	通过规划等手段创造出来的旅游空间
	计划的空间	旅游功能区	静态的、相对稳定的、秩序的
	结构的空间	旅游资源区	动态的、变化的、秩序的
形态	实体空间	旅游风景区	客观存在事物的旅游空间投影
	虚拟空间	虚拟景区	客观存在旅游事物的虚拟

关于"结构"的定义,从系统科学的观点来看,结构是指系统内部各个组成要素之间相对稳定的联系方式、组织程序及其时空关系的内在表现形式,它包含着很广泛的内涵,一般来说,存在着要素结构、时序结构(演替结构)、地域结构、部门结构、需求结构、空间结构、市场结构、产品结构、管理结构等。一定的系统结构对应一定的系统功能,提高系统的功能,必须优化系统的结构。

---

[1] 陶伟,戴光全,吴霞."世界遗产地苏州"城市旅游空间结构研究[J].经济地理,2002,22(4):487-491.
[2] 辞海.1989:2017.
[3] E.M.胡佛.区域经济学导论[M].上海远东出版社,1992:3.

空间结构是自然社会过程的运作及输出所隐含和组织的空间模式。[①]从某种意义上说,空间结构是将空间从区域中分离独立出来加以抽象认识模型化的结果。在区域科学的大范畴内,空间结构一直是研究的主体,虽然不同的学科体系对空间结构有着不同的研究视角,但在具体的空间结构研究内容中,多用时空结合的研究方法,强调空间的要素构成、功能强度和演进历程的揭示等。

旅游作为一种社会经济现象,其发生、发展是以空间系统为物质载体的。关于旅游地空间结构的涵义,学者们有不同的理解,或认为旅游地空间结构主要由不同等级与类型的旅游节点、旅游通道、旅游区域系统等组成(Pearce, 1995、1999);或将旅游系统空间结构模式界定为以目的地和客源地为节点、交通线路为连接所形成的占据一定空间范围的网络(吴晋峰,2002);或认为旅游目的地空间结构是由旅游区、游客集散地及旅游交通线共同形成的地域结构(王筱春,2002);旅游空间结构不仅仅是旅游活动的空间状态,而且体现了旅游活动的空间属性和相互关系(尹贻梅等,2004)。

总体来看,旅游地空间结构是旅游经济客体在空间中相互作用所形成的空间聚集程度及聚集状态,体现旅游地系统内各组成要素的空间属性和相互关系,即主要是从空间的角度探索旅游要素的空间优化配置、合理组合和相互作用,包括诸要素在空间中的相互位置、相互关联、相互作用等,主要回答诸要素如何在空间中生成、运动和发展,如何结合成有机的区域旅游生产力的空间整体等问题。由于在不同尺度上会表现出不同的结构特征,因此对旅游地空间结构的分析一定要明确旅游地的尺度和类型,才能正确地选择相应的模型。也就是说,旅游地空间结构必须落实到一定的地域,才具有实践意义。

关于旅游地空间结构作如下界定:指旅游地各旅游要素(资源、设施及服务等)的相对区位关系和分布形式,即各组成要素在旅游地空间中的存在形式以及相互作用所形成的空间组合关系,是旅游经济客体在空间中相互作用所形成的空间集聚程度和集聚状态,体现了旅游活动的空间属性和相互关系,反映了旅游活动的空间区位特点和旅游系统中诸要素之间的空间组织关系,是旅游活动在旅游地空间地域上的投影及空间表现形式,既是旅游活动的"容器",也是旅游地发展状态的重要"指示器"。

二、旅游地空间结构模型认知

旅游地既是旅游产品的生产场所,也是旅游消费场所。旅游地的存在是有条件的,从显性的物质要素来看,旅游地系统包含旅游资源、旅游设施、旅游服务

---

① Gregory D. Spatial Structure[A]. In: Johnstone R. J., Gregory D., Smith D. M. The Dictionary of Human Geography[C]. Oxford: Basil Blackwell, 1988: 450-451.

等要素；从旅游地空间结构方面来讲，其存在需要一定的空间结构来维持，而所有的旅游要素最终都会落实到一定的地域空间上。判断旅游地空间结构是否科学合理，必须是在对系统构成要素分析及认识的基础上，它们是确定旅游地空间发展模式的基础和依据。系统科学理论（系统论、协同论）为正确认识旅游（地）空间结构提供了科学的理论和方法；旅游开发高度的关联性要求在旅游地开发的实施过程中必须以区域科学理论加以指导，如借用区域发展理论、区位理论、区域一体化理论能很好地解释旅游（地）空间结构演化过程中各种模式的变化；可持续发展理论等均为旅游地空间结构研究提供了重要的认知模型，国内外学者先后提出了若干不尽相同的"旅游（系统）空间结构模型"。

1. 基于系统科学理论的模型认知

1988年，美国旅游规划师冈恩（Clare A. Gunn）提出了旅游目的地地带空间结构模型（tourism destination zone，TDZ）（见图5-1），认为一个完整的旅游空间系统是由吸引物组团（attraction clusters）、服务社区（community）、对外通道（circulation corridor）和区内连接通道（linkage corridor）四大要素构成。该模型中的对外通道，从空间组成要素的角度表达了旅游目的地系统的开放性，但对要素的提取仅仅限定在区域系统内部，没有考虑旅游目的地地带的外部因素。另外，对吸引物集聚体的相对等级关系或重要程度没有进行区分，缺乏目标市场与系统内部空间结构相互作用关系的考虑，没有表达出旅游目的地系统的空间层次性，背景区域也没有给予重视。由于该研究没有涉及外部旅游者进入旅游区域内部的方式以及对区域旅游业发展的影响，因而不能完全反映出旅游地域系统的实际情况。

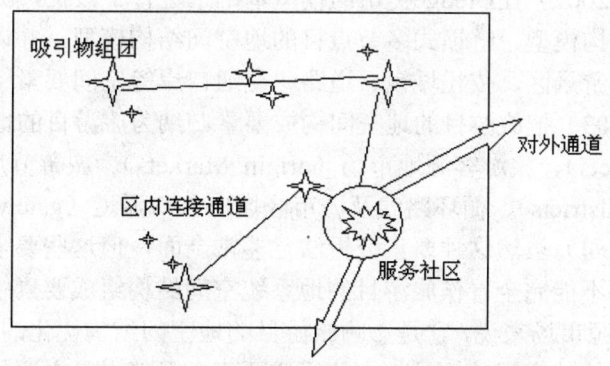

图5-1 旅游目的地地带模型（引自 Gunn，1988）

为了突出所依托城镇的重要性（Gunn 模型中的社区概念没有反映出依托城镇在旅游目的地中的位置），杨新军（1999）在 Gunn 的目的地地带模型基础上提出了区域旅游空间格局概念模型（见图5-2），在空间模型中增加了中心城市，并将Gunn的吸引物聚集体改为吸引物和社区组成的单元。

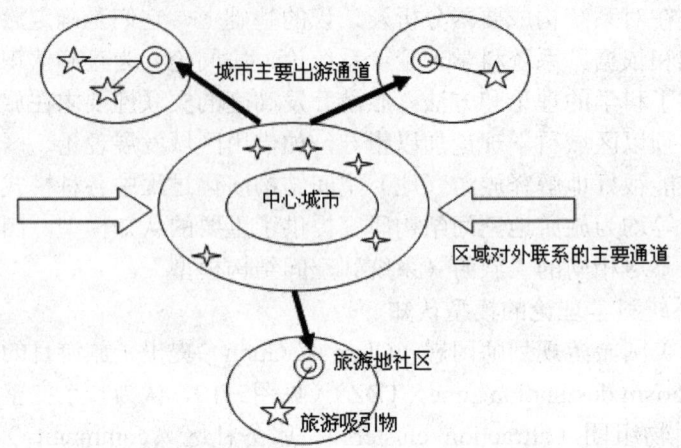

图5-2 区域旅游空间格局概念模型（引自杨新军，1999，有修改）

1999年，澳大利亚Dianne Dredge博士提出目的地地区（destination region）空间结构模型（见图5-3），强调了目的地是具有一定空间边界的区域，该模型中的节点指的是由旅游吸引物和服务设施共同组成的空间实体。该模型突出了交通口岸在目的地中的地位，认为交通口岸是将目的地与交通线路系统连接在一起的纽带，可以理解为旅游目的地在不同发展阶段的空间结构模式。这一种模型虽然比Gunn的目的地地带模型具有一定的发展，但仍没有对目的地内部的空间结构进行分析。吴晋峰（2002）在Dredge提出的模型基础上进行了改良，提出基地式多节点目的地空间结构模型、链锁式多节点目的地空间结构模型，并认为单节点目的地在空间上由旅游景区、依托城镇、道路、交通口岸等空间要素组成。

卞显红（2003）把旅游目的地空间构成要素归纳为旅游目的地区域（tourism destination districts）、旅游客源地市场（origin Markets）、旅游节点（nodes）、旅游区（tourism districts）、循环路线及城市区域出入口通道（gateways）等六大基本要素。（见图5-4）虽然这种要素分析法已非常全面，但这些要素只能说是规划布局的要素，并不能完全看作旅游目的地系统空间结构组成要素中的关键要素。例如，就旅游客源市场来说，它是影响旅游目的地空间结构优化的重要因素之一，但并不是旅游目的地空间结构最基本的组成要素，只能说是主要的影响因素。此外，对旅游目的地系统的层次性也没有给予关注。

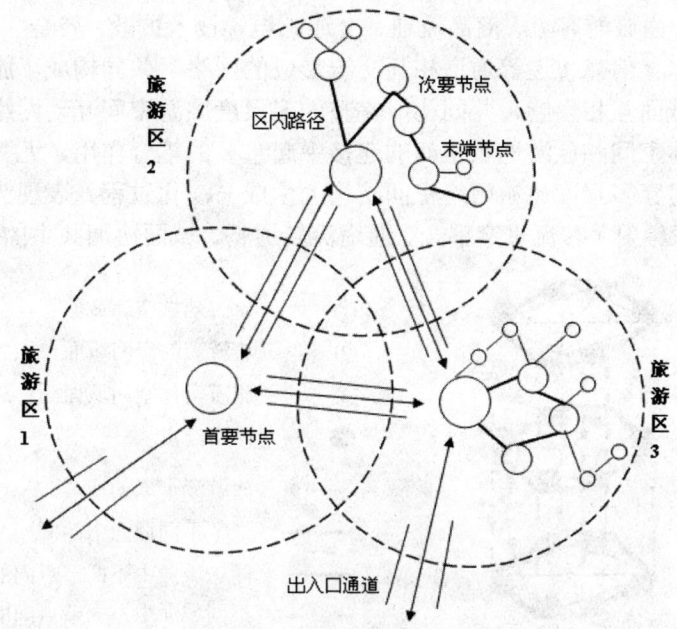

图 5-3　旅游目的地地区空间结构模型（引自 Dredge，1999）

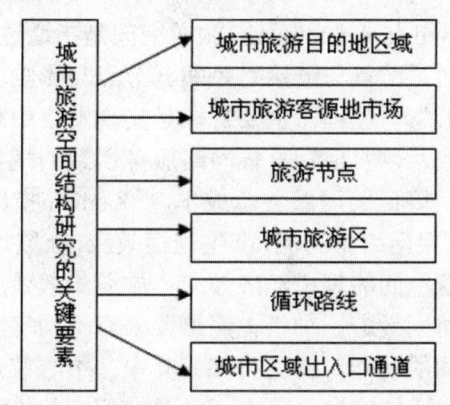

图 5-4　城市旅游空间结构的关键要素（引自卞显红，2003）

吴泓（2004）认为，旅游地空间结构由点、线、流、通道和网络五个要素构成（见图5-5），包括旅游实体空间、旅游流空间以及旅游地域空间三个域面。由旅游地构成点，与线状的交通、信息等基础设施相互连接构成旅游地和游憩设施的网络，共同形成完整的旅游实体空间域面；旅游客流以及由此引发的物流、资金流、信息流、技术流，在旅游实体空间的点和线之间的注入、流出、集中、扩散形成通道，流和通道共同构成旅游流的空间域面；区域尺度的旅游城市群体构成的节点,和由旅游客流、商品流通、交通邮电、技术扩散、资金、劳动力流动、旅游生产协作、信息传递等通道相互交织形成的网络,共同构成了旅游地域空间域面。三个域面互相影响,共同构成完整的多尺度旅游空间互动网络体系,旅游流在旅游实体空间和旅游地域空间的连接中起重要的耦合作用,尤其是旅游客流形成的通道贯穿多尺度旅游网络空间结构的生成与演化过程,表现为节点相互依存、轴线纵深辐射、客流贯穿耦合、通道流转通畅、域面协调共生的网络化系统。

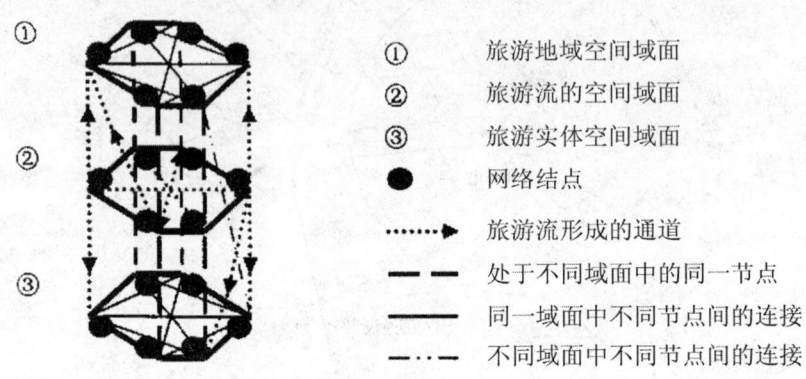

① 旅游地域空间域面
② 旅游流的空间域面
③ 旅游实体空间域面
● 网络结点
┈┈▶ 旅游流形成的通道
─ ─ 处于不同域面中的同一节点
─── 同一域面中不同节点间的连接
─·─ 不同域面中不同节点间的连接

图 5-5 多尺度旅游网络空间结构(引自吴泓,2004)

轴—辐网络(hub and spoke network)旅游空间是指通过网络中的特殊节点(中心节点或枢纽节点)间、节点与链接路径间、节点与影响域间的相互作用而呈现的旅游流一体化组织形态与过程,主要目标是实现网络中相互作用的节点之间旅游交流与功能服务转换,以实现轴—辐网络服务引致的规模效应,提高旅游通路组织客流的运用效率,降低路网服务总成本。[1]Konishi指出,中心节点具有轴心效应(hub effect),以汇聚网络空间流,产生规模效应,获取增长机会。[2]梁滨(2009)归纳了轴—辐网络旅游空间的规模经济效应、旅游集散效应、网络溢出效应、功能喂给效应以及交通协同效应。轴—辐网络要求有不同等级的节点在网络中扮演不同的角色,发挥不同的功能。(见图5-6)其中,中心节点扮演整个区域的功能集散中心、接待服务中心或客源输出中心,具有相应的旅游集散功能、旅游流汇聚辐射功能及旅游景观展示功能,往往是整个区域的旅游中心城市。

---

[1] 梁滨,毛焱. 武汉城市圈轴——辐网络旅游空间结构研究[J]. 经济地理,2009,29(7):1214-1217.
[2] Konishi, H. Formation of Hub Cities: Transportation Cost Advantage and Population Agglomeration [J]. Journal of Urban Economics, 2000, 48 (1): 1-28.

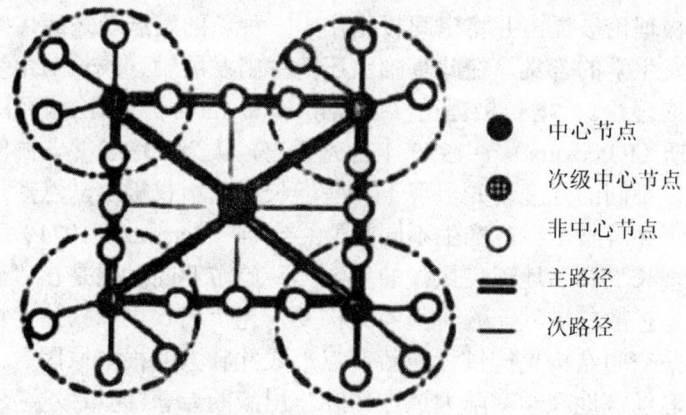

图 5-6　轴—辐网络旅游空间结构（引自梁滨，2009）

2. 基于区域科学理论的模型认知

1977年，英国著名地理学家哈格特（P.Haggett）描述空间结构模式与秩序时[①]，提出空间形式由节点（nodes）、层次（hierarchies，表示各个节点的重要程度）、网络或渠道（networks or channels）、流（flows）和面（surface，位于由节点和路径形成的框架中）五部分组成（甄峰，2001）。用上述要素建立的旅游系统空间结构模式是以旅游目的地、客源地为节点，以交通线路为连接的占据一定地面、处于扩散过程中的网络，可称之为旅游系统的网络空间结构模式。（见图5-7）此模式在要素提取时主要面向系统间的联系和作用，忽略了区域系统内部状况和作用关系的描述，缺乏对系统内部之间各要素空间关系的解构和阐释。

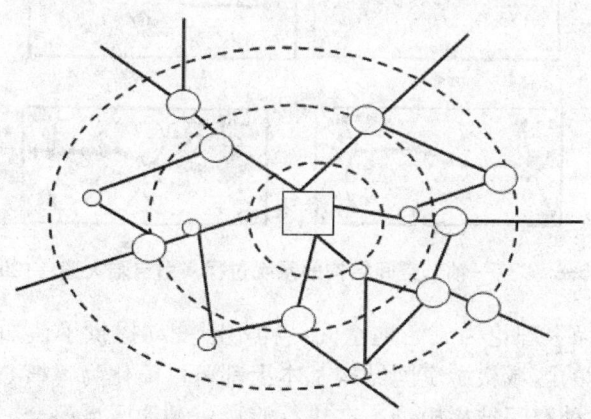

图 5-7　网络空间结构模型（引自 Haggett，1977）

---

① 约翰斯顿，R.G.地理学与地理学家[C]．北京：商务印书馆，1999：127-129.

自增长极理论被提出并将空间极化作为一种新的发展观之后，空间结构研究又被赋予了发生学的含义，在此基础上还衍生出发展轴、成长三角等多种空间结构形态及相应理论。[①]增长极理论（growth pole theory）由法国经济学家弗朗索瓦·佩鲁克斯（F.Perroux）于1955年首先提出，认为"增长并非同时出现在所有的地方，它以不同的强度首先出现于一些增长点或增长极上，然后通过不同的渠道向外扩散，并对整个经济产生不同的最终影响（Perroux，1971）"。旅游增长极是"经济增长"和"地理集聚"的复合体，旅游业的发展是在"旅游增长极"带动下向四周扩散的过程，旅游空间结构要依托"增长极"构建"增长轴"，增长极的极化是空间结构重构过程中新节点形成并壮大的根本原因。

中国著名经济地理学家陆大道在1998年出版的专著《区域发展及其空间结构》一书中，阐述了"点—轴"空间结构的形成过程（见图5-8），分析了不同社会经济发展阶段空间结构的基本特征。该理论的核心是，认为社会经济客体在区域或空间的范畴内总是处于相互作用之中，大都在"点"上集聚，并由线状基础设施束（包括交通干线、通信线路、供水线和能源通道等）连在一起而形成"轴"，组成一个有机的空间结构体系。"点—轴"理论对于旅游空间结构优化同样具有非常重要的理论价值和现实指导意义：旅游经济客体大都在旅游节点上集聚，通过旅游交通与旅游线路而连成一个有机的旅游空间结构体系，即形成由不同等级的旅游节点和不同等级的旅游发展轴线组成的旅游"点—轴"系统为标志的区域旅游空间结构。

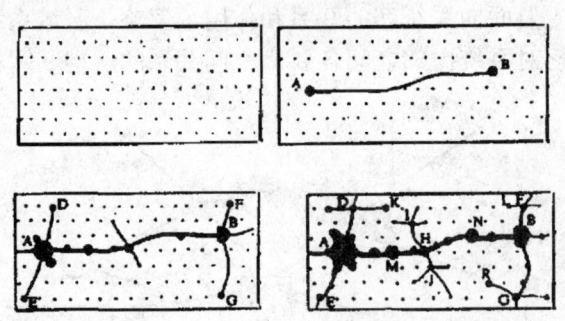

图5-8 "点—轴"空间结构的系统过程（引自陆大道，1998）

"核心—边缘"理论为旅游地空间结构不断变动提供了认知解释模型和理论指导。不同尺度的区域旅游空间结构基本上都可以简化为"核心—边缘"空间结构模型。运用这种空间结构模型，在进行旅游资源的区域整合、景区土地利用功能配置与旅游圈层构造以及促进区域旅游联动发展等方面可取得满意的实践效

---

① 陆玉麒．江苏沿江地区的空间结构与区域发展[J]．地理科学，2000，20（3）：284-290．

果。[①]旅游地系统中的区域可分别视为相互独立的"核心—边缘"结构,通过建立旅游廊道(如交通干线)、打破传统行政区划界线的束缚,实现"资源—产品—市场"的共轭耦合,构建起新的区域旅游空间"核心—边缘"结构;随着更多的边缘与核心区域融合,形成规模和影响更大的核心和在更高平台上的集聚竞争优势(汪宇明,2002)。

"成长三角"(growth triangle)概念,又被译为"增长三角",是由点向面展开后形成的一种空间结构类型,也可称之为"区域增长极"。与单一的增长极相比,"成长三角"在空间结构形态上表现为"三角形",形成一个面而且具有几何上的稳定性,并且三个增长极可以包括一个范围更大的区域,三个增长极之间通过商品流、信息流、资金流、人口流、技术流等要素发生空间相互作用,可产生凝聚力和协同力,要素流的相互作用易于变革经济增长所必需的制度,并促使人们的思想观念发生变化,从而保证区域经济稳定有序的发展。因此,"成长三角"具有经济上实现的必要性与可能性,并成为区域经济由极核发展阶段向扩散发展阶段演化的持续、稳定、协调发展的空间保证。

网络式空间结构是"点—轴"系统发展的结果。在"点—轴"系统的发展过程中,位于轴线上的不同等级的点之间的联系会进一步加强,在点与点之间就会建设多路径的联系通道,形成纵横交错的交通、通信、动力供给网络,沟通了区域内各地区之间的联系。依托网络空间结构,可以把区域内分散的资源、要素、企业、经济部门及地区组织成为一个具有不同层次、功能各异、分工合作的区域经济系统(李小建,1999)。旅游地空间结构也可以说是一种社会网络结构,各旅游地相当于社会网络结构中的点,目的地之间的联系(直接关联和间接关联)相当于社会网络结构中点与点之间的映射关系,目的地之间的交通通道相当于连线。它直观表现旅游者行走游线及方向、旅游流集散以及各目的地间的关联;在计算机技术支持下,能计算出各特征值,结合旅游资源禀赋进行分析,为旅游地的功能分工和设施配备提供依据,并为旅游系统空间结构优化和旅游地发展战略选择提供理论依据。

德国经济地理学家克里斯泰勒(Christaller,1933)在其《德国南部的中心地》一书中,最先提出中心地和中心性(centrality)的概念。克氏将其形象地归纳为区域内城市等级与规模的正六边形模型。(见图5-9)中心地理论以其地域结构的严谨划分和市场的空间分析,成为进行旅游中心地分析的理论基础。

[①] 汪宇明. 核心—边缘理论在区域旅游规划中的运用[J]. 经济地理,2002,22(3):372-375.

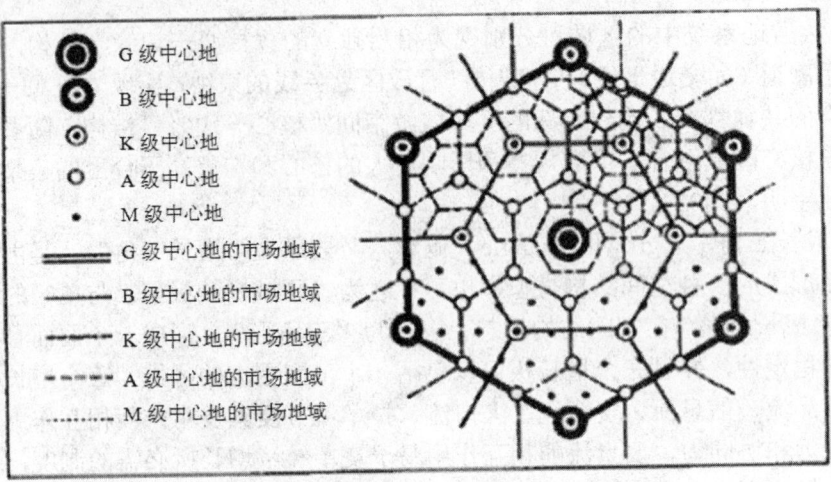

图 5-9 克里斯泰勒市场原则下的中心地系统（转引自李小建，1999）

圈层结构理论的渊源可追溯到1826年Thunen的农业区位论，Wolfe第一个将其引用到旅游研究中，Wolfe模型描述了旅游流基于城市出游性、旅游腹地圈层分布等基本特征。Deasy等（1966）指出旅游设施吸引腹地圈层结构的形成源于距离摩擦，认为造访特定旅游设施取决于花费，花费常常通过距离予以表达，因此对特定旅游设施造访游客量将同旅行距离成反比，形成理想化的圈层结构。圈层结构（见图5-10）多是基于静态的地理视角，且多是以单一客源地（或旅游地）为前提，使得多数研究具有"例外论"的色彩。事实上，更多客源地、旅游地的参与使得旅游地—旅游客源地系统极为复杂。

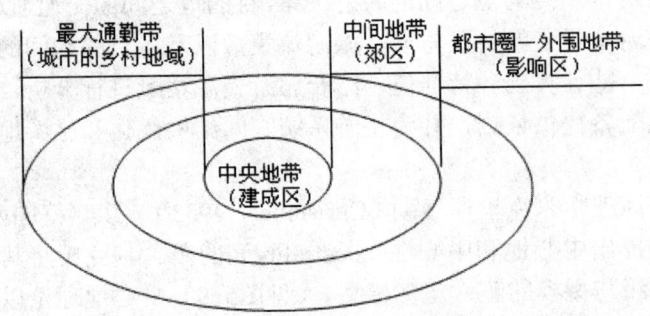

图 5-10 城市三地带圈层式结构（引自顾朝林，1994，有修改）

旅游中心地是指有一定旅游吸引物，并具有一定的集散功能，能够面向区域外的旅游景点和旅游区或区域外旅游者提供一定强度的旅游交通、接待、信息、管理等对外旅游服务职能和客源的中心旅游地。旅游中心性（见表5-2）是衡量旅游中心地等级高低的指标。根据旅游中心性的高低，可以划分出不同等级的旅游中心地，高等级旅游中心地为区域内低等级的旅游中心地提供服务职能，形成等级网络的旅游中心地体系。[①]即旅游中心地呈现等级—规模差异。处于一个动态变化过程之中，不同等级旅游中心地引力范围大小是不一样的，在市场原则下形成的旅游中心地系统同传统的中心地系统一样表现为六边形空间结构或是其他多边形的形状。

表 5-2 旅游中心地中心性综合评价指标体系（引自黄静波，2008，有修改[②]）

	评价指标	
旅游中心地中心性综合评价指标体系	城市经济发展水平的指标	总人口
		国内生产总值GDP
		第三产业生产总值
	城市旅游发展水平的指标	国内旅游总收入
		国内旅游总人数
		入境旅游人数
		旅游外汇收入
		省内游人数
		省外游人数
	城市旅游接待能力发展水平的指标	公路客运量
		旅客周转量
		载客汽车数
		旅游者平均停留天数
		饭店接待能力（床位数）
		客房出租率
		旅行社国内旅游接待人数
		旅行社接待海外游客人数

中国许多学者将圈层结构理论用于旅游研究中，提出了一些有关旅游圈层的理论。阎友兵（1999）认为，旅游圈是为了获得最佳经济、社会和环境效益，以旅游资源为核心组成的具有一定地理范围的协作区域，是一定区域内各种旅游经济要素间相互联系、相互作用而形成的区域空间组织形式。旅游圈是经济协作圈、地理圈、交通网络圈、文化圈，具有层次性，具有中心和边界等组成部分。从旅游圈动态发展的角度考虑，旅游圈存在两种发展、辐射、扩展的模式，有明显的层次性。第一，以核心层、中心地带向外，呈圆圈状，不断扩充、辐射；第二，

---

① 柴彦威. 旅游中心地研究及其规划应用[J]. 地理科学，2003，10（5）：546-553.
② 黄静波. 湖南省旅游中心地空间结构系统的构建与优化[J]. 旅游学刊，2008，23（2）：51-55.

以不同的核心、不同的优势资源地为中心，形成小型环圈，环环相扣，辐射发展。

1999年，吴必虎在对上海市郊区旅游开发实证研究的基础上，提出了环城游憩带理论：发生在大城市郊区，主要为城市居民光顾的游憩设施、场所和公共空间，特定情况下还包括位于城郊的外来旅游者经常光顾的各级旅游目的地，一起形成环城游憩活动频发地带，简称"环城游憩带（recreational belt around metropolis, ReBAM）"。由于居民游憩活动空间在ReBAM内呈距离衰减式扩散，并沿交通干线延展，这一作用使ReBAM空间总体上呈近似同心圆状圈层结构，在某些资源或游憩服务集中的地方、交通干道沿线及投资集中地段有明显的偏离。随着"旅游城市化"，ReBAM理论在城市旅游空间结构和旅游规划研究以及地方旅游开发与管理中具有重要和应用理论意义。[①]

三、旅游地空间结构构成基本要素

不同学者，往往由于研究角度方面的差异（见表5-3），对旅游地（系统）空间结构构成要素的认识有所不同。近年来，学者们从旅游者和旅游活动的角度，从区域旅游系统或旅游体系角度对旅游地空间结构构成要素进行分析，认为旅游地类型不同，其空间结构会呈现出不同的特点；旅游地空间结构要素具有多样性和复杂性，其空间结构要素的划分方法也很多。例如，郭康提出的旅游区—风景区—游览区—景点空间结构模式，空间层次结构清楚，但忽视了目的地系统内的旅游中心地及各要素之间的路径联系，对于旅游目的地系统的空间开放性没有表达。全华（1996）利用图论方法分析区域旅游系统的空间结构；杨新军（2000）提出了以城市为空间节点的区域旅游地空间结构；吴晋峰（2002）应用拓扑理论分析旅游系统的空间结构，探讨了旅游网络结构模式研究的实用意义；卞显红（2003）对影响城市旅游空间布局的因素进行分析，提出了城市旅游地空间结构的六大基本构成要素。虽然也有学者分别从点、线、面三个空间地域层次对城市（区域）旅游目的地系统进行了分析[②]，但对各组成要素含义的界定、具体的空间表现形式以及各要素之间关系的分析还有待商榷。

[①] 吴必虎. 大城市环城游憩带（ReBAM）研究——以上海市为例[J]. 地理科学, 2001,（8）: 358.
[②] 陶伟, 戴光全, 吴霞. "世界遗产地苏州"城市旅游空间结构研究[J]. 经济地理, 2002, 22（4）: 487-491. 刘俊. 区域旅游目的地空间系统初探[J]. 桂林旅游高等专科学校学报, 2003, 14（1）: 42-45.

表 5-3　旅游（地）空间结构系统构成研究比较

研究对象	构成要素/空间形态	划分层次
旅游（地）系统	旅游供给要素、旅游需求要素，以及联系供求的旅游通道和旅游路线（张玲，2005）	三层次
	中心地系统、旅游域系统和旅游通道系统（刘俊，2003）	
	分为点、线、面三大类，具体组成要素分为：旅游区、旅游中心地、景点、景区、旅游线路、旅游基质、对外通道（朱青晓，2005）	三层次/七要素
	点、线、网络和域面组成（李小建等，1999）；从点、线、面、网络的角度，旅游景点（节点）、旅游线路（路径）、目的地空间（域面组织）、区际空间关联（区域网络）（王宝平，2007）	四个角度
	节点、梯度、通道、网络、环与面（顾朝林等，2000）；节点、通道、流、网络和体系（陈修颖，2003）	五大要素
区域（城市）旅游（系统）	旅游目的地区域（TDD）、旅游区、旅游节点、区内路径、区域入口通道、旅游客源地市场（马晓龙，2004；黄金火等，2005）。	六要素
	节点、通道、域面（陶伟，2002）	
	点要素、线要素、面要素（林刚，1996）	
	节点、域面和网络（刘再兴，1997）	三层次（要素）
	经济中心、经济腹地和经济网络（程必定，1989）	
	旅游区、旅游节（景）点和旅游路径（杨新军，2004）	
	点、线、面三个层次；具体分为旅游节点、旅游线路、对外通道、旅游集散中心、城市旅游区、游憩中心地、旅游基质、城市旅游目的地区域（臧晓，2006）	三层次/八要素
	观光游憩点、游憩中心地、旅游基本线路与旅游通道、旅游集散中心、主题街、公园道路（吴承照，2005）	六大空间单元

借鉴国内外有关旅游地空间结构要素描述与分析的研究成果，特别是在哈格特（Haggett）网络空间结构模型、冈恩（Gunn）目的地带模型、Dredge 旅游目的地空间结构模型等的分析基础上，借用景观生态学中的"斑块（patch）、廊道（corridor）、基质（matrix）"相关概念的界定，描述旅游地空间结构的基本要素可抽象表示为"点—线—面（点—轴—圈）"三要素，即旅游节点（斑块）、旅游轴线（廊道）、旅游域面（基质），三大要素相互依存和相互作用，且具有不可缺一性。它们在旅游经济发展中起着不同的作用。其中，旅游节点是起主导作用的要素，旅游域面是起基础作用的要素，旅游轴线则是起连接作用的要素。即在旅游地核心吸引物的影响下，旅游者通过对旅游地的认同，从客源地市场经过外部交通通道进入旅游地区域，并通过内部的旅游轴线完成对不同旅游节点的访问。

1. 旅游节点

旅游节点（tourism nodes），是旅游地空间结构中最基本的要素单元，指范围内由旅游活动的内聚力作用产生极化效应而形成的游憩中心，也是为旅游者提供一次完整的旅游体验的最小的旅游空间单元，是旅游地空间结构系统形成的基础。旅游节点往往是旅游活动最密集、最活跃的地方，内部存在着明确的功能分区，其数量的多少和质量的大小均会对旅游发展产生巨大影响，一般由相互联系的多个吸引物聚集体和旅游服务设施等组成。其中，服务设施是指住宿业、各式餐馆、娱乐设施、零售商店或其他任何以旅游者为主要服务对象的一系列旅游服务设施；旅游吸引物是旅游业的核心，关于旅游吸引物的定义和归类千差万别，通常根据研究和管理的目的去定义。[①]例如，可将其定义为能够吸引旅游者前往旅游目的地游憩的所有因素的总和，包括旅游资源、适宜的接待设施和优良的服务，甚至包括了快速、便捷、舒适的旅游交通。吸引物在一定空间上的积聚形成吸引物聚集体，由于吸引物聚集体吸引力的重要程度不同，旅游吸引物聚集体在空间上也具有等级层次性。

近年来，随着旅游业的飞速发展，旅游服务设施和旅游吸引物聚集体之间的关系正趋于模糊，很难将它们截然分开。例如，各种兼具休闲、娱乐、观光、度假等功能于一体的游乐场和度假村等，自身既是服务设施，也是旅游吸引物聚集体。此外，还包括了RBD（游憩商业区）、历史文化街区、风景名胜区、高科技园区、博物馆等旅游功能区，既有利用历史文化遗产而创造出的有鲜明文化特质的城市景观，也有城市建设者经过不懈的创新而赋予的具有时代特征的城市景观。对旅游节点的分析主要可从以下三方面来进行：

第一，旅游节点的规模等级体系。范围内不同旅游节点之间旅游者数量和旅游规模组成的相互关系就构成了节点的规模等级体系。根据旅游吸引物聚集体的吸引力重要程度的差别，遵循旅游资源突出主导因素，注重全面发展和兼顾区域性等原则，可将旅游节点划分为一级节点（具有国际旅游吸引）、二级节点（具有国内旅游吸引）、三级节点（具有地方旅游吸引）等级别。一级节点是核心旅游吸引物，也是旅游者选择旅游地的最基本的推动力；二级节点具有较为完善的旅游服务接待设施，是增加整体旅游吸引力的重要因素。研究节点的规模等级体系，可以明确节点由大到小的序列与旅游规模的关系，揭示各节点的旅游者分布状况，从而为制定旅游发展战略提供依据。描述节点规模等级体系的指标主要有：规模比S，指高一级节点旅游者规模的下限与低一级节点旅游者规模的下限之比，如果S为常数，表示节点等级规模呈等比序列递增；数目比N，是某一级节点的数目

[①]（英）法伊奥（Fyall, A.）等主编，郭英之主译. 旅游吸引物管理：新的方向[M]. 大连：东北财经大学出版社，2005：6-7.

与上一级的节点数目之比,用来反映各级节点的数量关系,通常情况下,N值都大于1,因为规模较小的节点数目总是比规模较大的节点数目要多;首位度P,指在范围内的节点群中,旅游者最多的节点与居第二位的节点的旅游者数量之比。

第二,旅游节点的职能体系。范围内分工不同、职能不同的众多旅游节点,通过各种形式和渠道的协作配合,服务于整个旅游地,由此构成各个节点在旅游活动中的分工体系,即节点的职能体系。旅游节点的规模和等级不同,则层次级别也不同,其主要旅游功能就有差异。一般根据旅游节点在旅游地范围内所起作用和质上的相似性分成若干类,以此来考察它们的职能结构特点及相互关系。旅游节点之间的空间相互作用关系主要有从属关系、互补关系、依附关系、松散关系、排斥关系等。

第三,旅游节点的空间分布体系。指有面积大小和形状之分的各旅游节点在旅游地地域范围内的组合形式、相互分布位置,是职能类型结构和规模等级结构在旅游空间组合的结果和表现形式。主要从旅游节点的分布频度和空间组合形式两方面进行研究。旅游节点的分布频度可用节点分布密度、节点间间距、离散程度、均匀程度等指标描述,最常用的是节点分布密度。旅游节点的空间组合形式,按组合形态可分为多种,如呈条带状的旅游主题街区、团块状的游憩商业区(RBD)等。

2. 旅游轴线

旅游轴线(tourism routes),也可以称为旅游线路或旅游通道,是旅游活动得以运行和实现所必需的空间载体,指由交通、通信、信息等基础设施组成的线状路径,是连接各个交通枢纽(特别是旅游集散中心)和旅游节点之间的通道(路径),也是旅游者在旅游地吸引物聚集体和旅游服务设施之间的流动轨迹。交通线路、通信系统等都是旅游轴线的组成内容,按照不同主题对旅游资源、旅游产品进行组合可以形成不同的旅游路线。

就旅游地范围而言,旅游轴线一般依托旅游节点而存在,是旅游活动的基础设施和在地域空间横向拓展的渠道,也是旅游活动的基本空间条件,承担着各旅游节点之间物质流、资金流、人力流及信息流的运输、交换和融合功能。经过长期的发展,一条旅游轴线上往往会形成众多的旅游节点,同时对附近区域有扩散作用,从而也使普通的旅游轴线转变为"旅游发展轴线"。当然,由于旅游地系统内的各旅游节点是分等级的,因此,旅游轴线也是分等级的,可以根据其组成要素的数量、密度、质量及重要性等划分出不同的等级。

旅游节点间交通网络的完善与否,对区域旅游流的空间组织功能具有直接的作用。一方面,交通线路是影响旅游节点通达性的一个重要因素,交通线路的延伸方向和分布情况往往直接影响客源市场的流向和空间分布;另一方面,**旅游路**

径的发育程度在很大程度上也会影响到游客旅游满意度的实现。因此，旅游轴线研究以旅游交通线路为主。旅游地旅游线路的优化应充分考虑各级别旅游节点之间的直接通达性。

3. 旅游域面

旅游域面（tourism domain），是旅游节点和旅游轴线所依托和覆盖的地域，即受到旅游节点吸引或辐射影响而形成的腹地。"皮之不存，毛将焉附"，它是旅游节点、旅游轴线等要素赖以存在的空间基础，其空间范围和内部要素的密集程度等都会随它们与旅游节点、旅游轴线的相互作用和影响状态而变化，如果没有旅游域面，就不会有旅游节点和旅游轴线，对旅游域面的研究有利于弄清楚旅游地的环境背景。

借鉴景观生态学中的基质（matrix）概念（指斑块镶嵌内的背景生态系统土地利用类型，是背景结构，一般表现出面状分布状态，也可以是点状单元随机呈较密集的连续分布，形成宏观背景），认为旅游域面具有确定的空间范围，由一个或多个相似的旅游节点组成，是旅游节点形成与发展的基础，也是各种旅游活动的地域依托和承载背景，其空间范围和内部要素的集聚程度等，都会随着与旅游节点和旅游通道的相互作用和影响的状态而发生相应变化。例如，当旅游域面上出现新的旅游节点时，其发展实力往往就会随之增强。而相同的旅游节点集合，不同的连接方式和连接程度，往往会形成不同功能的旅游域面结构，可以呈放射状、扇形、带状、环状等不同形状。

作为空间结构的构成要素，"域面"同"区域"本身存在区别："域面"是"节点"和"轴线"及它们的作用和影响在地表上的扩展，不包括"节点"和"轴线"；"区域"则包括"节点"和"轴线"。对"域面"的分析通常会提及域面的范围、质量等。域面的范围，就是各种旅游活动的范围，在特定条件下，旅游区的范围指行政区的范围；域面的质量，指旅游业发达程度及旅游资源丰度。一般来说，域面的发展水平越高，旅游规模越大，其旅游节点就越多，旅游轴线就越密，旅游功能就越完善，空间结构相对就越合理。（见表5-4）

表5-4　旅游地空间结构要素的组合模式（引自曾菊新，1996，有修改）

要素组合	子系统	组合类型
节点—节点	旅游节点系统	条带状或团块状的旅游区
节点—轴线	旅游枢纽系统	旅游交通枢纽
节点—域面	旅游系统	环城游憩带
轴线—轴线	网络设施系统	交通、通信等网络设施系统
轴线—域面	旅游产业系统	旅游产业带、旅游企业集聚区
域面—域面	地域经济系统	旅游经济区

四、旅游地空间结构主要特征

旅游地空间结构是存在于一定行政地域范围内的、一种客观存在的具有复杂组合关系的地域空间组织类型，是由旅游地内部各种对旅游活动过程产生作用和影响的所有因子共同作用而形成的。组成旅游地空间结构的各要素之间遵循一定的规律，存在着密切的联系。也就是说，作为一个完整的系统，旅游地空间结构系统各要素之间存在着密切的联系和关联性。它包含多种具体的空间结构类型，如旅游资源空间结构系统、旅游交通空间结构系统、旅游产业空间结构系统等。总体来看，由各要素构成的旅游地空间结构系统主要具有下列特征（见图5-11）：

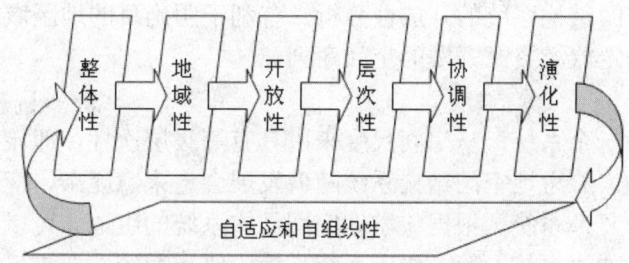

图 5-11　旅游地空间结构主要特征

1. 整体性

整体性是指旅游地空间结构系统中"整体大于部分之和"的特性。旅游地系统的空间结构是由不同目标、不同因子、不同变量、不同空间要素所构成的相互作用和相互依赖的具有特定功能的有机整体，各要素之间密切关联，存在着稳定的联系，整体性很强，"牵一发而动全身"，诸如游憩商业区的开发、旅游饭店的聚集与扩散分布变化等，都会促使旅游空间结构的整体变化。从系统论的角度看，系统的整体功能不等于部分之和，若系统结构是合理的，其系统的整体功能将大于部分之和，否则将小于部分之和。因此，在进行旅游地空间结构整合优化时，应从系统的整体出发，综合考虑旅游地系统的整体运行，着眼于系统的整体优化。

2. 地域性

旅游地空间结构具有地域性，即地域差异性。旅游地系统是以一定的地域空间为载体，以一定的地域背景为基础的，也就是说，旅游在空间分布上具有特定的空间位置和明确的区域边界，体现在旅游地空间结构各要素方面，尤其是旅游资源（旅游景观）方面，无论是自然景观还是人文景观都具有自己独特的地域性。究其原因主要是由于自然景观突出地反映着它所在地区的地质、地貌、气候、水文、土壤、生物等自然要素及其相互作用的结果和特征，同时正是由于内部具有不同的自然条件及历史发展过程，使不同的人文景观具有了明显的个性化。

3. 开放性

经济学的集聚扩散原理认为，任何一个区域的发展都是各种因素先向一点（具有优势的区位）聚集，在集聚到一定程度（不存在集聚经济和规模经济效益）后，又会向外扩散。作为区域中的一个特殊类型，旅游地空间结构发展也遵循这一原理，极化和扩散共同推动着旅游空间结构的形成和演化。随着旅游者数量的增加，旅游中心区服务设施拥挤，出现旅游饱和，此时旅游者、服务设施便会向周围地区扩散发展，不断地形成越来越大的旅游开放系统；同时，某一个旅游节点可能属于多个旅游轴线与旅游域面，从这一角度来看，旅游地空间结构的边界又是模糊的。旅游地空间结构系统的开放性分析，有利于明确目的地区域旅游未来的空间演化方向，确定旅游资源开发的空间序列。

4. 层次性

旅游地作为一个系统，从空间尺度来讲具有等级层次性，即旅游地空间结构呈等级规模结构。旅游地空间结构系统随着发展会愈来愈庞杂，变成多元化、多层次、多要素的复杂系统。根据旅游地空间结构系统的组成，可以将其划分为不同的等级层次，如"系统、第一级子系统、第二级子系统、要素"等。越高层次的系统，相互作用、相互关联就越复杂，对低层次系统的研究往往是了解其上一级系统的基础。同时，也正是因为具有层次性特点，这种不同等级规模所形成的有序的空间不均衡的旅游地空间结构，使旅游地系统内的旅游区等级划分成为可能，进而合理地划分为不同层次的旅游区，确定它的范围、等级及其功能，使旅游区的建设更科学。

5. 协调性

旅游地空间结构系统是一个有机联系的复杂的开放系统，通过内部各子系统、次子系统等同一层次之间以及与不同层次之间的旅游客流，以及由此引发的物资流、资金流和信息流等的传输与接受，反馈与负反馈，相互之间形成了一个密切联系的整体。一个可持续发展的旅游地一定具有很好的协调性，既包含各个不同层次系统之间的协调，也包含系统内部各空间地域组成单元之间的协调，如游憩中心地的区位、旅游线路的设计、旅游景点的设置、旅游景区的安排、旅游区的分布等都直接影响旅游地系统的协调性。而对于具体的某一个旅游地来说，虽然文化、经济、行政、地理维度分布不均匀，但整体上具有相对的稳定性和协调性，因而其旅游发展状况可以主要依据"规模"、"等级"、"收入"等量化指标予以衡量和评价。

6. 演化性

旅游地空间结构的形成是受到自然力与人力两种力量的制约与引导逐渐形成

和发展起来的,是一个"自然—人工"复合系统,其形成后并非一成不变,特别是由于受到社会经济发展水平、人口素质和思想观念等各种人为因素的影响,使得旅游地空间结构一直处于不断变化之中。某一个旅游要素发生变化,或者外部环境发生变化时,如旅游需求增长引起的旅游资源空间分布状态的改变、旅游交通基础设施的兴建、旅游项目的投资开发等,旅游空间结构会随之出现不同的发展趋势,即具有时间上的演化性。比较而言,旅游地空间结构总是明显地滞后于旅游发展速度,在短时间内,表示一种静态结构;在较长时间内,则表示一种动态的演化过程。也正是由于旅游地空间结构具有演化性,特别是人为构造的现象(其形成过程也是一种空间被构组织的过程)是客观存在的,才使得优化旅游地空间结构成为可能和具有实践指导意义。

7. 自适应和自组织性

旅游地空间结构系统是一个动态的开放系统,是在内外长期的政治、经济、社会和文化等因素共同作用下逐步形成的。虽然空间结构一旦形成即会处于一种相对稳定的状态,这种状态可称为宏观的"结构惯性"(structure inertia),但内外环境的任何变化,诸如旅游需求、供给、竞争以及旅游的发展过程和模式是由许多超出旅游地空间结构系统本身且不受其控制的因素决定的,都会或多或少地引起旅游系统空间结构与要素的变化,为适应新的发展环境,必然会逐步调整建立起新的稳定结构和状态,即具有自适应和自组织性。如2008年5月12日的汶川大地震,使四川省的很多旅游资源遭到了巨大的破坏,但地震遗址又可以成为新的旅游资源被再利用。

自组织性,指系统在没有外部力量强行驱动的情况下,仅仅由于系统内部各要素之间的协作作用或联合行动,使系统在空间、时间和功能上出现低级组织系统或高级组织(有序程度高)系统的性质。即从一种组织状态自发地变成另一种组织状态,"系统自己走向有序结构就称为系统自组织"(钱学森,1982)[①]。充分开放是系统自组织演化的前提条件,非线性相互作用是自组织系统演化的内在动力,涨落成为系统自组织演化的原初诱因,循环是系统自组织演化的组织形式,相变和分叉体现了系统自组织演化方式的多样性,混沌和分形则揭示了从简单到复杂的系统自组织演化的图景。

旅游空间自组织过程是旅游要素在空间上的自选择过程。旅游系统现有的空间结构形态有其形成上的自组织性,虽然长期以来,人力一直在干预。总体来看,空间的被构组织有可能对空间整体的演化进程产生如下影响:当人为组织力与旅游空间自组织力耦合同步时,会加速旅游地的发展;反之,则会阻碍或延缓旅游

---

① 钱学森等. 论系统工程[M]. 长沙:湖南科学技术出版社,1982:242.

地空间的自组织演化过程。此外，人为组织力还可能会修正旅游空间自组织过程的方向，如政府可通过旅游规划及投资机制等来引导旅游空间增长。当然，究竟出现何种过程，则取决于人为组织作用的目的、方式与能力，与人们的价值观及主观取向是直接相关的。

自适应性与自组织性是旅游地空间结构优化、提高竞争力的基础。所谓自适应包括三个方面：第一，旅游地对内外界环境变化的自动反应性；第二，旅游地受到内外界环境变化干扰后自动恢复平衡的稳定性；第三，为适应新的内外界环境而发生突变，导致旅游地空间结构变化与重组的演化特征。旅游系统自组织所形成的宏观结构不是"点轴串连"式的简单结构，多反映为复杂的网络状特征。[①]同时，尽管旅游地空间结构具有"自组织功能（Self-reorganization）"，自组织是其存在和发展的最根本力量，但旅游地空间重构总是滞后并阻碍着旅游经济的发展，这就对人为干预和科学引导旅游地空间结构的转型提出了要求，也是进行旅游地空间结构优化的意义所在。

总体来看，为了维持旅游地系统的平衡，必须使系统的结构和功能都处于良好的状态。旅游地系统空间结构的层次性，要求一方面要构建好系统的各个要素，另一方面应按照各自的功能构建好各层次旅游目的地系统的空间结构。同时，旅游地的空间竞争也要求旅游地发挥好各自的旅游职能：一是促进旅游地旅游职能类型的多样化，因为系统的多样性有利于增强系统抵御干扰的能力，维持系统的稳定性，延长旅游地的生命周期；二是提高旅游地旅游职能的专业化和特色性，提高空间异质性。这样不仅可以有效避免同类旅游地的空间竞争，也可以加强旅游地之间的分工合作。而各旅游地之间旅游联合开发也较分散孤立，能产生"整体大于部分之和"的综合优势，降低成本，产生旅游经济的规模效益。

第二节　旅游地空间结构演进

旅游地空间结构概念里的"空间"，并不等同于物理学中的"绝对空间"和几何学中的"纯空间"，而是不断发生着新的旅游景区（点）开发、旅游流的流动和原有旅游区的扩大或缩小等现象。作为旅游活动聚集的空间有机体不是静止不变的，而是处于一个持续不断的演替过程之中，各构成要素之间的关系包括位置关系等都处于不断的发展变化之中，这种变化可以称为"成长"。也就是说，

[①] 陈睿，吕斌. 区域旅游地空间自组织网络模型及其应用[J]. 地理与地理信息科学，2004，20（6）：81-86，98.

旅游地空间结构要素在"时间—空间"上的不同组合,即不同时代、不同经济发展水平和文化背景会演变出不同风格的空间形态。

与之相对应,旅游的发展重心、动力机制及模式的选择也必然存在着差别。如果旅游发展模式采用适当,则会促进旅游业的发展;相反,如果所采用的模式与旅游发展的客观实际要求不相符合,则会阻碍旅游业的健康发展。因此,为充分发挥旅游功能,正确认识和把握旅游地空间结构的演变规律和现状特征是十分必要的,它们是旅游地空间结构优化的基础和前提。事实上,如何对旅游地空间结构进行优化,进而将其打造成为具有强大吸引力、综合竞争力和辐射功能的旅游地,是旅游业可持续发展的关键。即在对旅游地空间结构模式进行优化之前,必须首先确定旅游发展演化所处的阶段及应采用的模式。

一、影响旅游地空间结构嬗变的主要因素

旅游地空间结构的演化,是由内生变量和外生变量共同作用所决定的。[①]旅游地空间结构是一个繁杂的多维性空间组织系统,是在多重约束下的有序,其形成存在着复杂的、非线性相互作用,其发展呈现一定的波动性,有时甚至会出现暂时或较长时间的衰退现象。交通、通信技术的发达和经济的繁荣,使得空间结构得到拓展,即文化、地理、经济、行政是影响其空间组织关系的主因子,所形成的空间结构与空间组合随自然地理条件、交通条件以及旅游地发育阶段而表现出多种形态。因此,旅游地空间结构是上述因子主导下的多维组织。

同时,旅游系统具有辐射、扩散的动态特点,旅游地空间结构的演进必然受到旅游发展规模增长、旅游交通、旅游地生命周期、旅游发展政策及旅游空间"竞(争)—合(作)"等诸多因素影响,特别是受到旅游资源禀赋、地区经济发展水平、交通可达性、旅游基础设施条件、产业结构、集聚效益、区位因素与旅游市场需求如消费者偏好的改变以及旅游规划设置准入门槛和城市规模体系、职能与城市化水平等因素的影响,它们分别作用于旅游地,彼此关联,相互整合,共同推动旅游地空间结构系统的演进。(见图5-12)

---

① 尹贻梅,陆玉麟,邓祖涛. 国内旅游空间结构研究述评[J]. 旅游科学,2004,18(4):49-54.

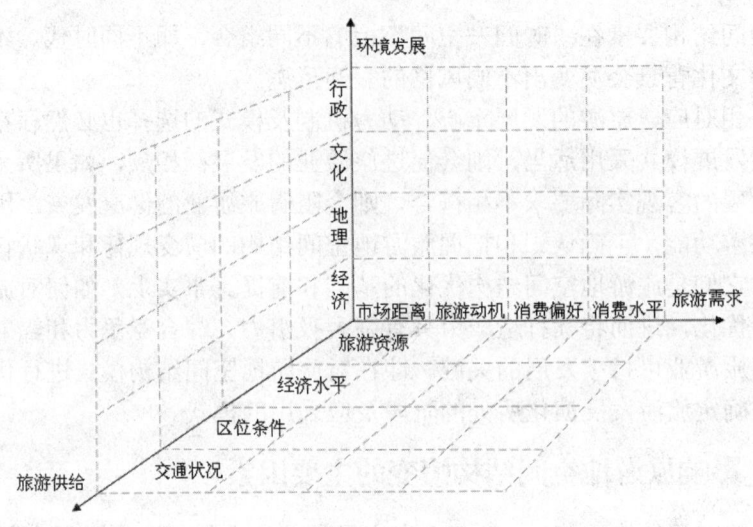

图 5-12 旅游地空间结构演进影响因素

1. 旅游资源因素

旅游资源是旅游业可持续发展的物质基础和旅游生产力增长的潜力所在（郭来喜，2000）。作为旅游地形成和发展的基础，也是旅游业发展和旅游景区（点）空间竞争的物质依托，对旅游地空间结构形成与内容有着深刻影响。旅游资源类型结构及空间分异特征直接影响空间集聚程度。特别是在旅游产业发展的最初阶段，呈现出较强的资源依赖性，即旅游资源的状况往往决定着旅游地的规模与发展格局，旅游资源质量和资源等级越高，旅游流集聚能力越强，越有可能成为旅游核心区。一旦范围中有重大自然或历史遗产发现，或重大建设项目落成，其资源质量等级提高，原有的旅游空间结构及旅游空间格局也将随之发生改变。学者们也从旅游地的空间布局出发，提出了"核式"、"双核式"、"三区结构"、"娱乐同心圆"、"核式环"、"带状"、"环城游憩带"等模型（汪宇明，2002）。

旅游资源可以说是旅游地空间结构演进的主导因素。具体来说，旅游资源禀赋决定了发展旅游产业的潜力，即旅游资源在数量上的多少、等级上的高低，旅游资源吸引力在空间上的强弱变化，以及旅游资源空间分异特征，都在很大程度上决定着旅游业的地域发展战略。旅游资源禀赋的差异造成了不同的旅游吸引力，是旅游者选择目的地的决定因素。同时，由于旅游资源具有"集中性"的功能属性，且其经济、交通等的指向性具有了空间上的内在联系性，这种结构性集中现象呈现一定的网络等级体系模式（尹贻梅，2004）。虽然说旅游资源内涵丰富，从理论上讲具有遍在性特点，但由于旅游资源空间上的不可转移性及差异性，现阶段的旅游资源开发具有选择性，首先要明确的就是旅游资源开发的优先顺序或梯级。

2. 经济发展水平

旅游地空间结构演进过程,既是空间生长的自组织过程,也是社会经济高速成长的结果。旅游业发展需要大量的资金、技术、人才、信息等方面的投入,包括基础设施建设、旅游接待设施建设、营销成本、资源保护费用等固定成本投入。因此,经济发展水平的高低直接决定着当地旅游产业的发展和空间布局,是制约旅游地空间结构形成发展的决定性因素。旅游地空间结构演化包括增量拓展和存量重组:增量拓展(外延式拓展)是指在空间上扩大,存量重组(内涵式拓展)是指在原有基础上的空间演替。而经济的发展客观上促使地域空间的不断拓展,旅游地空间结构也会随之发生变化。

旅游业发展与经济基础密切相关,经济发展水平对旅游产业布局的影响不仅表现在人造景观数量上的增加,同时也极大地促进了与旅游产业关系密切的交通、食品加工、邮政、电信、金融、保险、信息通信等行业的发展,这些行业的发展反过来又为旅游产业的发展提供了强有力的物质与服务支撑,使旅游产业空间范围不断扩大。因此,旅游地空间结构层次的高低及网络系统的发达程度等都会受到经济发展水平的直接制约。同时,由于旅游空间"生长"往往滞后于社会经济发展,因此,正确认识旅游地空间结构演进过程,进行旅游地空间结构优化,建立新的旅游空间秩序,将有助于旅游的全面、协调和可持续发展。

3. 旅游区位因素

旅游区位的独特性源于旅游资源和旅游产品的不可移动性,而具有差异性的旅游产品之间存在着竞争和溢出。人类进行各种活动必然要选择相应的场所,选择活动场所的地点/位置即为区位,景色优美的"滨江、靠山、临湖、面海"的地区大多成为旅游发展的优势区域。旅游区位主要体现在:为了满足人们旅游活动的需要,而在活动需求与供给之间形成的某种空间联系,也可以说是旅游景区与其客源地相互作用中的相关位置、可达性及相对意义,这种空间联系是旅游活动需求与活动供给之间竞争和适应的结果。例如,相关研究发现距离市中心60公里范围内是各类旅游地分布最密集的区域,究其原因主要是由于级差地租对旅游地的外推作用和出行交通阻力对旅游地的内拉作用在60公里处达到平衡;超过60公里后,尽管地租进一步降低,但由于出行成本提高,旅游地开发也难以得到市场认同(苏平,2004)。大、中城市周围的乡村旅游地分布总体上呈距离衰减趋势(除了在开始的30公里内),即与城市的距离越远,乡村旅游地分布越少;84%的旅游地集中在距城市100公里范围内(吴必虎,2004)。

换个角度来看,旅游地空间结构系统的成长过程也可以说是一个不断选择与之相适应的旅游空间发展区位的过程,是一个对区位开拓与占有的过程。旅游资源的地域性与旅游者偏好的多样性使得旅游区位选择必须强调从旅游供给与旅游需求两个方面以及双方互动的过程来考虑。一般而言，区位条件对旅游地空间结构的形成和内容均有重要影响。例如，临海地域大多形成以港口或港口群为核心的旅游空间结构体系，其网络往往呈密集扇形放射状向内地辐射。因此，区位指向也是影响旅游空间结构形成与发展变化的一支重要的基本力量。

就旅游企业而言，其空间区位选择除了与城市社会经济发展水平密切相关，受到诸如城市人口规模、城市旅游接待人次（客源规模）、人均GDP、城镇居民人均可支配收入、旅游交通发展水平等因素的影响外，还受区位因素及旅游企业空间区位选择行为的影响。如旅游企业一般偏爱选择在旅游空间集聚区布局，沿旅游交通轴线扩散布局是旅游企业空间区位选择的基本规律之一，往往会形成"点—轴"及多中心的旅游空间结构，并继而形成旅游"核心—边缘"空间结构。

4. 旅游交通状况

连接紧密、通达度高的旅游交通，尤其是快速交通是旅游地形成发展的不可或缺的先决条件、重要条件，也是旅游地空间有序发展和空间合理布局的关键，即便利的交通是联系客源市场和旅游目的地之间的桥梁，是旅游地成功发展不可或缺的一个条件（Kaul，1985）。旅游交通条件的变化如新的通达方式的修建等直接导致旅游地空间结构及其外部具体形态的演进，因为交通线路的拓展意味着枢纽地位的变更以及潜在旅游市场的拓展。特别是当旅游地加速发展时，旅游交通条件就越发显得重要。首先，由于旅游资源与旅游客源市场空间上的分离，旅游者必须借助各种交通设施才能完成旅游活动；其次，旅游交通中的线网密度、等级、连通性等，直接影响旅游地的可进入性，影响游客的旅游感应距离，进而对旅游地空间结构演进有着持续重大的影响。

空间可达性（spatial accessibility）因素制约并引导旅游要素向主要交通干线集聚，特别是多种交通方式交汇的区域性交通枢纽，则是旅游流空间集聚的中心。旅游交通产业的集聚能形成集聚经济与规模经济。旅游交通服务价格可能会随着旅游交通设施的完善与产业规模经济的获取而越来越低，而旅游交通服务价格的减少会促进消费者对旅游产品需求的进一步增长。旅游通达性的好坏直接影响到旅游时间效益的高低，进而影响到旅游者决策行为的发生，即直接影响到游客与旅游地相互联系、相互作用的强度。吴必虎（1994）通过等游线发现上海市民一日游集中于城市中心RBD及近郊游憩地，游憩者对于游憩设施的使用受距离、出游力、设施引力和可达性等因素的影响。

交通状况既是旅游经济活动中不可缺少的必要条件，也是旅游地空间结构发展变化的内在动力因素。对于旅游资源独特且等级高、客源市场前景看好、具有良好的旅游政策支持的旅游地，如果没有相应的旅游交通条件作保障，旅游开发只能是纸上谈兵。近年来，旅游交通基础设施的建设和旅游交通条件的改善，不仅提高了旅游景区（点）的可进入性，直接影响了旅游地空间扩散形态，也改变了旅游地的区位条件和作用范围。对旅游流的空间组织的直接引导，在旅游地空间网络中发挥着轴线的作用，也间接扩大了旅游市场规模。因此，旅游交通网络模式也是旅游地空间结构形成和演进过程中最活跃的因素。

因此，必须尽快加大旅游交通建设，解决交通"瓶颈"问题。旅游交通是旅游业发展的"咽喉"，一方面，加大主要客源地与旅游地交通网络建设，譬如新开航线，加强主要城市与重点旅游区的高速公路网建设；另一方面，完善景区内部和景区之间的交通网络建设，提高主要旅游区内部公路等级，增强各景区（点）之间以及各旅游圈之间的互通性。在旅游交通建设中，还应注意入口通道设计以及交通设施与周边旅游景观保持协调等问题。①

5. 旅游客源市场

旅游客源是旅游业赖以生存和发展的前提条件。在市场经济环境下，满足旅游者需求是旅游资源开发、景区（点）建设、游憩中心地功能完善、旅游线路设置等的根本目的之一。可以说客源市场是影响旅游地发展的核心因素，旅游客源市场的构成和空间上的分布等，直接影响着旅游地空间结构的形成与发展。例如，效用最大化和利润最大化使得两个旅游节点之间的旅游产品如果不存在差异性及替代性，那么两者的旅游收入变化仅受区位条件影响，即离客源地越近则旅游收入越高，那么旅游业将完全集聚在这个节点。总体来看，由于客源市场的规模、等级结构、组织化程度等与旅游地的等级体系、空间组织之间存在着密切的对应关系，使得客源市场必然直接影响着旅游地空间结构的演进。

实际研究中发现，旅游客源地和旅游目的地之间的"空间旅行相互吸引的程度"与大城市的区位特征有很大关系，大城市往往起到中枢作用，其他影响因素还包括相对的地理集中性、旅游吸引物以及地方或区域经济对旅游需求服务的供给程度（Lundgren，1982）。Campbell（1967）从游憩地理学的角度提出了城市范围内和区域内城市之间旅游空间结构研究的新视角：从一个中心城市出发的居民观光旅游多沿公路呈线状形成环路，表现出具有一定等级差异的空间结构。（见图5-13）

---

① 陈志军. 区域旅游空间结构演化模式分析——以江西省为例[J]. 旅游学刊，2008，23（11）：35-41.

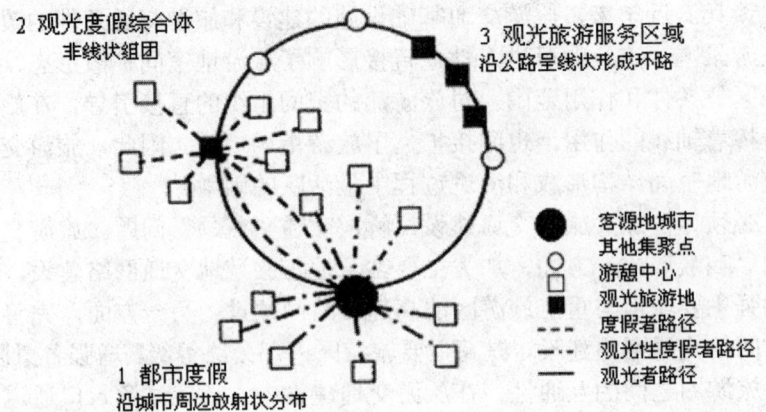

图 5-13 观光与度假旅游模型（引自 Campbell，1967，有修改）

针对不同目标客源市场的需求，个性化地进行产品开发。以杭州未来世界为例，从1997年8月开园到2007年1月关闭，未来世界一共"生存"了9年零5个月。未来世界经营失败的原因除了缺乏专业的管理团队、市场竞争激烈外，还与消费者需求的多样化及转变有很大关系。随着社会经济的发展，人们的生活方式日趋多样化，一部分人开始厌倦被动的机械游乐方式，更喜欢人性化、互动参与、亲和力强、文化内涵丰富的旅游产品。迪士尼有句口号是"永远建不完的迪士尼"，在经营项目上一直采用"三三制"，即每年都要淘汰1/3的硬件设备，新建1/3的新概念项目，不断给游客新鲜感，不断针对市场需要的变化进行产品开发，并引导市场消费潮流的走向，以此实现旅游地生命周期的更新延长和可持续发展。

旅游客源市场是旅游地发展的动力源泉，旅游地空间结构的演进与客源市场的拉动机制有着密切联系。不同的客源市场、不同的客源市场空间结构，必然要求不同的旅游地空间结构系统与之协调。旅游者属性特征如性别、年龄、职业、旅游动机、消费水平、消费偏好、旅游消费模式的选择、文化背景及空间上的距离，旅游者在旅游消费活动行为中对旅游地居民文化习俗、环境等方面的影响，特别是旅游需求结构及消费理念的重要变化等，都在潜移默化地推动着旅游地空间结构的演进。

6. 旅游地软环境

旅游发展离不开整体社会经济环境的支撑。软环境主要包括旅游地的政策、制度、教育等，在整个旅游活动过程中发挥着越来越重要的"润滑剂"的功效，是旅游地空间结构演进的重要影响因素。例如，在旅游业的各个组成部分中，旅游基础设施的规模经济最显著，需要投入的固定成本也最多。政府主导下的大规模旅游基础设施建设极大地降低了公私部门在旅游吸引物开发上的固定成本投入。[①]

政府政策与管理行为对旅游进程往往起着决定性的先导作用。政策方面，旅游发展政策是旅游发展目标的重要指南，是协调区内矛盾和区际关系、优化资源配置的重要武器，在旅游发展的不同阶段需要采取不同的政策。教育方面，旅游从业人员的受教育程度会直接影响到旅游管理和接待服务质量，是提高旅游地吸引力的一个关键性因素，同时当地居民的文化素质也影响着旅游地社会的文明程度和对外来旅游者的接受程度。因此，政策机制、投资机制以及市场机制等这些软环境要素都会从不同的层面影响着旅游资源的开发、旅游线路的形成、游憩中心地的建设等，进而推动旅游地空间结构系统的演进。

二、旅游地空间结构演进的动力机制

由于受到各种外界环境和自身结构的影响，旅游地空间结构系统发展并不是线性的，而是呈现出一定的波动性，甚至会出现暂时或较长时间的衰退现象。虽然从不同学科的视角，学者们都对空间结构演变机制及空间形态作了解析。例如，迈奥斯克（Miossec，1976）和戈曼森（Gormsen，1981）从空间结构和空间动力学角度观察分析了目的地旅游时空演变过程[②]，将旅游者的行为和类型同旅游者的地理分布模型结合起来考虑。欧珀迈（Oppermann，1993）指出，城镇网络和交通网络影响着区域旅游空间的态势，而在其旅游开发过程中，首都城市起着主导地位。Pearce（1995）识别出区域旅游供给的五大空间影响要素分别为吸引物、交通、住宿、支持设施和基础设施。刘锋（2001）运用"点—轴"理论分析孤立的数个旅游地逐步发展成为一定空间网络结构的过程。顾朝林（2000）认为，区域空间结构的演化本质上是人类社会经济活动在空间上的反映，也是不同利益群体间调整、平衡的图景等等。

总体来看，关于旅游地空间结构系统演变机制的理论探讨，一直远落后于实证研究，是相对比较薄弱的环节。虽然国内外学者们在发展阶段原理、扩散原理和依附原理的范式下，对不同阶段的旅游地空间结构特征和演化过程进行了深入研究。例如，关于旅游流研究的共同之处是突出强调大城市的中枢作用和旅游流的等级体系等。尽管这些模型之间缺乏有机的联系，缘由是研究者们采用了不同的方法，各自强调旅游目的地空间结构系统的不同部分，彼此相互孤立，但大多数都能够对分析和描述旅游地空间结构提供有益的启迪。

1. 空间相互作用机理

[①] 翁瑾. 规模经济、产品差异化与中国入境旅游空间结构的变动[J]. 旅游学刊，2008，23（6）：30-35.
[②] Gormsen E. The Spatio-temporal Development of International Tourism: Attempt at a Center-periphery Model [M]. In La Consommation D'espace Par le Tourism et sa Preservation, Chet, Aix-en-Provence, 1981, 150-170.

旅游地演化过程中的时空耦合是其重要特征。旅游地空间结构的形成和演进是旅游内部、外部各种力量相互作用的空间反映，是一种复杂的社会、经济、文化、环境的整合过程。这一过程的实现需要有动力的牵引（包括空间集聚与扩散等），各种动力在相互作用后的耦合体现为旅游空间重构和内部要素关联及外部联系的序列重组。由于旅游地演化过程涉及多种时空尺度，在不同的层次和尺度上，系统的运行方式和机制也存在着很大的差异。因此，对各层次结果进行综合分析是非常重要的。

旅游地空间结构的演进是旅游空间各组成要素之间的空间相互作用和组合关系发生变化的时空表现形式，空间积聚与空间扩散一直是这个过程中两类最基本的运动形式。旅游地空间结构的演进发展过程可以看作空间集聚与空间扩散相互作用在这一特定地理空间中的具体表象。例如，从空间上来看，旅游地中各个旅游节点（旅游景区或旅游吸引物集聚体等）的形成和发展，总会出现一个相应的旅游吸引范围。当有多个旅游节点时，它们各自的辐射范围边界往往会出现"此长彼缩"或"同步增长"的动态变化和市场结构的再组织过程，而这种空间的变化实际上就是各个旅游节点之间的空间竞争过程。

关于旅游空间的相互作用是如何推动旅游地空间结构演进的，可借用地理学和区域经济学的相关理论，以"中心地"理论、"核心—边缘"理论等为基础，构建相应的旅游空间结构发展及其相互作用机理的解释模型。例如，运用"点—轴"理论，解释从初期的较孤立的数个旅游节点（游憩中心地或旅游吸引物集聚体），通过"轴"（一定方向上连接若干不同级别的中心地而形成的旅游廊道及产业带）的带动作用，逐步发展成为具有一定网络空间结构的过程。"点—轴—圈"理论模型，解释旅游圈的形成机制：从旅游节点的增多和规模的扩大，旅游通道的建设，最后向整个腹地呈圈层式扩展，促使具有"点—轴—圈"空间结构与多重循环机制特征的旅游圈得以形成和发展。

借鉴哈格特（P. Haggett）关于空间系统要素的分析，可把旅游地空间结构形成演进过程分解为（见图5-14）：相互作用（interaction）——旅游节点之间空间不稳定的相互联系；网络（networks）——旅游节点之间通过轴线连接形成网络；枢纽（nodes）——旅游中心分布的形成与网络次生；等级系列（hierarchies）——旅游中心等级体系的形成；面（surfaces）——旅游中心体系共同的作用域出现；扩散（diffusion）——旅游中心的扩张。旅游网络结构同时决定目的地和客源地之间的距离及旅游交通便利程度，通过交通费用影响旅游流的空间分布（吴晋峰，2002）。

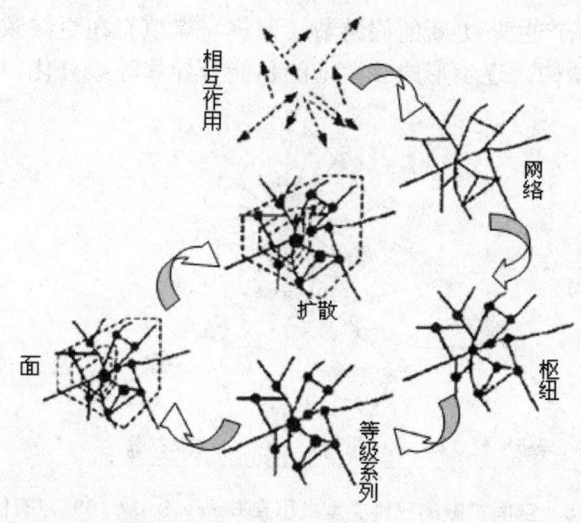

图 5-14 旅游地空间结构形成演进过程（引自 Haggett，1977，有修改）

2. 集聚与扩散机理

旅游地发展在空间上表现为空间集聚与空间扩散，即空间集聚和空间扩散是旅游地空间结构演进的最根本力量。集聚与扩散功能分别有三种主要表现形式：波状集聚/波状扩散、向心集聚/辐射扩散、等级集聚/等级扩散。根据系统的结构功能相关律，功能不能脱离结构而存在，必然要求旅游系统有一定的空间结构与之相对应。旅游生产具有规模经济的特点，集聚功能的存在是产生旅游节点之间和旅游地发展不平衡的主要原因，也是旅游地内部具有较强吸引力与辐射力的"旅游中心"形成的主要动力。而扩散功能则是缩小各旅游节点之间和旅游地发展不平衡现象的主要动力，空间扩散（见图5-15）是由旅游经济空间结构不均衡引起的，旅游者多样性消费偏好和旅游产品差异化是重要的分散力量。事实上，只要存在着旅游的"梯度"和"压力差"，就会形成空间扩散，并最终引导旅游地空间结构均衡化发展。

从旅游地空间实际演进过程看，经历着类似"飞点"—"辐射"—"横接"—"分叉"的自组织过程（王铮，2002）。在范围中，早期的旅游节点开发大多依托自然资源禀赋、特殊区位条件或历史沉淀形成集聚，然后在第一个旅游节（聚集）点之外出现新的旅游节（聚集）点，开始有不稳定的道路（旅游轴线）连通，即"飞点"过程，空间表现为飞地式的结构；接着不稳定的道路（旅游轴线）稳定下来，出现新的旅游节（聚集）点与初始旅游节（聚集）点的道路连通，即"辐射"过程；接着新聚集点之间发生连通，即"横接"；在"横接"发生的同时，新的旅游节（聚集）点发展了更新的旅游节（聚集）点，开始了"分叉"过程，

"分叉"过程不断产生，更新的旅游节（聚集）点填充在更细致的空间内部，形成了一种自相似结构，逐步形成旅游地的功能分异和等级分化。

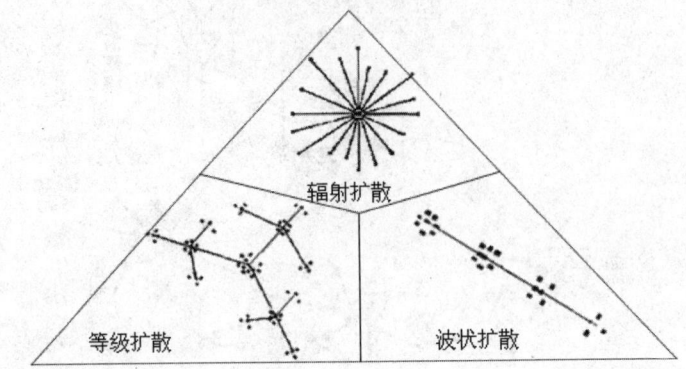

图 5-15　空间扩散的三种类型（引自 Berry B.J.，1991，有修改）

旅游基础和接待设施投入、旅游营销、旅游资源保护等都有显著的规模经济效益，足够大的旅游接待规模才能支撑起庞大的固定成本投入，而各类设施的改善、旅游营销的加强又能进一步吸引更多的旅游者，在这样循环累积机制的作用下，旅游活动会表现出高度的空间集聚现象。所谓旅游空间集聚区，就是指众多不同等级的旅游节点依托不同等级的旅游轴线在相对密集的旅游发展空间中，通过彼此密切的旅游经济联系与较强的旅游空间相互作用而形成的旅游空间集聚区。相关研究也表明，景区（点）系统的演化类似于有限扩散集团凝聚模型，得出景区（点）系统空间结构是分形的，具有比较明显的随机聚集分形结构（戴学军，2005）。目前可以归纳为旅游产业集聚的现象有：主题公园、旅游度假区、环城游憩带、著名景点周围等（邓冰，2005）。

3. 系统动力学机理

Weaver（1998）认为，在理解发展的动力和层次表现出的空间差异上，"核心—边缘"模型提供了颇有价值的基础框架。[①]借鉴 Laws（1995）提出的目的地发展动力学概念（见图 5-16），认为旅游地是复杂的适应系统，某一旅游地空间结构具有对外界环境较强的适应性和空间演化的长期稳定性。从系统动力学的角度来看，在旅游者涌入旅游地的市场推动作用下，地方政府或投资商加大了在旅游地的旅游设施、基础设施和接待业方面的投入，以满足旅游者不断增长的消费要求，并通过旅游业获得利益。随着旅游地设施及服务的接待能力的提高，有可能接纳更多的旅游者，这时需要对外界目标市场进行相应的目的地营销活动，以吸

---

① Weaver D. B. Peripheries of the Periphery: Tourism in Tobago and Barbuda. Annals of Tourism Research, 1998, 25（2）: 292-313.

引更多的旅游者前来访问。在旅游业经济利益机制的驱动下，投资商和政府进一步投资于基础设施、旅游设施和接待服务业。较长时间的旅游业的熏陶和推动，使旅游地的社会结构、经济格局、景观环境乃至文化品质都发生了一系列变化，一部分旅游度假者甚至迁移进入旅游开发区，原有的居民的性质也有了一定程度的改变，形成所谓新居民。而过度的社会文化和环境的改变，削弱了旅游地对外界的吸引力，可能会导致到旅游地造访人数的下降，旅游地出现衰退迹象，其直接后果就是各种设施利用率不足，大量宾馆客房开房率降低，投资者的回报率逐渐下降，使旅游地发展遇到挑战。这时有两个选择：其一是降低旅游地的等级，以更低的折扣价销售给消费者；其二就是对旅游地重新加以审视，重新规划开发新的旅游产品。

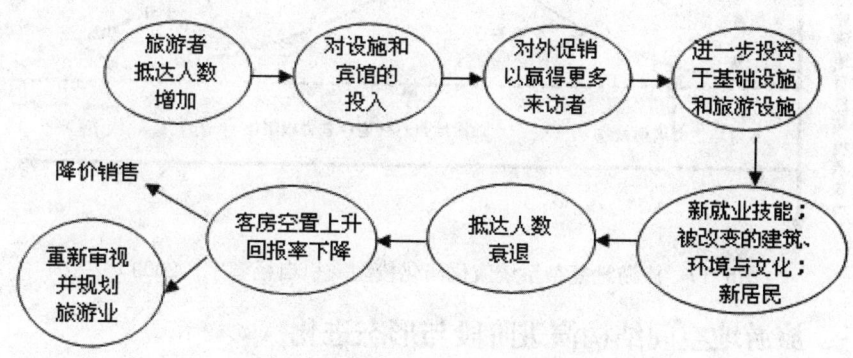

图 5-16　旅游目的地发展动力学（引自 Laws，1995，有修改）

　　旅游地是一个复杂的系统（见图5-17），审视其演化过程，是以旅游地复杂系统内部矛盾之间的"自耦合"与"自缠绕"及其反馈循环所形成的系统"涨落"提供驱动力的。[①]在一个有限的时空范围内，在内外因素复杂的竞争和协同作用下构成自组织系统，并以整体方式得以形成、演化、发展和衰亡。旅游地系统各个组成部分之间存在着耦合关系所形成的正反馈循环（positive feedback）或负反馈循环（passive feedback），前者对系统的演化起"自催化"与"自激励"的作用，从而促使系统不断自我更新、发展，但正反馈循环总是起放大作用，不断加剧系统偏离平衡；后者对系统的演化起"自稳定"和"抑制"作用。旅游地复杂系统演化过程中内部矛盾耦合关系及其形成的正、负反馈循环好似一对相互作用和影响的推力和拉力，促使系统围绕平衡点运动形成"涨落"，为系统演化提供源源不断的发展动力。

---

① 杨春宇，黄震方，毛卫东. 基于系统科学的旅游地演化机制及规律性初探[J]. 旅游学刊，2009，24（3）：55-62.

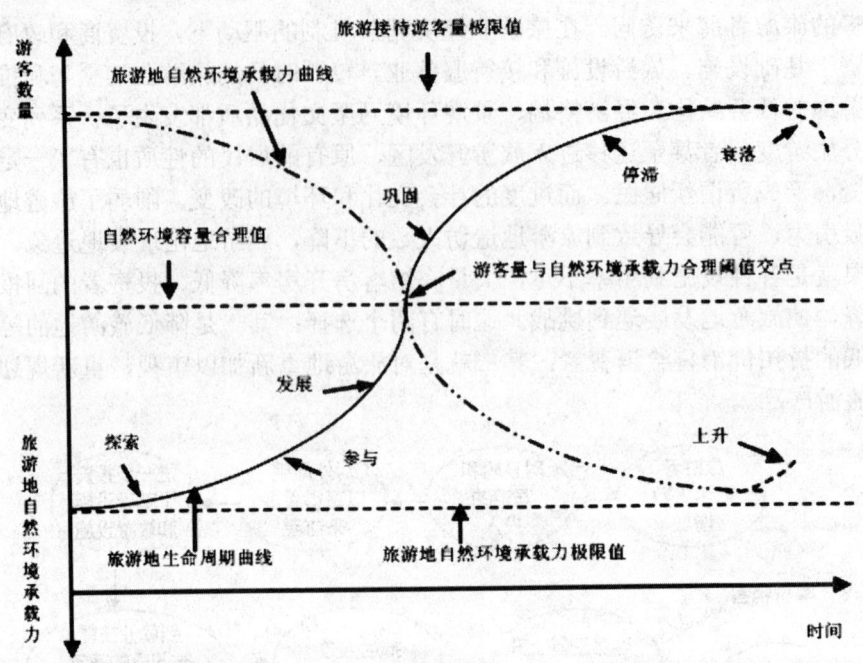

图5-17　旅游地复杂系统演化简化模型（引自杨春宇，2009）

三、旅游地空间结构演进阶段与形态进化

结合中国旅游发展实践，对旅游地空间结构演化模式的研究多从理论和实证两个方面展开。关于旅游地空间结构演化理论研究方面，如黄金火（2005）构建了旅游系统空间结构模型，提出凝聚型、放射型和扩展型目的地空间结构演变模式；卞显红（2002）提出城市旅游空间成长及空间结构演变主要经历单节点、多节点到链状节点三个过程，并对演变机制进行了理论探索；张玲（2005）根据旅游地发展规律，提出旅游地空间结构由单体景点旅游空间结构、旅游景区空间结构向城市旅游空间结构演化的模式等等。

基于旅游地所追求的发展态势与目标，可以特定旅游区整体（横向）发展为基本参照，以自身时序（纵向）发展为相对参照来探讨旅游地空间结构的演进，即基于旅游地发展的不同阶段分析旅游空间形态及特征是把握旅游地空间成长和空间结构演化趋势的重要基础。总体上还应注意从旅游市场、旅游企业等角度综合考虑，阐释其发展的机制，并预测演化不同阶段的转折点，构建相应的空间结构模型和空间演化模型，也为各种类型旅游地的旅游开发提供科学依据。

1. 旅游地空间结构演进阶段辨识

旅游空间行为创造了旅游空间过程，旅游空间过程不断地塑造着旅游空间格局,旅游空间格局反过来又影响着旅游空间行为。"旅游空间行为→旅游空间过程→旅游空间格局"的相互作用使得旅游地系统时空演化呈现为链式循环。随着旅游业的发展,特别是旅游经济快速增长的同时,必然伴随着旅游地空间结构的改变。纵观旅游的发展历程,是有一定内在规律可循的。即旅游地虽然一直处于不断的变化过程之中,但其空间结构形态和特征的演进总体上呈现出明显的阶段性特征,也可以说是不同的空间结构形态对应着旅游地不同的发展阶段。相应地,各个阶段所采取和适用的发展模式、发展机制和发展策略也将有所差异。

借鉴弗里德曼(John Friedmann)空间组织理论分析,结合旅游地系统内部的结构特征和不同演化阶段的特征,将旅游地空间结构演进过程大致划分为四个阶段(见图5-18):旅游在未大规模开发之前,即初期阶段,其内部各旅游节点是互不关联、孤立发展的,处于相对低水平均衡;随着旅游需求增长,旅游资源的加速开发导致了旅游地发展的不平衡,某些旅游节点由于多种原因综合作用而率先发展起来,成为整个旅游地的"增长极"和"旅游中心";在不平衡的发展过程中,旅游地内部又会逐步产生一系列次级增长中心,并通过旅游轴线(旅游要素的空间流动—空间集聚与空间扩散)相互连接起来形成互动发展的格局,直至走向旅游地空间一体化发展,进而构成高水平均衡发展的旅游地空间结构系统。旅游地空间结构形态上大体呈现出点→轴→网的演进过程,由不发达状态向发达状态过渡,最终达到成熟阶段,而在特定的地域背景下发育的旅游地空间结构形态则是上述形态模式的组合或衍生。

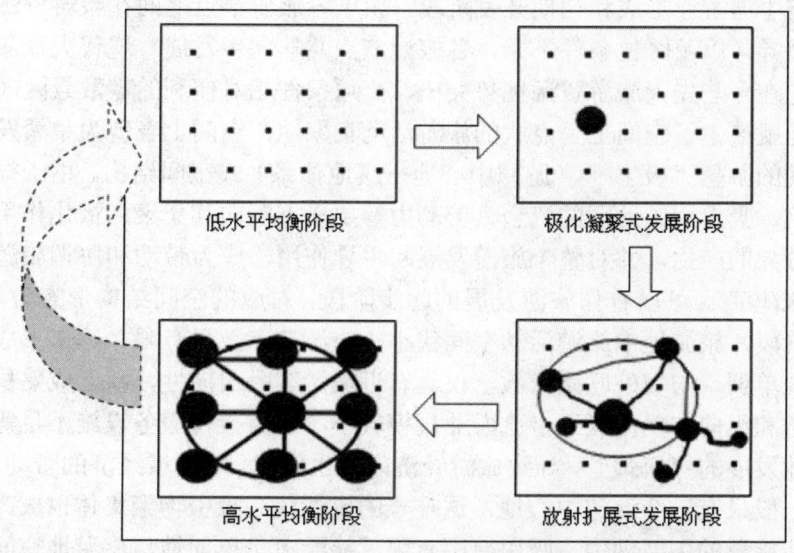

图 5-18 旅游地空间结构系统演化阶段

旅游地空间结构类型简单地可分为均衡型和非均衡型两种，当然，这个均衡是相对（稳定/有序）而言的。旅游地空间结构的形成和演进总是在"均衡→不均衡→均衡……不均衡→均衡"的螺旋式循环中进行的。就如同线性与非线性的关系一样，均衡型是一种理想状态下的空间结构，同时也是有条件的，如果脱离了一定条件就成为非均衡型。因此，旅游地空间结构发展的最主要运动规律就是不平衡性，旅游地空间结构也主要表现为非均衡型。在旅游发展过程中，旅游地空间结构与旅游发展是相互关联的。为了促使旅游地空间结构与旅游发展相适应，首先必须重视的就是相互之间的协调，均衡型的旅游地空间结构是旅游发展追求的最高目标，可通过对其持续不断的优化逐步实现。

（1）低水平均衡阶段。

该阶段以旅游经济活动分散孤立、地域小范围内的封闭式循环为特征，几乎不存在空间集聚效应差别，仅有少数的旅游节点，且基本上是自然及历史遗留下的旅游吸引物聚集体，几乎没有旅游服务设施。旅游活动基本上属于自发状态，周边近程市场是其重要来源，对外通道与旅游线路比较简单，反映的是前工业社会的特征，是处在准封闭型的自给自足的农业经济结构中，经济水平低下，各种旅游活动基本处于自发状态，旅游规模有限，旅游活动及影响空间范围狭小，旅游业集中混杂布置，没有等级结构，可以说其影响在空间上是均衡的，是一种相对稳定的初始型式。

（2）极化凝聚式发展阶段。

对应于旅游业形成和初期开发阶段。由于各旅游节点之间在旅游资源禀赋方面存在差异，以及区位条件不同，各旅游节点并非同步发展。现代大众旅游活动总是首先在一些先天旅游资源优势突出、交通条件相对便利的零散景区（点）产生，于是就产生了空间上呈点状的旅游活动集聚地，空间上表现为集聚发展，形成了早期的游憩"极/核"（游憩中心地—腹地体系）式空间结构。由于投资收益相对较高，吸引周围地区的资金、劳动力等要素不断向其集聚，极化作用导致旅游空间分异的产生，并对整个旅游发展起主导作用，成为带动和协调旅游发展的增长"极/核"，可以看作旅游发展的起步阶段，对应的空间结构形态为集聚形。

此阶段，旅游地中旅游活动空间狭小，旅游节点数目有限，远未形成规模，旅游景观单调，与域外联系松散，仅具有近域游客吸引向性，缺乏成熟稳固的旅游产业链和纵向与横向联系，旅游业规模较小，旅游接待服务设施不足等成为制约旅游业发展的"瓶颈"，导致旅游经济效益也较低，对区域经济的带动力有限。此时，一般只有一个游憩中心地，这唯一的旅游核心吸引物聚集体也成为吸引旅游者前往旅游的主要动力，吸引范围有限，旅游流呈单向性，旅游地空间结构体系总体上呈现为非均衡发展态势。

这一阶段，旅游开发的重点是空间核心极化，即加强"旅游中心"的吸引力和相关产业要素的配套建设，不断增强自身资金积累能力，通过集中有限的财力、物力，重点开发1~2个旅游节点，以进一步增强"极/核"的极化作用，逐渐形成具有一定规模的旅游中心地，使其"增长极"的作用得以充分发挥，进而向更高层次和更加完善的方向发展演进。

（3）放射扩展式发展阶段。

可以看作旅游发展的成长阶段。随着旅游规模的空间扩张，旅游资源潜力被充分认识并逐步得到深度开发，不断有新的具有不同旅游主题的人工旅游吸引物聚集体建设，形成了数量上越来越多的旅游节点，旅游景区（点）数量呈几何倍数增长，旅游区范围不断增大，旅游产业规模亦进一步扩大。由于旅游核心区对客流、物流、信息流的过度集聚使其旅游环境容量开始达到饱和甚至出现超载，土地供应不足、旅游成本上升等问题开始出现，同时又因旅游交通和旅游设施等不断完善，游憩中心地对周边地区旅游流的扩散作用日益显现。特别是旅游轴线周边地区的一些旅游节点逐步得以有效开发，开始呈放射状的发展而形成许多各具特色的次一级游憩中心地，旅游者数量进一步增长，旅游流呈现出双向性，旅游空间结构向多极化发展，并形成了不同的等级体系。

此时，旅游通道系统滞后的矛盾日益凸显，取代旅游接待设施不足的问题成为制约旅游业发展的主导因素。出于发展旅游业或振兴旅游经济发展的需要，政府大都会将建设重点转向交通、水电、通信等基础设施，使得对外通道与旅游线路得到迅速发展，旅游地可进入性增强，各旅游节点综合吸引力有了较大程度增强，旅游服务体系逐步完善，旅游功能已基本健全，形成了较为成熟、稳定的客源市场，旅游中心地对周边地区旅游流的扩散、作用显著，旅游业发展已由最先的空间集聚转向空间扩散，以从极/核向外扩散由高到低逐级递进和均衡化方向发展为特征，即以向边缘扩散为主要特征，对应的空间结构发展形态为多极化扩散形。其演化的趋势主要是综合化、快速化、灵活化、舒适化、景观化，在旅游地范围中形成了不同等级的"点"和"轴"，相互连接构成了分布有序的"点—轴"空间结构模式。从某种程度上也可以说，在这一阶段，正是对外通道与旅游线路的发展变化导致了旅游地空间内部组织结构的变化和外部具体形态的演进。

此阶段，旅游增长速度较快，一般采取重点发展国际旅游的战略，通过国际旅游的带动作用，以面促点，以点带面，不断拓展市场，进而促进国内旅游及旅游地的整体发展。当然，次一级游憩中心地的选择与开发应特别谨慎，一方面是因为受到旅游通道系统的制约，旅游流扩散效应有限；另一方面要考虑旅游地的近距离替代效应和屏蔽效应，既要靠近一级旅游中心地，也要注意突出特色，应能与一级旅游中心地形成互补增强优势，避免恶性竞争。

(4) 高水平均衡阶段。

此阶段为旅游发展的成熟阶段，是旅游业相对比较发达的阶段，以网络化、均衡化、多中心为主要特征，对应的空间结构发展形态为均衡型。随着旅游功能的日益完善，使得更多旅游景区（点）得到开发，人工旅游吸引物聚集体开始在数量上超过自然和历史文化脉络所遗存的旅游吸引物聚集体。随着"点"与"点"之间多路径联系通道的建立与完善，许多二级、三级旅游节点依托一级旅游节点不断得以开发并不断演进和提高其等级，旅游综合吸引力进一步增强，旅游市场范围不断扩大，各级旅游中心已具有较强的集散功能，对旅游地系统的整体功能、规模及发展方向起着制约作用。

在此影响下，旅游地范围进一步向外扩张，形成若干具有"飞地"性质的二级旅游目的地区域。以此类推，即形成了以一个中心旅游地或数个职能分异、互补的次一级旅游地为核心，其空间形态表现动态均衡，呈"一级旅游中心地→二级旅游中心地→三级旅游中心地→……→旅游腹地"多中心纵横交错的网络状空间结构，各级旅游节点通过发达的旅游轴线形成了网络状互动体系，旅游经济联系增强，旅游差异逐渐缩小，趋向旅游地空间一体化均衡发展。另一方面，突破行政区边界限制的城市连绵带空间结构趋于形成，也使得旅游具有了对外界环境较强的适应性和空间结构演进的长期稳定性。

此阶段，旅游业发展已经形成规模，旅游经济效益提高明显，旅游基础设施和旅游通道系统的改善不但使系统本身获得了充分发展，而且在系统内部已经形成合理的旅游业分工合作体系和成熟、完备的旅游服务网络体系，旅游业稳定、高效、有序地运行，形成成熟、完备的旅游产业链系统。此时，空间聚集与空间扩散同时并存，形成了规模较大的旅游区，互为条件、互相补充。交通网络的连接与地域空间的融合促使旅游空间结构趋向多中心协调共轭与多层级旅游区一体化融合的空间发展格局。

在这一阶段的旅游地空间结构发展演进中，一方面，空间聚集效应使旅游地空间形态出现RBD（游憩商业区），旅游产业链的凝聚，旅游六大要素服务体系相对完善，各企业间相互联系合作扩大，旅游集散中心带动区域内旅游产业的发展；另一方面，空间扩散效应使得旅游发展开始向外围地带延伸，形成环城游憩带状空间布局特征。旅游发展的重心已转为加强合作和协调，通过适应旅游市场需求多样化产品的开发和创新以及旅游形象的塑造，增强旅游地整体竞争力，扩大旅游市场范围，促进旅游整体的和谐发展。

2. 不同阶段的纵、横向互动与响应

旅游地空间结构的形成和发展具有阶段性，它随着旅游发展的深入而逐步深化和清晰起来。根据旅游地空间结构形成的时间，可将旅游地空间结构演进分为不同的阶段。从另一个角度来看，在旅游地空间结构演进过程中，不同时间段、不同空间区位的组合特征决定了旅游空间的具体表象，表现为纵向响应和横向互动上。（见图5-19）事实上，旅游空间一体化发展应是一个不断集聚和扩散的动态过程，可根据具体的时空特征，进一步研究不同层次旅游目的地系统的空间相互联系，从时空向度审视旅游发展的战略思路。

正如卡尔西所说："空间和时间是一切实在与之相关联的。我们只有在空间和时间的条件下才能设想任何真实的事物。"[①]时间向度和空间向度的结合构成整个旅游活动的舞台。因此，旅游地空间重构与提升也必须遵循时空二元一体的技术思路进行辩证思考：在空间向度上，具有广度、高度和深度；在时间向度上，能够立足现在，瞻前顾后，沟通过去（历史场面）和未来（理想图景）[②]，即在提升特定空间区域的旅游时间价值时，要时刻注意把握现在的发展机遇，将过去和未来作创意对接融合起来。换而言之，当务之急是按照差异化的战略定位求解空间项目形态的"是谁"（属性定位和价值判断）的问题，而"是谁"则取决于"从哪里来"和"要到哪里去"，前者是历史遗产的发掘继承问题，后者是未来途径的拓展创新问题。（庄志民，2007）

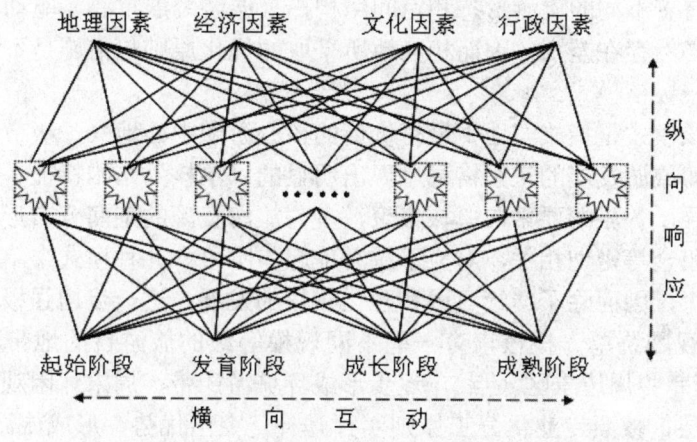

图5-19 旅游地中各旅游节点纵、横向互动与响应模型

旅游资源禀赋的差异、区位的差异和社会经济实力的差异，以及由此引发的旅游产品和市场的差异，使得旅游发展的不均衡增长成为一种必然的现象。当然，从理论上讲，对不同尺度的旅游地空间结构系统的研究需要在对区域特征和空间结构实际状况进行分类的基础上，选择相对应的便于操作的应用模型对区域发展

---

① 卡尔西. 人论（中译本）[M]. 上海：上海译文出版社，1985：54.
② 庄志民. 上海都市旅游规划的时空审视及其战略取向[J]. 旅游学刊，2007，22（4）：43-47.

过程进行对应模拟、预测和调控。旅游地空间结构演进可以看作一个"自构—自解"和"被构—被解"的过程，它既是一个"涨落有序"的自组织过程（self-reorganization），使得诸多游憩中心地组织体系在规模、等级分布及功能组合上发生变化，也是一个不断受到社会经济发展铸造的过程。

3. 旅游地空间结构形态模式嬗变

旅游地总是处于不断的发展演进之中，经历着一种由不发达状态逐渐向发达状态过渡、由不成熟逐渐向成熟方向演进的过程，也使得旅游地空间结构具有了对外界环境较强的适应性和空间演进的长期稳定性。在旅游地空间结构不断更新的过程中，旅游地结构要素在空间上的不同分布与组合，使得旅游地系统有着丰富多样的内部形态和结构，不同发展阶段对应着不同的旅游地空间结构，相应的旅游发展的重点以及模式必然存在差别。一般呈现出由"单一极核模式→多核互动模式→网络一体模式"的演进过程，也就是说，在旅游的不同发展阶段，旅游地空间结构既表现出一定的共性，也存在着明显差异。对旅游地空间结构的优化，必须是建立在对旅游资源赋存状况、客源市场、地理区位、交通线路等情况以及目前形成的空间结构进行综合分析和合理评价基础之上的。处于不同发展阶段的旅游地有着不同的旅游形态和空间结构，其旅游发展重心、驱动机制及旅游模式选择也必然存在差别，因而相应地所采取的优化原则与措施是不同的。

（1）单一极核模式。

单一极核模式是指旅游地中最有价值的核心游憩中心地（一级节点）集中在一个地域，即旅游发展的空间格局呈现出明显的"单核"结构特征，主要以空间极化状态主导，各旅游要素向单核集聚，多与旅游资源的空间分布形态和旅游产业土地投标租金等密切相关，对应于旅游地起步阶段。此种模式中单一极核的旅游压力比较大，因而除了继续巩固和强化极核的发展、进一步增强极核的极化作用之外，重视围绕单一极核培育一些不同规模等级的旅游目的地带和旅游景区（点），配套完善周边景区（点），逐步形成环城游憩带、周末休闲观光带、度假带等功能圈层，按照专业化分工原则实行互补，突出优势，形成旅游产品系列，刺激次一级旅游极核的发育，从而逐步带动全局，即单核提升功能使其辐射效应超过极化效应，逐步实现由单核心向多核心的空间结构转变，由不平衡向相对平衡发展的转变。（见图5-20）

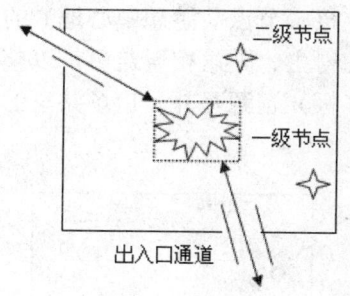

图 5-20　单一极核模式

（2）多核互动模式。

多核互动模式，指旅游地发展中已形成具有一定规模的两个及以上的核心游憩中心地，对应于旅游地的发展阶段。随着旅游规模的扩大、范围中新的旅游资源的开发建设，旅游形成空间上的旅游多级聚集现象使得在旅游空间结构上呈现多极（核）化发展。此类模式较多，它的形成不仅与规模有关，有的还与自然环境特征有关，如河流、海滨、湖泊等。

多核互动模式发展要注意依托多个增长极核形成多个旅游"圈/板块/带"相向互动的"核心—边缘"式扩张，或沿主要发展轴线（若干具有资源禀赋和开发潜力的重要交通干线经过的地带）"点—轴"渐进式梯度推进，不断实现分散的点状"极/核"向团块状的"极/核"转化。过程中要注意次一级中心地的开发需特别谨慎，因为旅游地有近距离替代效应。多极核相互作用、相互渗透的结果是逐步缩小旅游地的区内差异并实现均衡发展。旅游"圈/板块/带"只是反映一种围绕"极/核"所进行空间与功能组织的关系，并非是固定的概念，可根据自然环境的差异以及区域性质和发展阶段的不同，采取"指状模式"、"平行切线组合式"、"放射长廊组合式"、"反磁力中心组合式"等不同的空间组合形式（张京祥，1999）。

"双核/带状互动"，即有两个/多个相对独立的一级旅游节点（旅游景区或游憩中心地等），其规模以及对旅游者的吸引力大小类似和相近，旅游地空间结构优化的关键在于改变彼此之间孤立的发展状态，从旅游地整体角度出发，确定彼此旅游形象的合理定位和旅游产业的专业化分工，在旅游产业和产品重组中形成主导旅游产品集群和旅游产业的互动，通过功能错位与优势互补，形成"双核/带状互动"，进而共同带动其他区域发展。

"三角互动"，即有三个（或若干）实力大致相当或其中一个略强的一级节点，在空间上表现为稳定的三角结构。由于三角形在几何特征上具有空间集约性、灵活延展性，因此，旅游地空间结构优化的关键在于营造一种合作性竞争、共生多赢的空间关系，即突出首位核心节点（游憩中心地）的旅游形象，副角节点发展专业化特色旅游功能区，使得主、副角相得益彰，以整体优势促进旅游地的可持续发展，即利用三角（或多极）资源互补、市场共享的优势，实现区域旅游协同发展的目的。（见图5-21）

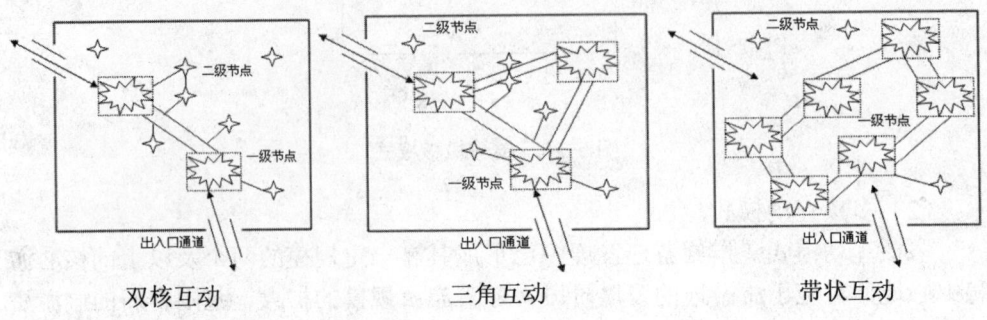

图 5-21　多核互动模式

（3）网络一体模式。

"网络"是由点状、线状和面状要素相互联系组成的系统，是商品、信息和资金、劳动、技术等生产要素的流动网及交通、通信网，也是要素和信息流动的渠道，可抽象表征复杂的相互关系及空间结构。网络是区域空间各组成客体的相互位置关系的表现，也是空间经营者和管理者之间的关系；网络是一系列相互联系的节点，可能有一个等级，但没有中心，节点之间的关系是非对称的（Manuel Castells，1998）。虽然早在20世纪80年代"网络"就已成为各学科中普遍使用的通用术语，多年来旅游（特别是旅游地理）学界强调旅游网络的研究是旅游（旅游地理）学的一项重要任务，但专门关于旅游网络的系统的理论和实践方面的探讨并不多。

关发兰（1992）应用网络结构理论对区域旅游空间结构进行分析，对在空间相互作用机制和距离衰减机制作用下，区域旅游网络的形成需具备的条件进行了分析和总结：旅游地的空间相互作用呈互补增强效应，网络节点之间的距离相对其他区域较近，各节点间交通联系比较便利。

张立明（1996）在研究湖北旅游网络结构时对区域旅游网络的基本概念进行了定义，认为区域旅游网络是指依靠各种交通线路、交通方式连接而成的一组大小不同、功能各异的旅游地体系。

吴晋峰（2002）等将旅游系统空间结构模式界定为以目的地和客源地为节点、交通线路为连接所形成的占据一定空间范围的网络。

陈睿（2004）认为，三峡区域旅游目的地空间网络组织采用以三角形环路相互耦合嵌套形成的地理推进式连通网络最为合理。

徐露农（2005）解析了长江三角洲区域旅游合作发展的既有网络和区域旅游合作发展的网络化倾向，提出了长江三角洲无障碍旅游区网络化的发展模式。

综合长三角区域旅游城市旅游发展情况和地理位置及目标市场与系统内部空间结构的相互作用关系等，江金波（2009）将城市间交通线路视为连接，构建长三角区域旅游系统空间等级模式。①

借鉴学者们的相关研究，总体认为旅游网络是一种"要素—时空"联系形式，是不同等级和类型旅游地系统的有机合一现象，主要依据旅游资源、交通布局、客源市场和游客流向以及区位、基础设施、接待服务设施诸要素，以彼此相互协作的服务、管理为基础，跨越行政区界线，把空间上相邻地区的不同层次与级别的旅游节点有机连接而成的综合性网络，并形成结构完善、规模适宜的协调旅游发展格局。其意义在于充分利用旅游资源和旅游设施，发挥旅游整体优势，突出重点和特色；有利于旅游客流在地域范围内和季节上的均衡分布；有利于开拓客源市场；有利于加强人、财、技术、信息的流动。网络一体化发展标志着旅游业已进入相对成熟的高水平发展，对应于旅游地的准成熟阶段。（见图5-22）

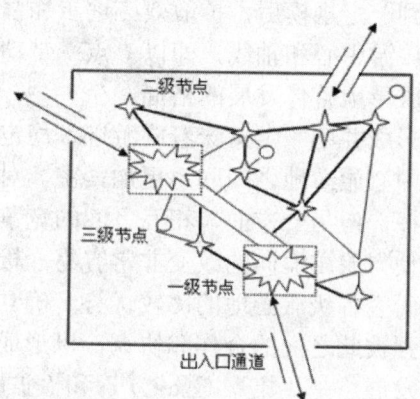

图5-22　网络一体模式

网络一体模式的形成是伴随着旅游经济的不断发展，依赖协调的网络组织体系，各游憩中心地之间通过旅游轴线发生作用的频度、深度和广度不断增加，相互间的联系逐渐紧密，与周围旅游节点不断发生联系而形成的旅游网络系统。比较而言，此种模式更加强调节点性和横向联系，各旅游节点之间的分工是旅游产品生产过程或功能上的分工，通过双向或多向辐射形成有序的空间导向，发展过

---

① 江金波，余构雄. 基于生态位理论的长江三角洲区域旅游竞合模式研究[J]. 地理与地理信息科学，2009，25（5）：93-97，101.

程中竞争与合作共存。具体来讲，要形成多个一级节点，通过积极培育二级节点，使其在功能上与一级节点互补，进而形成多核心的旅游极化区域；以发展轴线为骨架，以各级节点为极化中心，组建功能、空间形态相互整合的块状核心地域单元，完善旅游基础设施网络和旅游要素市场，形成分工明确、特色鲜明、高效运营的旅游地空间结构网络，以实现旅游效益的可持续增长。

四、旅游地空间结构演进规律

旅游地是一个动态开放的系统，存在着发生、发展、兴衰、演替的过程。随着旅游的不断发展，旅游地空间结构的演进总是遵循由"点"到"轴"，再由"轴"到"网"的演进过程，并趋向旅游地空间一体化发展，它也是旅游地空间组织和空间结构的理想状态。其中的"点"指旅游地空间结构系统中的旅游节点，即旅游地中的各级旅游景区（点）、游憩中心地或旅游吸引物集聚体。"轴"指沿旅游通道两侧发展而形成的线状旅游吸引物集聚区（带）。"网"指通过"点"、"轴"联系紧密且呈网络化密集发展的旅游区。旅游地范围中，在极化效应作用下，首先开始旅游"点"的集聚，当集聚程度不断加强，一些旅游节点就形成旅游中心。旅游中心发展到一定规模后，扩散效应逐步加强，沿着旅游轴线会形成重点旅游区和次一级的旅游中心和轴线，即以"点"带动"轴"，以"轴"促进"网"，并进一步形成旅游地整体发展的格局。

网络型空间结构的形成并不一定意味着旅游进入稳定、高效、有序运行的成熟阶段。因为虽然各级中心旅游地之间联系更加紧密，对旅游流的集聚和扩散效应得到了最大限度的发挥，但另一方面，相互之间的竞争也会变得异常激烈，因为发达的旅游通道体系使得旅游流向的改变非常容易，极易造成旅游地之间恶性竞争的局面。还需仔细研究各级旅游地的比较优势，确立各自的特色和旅游业发展的主导方向，同时加强彼此之间的合作和协调，以形成合理的分工合作体系。

旅游地空间结构的发展总是"集聚（极化）"和"扩散"两种力量不断对比、较量和抗衡的结果，也就是说，空间集聚和空间扩散是旅游地空间结构演进的最根本力量。（见图5-23）空间集聚（极化）与空间扩散往往互为条件，互相补充；也可以说是相互依存，相互制约。当空间集聚（极化）效应强大时，可以产生规模效应、扩大辐射范围和形成区位特色，加剧了旅游地空间结构的不平衡，形成"极"化的空间结构，即旅游地空间结构趋于不平衡发展；当空间扩散效应强大时，范围中各级旅游节点间的旅游客流均匀分布，有利于逐步缩小旅游地内部旅游经济水平差异，即旅游地空间结构倾向于均衡发展。因此，旅游地空间结构的演进总是处在不均衡与均衡相互交替、相互转化的发展过程中。

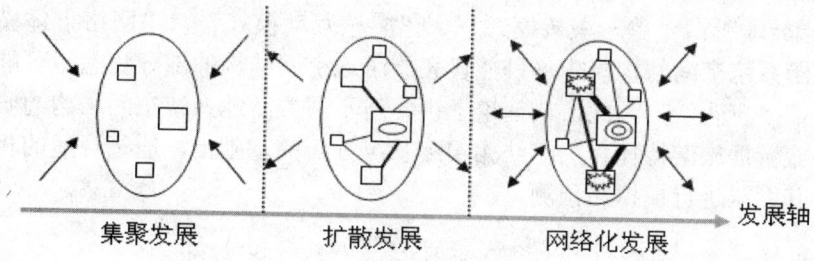

图 5-23 旅游地空间演进规律

由"点"到"轴"再到"网"的演进机制同样是空间极化效应与空间扩散效应的交互。在空间极化效应下，旅游地空间结构发展开始"点"的集聚，随着聚集程度的不断加强，一些"点"逐步成长为"增长极"，再进一步集聚到一定规模后，空间扩散效应开始强大起来，"增长极"通过空间扩散效应影响和带动周围地区的发展，这一过程往往首先发生在旅游通道沿线附近，形成"轴"，即旅游地空间结构的形成与演进具有以主要旅游交通干线为扩展轴的特征，"轴"的交叉与组合形成了更大的空间扩散效应。因此，旅游地空间结构的演进过程，其实质是游憩中心地在旅游地范围内的"集聚→扩散→再集聚→再扩散"的空间重组循环发展过程。

人为方式对旅游地空间结构发展与演进的干预几乎一直存在。事实上，旅游地空间结构只有变化，所谓旅游地空间结构的发展及优化，都是从人及人类社会的角度来看的，旅游地空间结构优化本质上就是一种有目的的人为主动干预和影响。J.B.麦克劳林认为："控制能够使偏离系统目标的变化，维持在可允许的范围之内。"因此，为了保障旅游地空间结构有序演进，需要增强人为对它的规划、设计与组织、引导，以调控、约束它的发展过程与方向，以实现空间结构要素与系统的有机耦合、结构与功能的相互促进、阶段与状态的高度统一，并最终实现旅游地空间结构网络一体发展的终极目标。

旅游地空间结构的演进，是旅游地系统各构成要素之间相互作用和相互关系发生变化的空间表现形式，主要表现为旅游系统的整体功能增强或减弱、等级提高或降低、结构有序度增大或减小等。相应地，旅游地系统的空间范围也会出现扩张或收缩的不同表现形式。在旅游不同的发展阶段，可根据该阶段的发展特点，通过最佳的组织形式形成最佳的空间结构，从而达到最佳的发展状态。以市场机制调节为主导，通过旅游要素流动实行互补，加强分工合作，促进整个旅游地系统的成长与发展，推动其由低级到高级、由简单到复杂的演替与优化，以趋向达到更高水平的平衡和可持续发展。

事实上，任何地理模型的建立都只是在理想状态下对现实地表空间发育状况的一种抽象[①]，所谓"单一极核模式"、"多核互动模式"、"网络一体模式"等多种旅游系统空间结构模式，只能代表旅游地空间结构的部分状态，可能存在一定的表征"盲区"。因此，从理论上讲，对不同旅游地系统空间结构的研究需要在对该旅游地旅游特征和空间结构实际状况分析的基础上，选择合适的相对应的模型对其发展进行模拟和预测。

第三节　旅游地空间结构优化

理想化的旅游地空间结构应是网络一体模式，是"旅游节点、旅游轴线、旅游域面"三大空间结构要素在这一特定地域空间上相互作用以及有机融合为一体，表现出十分丰富的形态和结构，且各种旅游经济实体空间联系交错密集，呈网络化发展运行。它也是一个动态发展的过程，以分等级层次的"多极（核）、多轴（线）、多区（域）"为特征，呈平衡的一体化发展格局。就是在承认竞争和利益冲突的前提下，在强调差别化战略的同时，着眼于发展和保护共同优势，强调从竞争中产生新的、创造性的伙伴关系，扩大各自的共享领域，通过内部结构的重构和功能的创新，重新塑造独特的、不易模仿的战略资源和竞争能力。此外，强调通过利益的共享和义务的共担，在市场中共同进化、共同发展、共同适应，寻求双方或多方的共存共享和互惠共赢，以期获得任何单个一方无法达到的高水平和整体的最大利益，构筑一个统一和谐的整体。（见图5-24）

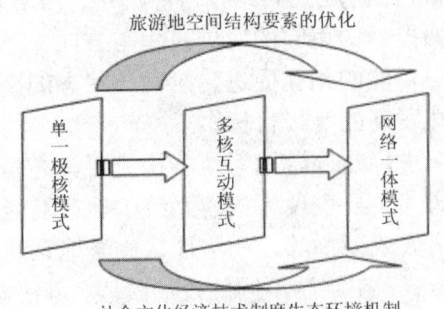

图 5-24　旅游地空间结构优化

网络化发展是旅游地空间结构优化的目标与方向，也是区域旅游"竞（争）—

[①] 王恩涌，赵荣，张小林等编著. 人文地理学[M]. 北京：高等教育出版社，2000：13-20.

合（作）"的理想组织模式。网络化发展一般要满足下列一些条件：具有形成网络的高质量、高效率的各种旅游设施；各旅游景点、旅游产品、旅游服务等各方面高度发展并形成分工协作体系；旅游市场畅通，各种要素可以自由流动，旅游结构趋于合理化与规范化；组织功能不断完善，各级政府机构、旅游组织之间相互协作等。网络化发展是一个长期的过程，需要分阶段推进。对处于同一区域的旅游地来说，如何在竞争中实现双赢，促使由相互竞争态势变为互补的"竞争性合作"？可通过旅游景区（点）网络化、交通网络化、产业网络化、企业网络化、市场网络化、组织网络化等各个子（分）网络共同构成旅游地中互补、协作和竞争的大旅游产业体系，形成合力，并共同推动区域旅游的发展与壮大。

一、旅游景区（点）网络化

旅游景区（点）在旅游产业中处于核心地位，就中国旅游业目前的发展状况而言，旅游景区（点）依然是旅游吸引物中最重要的组成部分，其景色的优美程度和吸引力的大小，往往是吸引旅游者来此旅游的原始动力。可以说，某一区域旅游景点（区）的布局状况在很大程度上决定了该区域的旅游空间结构。然而，由于近年来旅游开发的无序，旅游景区产品同质化现象严重，寄生及搭车产品较多，资源浪费严重，综合效益不高。因此，构建层级性网络化旅游景区（点）空间发展格局，即以旅游景区（点）为空间地域单元进行空间结构优化更具有实践意义。旅游景区结构是指区域内不同旅游景区在空间分布上以及与周围环境相互作用形成的结构。旅游景区（点）体系的网络化发展，构成组团状、树枝状等网络结构，也是区域旅游发展的基本趋势。

就旅游景区（点）系统本身而言，它是不断进化演变的，通过旅游流（旅游客流、旅游信息流、人力、财力和智力流）的输入与输出和外部环境进行物质和能量的交换。旅游客流增加旅游景区（点）系统的熵，导致系统不稳定而不断地发生演化，而通过旅游信息流、人力、财力和智力流又不断地增加旅游景区（点）系统的负熵，使系统在新一阶段保持稳定性，就是在旅游流的这种不断破坏稳定和在新的水平重建稳定的过程中，旅游景区（点）系统不断进化演变。可通过重点扶持、发展特色景区和景区集聚带，引导同类景区向"端点"聚集，向集群方向发展，进而推动旅游景区集群结构的优化升级。

从旅游景区（点）系统的特性来看，很明显具有无标度性。同时，整个系统几乎可能是部分各要素以准自我仿射结构进行不断迭代生成的。[①]旅游景区（点）

---

① 戴学军，庄大昌，丁登山. 旅游景区（点）系统空间结构网格分形维数研究[J]. 人文地理，2009，（4）：120-123，37.

系统的演化类似于有限扩散集团凝集（diffusion limited cluster aggregation）模型[①]，所有的景区（点）大集团空间结构都呈分支状，很不均匀，景区（点）集团聚集时存在明显的屏蔽效应，同时也体现出景区（点）系统空间结构的自仿射性分形特征，景区（点）系统从中心向外围有递变（递增或递减）的趋势，在不同方向上递变的比率是不同的，即景区（点）的空间分布越往外围越集中（或均衡），且不同方向上的集中性程度是不同的。

旅游景区（点）系统的优化目标是提高整个系统对外的旅游吸引力，根据其具有的有限扩散凝聚模式，在景点系统内部要尽量降低其中心屏蔽性作用，整体对外要增大其凝聚性作用。由于景区（点）系统中心的屏蔽作用和其整体的凝聚性作用为负反馈，因此，优化景区（点）系统的空间结构必须考虑整体统筹的问题。景区（点）系统内部交通结构的网络化是当前的主要方向，通过在客源市场、基础设施、形象品牌以及信息等方面的协同合作，从而实现同类资源的共享和差异资源的互补，是避免区域内各景区（点）在旅游资源开发上各自为政、重复建设、恶性竞争的有效措施。虽然旅游景区（点）空间上呈凝聚型分布有助于旅游线路空间组织和游客满意度实现（旅行时间相对减少，游览时间延长，行游比下降），但过多同质高级别旅游景区（点）的凝聚分布，也会产生类型同构等问题，影响到旅游经济效益的发挥。

许春晓（2002）认为，旅游区之间存在三种区位屏蔽现象。（见图5-25）旅游区之间的屏蔽现象对游客空间行为具有分流作用，导致旅游客源市场在各个旅游区之间的分割和再分配，形成了一种空间竞争态势。在实践中的表现就是某些旅游区依据资源和区位优势，向另外一些同级别的旅游区不断施加影响和作用力，受到影响的旅游区对游客的吸引能力越来越差，吸引半径逐渐缩小，最终使得这些旅游区（弱势旅游区）部分或完全处于施加影响的旅游区（强势旅游区）的影子中。

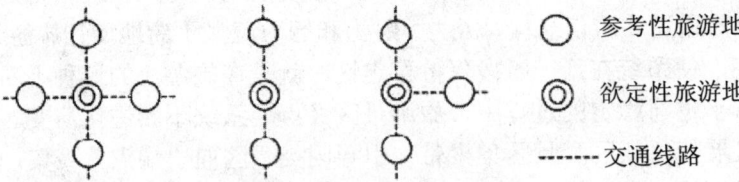

图5-25　区域屏蔽典型图式（引自许春晓，2002）

需注意的是，在信息化与全球化过程中，距离因素影响游客选择旅游地的作

[①] 张济中．分形[M]．北京：清华大学出版社，1995：166-175.

用正在逐步减小,区位屏蔽作用有可能逐渐减弱乃至消失(李连璞,2006)。旅游地将接受更为严峻的挑战:某旅游地可能吸引更远距离的游客,但同时也存在着失去本地客源的可能性,因为本地游客同样增加了远行的可能。最终结果是旅游地共同占有或争夺全球市场(取决于旅游地资源、产品、形象和战略等因素)。(见图 5-26)

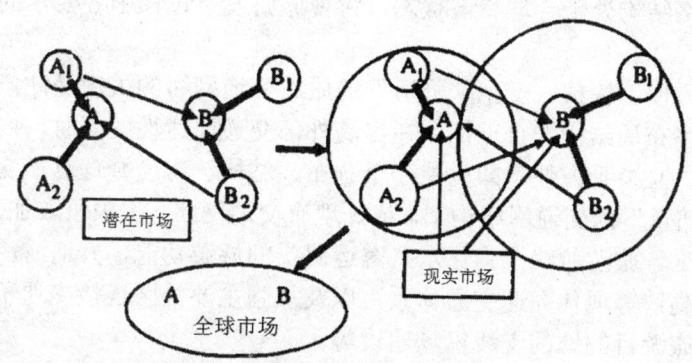

图 5-26 竞争状态下旅游地客源空间演化(引自李连璞,2006)

二、旅游交通网络化

旅游交通的可进入性、网络化程度以及道路质量的优劣等,对客源吸引、线路组织、旅游环境营造等有着极其深远的影响。连接紧密、通达度高的交通网络更是区域旅游合作的保障和推动力。旅游发达国家和地区的经验表明,高效的旅游基础设施和交通网络建设不仅是合理分工的前提,而且是引导整体协调发展的先决条件和有效手段。也就是说,交通越发达各旅游地之间联系越紧密,反之越松散。旅游地网络一体化发展的真正实现有赖于便捷的旅游公共交通的连接和旅游公共交通网的形成。

公路、铁路、航空、水运等交通运输方式在市场经济的背景下,以其各自的优势承担了旅游地之间以及各旅游地内部各种层次的交流。20世纪90年代后,公路客运上升到了主导地位[1],短距离运输主要由公路承担,即区域内各旅游地之间以及旅游地内部的客运交通常以高等级公路交通为主。高等级公路是高速公路和汽车专用公路的总称,包括高速公路和一级、二级公路以及国道等。网络化交通体系尤其是高速公路体系基本建成,将会为旅游地空间扩展与优化提供充足的动力和基础。

旅游交通网络化,主要根据各旅游地之间的联系强度等建立和完善相互之间

---

[1] 戴特奇,金凤君,王娇娥. 空间相互作用与城市关联网络演进[J]. 地理科学进展, 2005, 24 (2):80-89.

的旅游交通联系,通过旅游交通的延伸将各旅游地之间的联系有效打通,形成高效有序的交通网络和适宜的路网密度(包括合理的数量与等级),解决交通瓶颈问题。旅游交通"织密"道路,旅游景区内推行低碳绿色交通,兴建景观道路和旅游专路,保障景区间旅游顺畅;对部分旅游公路进行升级改造,提升道路等级,改善路面质量。交通路网逐渐由单一化走向多样化,由低级走向高级,通达性不断增强,网络结构处于合理和谐状态,将使旅游发展过程中各要素的流动更加方便通畅。

构建"方便、快捷、安全、舒适"的旅游交通网络的关键是注意区域范围内整个交通网络布局结构的合理性,在提高外部交通通达性的同时,内部交通网络要形成环网,且换乘方便,即构建一个分布、结构、密度合理纵横交错,"出入通畅、集散随意"的交通网络构架。依托现有交通网络,积极争取加开旅游专列、旅游专线巴士、旅游航线,强化水路客运码头的旅游功能,开通游船邮轮,加快对接航空、高铁等现代高速交通体系,以及加强主要景区连接交通干线的旅游公路以及重点旅游目的地的支线机场建设等。

推进旅游地立体交通网络建设,还应以标准化建设为抓手,完善旅游交通标识系统,建设便捷、实用的旅游道路引导系统,为游客提供更优质的交通指引服务;进一步提升旅游车船与旅游需求的适应性,提高旅游交通企业的服务品质;以开发旅游公交线路为重点,实现航空港、火车站、汽车客运站、公交站点、地铁、旅游集散中心等与景区的无缝对接,实行公交化运行,开辟旅游换乘"绿色通道",减少换乘时间;同时加强区域各旅游城市间旅游集散中心的横向联系,开通城际、省际"旅游直通车",推动区域旅游集散中心之间联网售票、异地订票等。

三、旅游线路优化设计

旅游线路主要依据旅游景区(点)的空间分布特征进行设计,其作用在于为旅游者提供便捷的交通服务,使游客在各景区(点)之间以及景区(点)与服务设施之间快速流动。旅游景区(点)的空间特征以及不同级别的旅游景区(点)知名度与吸引力存在较大差异,由此导致连接不同景区(点)之间的旅游线路的利用率也差别明显。

旅游线路是游客游览的通道,是各游憩中心地、景区(点)、旅游区之间建立联系的桥梁和纽带,是旅游地系统的主要构成要素之一,并起着重要的结构性作用。因此,旅游线路的等级和密度要根据旅游流的流量来决定,旅游线路的走向及联系方式从空间层面直接影响到旅游产品的特色和质量。通过旅游线路优化实现产品结构的优化和旅游产业的升级,需要综合考虑各旅游节点之间的直接通达性、潜在路线的景观质量、旅游者适用的交通工具及旅游形象标识物的定位等相关因素，并根据旅游者的旅游动机和切身利益来设计，注意将各旅游景区（点）连接成环状封闭式旅游线路，避免往返路线重复。

旅游线路优化设计是合理进行旅游客源组织的一种重要方式，要根据主题鲜明、具有市场潜力、有游憩中心地依托、产品结构合理等原则重点推出精品、特色旅游线路。一般来说，由于旅游时间是有限的，旅游者无不希望能快捷地到达旅游地，有更多的游憩时间，因而建立快速、高效、便捷、舒适的旅游交通网络，是实现旅游线路多层次化和多样化的前提和保证。要求做到：第一，旅游线路组织要依靠现有的航空、公路、铁路、水路等交通路网，尽量使用快捷直达的交通工具，减少游客的旅途时间。第二，根据区域旅游发展规模、结构与趋势，加大投入，完善交通路网，使旅游交通配套化、高质量化及等级化。注意优化沿交通轴线的途中游，以增强旅游廊道的"引景"、"框景"、"借景"等功能，并发挥其铺垫、引领、渲染的作用。第三，注重入口通道设计，完善旅游整体形象。入口通道是旅游者进入旅游地的第一印象区，对游客形成旅游地整体形象感知具有重要意义。旅游形象的层次性和系统性决定了设计要建立在不同的时空尺度上，在概念上要有从整体到局部的衔接，在时间上要突出旺季和事件性旅游形象的氛围营造，注重点面过渡，分阶段、按时序建设。

四、旅游产业网络化

旅游产业是以为旅游者提供旅游产品和旅游服务为主的综合服务的企业和行业的集合体，包括旅游景区（点）、旅行社、旅游饭店、旅游交通以及为旅游者各种旅游活动提供服务与支撑的旅游关联产业。旅游产业的核心是由经营各类景区（点）的旅游企业支撑着的。旅游产业关联度极高而且产业链很长，其发展又极大地推动了相关行业的产品升级和产业发展。因此，为旅游者提供直接、间接服务的旅游企业围绕核心吸引物在旅游目的地大量集聚，形成了旅游产业集群。也就是说，旅游产业集群是指旅游核心吸引物、旅游企业及旅游相关的支持企业和部门，彼此存在密切的经济联系，在一定地域空间内集中并协同发展（邓冰，2004），共同服务于旅游消费者。

旅游产业集群是旅游吸引物及相关要素在一定的地理空间上集中的趋向和过程，产业集群可以跨越地理和行政界线。产业越趋成熟，越是追求利益最大化；产业越面临竞争，越是需要内部集聚的力量，这是产业升级换代的必然要求。因此，旅游产业结构演变的实质从某种角度来看，可以说是旅游综合生产率的提高和旅游经济结构的优化升级。

网络化是中国旅游产业结构升级的必然选择，源于旅游产品的综合性特点、特殊的异地消费方式和规模经营提高旅游产品竞争力等。旅游企业采取网络化经营模式与旅游产业本身有着天然的耦合关系,既是客观环境因素所迫,更主要的是一种与生俱来的趋"利"倾向①,是利益博弈的结果。产业网络化形成实质是为了追求更高的生产和交易效率,形成产业集群,降低交易成本、空间成本和生产成本,实现规模效应,最终获得更高利润。因此,加快旅游产业集群网络化发展,是旅游产业发展到新阶段的客观要求,也是实现旅游地网络一体化发展的有效途径。(见图5-27)

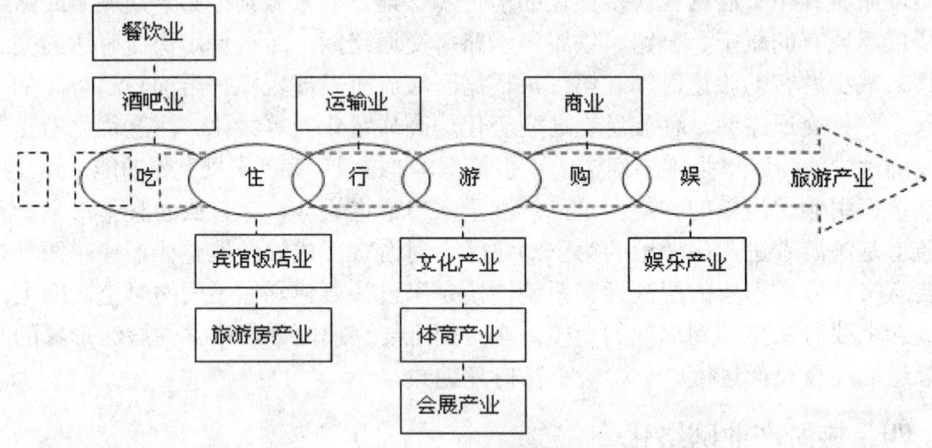

图5-27 旅游产业链

产业网络化是在某一产业及相关产业之间,寻找一种分工协作和协调发展的有序化产业系统,其外在的表现是:在空间层面上形成产业集群,在非空间层面上形成有机的产业链和联系紧密的产业体系。②以地理集聚和专业化分工为基本条件形成的产业群网络结构是产业集群产生竞争优势的源泉。③产业网络化包括纵向网络和横向网络的形成,纵向网络一般是以产业链或价值链为主导形成的纵向一体化网络生产体系;横向网络一般是指相关企业、互补企业以及经济环境之间因利益驱动形成的横向网络生产体系。④

所谓旅游产业集群网络化是指在实施差别化战略和分散的专业化分工协作,推出针对不同细分市场、不同档次的旅游产品及柔性化、个性化、多元化、专业化的产品组合,形成多元化经营的基础上,按照价值链的观点(Michael E. Poter,

---

① 刘文波,丁力. 网络化:我国旅游产业结构升级的必然选择[J]. 商业经济与管理,2000,(11):57-61.
② 黄月玲,林刚,伍进. 区域旅游网络化发展——以桂林旅游圈为例[J]. 桂林工学院学报,2004,24(4):524-528.
③ 黄中伟. 网络结构:产业集群区域竞争优势的源泉[J]. 求实,2004,(5):36-38.
④ 张文建,徐露农. 长三角旅游网络化发展路径探析[J]. 旅游科学,2007,21(4):12-18.

2002),完善旅游产业体系和产业链,培育产业集群,通过资本重组的方式,建立战略联盟,组建旅游产业集团,不断扩大旅游企业规模,形成开发、销售、服务一体化,包括"吃、住、行、游、娱、购"等相关产业的联合,形成规模效应和品牌效应,实现旅游要素一体化经营和旅游价值链的重构,共享教育、培训、研发、分销渠道和信息网络,在产业集聚中实行合作性竞争,克服彼此间的无序竞争和恶性竞争,从而缓解激烈的对抗性竞争,并创造出更强的竞争优势,使旅游产业向更高层次发展。即在网络中,原来的竞争对手纷纷合作,把各自的价值链结成价值网络,使企业更能满足旅游消费者独特的需求。国外发达国家的成功经验也表明,产业集群的形成是培育区域特色旅游产品、发展特色化旅游区块、提升产业发展水平的最有力途径。所形成的旅游产业网络处于动态发展过程中,旅游企业、旅游行业与部门之间生产联系的程度与方式不同,形成了多元化模式。(见表5-5)

表 5-5 旅游产业网络的形式与内容(引自曾菊新,2001,有修改)

分类依据	网络形式	网络内容
基本的关联方式	纵向关联网	按"吃、住、行、游、娱、购"形成旅游产业链,组成相互依存、密切协作的有机整体
	横向关联网	同类旅游企业相互联合,构筑多种形式的旅游企业集团
关联枢纽与关联渠道	专业化协作为主,网络结构较松散	旅游项目协作;旅游服务协作
	经济联合体为主,网络结构较紧密	旅游产品联合;旅游产业要素联合;产销联合
关联内容	地区性网络	由地域旅游纽带产生的密切协作的旅游交通、产业、企业、市场以及组织等各方面的网络
	研究发展网络	在旅游研究与发展工作中,建立的旅游业界合作关系网
	策略性联盟与合作生产网络	旅游企业为了特定的目的,在彼此联合组织生产中建立稳固的关系网络

旅游产业的网络化经营是指产业内的相关企业从长期利益出发,为了适应新的、复杂的、变化的竞争环境而形成的一种集战略、组织结构、管理过程、协作于一体的制度安排,是一种界于企业与市场之间的中间性组织。旅游企业网络是一种动态的组织体制。在网络组织里,市场和企业不是相互对立的,而是相互连接、相互渗透的,而这种由相互连接和相互渗透导致的企业间复杂的网络结构和丰富多样的制度安排,实现了"看不见的手"和"看得见的手"相互之间的"握手"。网络的形成改变了市场竞争的结构。通过节点企业长期交易的协作,网络

通过规模经济优势、经验曲线效应和协同效应、联合营销和信息优势、人力资本优势、交易成本优势把蛋糕做大,提高市场集中度,增加了网络的整体利益。

从本质上来看,旅游企业网络反映的是客源流、物流、信息流在节点企业间的动态运行过程,以及建立长期合作关系而获得分工经济和交易效率等经营优势。按网络内节点企业的关联方式不同,有市场型网络和集团型网络之分。市场型网络是指旅游企业间主要以长期合同为联系纽带的网络形式,这种联合的典型特征是成员地位相等,没有中心性。集团型网络是一个多法人联合体,其本身并不是法人,按照成员企业联结纽带的不同,可以把集团网络分为核心层、紧密层、半紧密层以及松散层,前三层是以资产为纽带的,后一层是以契约和长期交易为联系纽带的,类似于市场型网络的形式。在中国现阶段,打破行政屏障,采取联合、独立投资、参股、置换等方式,即以资产为纽带联合组建大型旅游企业集团,可促使各节点企业在自身利益最大化追求上增强合作意识,更好地实现品牌化扩张、网络化经营,促进地域旅游生产要素实现自由流动和最佳配置。

五、旅游客源市场网络化

旅游客源市场是合理制定旅游发展规划、有针对性地开发旅游产品、有效进行宣传促销、提高市场占有率的基础。国外一些关于旅游目的地客源市场的空间分析和测定文献主要集中在三个领域:需求预测及其数学模型的构造,旅游者目的地选择模型,以及游客流空间结构的研究。[1]影响旅游地客源市场的因素较多,例如,距离衰减是空间相互作用下的普遍现象,相关研究也表明,城市居民出游市场37%分布在距城市15公里范围内,24%的市场分布在距城市15~50公里内(吴必虎,1997)。除距离因素外,客源地经济水平和交通组织与便利程度等也已经引起重视。一般来说,距离、交通状况、经济发展水平和各种社会联系是影响旅游客源市场空间分布的重要因素。以往旅游客源市场分布主要受距离因素影响,呈"圈层式"距离衰减的规律,正被交通的便捷性、客源地经济发展水平等新因素所打破。

旅游资源的相似性、地域空间的相邻性、客源市场的重叠性,使得同一地域范围内的各旅游地之间相互争夺客源现象严重,导致区域旅游产业竞争无序、规模化程度不高、旅游开发的边际效益低。例如,随着社会经济的发展,在各种交通、游览、服务设施以及人造景观设施等都能够被"复制"的条件下,中国A级旅游景区分布形成以市场,而非以资源为导向的结构体系。[2]这种以"游客"吸

---

[1] 吴必虎,唐子颖. 旅游吸引物空间结构分析——以中国首批国家4A级旅游区(点)为例[J]. 人文地理,2003,18(1):1-5,28.
[2] 朱竑,陈晓亮. 中国A级旅游景区空间分布结构研究[J]. 地理科学,2008,28(5):607-615.

引"资源"的模式引发了两种循环（见图 5-28），"游客→景区→游客"的循环结构更有助于较高级别旅游景区的优势积累，也更有利于较低级别景区的劣势积累，使得"强者"更强，"弱者"更弱，因而不利于新兴的和低级景区的发展。

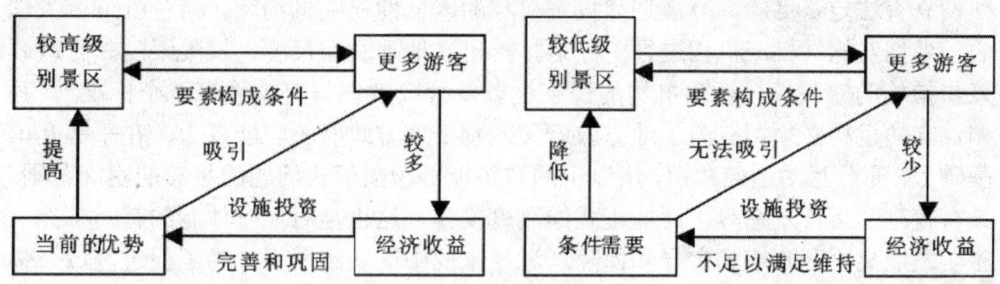

图 5-28　A 级旅游景区导向结构循环模式（引自朱竑，2008）

旅游客源市场网络化具体表现在：市场服务的网络化和接待游客的网络化。事实上，任何企业服务的市场均是有限的，旅游企业接待游客也具有一定的服务范围。由于旅游市场不是简单孤立的，而是相互联系、相互交叉的，随着人们生活水平的提高，游客对于旅游产品质量和数量的需求有了显著提升。同时，由于各地区人口数量和密度、居民的收入水平和习俗的不同，对旅游需求也表现出很大的空间差异性。因此，以客源市场需求为基础，丰富旅游产品类型、实施多元化旅游产品战略、满足游客不同细分市场的需求，将有助于拓展旅游地空间。当然，客源市场网络化的同时，还需要交通、信息咨询等辅助部门配套发展，以促进市场信息的传播与交流，最终形成旅游市场网络体系。各城市旅游集散中心建立客源互送机制，形成旅游客源集散网络，实现旅游咨询和旅游结算一体化、旅游投诉与旅游援助同城化管理等，将为旅游地空间迅速扩张打下坚实基础。

六、旅游发展环境优化

良好的旅游发展环境对吸引资金进行旅游企业扩张、保障旅游发展用地、旅游产业集群网络化发展等具有积极推动作用。旅游发展环境的优化是指通过政策机制，特别是政策法规以及制度的完善和创新等途径，运用行政、经济和法律等手段对旅游经济活动进行监督和引导，包括统一的旅游发展规划，政府推动建立并完善市场信息、技术、教育、金融和法律支持体系等，关注增长的适当性、资源的维护以及对效率与公平目标的兼容，以及当地文化、社会价值和时代伦理思想的维护。

1. 政府主导型旅游管理体制

组织网络化指的就是多层次、多形式的空间旅游经济网络联系的管理和运作机构。旅游管理体制（模式）构建得合理与否，直接关系到旅游业管理的宏观调控能力及管理效率的高低。西方国家经过长期的探索后，在大区管理体制的创新方面取得了许多成功的经验。L.芒福德认为，"如果区域发展想做得更好，就必须设立有法定资格的、有规划和投资权利的区域性权威机构"。荷兰Ersums大学的学者们对这种权威机构进行了界定，提出了地理空间尺度、权限限制、行政政策与措施的完整性、行政机构的民主性以及行政效率与有效性等五个标准[①]，强调设立的机构必须拥有高于地方政府又区别于地方政府的职能权力，在平等互信基础上，充分互动达成共识，所制定的政策能够覆盖解决问题的足够的空间范围，具有较高的运行效率等，而非正式的制度安排，这也是对现有体制的有益补充。旅游发展离不开政府的主导和保障。近年来的中国实践表明，为了促进区域一体化和区域协调，各种区域规划和新的跨行政区的制度安排（长江三角洲城市经济协调会、泛珠三角区域合作与发展论坛等）大量涌现。因此，"政府主导型"旅游管理体制是中国各地推动旅游发展的最为有效的管理模式。

2. 加强区域旅游一体化营销

面临激烈的市场竞争和挑战，各旅游地应树立大市场观念，优化营销策略，打破区域行政壁垒，实施跨地区市场营销。一体化营销（整合营销）是区域旅游营销的一种策略，即以建立旅游大品牌为目标，通过整合各级政府、旅游要素、旅游企业、旅行商、旅游代理商、经销商、媒体、社会等各方力量，以谋求最大的营销效果；应注重引导企业部门积极参与、界定共同的发展愿景；通过联合促销，不仅节约宣传费用，而且也扩大了影响，实现了区域旅游网络的协同效应（Synergy）。在具体操作上，可通过细分目的地营销市场、整合目的地形象、建立营销体系、多种促销方式并举及整体宣传等来实现，即通过加强旅游整体形象的宣传和强大的分销网络的促销来刺激旅游需求。塑造鲜明的旅游地形象是关键，必须体现出各自的特色与优势。由于形成的历史背景不同，文化积淀千差万别，各目的地旅游形象设计需充分考虑自己所拥有的内在文化联系，既保持地域文化的完整性，也要注重文化差异性与承接关系，扬长避短，进行互补的客源市场定位。

3. 构建多元化的筹融资体系

在推进参股、加盟、合营、连锁、特许经营、租赁、代理等形式的旅游企业网络发展的同时，本着谁投资谁受益的原则，引入多元投资主体，构建多元化的筹融资渠道：（1）政府直接投资；（2）政府拥有全部资本，由法人团体按商业经营方式经营；（3）政府管制下的私人投资；（4）政府与私人共同投资；（5）在政府允许的条件和范围内，完全由私人投资。例如，在目前迫切需要解决的基础设

---

① 张京祥，邹军，吴启焰等. 都市圈地域空间的组织[J]. 城市规划，2001，25（5）：19-23.

施建设问题上，可采取 BOT（build-operate-transfer）和 ABS（asset-backed securitization）投资方式，一方面允许私人投资并商业化，另一方面以资产为支持的证券化，通过在资本市场发行证券来募集资金，既缓解政府遇到的资金需求量大、建设周期长和投资风险大等困难，又极大地推进基础设施建设进程。

4. 综合使用不同的发展战略

对某一特定区域来说，往往需要在不同发展阶段采取不同的发展战略。在区域中的局部地区，也需要根据自身条件选择不同的发展战略。

增长极战略，选择在区位条件、资源禀赋等方面具有优势，或是在政策倾向、制度安排等方面具有优势，即旅游资源价值大、区位条件好、社会经济发展水平高的旅游景区（点），集中人力、物力和财力，重点开发，强化旅游节点的极化作用，即通过旅游增长极的培育带动区域整体发展。

"点—轴"（渐进）式战略，由高级别向低级别通过多层次结构的"点—轴"系统的开发，带动区域整体发展，不仅强调旅游增长极发展，更重视旅游发展轴线建设与培育，"点—轴"开发模式可以科学地处理好集中与分散、公平与效益、从不平衡发展到较为平衡发展之间的关系。[1]

网络综合开发模式，适用于经济开发程度较高、旅游经济已呈"面"状发展的发达区域，是在已有的"点—轴"结构上向深度和广度的演进，即保持极化效应的同时，强化梯度转移的扩散作用，使区域旅游网络化发展，并形成全方位、开放型旅游网络结构。

由于各种发展战略都有其局限性，如增长极战略单纯只依靠区域范围内的几个增长点来带动区域发展，有明显的薄弱性和相当的风险性；"点—轴"式战略对"点"和"轴"的划分缺乏明确标准，难以进行规范性评价，带有一定的主观随意性。因此，各旅游地必须根据自己的发展状况考虑综合使用。例如，旅游新区开发通常是采取"点—轴"式开发模式，集中投资、集中开发，通过新旧"点"与"轴"之间的不断扩散和交织，逐渐在地域空间上形成一个规模适宜、功能完善、结构合理的综合性网络，其实质是推动区域旅游一体化发展。

目前，突破行政区的禁锢，以优势互补、分工协作为重点的旅游产业联动，以跨地区企业集团为龙头的旅游企业联动，以发达的公路及水路交通设施网联动，以旅游产品和旅游线路开发中旅游资源共享的旅游市场互动，以旅游综合服务信息网络连接和拓展为特征的城市群旅游互动等，正呈现出良好的发展前景。其中，市场一体化、管理一体化、产品资源一体化、旅游设施一体化、促销宣传一体化、信息咨询一体化、旅游企业一体化、教育培训一体化、结算一体化等，必然要求

---

[1] 石培基，李国柱."点—轴"系统理论在我国西北地区旅游开发中的运用[J]. 地理与地理信息科学，2003，19（5）：91-95.

加强政府部门的合作,成立旅游合作机构,建立和完善协作协调机制:一是政府主导型机制;二是协会、中介自律机制;三是企业、市场合作型机制。

在经济全球化发展浪潮之下,旅游地空间结构系统不可避免地受到区域旅游一体化进程的强烈冲击和重塑。以区域为"棋盘",各旅游地如何凭借区域旅游的整体力量,"借力"腾飞,即从更广泛的区域视野来考虑旅游地空间结构的发展问题,从区域旅游整体角度来重新审视旅游发展定位及重构旅游地空间结构,提升旅游在参与区域乃至全球旅游竞争中的地位和作用等,已成为旅游发展研究关注的焦点。特别是由于旅游地之间的紧密联系,政府部门在制定旅游发展规划时,应注意打破行政地域的限制,在更大的区域范围内统筹规划旅游地之间的旅游功能分工,推进区域旅游空间结构的合理化,以促进区域旅游经济的协调发展。同时,大力延伸产业领域,拓展旅游要素体系,打破旅游产业传统边界,通过要素的链接与各相关产业相互渗透,促进旅游产业与工业、农业、文化、林业、水利、地质、海洋、环保、气象、医疗等其他产业融合发展。当然,在不具备明显而稳定的经济利益时,各级行政区并不会真正积极地配合区域旅游空间的重构或调整。

复习思考题

1. 何谓旅游地空间结构?可以从哪些方面认知旅游地空间结构模型?
2. 旅游地空间结构构成的基本要素有哪些?
3. 简述旅游地空间结构的基本特征。
4. 影响旅游地空间结构嬗变的因素有哪些?
5. 说明旅游地空间结构演进的动力机制。
6. 简述旅游地空间结构演进阶段及形态模式嬗变。
7. 为什么要进行旅游地空间结构优化?其主要目标和方向是什么?

第六章 旅游线路设计

【学习导引】

旅游线路是发展和组织现代旅游业的必要条件,是联系旅游者和旅游对象、旅游客源地和旅游目的地的重要环节,而旅游线路质量高低、内涵丰富与否更关系到当地的旅游形象问题。可以说,一个地区旅游线路的开发水平、完善程度及销售成功与否,最终将会影响到该地区旅游开发的成败。因此,旅游线路设计无论是对旅游目的地、旅行社,还是对旅游者来说,都具有十分重要的意义。本章对旅游线路的概念、分类进行了概述,探讨了目前旅游线路设计中存在的主要问题以及旅游线路设计应遵循的原则,并通过一些具体案例来诠释旅游线路设计的方法与步骤。

【教学目标】

1. 认识和掌握旅游线路的基本概念、旅游线路的类型划分。
2. 了解旅游线路设计中存在的主要问题。
3. 认识影响旅游者选择旅游线路的主要因素。
4. 理解和掌握旅游线路设计应遵循的原则。
5. 掌握旅游线路设计的步骤。

【学习重点】

旅游线路的基本概念;旅游线路的分类;旅游线路设计中存在的主要问题;影响旅游者选择旅游线路的主要因素;旅游线路设计应遵循的原则;旅游线路设计的步骤。

旅游线路可以从两个层次来理解:从微观层次来看,是指某一较低层次的旅游区内游人参观游览所经过的路线,是旅游者在旅游吸引物与服务设施之间的流动轨迹,仅涉及旅游通道,很大程度上与旅行社无关,是旅游地规划的内容;从中观或宏观层次上看,指的是旅游经营者或旅游管理机构向社会推销的旅游产品在空间上的一种表现，指在一定地域空间，旅游部门针对旅游目标市场，凭借旅游资源（旅游景区）、旅游设施及旅游服务，遵循一定原则，专为方便旅游者进行旅游活动而设计，并用交通线把一系列（若干）旅游地合理地贯穿起来的路线（线性连续空间），实际包含了旅游产品所有组成要素的有机组合与衔接，是保持旅游地系统地域空间结构完整性和有机联系的客观必备条件。

第一节 旅游线路概述

就旅游者而言，对旅游线路的期望是能最大化地满足其消费需要，成本最小，日程安排最方便；对旅行社来说，则希望在满足旅游者需求的前提下，降低成本，提高效益，面对突发事件能及时调整线路；旅游景区在规划设计时主要考虑景区内线路空间布局的合理性、科学性，在管理中考虑如何合理分流、控制游客数量等问题。[1]优秀的旅游线路，在其投入运行前就应该具备对游客的足够吸引力，运行中则能使游客感到舒适并不断产生新奇感，运行结束后仍然能使游客保持一种长久的余味无穷的体会。

一、旅游线路的概念

关于什么是旅游线路（routing of travel），研究的角度不同，对旅游线路会有不同的理解。学者们或是从旅游景区规划与管理的角度，或是从旅游产品的角度出发，给出了一些不同的解释："旅游线路是旅行社或其他旅游经营部门以旅游点或旅游城市为节点，以交通路线为线索，为旅游者设计、串联或组合而成的旅游过程的具体走向"（徐明、谢彦君，1995）；"旅游线路是指在一定的区域内，为使游人能够以最短的时间获得最大观赏效果，由交通线把若干旅游点或旅游市域合理地贯穿起来，并具有一定特色的路线"（马勇，1992）；"旅游线路是旅游经营者或管理者根据旅游客源市场的需求、旅游地旅游资源特色和旅游项目的特殊功能，考虑到各种旅游要素的时空联系而形成的旅游地的旅游服务项目的合理组合"（许春晓，2001）；"旅游线路就是旅游者在旅游过程中的运动轨迹"（陈启跃，2003）[2]等。

对旅游线路的定义，不同学者的看法之间虽略有差别，但都认为旅游者、交

---

[1] 吴凯. 旅游线路设计与优化中的运筹学问题[J]. 旅游科学, 2004, 18（1）: 41-44, 62.
[2] 陈启跃. 旅游者对旅游线路的选择[J]. 镇江高专学报, 2003, 16（2）: 47-49.

通线、旅游点、旅游服务是构成旅游线路不可缺少的要素。[①]总体来说，旅游线路是指在一定地域空间内，旅游部门（旅行社、旅游景区等）针对旅游目标市场，凭借旅游资源及旅游服务，遵循一定原则，专为旅游者旅游活动设计，并用交通线把若干旅游地合理地贯穿起来的路线。旅游线路不仅是旅游者在整个旅游过程中的运动轨迹，更重要的是包含了旅游者在整个旅游活动中的日程安排和所包括的"吃、住、行、游、娱、购"等一切服务内容及价格。作为一条完整的旅游线路，应包含的内容主要有：

- 旅游时间。包括总的旅游时间以及整个旅游过程中的时间安排。
- 旅游地。包括主要旅游资源的类型、级别、主要游览景区（点）的特色等，旅游地决定了旅游活动的主要内容。
- 旅游交通。包括旅游交通方式及工具，即从旅游客源地到旅游地的交通方式和等级、旅游地内部的交通方式和等级、某些特种交通方式的使用等，是旅游线路成功的保障，交通状况的好坏甚至直接影响到旅游者对旅游地的选择。
- 旅游食宿。包括旅游住宿的酒店或宾馆的等级和客房的标准、旅游餐饮的种类和标准等。
- 旅游活动安排。是旅游线路设计的核心所在和重点内容，旅游活动的安排直接影响到旅游线路对旅游者的吸引力。
- 旅游服务。主要以接待和导游类服务为主，旅游服务的好坏直接影响该旅游线路的质量和旅游者的旅游效果。
- 价格。是一个非常敏感的内容，目前绝大多数旅行社向社会推出的旅游线路只有一个笼统的总报价，若能有比较详细的分项报价将会更受旅游者的欢迎。

二、旅游线路的分类

旅游线路的类型划分比较复杂，根据不同的标准，可有不同的划分方法。管宁生（1999）认为，一个旅游区域内的若干景点各在不同的空间位置，对这些景点游览或活动参与的先后顺序与连接方式可有多种不同的串连方式，由此组合成不同的旅游线路。在旅游业较为发达的欧美国家，旅游经营商和旅游代理商推出的旅游线路产品[②]呈现多样化的趋势。（见表6-1）根据旅游者在旅游过程中的位移距离、所涉及的时间及空间范围、运动轨迹和组织形式、旅游线路组织设计者的思路及线路本身的用途等因素，可以将旅游线路划分为多种类型。

[①] 周存宇，钟振全．我国旅游线路设计研究概述[J]．科技信息，2008，(20)：649-650．
[②] 黄金琳．基于游客出游行为的旅游线路开发研究综述[J]．芜湖职业技术学院学报，2009，11（3）：61-63．

表6-1 欧美国家旅游线路产品分类（引自黄金琳，2009）

产品类型	整体旅游线路产品	大众市场产品	专业领域旅游线路产品
产品内容	a.夏季旅游产品项目 b.冬季旅游产品项目 c.最低价格组合产品	a.3S目的地的度假休闲旅游产品 b.市场细分后的各种细分旅游线路产品	a.提供到特定目的地的产品 b.向特定客源地区提供的产品 c.使用特定住宿设施（如度假村）的产品 d.使用特定交通工具的产品 e.提供特定兴趣爱好（如游猎、商务培训等）的产品

1. 按旅行社组织的旅游方式分类

根据旅游者在旅游过程中的组织形式，旅游线路可分为包价型、拼合式、自助型等类型。

（1）包价旅游（package tour）。

为"综合服务包价旅游"的简称。指从旅游者出发开始，直至旅游者重新回到出发地点的整个过程都由旅行社来设计完成，即旅游企业根据市场需求及旅游地的类型，组合成多种类型的旅游线路，线路上的"吃、住、行、游、娱"等各项活动内容、日程、价格均安排计划好，并通过一定渠道销售给旅游者。根据市场需求的不同，目前有两大类包价旅游：团体综合服务包价旅游和散客综合服务包价旅游。

团体包价旅游一般是15人以上的一个旅游团，旅游款项一次性预付给旅行社，各种相关服务全部委托旅行社来办理，其综合服务可以全包，也可以部分包。团体包价旅游的约束多，集体活动时间多，但价格优惠，对旅游者来说有安全感。散客包价旅游，也可以实行全包价或部分包价，但不享受团体优惠，旅游过程中集体约束少。

（2）拼合选择式线路。

关于整个旅程设计有几种分段组合线路，游客可以根据自己的要求进行选择和拼合，而且在旅程中可以改变原有分段选择。从本质上说，拼合选择式线路与包价旅游线路设计的原理和技术基本是一样的。

（3）跳跃式线路。

根据游客的个性化具体要求，旅游社提供的只是整个旅程中几小段线路或几大段服务，其余皆由旅游者自己设计。旅行社提供的单项服务主要有：导游服务、接送服务、订房服务、订票服务、订车服务、代订参观游览服务、代办签证服务、代办旅游全员保险服务、提取及托运行李服务、全程陪同服务、代客回电服务等。相对于包价旅游线路、拼合选择式线路来说，跳跃式线路的设计相对简单得多。

（4）自助旅游。

传统的旅游线路设计大多面向包价旅游，近年来，随着包价旅游在旅游市场中所占比重的相对减少，散客在旅游市场中所占的份额日渐上升（发达国家基本维持3∶7的比例，即30%参加旅游团，70%是零散旅游）。虽然自助旅游要比随团出游更费力、费钱，但这种旅游却充满了"新、奇、闲、趣"，对旅游者极具吸引力，于是不得不自己去"开辟"新线路。也就是说，旅游客源市场越来越大，而同时舍旅行社而去的旅游者却越来越多。在一些发达国家，已经没有传统意义上的组团游，人们习惯于直接到旅行网站查询、预订"机票＋酒店"式的便捷、极富个性化的自助"套餐"（自助旅游）来安排自己的游程。

一般来说，散客需要的旅游线路零散、复杂，多是分段拼合式旅游线路、小段旅游线路，甚至只有旅程中的几项服务，人均利润额较低，但随着散客市场规模的不断扩大，带给旅行社的利润总额也会增大；而且销售给散客的旅游线路，旅行社本身投入少，因而单位成本带来的效益明显提高。当然，在多数情况下，旅行社应充当情报信息中心的角色，在游客咨询旅游信息的过程中，扩大宣传，吸引甚至留住游客。

2. 按旅游活动的内容和性质分类

按旅游者旅游活动的内容和性质，大致可分为游览观光型、休闲度假型、会议型、商务型、探亲型、研修型、专题型、奖励型等旅游线路。不同性质的旅游线路在组织上有不同的特点。

（1）游览观光型。

为一般无特殊要求的观光旅游者设计，常以内容丰富多彩的自然风光和民族风情为主来满足多数旅游者观光游览的需要，属于旅游中的基本层次。相对而言，此种旅游线路要求所包含的旅游点多，而在每一个旅游点停留的时间较短，如中国推出的西南旅游线路（广州—昆明—贵阳—重庆—成都）、华东旅游线路（北京—南京—扬州—镇江—无锡—苏州—上海）等。由于游客重复利用同一线路的可能性较小，因而旅游线路的成本较高。

（2）休闲度假型。

多用于满足旅游者休闲、度假的需要，旅游线路串联的旅游点少（只有1～2个），而游客停留的时间长，旅游线路重复利用的可能性高，而旅游线路的设计要简单、经济得多。

（3）专题型。

是一种以某一主题内容为基本思路串联各旅游点而成的旅游线路。针对性强，全线各点的旅游景物（或活动）有比较专一的内容或同属性，形成特定的主题，因而具有较强的文化性、知识性或趣味性。由于各条线路的主题多种多样，因而受到部分有特殊需要的旅游者的欢迎。依据旅游者的兴趣又可分为多种类型，如宗教朝圣旅游专线的重点在宗教圣地；民族风情旅游专线的重点在少数民族地区；研修旅游专线重点放在研修专业方面。相对而言，此类旅游线路要求包含的旅游点不在多，而在精，是同类旅游点中的典型和精华，旅游者在每一处旅游点进行充分的观摩、交流甚至体验，所以一般停留时间较长，且要求组织者和导游人员必须具备一定的专业知识等。

3. 按旅游线路的空间跨度分类

根据旅游者旅游过程中所涉及的地理区域或行政区域的等级，可分为洲际旅游线路、国际旅游线路、国内旅游线路、省内旅游线路、市内旅游线路、县内旅游线路等。空间跨度不同的旅游线路，其服务对象各有差别。

国际旅游线路是以闻名全球的著名旅游景点为依托，为国际旅游活动设计，以吸引国际旅游者为主的旅游线路。例如，中国推出的桂林山水旅游线路（广州—桂林）、皇城寻根旅游线路（北京—开封—洛阳—西安—杭州）等。

国内旅游线路主要是为了吸引国内游客而设计的旅游线路。如华东五市（南京—无锡—苏州—上海—杭州）、东北三省（大连—沈阳—长春—哈尔滨）旅游线路等。

按旅游线路的空间跨度也可分为：

（1）大中尺度旅游线路包含了旅游产品所有组成要素的有机组合与衔接，通常指一个较大范围内各种旅游点、旅游项目与旅游交通线路的空间组合，涉及面广，强调"旅"的过程。

（2）小尺度旅游线路又称旅游景区游览线路设计，是景区内联系各个景点的观览线，涉及面小，应称为游览线路，主要是景区规划所要关注的内容，相对来说侧重"游"，在很大程度上与旅行社无关，而是旅游地规划的内容。

4. 按旅游者行为和意愿的特性分类

根据游客行为和意愿特性，按照旅游者在旅游过程中的活动轨迹，旅游线路大致可分为周游型和逗留型两类（楚义芳，1992）。

（1）周游型线路（touring tourism）。

即观光周游型旅游线路，周游型线路的特点在于旅游目的是观赏，线路中常包括有多个旅游地。从旅游经济学角度来看，周游型线路成本较高。虽然周游型线路表面上带来比较高的人均利润额，但该类型线路的单位产出所需的社会总投入较高，对交通部门的压力较大，如果从旅游收入中减去为销售这些线路而投入的人力、资本和资源后，其实际的旅游净收入较少，而同一位旅游者重复利用同一条线路的可能性较小。

(2)逗留型线路(destination tourism)。

即度假逗留型旅游线路,逗留型线路的特点是线路中包含的旅游地数量相对较少,旅游目的多是度假,主要为了休息或娱乐,不在乎景观的多样或变化,因此度假线路所串连的旅游地较少,同一旅游者重复利用同一线路的可能性大,且旅游者一次在旅游地停留和活动的范围比较小,因而要求的社会总投入相应减少。以度假、探亲访友、公务为目的的旅游者大多是逗留型游客,通常旅游时间限制较大,但日均消费能力高。

无论是周游型还是逗留型,旅游者行为不外乎是成本(费用、时间、距离)最小化行为或非成本最小化行为(即单纯的满足最大化行为)(楚义芳,1992)。在具体旅游线路设计中,根据目标的差异性,二者之间会出现4种不同的组合方式和可能条件下的最佳效益组合:成本最小化周游型、成本最小化逗留型、满足最大化周游型、满足最大化逗留型。

就国际旅游而论,通常按旅游目的可将旅游客流分为度假观光、探亲访友、公务和其他四大类,其中度假观光、公务两项占70%以上。除了观光度假客流中有一小部分客流在旅游费用、时间、距离等方面的成本上不特别计较外,其他大部分客流都是以旅程中时间、花费或距离最小化为特征的。因此,旅游市场偏向于成本最小化是国际旅游业发展所必然导致的结果。

旅游线路作为旅游产品销售的实际形式,包含多方面的组成因素,要将多个因素有机地组合起来以适合不同游客市场的工作难度是相当大的。而且,在现实生活中,任何旅游者都不会是绝对的成本最小化行为者,也不会是绝对的单纯满足最大化行为者,而恰恰是处于两者之间,只不过偏向程度不一。因此,旅游线路设计在总体上应该保持一定的弹性。

基于游客满意度最大化和成本最小化目标,该分类模式阐明了旅游线路的组织原则,但没有提出直观、可操作的线路组织方式,指导实际应用的效果不理想。

5. 按旅游线路的距离分类

根据旅游者在旅游过程中的位移距离及活动范围,旅游线路可分为远程旅游线路、中程旅游线路、短程旅游线路等。旅游距离的远近取决于旅游者的经济支付能力高低和闲暇时间长短,如一些专题旅游线路,其空间跨度因主题而定,往往需要旅游者具有较高的经济实力和充裕的闲暇时间。

(1)短程旅游线路。

游览距离较短,活动范围较小,一般多为区内旅游或到附近周边的城镇、远郊旅游。此类旅游线路与所依托城市的一日游线路经常是重合的。

(2)中程旅游线路。

游览距离较远,活动范围一般在一个省级旅游区以内或跨省级旅游区的周边地区。例如，湖北省推出的名山接力旅游线路（武汉—庐山—九华山—黄山）即属此类。

（3）远程旅游线路。

游览距离长，旅游者活动范围大，一般指跨省级旅游区范围以上，包括海外旅游线路、边境旅游线路和国内长距离旅游线路等。

6. 按旅游线路的空间分布形态分类

旅游线路空间模式实质上是游客在旅游地区域对停留空间和消费空间的理性选择与线性组合，是具有典型空间属性的社会文化地理现象和经济地理现象，涉及了作为旅游景点和旅游地的点状地理要素和作为旅游线路的线状地理要素以及旅游地体系构成的区域等面状地理要素。①

国外学者很早就发现线路组织在整个旅行过程中具有重要作用，并开始探索线路组织的最佳模式。Stewart 和 Vogt 在多目的地旅行模式的概念模型基础上，以到访美国密苏里州布兰森（Branson）旅游区游客的调查数据为基础，构造了 5 种类型的旅行线路模式②，即区域游模式、旅行链模式、单目的地模式、中途模式和营区基地模式。（见图 6-1）Alan A.Lew、Bob McKercher（2004）根据实证和经验对旅游者的旅游线路进行概念化和模型化，确定了 26 种旅游线路类型，并分为 4 类。（见图 6-2）

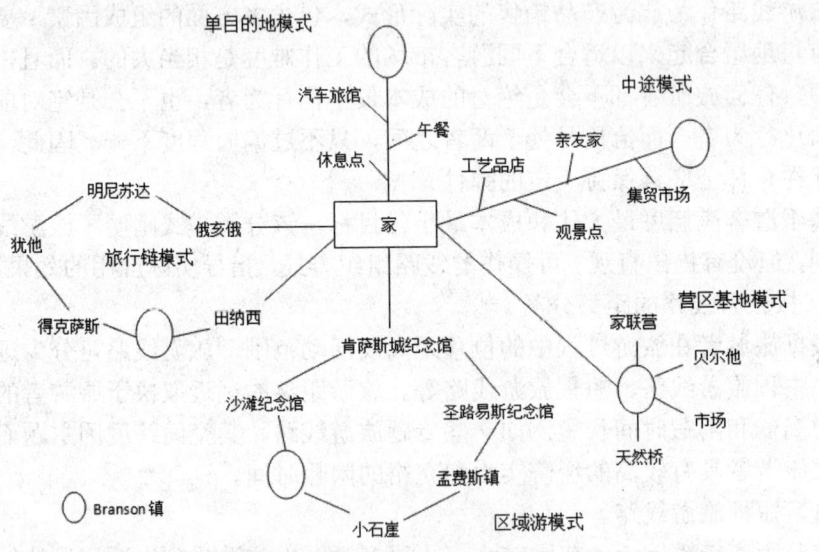

图 6-1 Branson 镇旅游线路模式（引自 Stewart and Vogt，1997）

---

① 史春云，朱传耿，赵玉宗，朱明，袁欣. 国外旅游线路空间模式研究进展[J]. 人文地理，2010，（4）：31-35.
② Stewart.S.I, Vogt.C.A. Multi-destination trip patterns[J]. Annals of Tourism Research, 1997, 24 (2): 458-461.

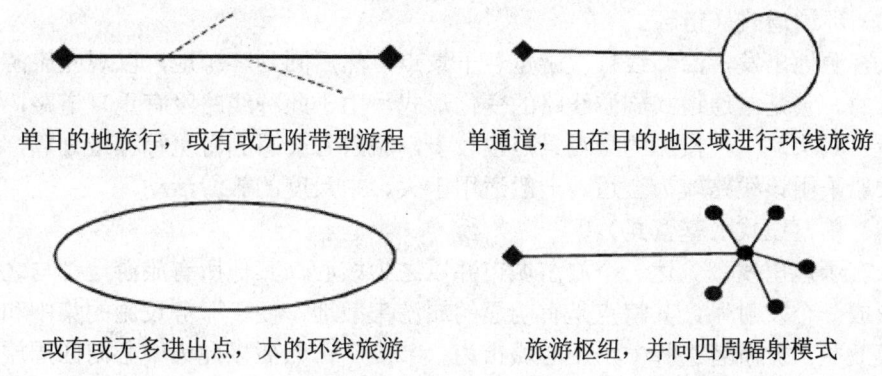

图 6-2　旅游线路空间模式类型（引自 McKercher B.、Lew A.，2004）

依据旅游线路的空间分布形态，也可分为两点往返式旅游线路、单通道式（单线贯通式）旅游线路、环通道式（环行贯通式）旅游线路、单枢纽式（单点轴辐式）旅游线路、多枢纽式（多点轴辐式）旅游线路和网络分布式旅游线路等。（见图6-3）

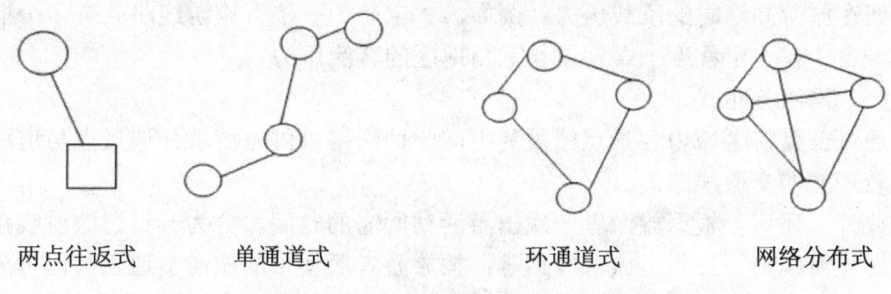

图 6-3　不同空间布局形态的旅游线路

（1）两点往返式（直达式）。

直接到达特定旅游地，停留一定时间后返回。远距离旅游时主要表现为乘坐飞机往返于两个旅游城市之间，若在旅游城市内则表现为住地与景点的单线连接，多以疗养度假为主要目的。此种线路易使旅游者感到乏味，因而旅游地必须通过宣传扩大知名度来吸引客源。

（2）单通道式（串珠式）。

从客源地出发，沿直线顺次游览若干景点，以乘火车进行远距离旅游为典型，在旅游城市中则表现为若干景点被一条旅游线路串联，使旅游者一路上可以观赏不同的旅游项目，调节活动情趣，多以观光旅行为主要目的。例如，"哈尔滨—深圳"的旅游专列，一路上既能体会到东北黑土地的广袤富饶，又能感受到京九铁路沿线老区的红色革命精神。

(3)环通道式(链环式)。

从客源地出发,沿环线顺次游览若干景点,然后回到客源地,以观光旅游为主要目的。它是单通道式旅游线路的变化形式,由于此种线路没有重复道路,基本不走"回头路",接触的景观景点也较多,旅游者会感到游览行程最划算,远距离乘船采用该线路较为合适。一般适用于大、中尺度的旅游活动。

(4)单枢纽式(基营式)。

从客源地出发,到达一个旅游城市并以之为核心,其他所有旅游地都与之连接,形成一个发射系,其特点是有明显的旅游集散地,便于服务设施的集中和发挥规模效益。旅游者选择一个中心城市为"节点",然后以此为中心向四周旅游点作往返性的短途旅游(大多为一日游),也是一种小尺度的旅游线路。主要以大型、具有完备服务设施的旅游目的地区域为主要对象。

(5)多枢纽式。

以若干个重要的旅游城市为枢纽连接其他的旅游地,几个枢纽旅游城市间有线路直接相连,一般运用于旅游大区,这种分散客流聚集点的方式有利于缓解某一枢纽在旅游高峰时的承载压力。例如,"宁—沪—杭"旅游线路就有多个枢纽旅游城市,在一定程度上缓解了长三角地区的客流压力。

(6)网络分布式。

通过公路将区域内各景点覆盖其中,此种网络可供旅游者任选景点与道路,是比较理想的交通线路。

此外,还可以根据旅游者一次出游活动所需的时间,分为一日游旅游线路、二日游旅游线路、三日游旅游线路等;按旅游者所使用的旅游交通工具,可分为徒步旅游线路、自行车旅游线路、水上旅游线路、飞机旅游线路、汽车旅游线路、火车旅游线路等。

三、旅游线路研究概况

由于对旅游线路问题的研究历史较短,特别是关于旅游线路还没有统一的规范性定义,加之学者们的专业背景各不相同,使得许多名为旅游线路的研究,实质内容差别很大,这也说明旅游线路研究还处于探索阶段。

吴凯(2004)在分析旅游线路研究文献的基础上,认为目前旅游线路研究有以下几个特点:定性研究多,定量研究偏少;个案研究较多,理论研究较少;跨学科性质显著,但研究的层次较低。

从研究区域而言,中国学者的研究局限于对国内和区域性旅游线路的策划及设计研究,关于跨国(国际性)旅游线路的研究不多,对旅游线路及设计的深度和广度都应该拓宽。

在基本理论上,旅游线路设计理论指导实践尚显不足,应向多学科、多层次综合研究发展,包括旅游学、地理学、美学、生态学、环境科学等,特别是要吸收现代休闲理论和区位理论的内容和方法。

在研究方法上,对旅游线路的研究多采取个案研究方式进行,即对某个特定区域的旅游线路进行归纳总结,缺乏共性和一般规律性研究。此外,对旅游线路的定量研究重视不够。

从研究成果而言,对国外相关研究的介绍和翻译论著不多,即使是国内著作,专门对旅游线路进行理论研究的也很少,大多是对比较成熟的旅游线路作介绍,方便旅游者预先了解情况。国内许多研究成果多是根据区域旅游资源的状况得出的结论,带有相当程度上的主观性,而国外很多研究成果往往依赖于市场抽样调查数据,结果分析具有客观性。

第二节 旅游线路设计理论基础

旅游线路设计(planning of tourist route),又可称旅程设计(planning of tourist itineraries),是结合现有旅游资源的分布以及整个区域旅游发展的整体布局,采用科学的方法,使旅游者以最合理的旅游线路获得最丰富的旅游经历。旅游线路设计主要从两个方面来考虑:一是尽可能满足旅游者的旅游愿望,使旅游者获得最佳的游览效果;二是便于旅游活动的组织与管理。对于大多数旅游者来说,在舒适度不受影响或体力许可的前提下,都希望花较少的费用和在较短的时间内尽可能游览更多的风景名胜。而这一目标在实现的同时也意味着游客的各类组织工作效率的提高、成本的降低及竞争能力的增强。所以人们一直在寻求一种更好的旅游线路设计方法,以满足旅游企业与旅游者双方的共同要求。

旅游线路设计是一个技术性与经验性非常强的问题,科学合理的旅游线路设计便于旅游者有目的地选择、安排自己的旅游活动,有计划地支配旅游费用,合理利用时间,避免"漫游";有利于发挥和调节各旅游点的功能,保护环境;有利于旅游部门组织接待等。可以说它直接关系到旅游地的客源情况和经济效益,因此是政府、旅游企业以及旅游者都十分关注的问题。

一、旅游线路设计中存在的问题

旅游线路设计的两个传统领域是景区景观线路设计和旅行社组合旅游线路设计。目前关于旅游线路的设计更多地倾向于前一个领域,明显带有实用主义的色彩，针对性强，缺乏一般性的解释。旅游线路设计是一种空间行为决策，目前，中国国内的旅游线路设计不管是大中尺度还是小尺度，大多还不成熟，存在许多不足，但同时也有很多有待拓展的空间。关于旅游线路设计中存在的问题，陈亮[①]、谭彩荷[②]等认为主要反映在以下几个方面：

1. 就线路论线路

目前，在旅游线路设计中就线路论线路的现象十分明显，忽视了其他因素和合力效应。旅游业涉及"吃、住、行、游、娱、购"等要素，旅游线路在设计中也应该将这六大要素统一综合考虑，避免因遗漏某一因素而造成不足和缺陷。

2. 线路设计不合理

在线路设计不合理现象中冷热点搭配不当显得尤为突出。旅游线路设计未遵循旅游者心理活动的影响，而将所有旅游热点串起来，既不能使游客心理上获得最大的满意度，又造成了不必要的资源浪费。原因之一就是缺乏对客源市场的调查分析，而旅游线路创新的主要依据是客源市场最新的动态变化，但目前旅行社对于客源市场调查分析以及所投入的资金都非常有限。

3. 线路类型不符合市场需求

目前的线路设计无论是区域线路还是短途线路都主要集中在周游型线路，逗留型的线路不多，即占据主导市场的仍是观光旅游产品。随着旅游业的不断发展，市场不断拓宽，人们的需求越来越多样化，参与性旅游产品备受青睐，对逗留型旅游线路的需求增强。此外，众多的旅行社多年来大都局限于在同质、缺乏个性的旅游线路产品上进行竞争，由于散客旅游经营的人均利润额较低，旅行社经营销售的基本为一体化服务的包价旅游线路，散客线路不多，低价成了取悦潜在市场的法宝，对日益兴旺的散客旅游市场大多没有足够的重视。

反观在旅游业较为发达的欧美国家，其旅行社新产品的开发设计过程具有非常强烈的市场导向特点，"以人为本"的观念已经深刻地融入到旅游线路产品的开发和设计中。[③]国外的旅游线路产品类型比较丰富，产品覆盖层面广泛，传统的观光旅游线路已经向专业化和主题化的领域拓展；休闲度假旅游线路产品已经非常普及；生态旅游、探险旅游、保健康体旅游以及一些特殊自然文化现象等知识性旅游线路产品受到广泛欢迎。

4. 线路设计更新缓慢

从旅行社的角度看，"产品"销售最终必须落实到具体的旅游线路上。旅游

---

① 陈亮．中国4A级旅游景区（点）与旅游线路的对应关系分析——以华东地区为例．桂林旅游高等专科学校学报[J]，2003，4（6）：65-69．
② 谭彩荷．旅游线路设计的问题及实证研究[J]．重庆工学院学报，2004，18（4）：66-68．
③ 黄金琳．基于游客出游行为的旅游线路开发研究综述[J]．芜湖职业技术学院学报，2009，11（3）：61-63．

线路老化、更新速度慢是旅游业内公认的通病。其中的一个重要原因就是旅行社对旅游新产品开发缺乏主动性。据有关部门统计，中国现已拥有各类景区景点上万处之多，旅游资源可谓十分丰富。但遗憾的是，为数众多的旅游资源并没有转化为有吸引力的旅游产品。

旅游线路有自己的生命周期，从正式推向市场开始，直到最后被淘汰退出市场为止的全部过程包括四个阶段，即投入期、成长期、成熟期和衰退期（通常以销售额和利润额的变化来衡量）。在其生命周期的不同阶段，市场所需要的线路类型以及内容组合是各不相同的，当旅游线路进入成熟期后，就要开始对老线路改型或者设计新的线路以备市场之需，即需要以市场为指引不断对线路进行重组优化和改进更新。事实上，目前国内很多旅游线路一旦设计形成后，基本上不会有更新，因此对游客缺乏持久吸引力，特别是回头客。

5. 线路设计研究人员较少

目前，人们对旅游线路所发挥的重要作用还没有引起足够的重视。从研究人员来看，根据中国期刊数据库的文献检索资料，国内对旅游线路设计研究较为深入的学者并不多。关于旅游线路设计的研究尚处于起步阶段，相关研究也没有形成规范的体系，在旅游线路设计理论方面的研究多是感性认识和一般性理论探讨，对具体设计的深层面的机制分析明显薄弱，对影响旅游线路设计的要素分析还有待深入。旅游线路设计未来应更加具体、深入和专业，发展方向是市场化、专题化、精致化，在学习国外旅游线路设计先进理念的同时，重视体现人文精神、生态旅游和可持续发展理念以及注重创新开发。

6. 旅游线路设计多以旅行社为中心

旅行社被公认是旅游线路的设计者，同时又是旅游线路产品的经营者。旅游线路在实施过程中很大程度上是以旅行社的意志为核心的，没有更多地考虑旅游者的意愿、顾及旅游者的感受。旅游者只是按照旅行社事先安排好的线路旅游，而对于大部分旅行社来说，大多是从经济利益出发，因此旅游线路设计往往是盲目和缺乏长期的打算。虽然说线路的创新是旅行社发展的重要途径，但由于产权等问题，旅行社对于线路设计往往缺乏创新意识，许多热门旅游线路在不同的旅行社是基本相同的。

关于旅游线路的产权目前仍没有明确的界定。一方面，旅行社开发旅游线路的行为得不到保护与补偿，挫伤了旅行社开发新线路的积极性；另一方面，旅游线路拥挤使用现象十分突出（大小旅行社竞相角逐有限的热点旅游线路）。[①]解决的办法是对创新性旅游线路开发申请"商标"注册，以及建立旅游线路专营（张

[①] 刘旺. 论旅游线路产权的界定和保护[J]. 四川师范大学学报（社会科学版），2003，30（6）：100-103.

振家，2009）。孙建超[①]认为，旅游线路专营的提出，缘于旅游线路开发中的外部经济问题，对这一问题的解决，旅行社的纵向一体化同旅游线路专营相比，应是更合理的选择。由于产权制度的完善不可能一蹴而就，以及交易费用和策略性行为的存在，仅仅界定旅游线路的产权是远远不够的。[②]虽然旅游线路专营作为一种新型的经营方式，可以降低旅游线路的价格，减少线路开发中的外部性，但也存在诸如契约的有效性较低、旅游旺季时旅游线路的专营很难得到相应保障等问题。[③]

二、影响旅游者选择旅游线路的因素

旅游线路实际上是旅游系统在线性轨迹上的投射（吴必虎，2001），旅游者沿旅行社或自己设计的线路在各旅游地之间作空间移动。在有限的资金和闲暇时间的限制下，旅游者总是希望游览到更多的景点，感知更丰富的信息，获得更大的收益，但又不能太过紧张疲劳。旅游者在对旅游线路作购买决策时，往往会根据自己的旅游偏好、闲暇时间、经济状况等进行选择，并会重点考虑旅游线路中的旅游地、旅游时间安排、旅游安全和价格等因素。Tideswell（1999）应用回归分析研究发现，除探亲访友外，客源地与目的地的距离、多样化利益的追求、旅行的可移动性（如自驾车）、信息来源、旅行目的等都是影响游客旅行空间模式的主要因素。[④]因此，在旅游线路实际组织过程中，不但要把客源地、各级别旅游景点和接待地有效组织起来，分析影响旅游线路组织的资源分布和交通通达性等因素，还要考虑游客行为意愿和市场对线路产品的需求状况。[⑤]

1. 旅游偏好

旅游者的旅游偏好是选择旅游线路的前提。旅游者在性别、年龄、民族、兴趣、职业、经济收入、文化程度、社会地位、家庭结构、常住地的地理位置及自然条件等方面的差异，导致形成了不同的旅游偏好，对旅游线路的选择也有差异。就不同年龄段的人来说，其生活经验和阅历不同，表现在对旅游地、旅游线路、旅游内容等的选择上也是不同的。例如，少年儿童天真活泼，对游乐设施感兴趣；青年人精力充沛，新鲜感较强；老年人喜清静之地等。不同文化程度的人对线路的选择也是有差异的，高学历的人往往对去哪里、看什么目的性较强，选择旅游线路时有较强的自主性；中等学历及以下的人产生旅游愿望更多地容易受大众媒

[①] 孙建超，谭白英. 旅游线路专营的经济学分析[J]. 旅游学刊，2002，17（6）：61-63.
[②] 阳宁东，周幼平. 关于旅游线路专营的思考[J]. 旅游学刊，2003，18（5）：66-69.
[③] 潘永涛. 我国旅行社旅游线路专营浅析[J]. 河南商业高等专科学校学报，2004，17（1）：74-75.
[④] Tideswell C, Faulkner B. Multidestination Travel Patterns of International Tourists to Queensland [J]. Journal of Travel Research, 1999, 37 (4): 364-374.
[⑤] 马晓龙. 基于游客行为的旅游线路组织研究[J]. 地理与地理信息科学，2005，21（2）：98-101.

介的影响,对去哪里、看什么没有前者主动,更愿意接受旅行社的安排。

2. 闲暇时间

如果时间限定,则旅行距离也是限定的(霍斯特·托特,德国学者),决定旅程长短的最重要条件是时间、费用和旅途舒适度。旅游的发生依赖于人们闲暇时间的多少,一般来说,旅游者的出游时间与闲暇时间成正相关,如果没有特殊需求,人们选择旅游线路时总是追求最小的"旅游时间比"(从居住地到旅游地的单纯旅行时间与在旅游地游玩时间的比值)。当存在类型相同、所提供的游玩时间相近、但到居住地距离不同的旅游地时,人们通常会选择最近的旅游地旅游。如果旅行时间越长,则在一次旅行中游览多个旅游地的可能性越大。[①]

3. 价格

只有被感知到的旅游地是在旅游者经济能力范围之内时,才会进入旅游决策,也就是说影响旅游者选择旅游线路的关键因素是价格。一方面影响价格的因素非常多[②](见图6-4),线路中的每一项内容都会影响到线路总价的高低;另一方面旅游者希望在不降低旅游体验、服务标准和水平的同时,旅游线路的总价要尽可能低。旅行社既想以较低的价格吸引旅游者,又必须保证一定的利润空间以求生存与发展,还要保证旅游质量以树立企业形象,对旅行社来讲,合理确定旅游线路的价格也确实不是一件容易的事。

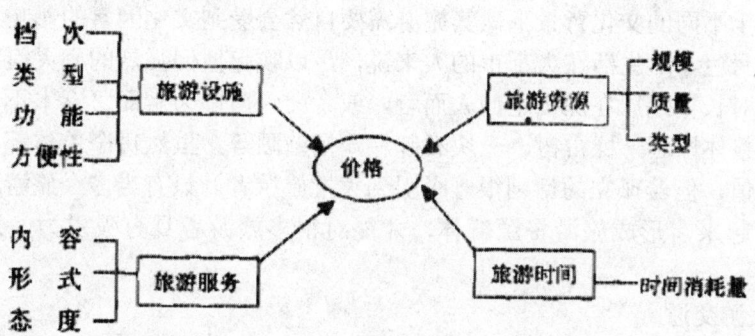

图6-4 旅游线路价格影响因素与影响内容(引自王昕,2000)

4. 旅游地

旅游者外出旅游必须完成从居住地到旅游地之间的空间位移。人们是否愿意克服较大的空间距离障碍外出旅游,旅游地的级别是选择旅游线路时的一个很重要的因素。一般来说旅游地的级别越高、知名度越大,吸引力就越强,旅游者克

---

① Connell J, Page S J. Exploring the Spatial Patterns of Car-based Tourist Travel in Loch Lomond and Trossachs National Park, Scotland [J]. Tourism Management, 2008, 29: 561-580.

② 王昕. 关于旅游线路设计的思考[J]. 重庆师范学院学报(自然科学版), 2000, 17(增刊): 34-36, 46.

服空间障碍的决心和可能也就越大。同时，旅游地不是孤立存在的，而是相互竞争与互为补充的[1]，游客在旅游线路中选择的通常是一个旅游地集群。[2]相关实证研究也发现，距离客源地越远，选择单旅游地旅行类型的游客就越少，体现出距离衰减的规律[3]，即人们出行距离越远，越倾向于选择知名度大的旅游地。旅游者在选择旅游地时往往会有下列倾向：

（1）观赏性。旅游是一种探索、一种学习、一种享受。一次成功的旅游不仅能增长旅游者的历史、地理、宗教等方面的知识，还能开扩视野，强健体魄，愉悦身心。无论是名山大川、奇石异洞、海湖泉瀑，还是文物古迹、民族风情，一般情况下，其观赏性越强，对旅游者的吸引力也就越大。

（2）季节性。旅游者的心理感受以及旅游活动的内容和效果等往往受到季节性的影响，特别是某些自然景观只在特定的季节、时间里出现。例如，吉林雾凇只有在入冬以后才可能形成。随着季节的变化很多旅游景点都有明显的"淡季"和"旺季"之分。

（3）差异性。居住地与旅游地之间的环境差异，往往会激发旅游者的旅游动机，从而产生克服空间障碍的决心和出游的可能性。旅游者多会选择最有名的旅游地和自然环境及文化环境与自己居住地差异较大的旅游地旅游。

（4）文化性。不论何种旅游，人们都希望得到美的享受和各种精神乐趣。旅游者生活于不同的文化背景下，其旅游需要自然会受到文化因素的影响。古木怪石、松涛月色，对生活在大都市的人来说，足以唤起他们强烈的心灵震撼和审美愉悦，而对长期蜗居在深山里的人而言，或者会因习以为常而"麻木不仁"。

（5）整体性。一棵古树、一块石碑、一幅壁画等，虽然每个单体都具有很高的旅游价值，但若孤立的话则很难吸引到大批旅游者。只有当多个旅游资源单体相互组合起来，形成旅游资源群体，才能对很多旅游者具有吸引力，进而形成旅游客流。

5. 旅游交通

相关统计调查表明，在旅游效果影响要素中，与住宿、饮食、景点及其他服务消费等项目相比，60%左右的人将交通列为首位。旅游交通是旅游线路的重要组成部分，也是旅游线路成功的保障和旅游活动得以实现的必要条件。一个地区交通越便捷，越有利于旅游活动的开展。随着社会经济发展、人民生活水平的提高，交通状况的好坏直接影响到旅游者对旅游地的选择。没有"安全、舒适、快捷、方便、经济、高效"的旅游交通，就不可能有规模化发展的旅游业。近年来，

---

[1] Wall G. Competition and Complementarity: A Study in Park Visitation[J]. International Journal of Environmental Studies, 1978, 13: 35-41.
[2] Stewart S I, Vogt C A. Multi-destination Trip Patterns [J].Annals of Tourism Research, 1997, 24 (2): 458-461.
[3] Oppermann M. A Model of Travel Itineraries [J]. Journal of Travel Research, 1995, 33: 57-61.

中国高速铁路与高速公路快速发展，更多的旅游地将实现跨区域的联合[①]，交通可达性的改善，为游客带来旅行时间上的节约，并进入旅游者可感知的旅游地范围。

6. 安全问题

就旅游消费心理而言，安全是人们最基本的需要，更是旅游者选择旅游线路时最关注的因素。首先是旅游线路中的交通安全，虽然旅游者往往以"快捷、方便、舒适、经济、安全"等标准来选择旅游交通方式，但安全是第一位的；其次是旅游地的社会状况，包括当地政府及居民对旅游者的政策与态度、社会治安、自然灾害、政治形势等，都会影响到旅游者的人身与财产安全；第三是旅游景点、旅游项目的安全，要努力消除各种潜在隐患，尽量避免旅游安全事故的发生。

此外，旅游者在选择旅游线路时，还会考虑相应旅行社的资质、信誉、服务质量以及所推出旅游线路的设计水平等。旅游线路之所以有所谓的"黄金旅游线"与"温冷旅游线"、"全天候旅游线"与"季节旅游线"的区别，除了线路本身固有的一些客观存在的制约因素外，旅游线路设计者的能力水平和设计技巧也是非常重要的因素。也就是说，旅游线路设计水平也会影响到旅游者选择旅行社及旅游线路的决策，进而影响到旅游线路销售的成败。

三、旅游线路设计的原则

旅游线路是联系客源地与旅游地、联系旅游客体与旅游主体的重要环节。旅游线路如串珠，旅游交通是线，旅游地（景区、景点）如珠，旅游设施与服务如加工装饰，几者协调组合在一起，才能显现串珠的美丽（王昕，2000）。旅游线路一方面是对符合主题特色的节点城市或景区的选择，另一方面是对节点游览顺序的安排，应按照时间最短、费用最省、交通便利、合理搭配的原则进行全面考察、综合平衡及合理选择。旅游线路设计中常犯的毛病是缺乏新意，李晓军（2004）提出了翻新式、新景式、多点式等七种旅游线路创新的方法。[②]

1. 市场需求原则

旅游线路经营者（多为旅行社）设计旅游线路多以赚钱为目的，虽然旅游线路具有无形性、综合性、不可转移性、不可贮存性、易损性等特质，但作为一种商品，其生产与销售应遵循市场规律操作。传统的旅游线路设计，强调旅游资源的组合，淡化旅游服务；针对团体旅游者，忽略个体旅游者（散客）需求。虽然个体旅游者的旅游线路多由旅游者本人作出选择，但专业部门设计的线路对他们会有直接的影响。随着国内旅游市场需求呈现出普遍化、消费化、集中化、组织

---

① 梁雪松. 基于双重区位空间的湖南旅游业发展机遇探讨[J]. 经济地理, 2010, 30 (5): 859-864.
② 李晓军. 旅游线路创新七法[N]. 中国旅游报, 2004, 14 (6): 9-10.

化和多元化的特点，成功的旅游线路设计必须对市场需求进行充分的调研，以市场为导向，预测市场需求的趋势和需求的数量，并根据市场需求不断地对原有旅游线路进行完善和升级，或开发出新的旅游线路来适应和满足旅游者的需要。

例如，在经济发达地区，因用于旅游的闲暇时间多、经济支付能力强等，以观赏为主的旅游已开始让位于以度假为主的旅游。再如，现在越来越多的年轻人喜欢富于冒险、刺激的旅游活动，野外露营、攀岩、漂流、蹦极、沙漠探险等户外运动既充满挑战性，又满足了人们的猎奇心理，受到年轻人的喜爱，成为流行时尚。因此，针对不同的旅游市场，除了要强调线路产品的普适性与个性化的结合，设计出多种类型的旅游线路以满足旅游者的现实需求，还要从发掘潜在的需求和创造未来需求的角度去设计旅游线路，以此来刺激旅游者和创造性地引导旅游消费，开辟未来旅游市场。

2. 符合旅游者意愿和行为法则

旅游者是旅游活动的主体，在设计和销售旅游线路时，必须以旅游者的意愿为出发点，最大限度地满足旅游者的需求。旅游活动项目要丰富多彩，忌单调、重复，可以针对游客不同的年龄、性别、爱好、职业、种族、国籍等设计不同的旅游项目。一般情况下，旅游者的可达机会随距离增加而急速衰减，相关调查数据也显示，就城市居民的旅游和休闲出游市场而言，80%集中在距城市500公里的范围内（吴必虎，1999）。旅游者出游决策和实施同旅游景观的吸引力（旅游价值）达到某一最低值相对应，即当旅游成本已经确定的情况下，整个旅程带给旅游者的体验水准只有等于或大于某一确定水平时，旅游者才会成行；随着旅游成本的增加，旅游体验水平只有等于或高于与旅游成本增加速度成比例的某一增长速度时，旅游者对于旅游线路才会有满意的评价。

（1）旅游体验效果递进。

旅游者对旅游线路选择的基本出发点是以最小的旅游时间和旅游消费比来获取最大的有效信息量和旅游享受。就旅游者的空间行为而言，高级别的旅游地是首选，因此在一条旅游线路中应包含一定数量著名的、最有价值的旅游地，特别是自然环境和文化环境与旅游者常住地差异较大的旅游地。同样的几个旅游地、旅游项目，旅游线路的结构顺序与节奏不同，产生的游览效果和旅游感受是大相径庭的。

一条好的旅游线路，就如同一首和谐优美的交响乐，具备序幕、发展、高潮、尾声，线路上旅游活动的安排应跌宕有致，有时是平缓的过渡，有时是激昂跌宕的旋律，富有节奏感和韵律感，把高质量的旅游景点放在后面，使旅游者的兴奋度一层一层递进，在核心景点的旅游活动达到兴奋顶点为最佳方案。过程中必须充分考虑旅游者的心理状况和体能，注意高潮景点在线路上的分布与布局，在条件许可的情况下，应尽可能使旅游活动安排做到劳逸结合，张弛有度。在旅游线路设计中，最受旅游者欢迎的是将主要购物地安排在最末一站，既有利于旅游者大量采购，而且也没有携带不便的困难。

（2）新奇与熟悉相结合。

旅游者的旅游动机尽管多种多样，但究其共性多是追新猎奇，新奇的事物令人兴奋、愉快、满足。一条旅游线路中，除了包括必要数量的旅游热点景区外，根据旅游线路的主题和市场需求，有针对性地选择一些对于旅游者来说还不是很熟悉的、新奇的冷点景区，往往会达到出人意料的效果。但在全新的环境中，一点熟悉的因素也没有，旅游者又会有个再适应和熟悉的过程。

新奇和熟悉，既是矛盾的现象，也是平衡的现象。在旅游线路设计中要正确处理，使二者有机结合起来，才能使旅游者在旅游活动中既得到追新求奇的满足，又不产生孤独、陌生及思乡之感。当然，追求新奇是占主导地位的，也是旅游线路设计的主要依据，在辅助环节中可以穿插一些旅游者熟悉的内容，总体上为旅游者创造一个既有新奇感又有安全感的环境。

例如，"澳洲经典十日游"，旅游者经过 10 个小时的飞行之后，首先到墨尔本市区观光，参观教堂、艺术中心等景点，因为旅途劳顿，而且环境生疏，所以先安排游览以"艺术之都"著称的墨尔本市内景点，不仅体力消耗较少，也便于熟悉环境。然后前往被喻为"考拉之都"的布里斯班观赏澳洲特产动物；在冲浪者天堂——黄金海岸参加对游人极具吸引力的沙滩排球、游泳、冲浪等水上活动；到悉尼参观举世闻名的悉尼歌剧院。这样，先后形成三大旅游高潮。作为尾声，安排到以宁静的"大洋洲花园之都"著称的堪培拉市区观光。此时旅游者的情绪有所放松，几天紧张而兴奋的旅游活动之后，体力和精神都得到调整，最后愉快地结束澳洲之旅。

3. 不重复原则

最佳旅游线路应是由一些旅游依托地和尽可能多的、不同性质的旅游点串联而成的环形（或多边形）路线，以避免往返旅途重复。当旅游依托地周围的旅游点之间距离较近时，可将它们分成几组安排在同一天游览；如果各旅游点与旅游依托地距离在一天行程以上时，就没有必要安排旅游者返回旅游依托地过夜，而应就近住宿，然后再前往下一组旅游地，这便形成了环形旅游支线（见图6-5）；当旅游依托地周围的那些旅游点之间距离较远，而它们都与旅游依托地距离在一天行程之内时，为减少改换住宿地点的麻烦，增加游客的安全感，一般是安排旅游者重返原住宿处过夜，然后再前往其他旅游点，这就形成了放射形旅游支线（见图6-6）

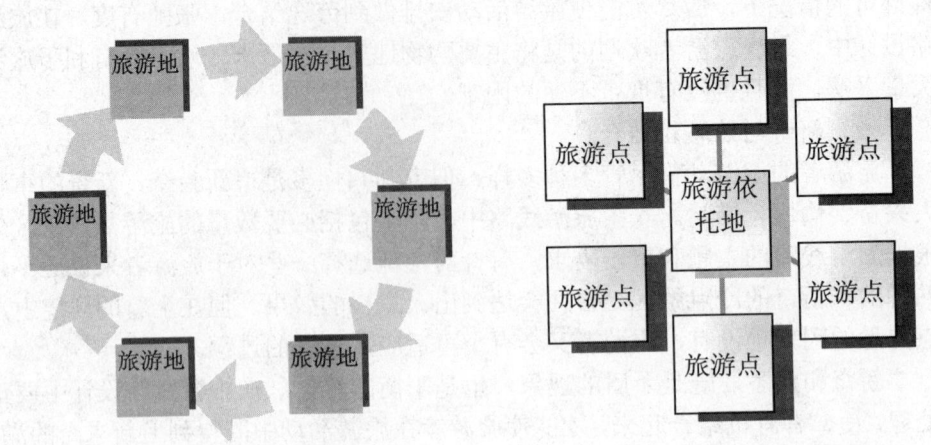

图 6-5　环形旅游支线示意图　　图 6-6　放射形旅游支线示意图

事实上，如果基于发达的道路交通网络，从一个中心城市出发的游客要游览多个旅游地时，旅游者形成的旅游线路总会趋向于一个闭合回路（Campbell）。旅游者的游览活动并不仅限于旅游景点，旅途中沿线的景观也是游览观赏的对象。在游览过程中，如果出现走回头路，就意味着旅游者要在同一段路上重复往返，再浏览一遍相同的沿途景观会使其感到乏味，减弱其旅游的兴趣。这种重复，对旅游者来说，也是一种时间和金钱上的浪费。因此，在旅游线路设计中要尽量予以避免。

旅游者对旅游交通主观上的不必要和客观上的必须之间是一对矛盾，而弱化或解决该矛盾的有效途径就是通过一系列措施将旅游交通"融入"旅游。只有对旅游交通进行合理的组织安排，旅游线路才具有生命力。也就是说，旅游线路设计中，需特别注意合理地安排全程的旅游交通方式、工具以及它们之间的相互衔接等。在可能的情况下，把旅游交通作为旅游项目有机地组织到旅游线路中去，如骑马、骑骆驼、乘游船、坐马车、坐皮筏或游艇、乘索道和缆车等，满足游客求新求异的心理需求，并能起到调节游客情绪的作用，让游客把沿途风光尽收眼底，"处处皆景"的感觉油然而生。

4. 多样化原则

组成旅游线路的各项内容，如旅游景点、旅游活动项目、餐饮、宾馆、交通、服务的类型很多，完全有条件组合成多种规格的旅游线路以供市场选择。由于一次旅游中交通费用和食宿费用往往占相当大的比例，在具体的旅游线路组合时，可以选择不同类型的旅游交通工具和不同等级的宾馆（甚至是租用不同等级的房间），分别组合成不同档次供游客选用，以满足不同经济条件旅游者的需要。

因有不同等级、旅游功能之分，各旅游景区（点）分别有各自不同的吸引半径（例如，同属北京，八达岭长城、北京故宫的吸引半径超出了国界；而龙门涧、十渡等景区的吸引范围主要还是在北京市内）。旅游线路设计要注意旅游景区（点）及活动内容的多样化，如在前一个景点以参观寺庙、佛塔等古迹为主要内容；在下一个旅游景点，安排品尝当地名扬四海的美味佳肴；再下一个景点，又可以观赏到风景优美、民风淳朴的乡村小镇风光等。总之，在旅游路线设计中，要尽量使景点选择富于变化，以免单调重复。当然，在以游览观赏为主要内容的旅游线路上，切忌观赏内容安排过于紧张，避免把轻松愉快的旅游变成一次疲劳的参观活动。

5. 时间合理性原则

从时间上来说，旅游活动是从旅游者接受旅游经营者的服务开始，到圆满完成旅游活动、脱离旅游经营者的服务为止。时间安排是否合理，首先要看旅游线路上的各项活动内容所占的时间位置和间距是否恰当。其次，在有限的旅游时间内，要尽量利用快捷的交通工具，缩短单纯的交通运行时间，以争取更多的游览时间，并减少旅途劳累。当然，如果遇到美丽的景观公路则另当别论。最后，不论是为期一天的短途旅游还是为期一月的长途旅游，都要适当留有自由活动时间，同时还要留出时间以应付旅途中随时可能发生的意外。因旅游交通费用往往是主要开支，最好能顺便游览一些旅游地附近的景点。如果时间紧张的话，要抓住重点，放弃一些次要的旅游点。

在旅游消费过程中，以时间为序的各项空间活动的准时性，如交通工具是否准点、从业人员是否正点迎送等，都有可能破坏整个旅游体验，同时也是反映旅游业服务管理水平的重要标志之一。在时间安排上，旅游活动衔接要紧凑而不紧张，过程要舒缓而不拖拉，快节奏和慢节奏要交叉变换，刺激性活动和悠闲活动要穿插进行，这样才能使旅游者获得更多美的享受。

6. 主题突出原则

主题和特色使得旅游线路充满魅力，有强大的竞争力和旺盛的生命力。个性化旅游需求推动旅游走向主题化，主题旅游线路、主题旅行社、主题旅游度假村、主题旅游项目蓬勃发展。在旅游线路设计中，应对旅游地各种旅游资源进行创意与策划，把性质或形式有内在联系的旅游点有机地串联起来，围绕主题安排相关的旅游项目，抓住旅游"热点"，带动旅游"温点"和"冷点"，"人无我有，人有我特"，并围绕主题创新服务内容和形式，在旅游交通、食宿、服务、娱乐、购物等方面选择与它相适应的形式加以烘托，即推出的旅游线路主题鲜明、富有特色，才能在竞争日趋激烈的旅游市场中争取到更多客源。

就观光旅游线路来说，应尽可能地将最著名的景点连接起来，并尽量安排丰富多彩的游览节目,使旅游者领略到当地最具代表性的风景名胜和社会民俗风情,进而对整体线路有深刻体会。如"丝绸之路"旅游线路,将西安、敦煌、吐鲁番乃至中东、欧洲与古代丝绸贸易有关的旅游点串联成线,组织参观文物古迹,观赏仿古歌舞(仿唐乐舞《丝路花雨》等),品尝历史名菜佳肴,下榻有地方和民族特色的饭店,一些路段不乘汽车而改骑骆驼或乘坐毛驴车,旅游购物安排古碑刻拓片、唐三彩等,借以使旅游者充分体验古代"丝绸之路"的情调。再如,古代官衙参观旅游线路(北京故宫皇家官邸—保定直隶总督衙门官邸—南阳知府衙门官邸—内乡知县衙门官邸),虽然各景点距离远,交通占用时间长,但因主题突出,也深受旅游者欢迎。

7. 机动灵活原则

由于旅游过程牵涉面广,即使作了最充分的准备,意外的情况有时仍难以避免,或是出现了人力不可抗拒的原因而只能改变旅行计划;或是多数旅游团成员由于某些原因要求临时变更部分旅行安排等,在条件许可的前提下,都应尽量满足。在旅游线路设计中,日程安排不宜过于紧张,应留有一定回旋余地;执行过程中也须灵活掌握,以保证落实原旅游线路的基本项目为原则,同时允许局部变通。

例如,在设计法国旅游线路时,必须考虑可能会遇到罢工问题。每年7~9月阳光最灿烂的夏天大假期之后,法国往往就会进入罢工的高峰季节,银行、邮局、电力公司、航空、铁路、地铁、公共汽车的职员罢工现象十分常见,罢工的人多,次数多,警告性罢工、"瓶颈"式罢工、轮流式罢工、声援性罢工等罢工名目种类繁多。对于罢工造成的不便,多数法国人都表示理解,国际游客也自然不该对法国的民生民权多说什么,但若对游客行程计划的正常完成产生阻碍,尤其是返程的国际航班受到波及,如何应急处理,除了有一个细致周全的预案外,还应考虑运用机动灵活的原则,力争将损失降到最低。

四、旅游线路设计的步骤

在旅游线路设计之前,必须首先搞清几个问题。第一,所针对的目标市场是什么?变化趋势如何?它决定了旅游线路设计的需求背景。第二,与接待国及地区经济发展水平、国际旅游发展水平、体制和管理水平等相联系的旅游供给一体化程度如何?国际旅游的产业内关联和协调能力如何?第三,旅游者在接待国及地区消费时,其行为的自主程度如何?或者反过来说,接待国政府和旅行机构在何种程度上、以何种方式试图操纵和引导旅游客流?以上这些构成了旅游线路设计、销售的大背景。在一定时间内,旅游线路的设计和经营都受制于这些因素,处于初期发展阶段的不发达国家的国际旅游业尤其如此。

楚义芳（1992）在《关于旅游线路设计的初步研究》一文中指出，影响旅游线路设计的基本因子包括旅游吸引物（旅游价值）；与旅游可达性密切相关的基础设施；旅游专用设施和旅游成本因子（旅游费用、时间和距离等）。旅游线路设计大致可分为四个阶段：

第一阶段，确定目标市场（游客群）的成本因子（总体上决定了旅游线路的性质和类型）。

第二阶段，根据游客的类型和期望，确定组成线路内容的旅游资源的基本空间格局。旅游资源对应的旅游价值必须用量化的指标表示出来（旅游者的体验水平可用旅游价值指标，如旅游吸引力或旅游吸引力加上设施水平来表示）。

第三阶段，结合前两个阶段的背景材料，对相关的旅游基础设施和专用设施（住宿等）进行分析，设计出若干条可供选择的线路，以满足不同层次的游客选择和拼合。

第四阶段，选择最优的旅游线路（可以有几条）。

其中，第三阶段的工作最富有经验性和技术性，在设计时必须对第二阶段给出的基本空间格局不断进行调整，以形成新的、带有综合意义的空间格局。

旅游线路设计是一项系统而复杂的工作，它要求整个过程中的每一步环环相扣，严密有序。如果哪个步骤或环节出了问题，必然会在其后的旅游活动过程中暴露出来，给旅游者造成不必要的麻烦，甚至会给旅游线路经营企业、旅游者造成巨大的损失。

第三节 旅游线路设计实务

一、中国专项旅游线路

随着改革开放的进一步深化，中国旅游业有了突飞猛进的发展。从依托传统的自然和人文资源的景区开发，到依托都市生活环境的休闲产品，再到依托海滨、湖泊、山地等良好生态环境开展的度假产品，中国旅游业的产品体系的丰度和深度取得了令人瞩目的成就。特别是在观光旅游产品的基础上，度假休闲和多样化的专项旅游产品也得到了较好的发展。

从国内旅游线路的销售情况来看，线路的设计基本是成功的。如 1992 年"中国友好观光年"时曾推出首批以文化主题为脉络的 14 条专项旅游线路：长城之旅、黄河之旅、长江三峡之游、奇山异水游、丝绸之路游、西南少数民族风情游、冰雪风光游、寻根朝敬之旅、青少年修学旅行、新婚蜜月旅行、保健旅游、烹饪王国游、江南水乡游、佛教四大名山朝圣游等，包括了以历史文物和传统文化为主题以及以自然风光、民族风情为主题的观光产品和多种特种旅游项目，共涉及294处旅游景点。此外，还曾推出探险旅游、考古旅游、文物古迹旅游、三国旅游、末代皇帝旅游、美食旅游等专项旅游线路。

表 6-2 中国专项旅游线路（国家旅游局，2003）

序号	专线名称	线路构成
1	长城游	北京八达岭，天津，河北秦皇岛老龙头、山海关、金山岭、承德，山西雁门关，甘肃嘉峪关
2	黄河风情游	山西壶口瀑布，河南黄河古栈道，洛阳龙门石窟、白马寺，开封铁塔、相国寺，兖州黄河大观
3	长江三峡游	重庆大足宝顶山石刻，三峡，湖南岳阳、洞庭湖，湖北宜昌、神农架、武汉黄鹤楼、编钟
4	中原民俗游	山西平遥、运城，山东潍坊，河南洛阳，北京街巷胡同、四合院
5	冰雪风光游	黑龙江哈尔滨，吉林长白山，辽宁沈阳、大连
6	江南水乡游	浙江杭州、嘉兴、绍兴，江苏南京、苏州、扬州、无锡
7	奇山异水游	福建武夷山，广西桂林，安徽黄山，湖南张家界，四川九寨沟、黄龙
8	丝绸之路游	陕西西安，甘肃天水、酒泉、嘉峪关、敦煌，青海西宁，新疆吐鲁番、乌鲁木齐、喀什
9	宗教文化游	安徽九华山，山西五台山，浙江普陀山，四川峨眉山，湖北武当山，西藏布达拉宫
10	穆斯林风情游	新疆喀什、香妃墓，宁夏银川，北京牛街清真寺，福建泉州，广州怀圣寺
11	青少年修学游	北京，天津，山东曲阜，江苏南京、无锡，上海，河南郑州
12	中华健身游	上海，江苏无锡，河北保定，陕西咸阳
13	神州精华游	北京长城、故宫，陕西秦兵马俑，上海黄浦夜景，广东深圳
14	少数民族游	云南昆明—大理—丽江—西双版纳，广西南宁—桂林，海南三亚，四川凉山，贵州贵阳
15	女青年之游	北京王府井，上海豫园—南京路，辽宁大连
16	湖光风情游	海南三亚，山东青岛，辽宁大连，福建莆田，江苏苏州太湖，广东南湖，云南昆明滇池

再以近年来日益兴盛的徒步旅游为例，徒步旅行并肩负所有的装备，张弛进退由自身控制，可全身心地投入自然，规避尘世之喧哗，并在不断地挑战自我当中增加勇气与对生命的热爱。因对自然景观的质量要求较高，由万里长城、长江三峡、珠峰大本营、新疆喀纳斯湖、冈仁波钦—玛旁雍错、排龙—林芝—墨脱、

桑堆—稻城—亚丁、虎跳峡—白水台、漓江、泸沽湖等所串联起来的旅游点均为中国同类旅游景观中的佼佼者，因此成为中国徒步旅游线路的首选。

二、"烹饪王国游"旅游线路

"烹饪王国游"（广州—成都—北京—南京—无锡—上海）专题餐饮旅游线路，将旅游餐饮与旅游线路设计巧妙地融合起来，形成了一条以中华美食为特色的专题旅游线路：

- 广州：

参观烹饪表演—品尝广东名菜—品尝广式点心—广东早茶。

- 成都：

品尝川味小吃—观看川菜烹饪表演—品尝四川名菜。

- 北京：

仿膳宫廷菜—北京饭店谭家菜—香港美食城（早茶、小吃）—前门梨园剧场（北京地方风味小吃）。

- 南京：

参观南京旅游学校烹饪专业—夫子庙食品街（江苏风味小吃）—品尝淮扬风味。

- 无锡：

品尝太湖船菜。

- 上海：

品尝上海风味。

总体来看，该线路具有以下特色：首先，该旅游线路可以说是一个大尺度旅游线路，从广州出发，依次经过成都、北京、南京、无锡、上海，各城市不仅都具有特色旅游餐饮，且在空间上形成了封闭的环状，某种程度上达到了旅游效益最大化。该旅游线路涵盖了中国菜系的主要内容，如广东名菜是粤菜的主要代表，还有四川的川菜、南京的苏菜、北京宫廷菜、无锡太湖船菜、上海菜。其次，该线路安排了适当的品尝地方风味小吃、参观烹饪表演等特色活动，增加了旅游趣味性。最后，富于文化性也是该旅游线路的一大特色。在品尝中华美食的同时，可以体验丰富多彩的中华饮食文化。比如品尝广式点心、广东早茶本身就是体验异域文化的过程，还有游玩前门梨园剧场，品尝淮扬风味、太湖船菜、上海风味等亦如此。

该线路的不足之处是仅以品尝、参观为主，缺少适当的参与性和互动性，所以一条旅游线路走下来，给旅游者的感觉就是一直在不停地吃，虽然风格特色不同的美食不会给人造成太大的单调感，但如果能够适当加入一些让旅游者亲自参与、动手制作的活动项目，就更加锦上添花。

三、香港购物旅游线路

作为国际性大都市的香港，是亚洲首选旅游目的地和"购物天堂"。一年一度的香港购物节已经成为香港的另一张城市名片，"衣饰及美容"、"珠宝钟表"、"电子消费品"和"中国传统"等购物主题无一不是让人怦然心动的时尚之需。可以说，购物是香港旅游的最大诱惑力之一。目前，很多港澳游组团社均设计了香港多日游产品，游览的内容除了香港主要的标志性旅游景点，无一例外都把购物活动放在相当重要的位置上。如由北京出发的香港五日观光购物旅游线路安排如下：

- 第一天，尖沙咀观光、中环兰桂坊夜游。
- 第二天，金紫荆雕像、海洋公园一日游。
- 第三天，浅水湾、赤柱、山顶一日游。
- 第四天，购物及品尝美食（铜锣湾的时代广场、金钟的太古广场、中环的置地广场、尖沙咀的海港城、九龙塘的又一城、沙田的新城市广场等）。
- 第五天，乘飞机离开香港。

总体来看，该线路中的旅游购物活动安排具有以下特点：

第一，体现观光游览与旅游购物相结合的特点。该线路适合第一次去香港的游客，或每次到香港都来去匆匆、还没有深入了解香港的人，可以从四天的旅程中，对香港有一个大概的了解。事实上，香港给人的感觉总是千差万别的，有人注重香港的繁华气息，有人热衷于香港是购物胜地，有人喜欢香港的历史和民俗，还有人喜欢香港的美食、香港的时尚、香港的夜色……因此，香港游线路的设计要求能极大限度地满足不同层次、文化背景旅游者的需求，而把观光游览和购物活动穿插起来，是最好的办法之一。

第二，体现购物活动安排整体性的原则。游客要想真正体会到在香港购物的乐趣，必须拿出充足的时间来游览大卖场、步行街等旅游购物场所相对集中的区域，才能对想要购买的旅游商品进行质量、价格的比较，这也是符合消费者行为心理的必然要求。同时，旅游者在游览购物场所的同时，还能对当地的风土人情有大概的了解。从时间安排上来看，留出整整一天购物的效果要比零散的几个小时好得多。

第三，体现高中低档次相结合的特点。高档次购物场所有中环及金钟——香港著名的商业中心，云集了多家大型百货公司、名牌精品店、设计师专卖店、珠宝首饰店，荟萃其中的尽是世界知名的高档货品。同时也安排了针对一般市民消费者的铜锣湾、尖沙咀等繁华地带，可以满足游客多层次的购物需求。至于油麻地、旺角一带，商品价格较低廉，对首次来港的游客来说不具有代表性，因而没有放到该线路中。

第四,在购物场所的类型和风格选择上考虑多样化的因素,使游客在较长的购物时间里不会感到索然无味。例如,既有面向寻求复古风格旅游者的上环的大量古老店铺,又有令铜锣湾进一步成为年轻人购物首选之地的百德新街,还有热闹非常的露天市场——赤柱市场,任何人都可以在讨价还价之余去享受附近的临海风情。

四、澳大利亚徒步旅游线路

徒步旅游是一种生态休闲的自助旅游形式,在澳大利亚得到人们广泛的参与,并受到政府的高度重视。针对具有特殊兴趣的新市场,如背包徒步旅行,澳大利亚旅游局推出8条有特色的徒步旅游线路,游客可以根据自己的情况将路径分为几段,或是把单日或多日徒步路段组合起来,也可以选择挑战自己走完全程。这些徒步旅游线路是依托品牌线路、连接重要旅游区(点)的旅游产品组合,徒步旅游范围广,基本覆盖了澳大利亚六大州和两个领地的主要旅游地,充分体现了澳洲自然和文化的典型景观。[①]

- 北领地的拉拉平塔路径(Larapinta Trail)。

全程225公里,沿着西麦当劳山脉的山脊徒步,领略红褐色地貌、阿伦特原住民的各处圣地、峡谷、多样的沙漠生态,观赏当地鸟兽和近600种稀有植物。

- 南澳大利亚希臣径(Heysen Trail)。

沿着1200公里长的希臣径,从菲尔半岛上的泽维斯海角一直徒步走到山区小镇帕拉叱纳,可以欣赏到壮观的海岸线、如画的小镇、山谷和崎岖的山脉。

- 西澳大利亚比布蒙路径(Bibbulmun Track)。

穿越西澳大利亚西南部,步行路径上有参天的森林、宁静的农庄和狂野的海滩,用来标志路径的金色蛇形标记散布近1000公里,从柏斯的山丘一直到南海岸的奥尔巴尼。

- 维多利亚州威尔逊岬(Wilsons Promontory)。

全程44公里,威尔逊岬是位于澳大利亚大陆最南端5万公顷的自然保护区,众多标记清楚的路径穿行于海滩和桉树林、沼泽地、雨林溪谷以及岩石嶙峋的山顶之间,可以近距离观察公园内种类繁多的当地植物和鸟兽。

- 塔斯曼尼亚陆上路径(Overland Track)。

长达65公里,塔斯曼尼亚被列入《世界遗产名录》的心脏地带——从摇篮山到圣克莱尔湖,是著名的徒步路线,走完陆上路径需要6天。

[①] 饶华清. 澳大利亚徒步旅游线路特点及其启示[J]. 牡丹江大学学报,2010,19(2):40-42.

- 新南威尔斯六英尺路径（Six Foot Track）。

长达 45 公里，设在从卡通巴通往珍罗兰山洞的 1884 年最初的马道上，沿途可以欣赏蓝山令人窒息的美景，适合中等体力的步行者，沿途有 3 个露营地。

- 黄金海岸腹地步行路径。

长达 54 公里，从葱郁的岗得瓦纳雨林到古老火山口边缘，可追溯到恐龙时代的古老地貌，沿途有被列入《世界遗产名录》的雷明顿和春溪高地。

- 澳大利亚高山区徒步路径。

绵延 650 公里，经过维多利亚州、新南威尔斯州、澳大利亚首都领地 4 个国家公园和澳大利亚一些最高的山峰，全程徒步需要 50~60 天。

澳大利亚的徒步旅游线路以具有一定的原始性和自然性、注重生态环境保护、给徒步旅游者提供相对的安全保障、便利的网络信息服务和旅游服务设施、非常注重游客体验等特点，每年吸引了众多来自海内外的徒步旅游者。

五、上海都市旅游线路

上海市地处东海之滨，扼守着长江入海的咽喉，优越的地理位置、发达的水陆空交通，使其成为中国对外贸易的主要口岸。作为中国改革开放的龙头，上海也是世界上最繁华、最具经济活力的城市之一，拥有浦东、虹桥两个国际机场，有国际、国内航线 300 条，有大小景点 400 多处，可作"拼盘"式也可作"点菜"式专题观光游览，以"都市风光"、"都市文化"、"都市商业"为主要内容的上海都市旅游，可谓魅力无穷。

- 都市风采观光游。

人民广场—外滩—黄浦江水上游览—黄浦江越江隧道—陆家嘴金融开发区—东方明珠电视塔—浦东滨江大道—世纪公园—外高桥保税区—浦东国际机场—杨浦、南浦大桥—虹桥经济开发区—内环线、南北高架和成都路高架。

- 文化体育新景游。

上海博物馆—上海大剧院—上海城市规划展示馆—新天地—上海图书馆—上海体育馆—历史博物馆—国际网球俱乐部。

- 购物美食娱乐游。

南京路步行街—淮海中路—徐家汇商城—四川北路—浦东东方路—上海不夜城商城—豫园旅游商城—太原路肇家浜路个人收藏品市场—浏河路工艺品市场—江阴路花鸟市场—云南路、乍浦路、黄河路美食街。

- 历史遗迹观光游。

外滩—中共"一大"会址—周公馆—孙中山故居—宋庆龄故居—鲁迅纪念馆—多伦路文化名人街—"五卅"惨案旧址—文庙—黄道婆墓—龙华烈士陵园—

松江方塔。
- "红色旅游"线路。

中共"一大"会址—团中央旧址—孙中山故居—宋庆龄故居；鲁迅纪念馆—新外滩—外滩历史纪念馆；海军博物馆—陈化成纪念馆—上海淞沪抗战纪念馆；宋庆龄陵园—陈云故居—上海历史博物馆；"好八连"展览馆—上海博物馆—邹韬奋纪念馆（张彬彬，2004）。

- 夜生活文化娱乐游。

外滩黄浦江娱乐游览区—南京路"中华第一街"—豫园商城—福州路文化街灯光夜市—衡山路"绿色长廊"灯光夜市—淮海中路灯光夜市—四川路灯光夜市—上海和平饭店老年爵士乐队—上海杂技馆表演—虹桥夜生活文化娱乐区—上海不夜城文化娱乐区。

- 都市工业观光游。

上海大众汽车城—浦东金桥加工区—宝山钢铁总厂—上海金山石化城—闵行开发区—上海飞机制造厂—上海造船厂—北京东路机电产品街。

- 现代农业观光游。

孙桥现代农业观光区—崇明、长兴横沙生态农业观光旅游区—青浦赵巷园艺场—南汇玫瑰园—青浦特种水产基地—宝山珍稀动物基地野味城—嘉定果园度假村。

- 宗教胜迹游览游。

玉佛寺—龙华寺—静安寺—城隍庙—徐家汇天主教堂—国际礼拜堂—沐恩堂—松江清真寺—佘山天主教堂。

- 郊外休闲娱乐游。

佘山国家旅游度假区—朱家角明清古街—淀山湖—大观园—太阳岛国际旅游俱乐部—上海野生动物园—东海影视乐园—浦东射击场—古猗园—秋霞圃—崇明东平国家森林公园。

- 专项节庆表演游。

上海旅游节—上海文化艺术节—上海科技节—上海电影节—上海电视节—上海国际广播音乐节—上海民俗文化节—上海桂花节—上海服装艺术节—上海桃花节—上海柑桔节—上海国际少儿艺术节—上海龙华庙会—上海茶文化节。

六、山东旅游线路

山东省旅游局（2009）与山东省17市旅游局联合上海春秋旅行社、中国康辉旅行社集团和携程旅行网等网络运营商共同开展"我们一起到山东过年吧"大型系列促销活动，推出百条惠民旅游精品线路，其中山东全线游线路有：

- 济南、青岛休闲五日游。

（第一日）趵突泉—李清照故居—泉城广场；（第二日）孔府—孔庙—孔林；（第三日）登泰山；（第四日）栈桥—信号山—八大关—东海路雕塑一条街—2008奥运帆船赛场；（第五日）石老人渔村—海洋工艺馆—海滨浴场。

- 山东全线精品七日游。

趵突泉—大明湖—曲阜"三孔"—泰山—岱庙—崂山—栈桥—八大关—青岛极地海洋世界—刘公岛—甲午海战馆—张裕葡萄酒文化博物馆—蓬莱阁—蓬莱水城。

- 文韬武略之旅四日游。

济宁曲阜"三孔"景区—济宁邹城"三孟"景区—峄山—济宁梁山风景区—（泰安东平水泊风景区—泰安泰山）。

- 红色风情三日游。

（第一日）莱芜战役纪念馆—九龙大峡谷；（第二日）微山湖—微山岛—台儿庄大战纪念馆；（第三日）孟良崮战役纪念馆—蒙山云蒙旅游区。

- 齐鲁文化体验三日游。

（第一日）淄博齐国故城；（第二日）曲阜鲁国都城；（第三日）孔庙—孔林—孔府。

- 齐文化体验三日游。

临淄中国陶瓷馆—齐国历史博物馆—东周殉马坑—中国古车博物馆—管仲纪念馆—姜太公祠—淄川蒲松龄故居聊斋园—东营广饶南宋大殿—孙武祠—黄河入海口景区。

- 齐鲁民俗风情精品四日游。

（第一日）周村大街—陶瓷博物馆—蒲松龄故居；（第二日）风筝博物馆—杨家埠木板年画—十笏园；（第三日）安丘青云山民俗乐园—石家庄民俗村—高密"三绝"；（第四日）青岛崂山—栈桥—八大关—民俗博物馆—青岛啤酒街。

- 古运河寻踪游。

（第一日）赴德州，游览苏禄王墓；（第二日）赴临清，游览鳌头矶、清真寺、舍利塔、运河钞关等景点；（第三日）赴聊城，游览东昌湖、光岳楼、海源阁、山陕会馆、古运河泛舟；（第四日）赴济南，游览太白楼、微山湖运河、南阳古镇；（第五日）游览台儿庄大战遗址，参观台儿庄大战纪念馆、运河码头、古运河村落。

- 圣人斗蟋文化风情四日游。

（第一日）品尝济南传统名菜—趵突泉—李清照纪念堂—大明湖—山东饺子宴；（第二日）曲阜孔庙—孔府—品尝孔府家宴—孔林—品尝"四八宴"；（第三日）全国最大的蟋蟀交易市场—"中华蟋蟀友谊大赛"斗蟋比赛—宁阳特产店—参观

山东三宝"木鱼石、女儿茶、赤灵芝"—品尝泰山豆腐宴；（第四日）泰山之旅。

七、滇黔桂区域旅游线路

云南（滇）、贵州（黔）、广西（桂）地处中国西南地区，地理上相互连接，是中国少数民族聚集最多、喀斯特（岩溶）地貌保存最完整的区域，旅游资源丰富且特色鲜明、互补性强，三省区联合开发区域旅游线路既有必要性，又有良好的资源、交通与产业发展基础。在区域旅游线路设计上，应充分考虑客源的品味及其旅游要求回归大自然等特点（吴艳文，2003）。

● 七日游线路。

（第一日）昆明接团，游世博园、路南石林；（第二日）游大理、丽江；（第三日）游西双版纳后前往贵州；（第四日）去安顺，游黄果树、龙宫、天星桥；（第五日）游梵净山、潕阳河后往桂林；（第六日）桂林漓江一日游；（第七日）游七星公园、骆驼山、叠彩山、伏波山、芦笛岩。

◆ 九日游线路。

（第一日）桂林接团，游七星公园、骆驼山、叠彩山、伏波山、芦笛岩，宿桂林；（第二日）漓江一日游后往北海；（第三日）北海市内游银滩、南珠基地、水族馆、城雕、海产市场，下午前往西双版纳；（第四日）游西双版纳后往昆明；（第五日）大理、丽江一日游；（第六日）游香格里拉、泸沽湖后返昆明，前往贵阳；（第七日）去安顺，游黄果树、龙宫、天星桥；（第八日）游梵净山、潕阳河；（第九日）游红枫湖、苗寨民俗风情。

● 十一日游线路。

（第一日）桂林接团，游七星公园、七星岩、骆驼山、伏波山；（第二日）乘船游览漓江阳朔风光后往北海；（第三日）游览北海银滩、海滨公园、海底世界、音乐喷泉、珍珠公司、干海味市场；（第四日）游览涠洲岛后往昆明；（第五日）游路南石林、世博园；（第六日）抵大理，游洱海、三塔寺；（第七日）丽江古城、玉龙雪山、丽江—昆明—西双版纳；（第八日）游西双版纳；（第九日）抵贵阳，黄果树瀑布、龙宫、天星桥景区；（第十日）游梵净山、舞阳河；（第十一日）游茂兰喀斯特原始森林。

● 喀斯特王国探险游线路。

怒江大峡谷—"明永恰"冰川—西双版纳原始森林—马岭河大峡谷—梵净山—茂兰喀斯特原始森林—桂林山水等。

● 少数民族风情游线路。

丽江的东巴文化—摩梭人"走婚"习俗—傣族筒裙—白族的"三月街"节庆、傈僳族的"爬刀杆"、"下火海"等民族体育项目—黔东民族村—美丽的壮乡等。

复习思考题
    1. 何谓旅游线路？旅游线路的类型有哪些？
    2. 结合现有旅游线路情况，你认为目前旅游线路设计中存在哪些问题？应如何解决？
    3. 旅游线路设计应遵循哪些原则？
    4. 影响旅游者选择旅游线路的主要因素有哪些？
    5. 简述旅游线路设计的步骤。
    6. 结合旅游线路设计的原则，试设计最能体现你所在城市特色的一日游旅游线路、二日游旅游线路或某类专题旅游线路，并说明理由。

第七章　旅游区划

【学习导引】

旅游区（tourism area），是以旅游及其相关活动为主要功能或主要功能之一的空间或地域。作为地理空间综合体的旅游区有时也是一个非常笼统的概念，它的划分及范围是相对而言的，其空间跨度差别很大，大到一个国家，小至一个乡村，可以受行政区的约束，也可因地貌、景观、社会文化关联、经济关系而突破行政区的约束。旅游区划对正确揭示客观存在的不同等级的旅游地理环境及旅游资源有着重要的意义，是发展旅游业的基础工作。本章探讨了旅游区划的目的意义、旅游区划应遵循的原则、旅游区划的方法和步骤等，并以河南省旅游区划方案为例，进行了不同旅游区划方案的比较分析。根据旅游区划的原则和方法，还提出了中国旅游区划方案、世界旅游区划方案。

【教学目标】

1. 认识旅游区划的目的及意义。
2. 掌握旅游区划的原则。
3. 掌握旅游区划的方法和步骤。
4. 了解中国旅游区划方案（包括区划原则、旅游分区等）。
5. 了解世界旅游区划方案（包括区划原则、旅游分区等）。

【学习重点】

旅游区划的目的及意义；旅游区划应遵循的原则；旅游区划的方法和步骤；中国旅游区划方案；世界旅游区划方案。

旅游区（tourism area），是以旅游及其相关活动为主要功能或主要功能之一的空间或地域，即含有若干共性特征的旅游景点与旅游接待设施组成的地域综合体，不仅包括旅游资源，也含有为旅游者实现旅游目的而不可缺少的各种基础设施。它以旅游资源特征为基础，是规划建设旅游景区、统筹交通运输与接待服务设施、组织协调与管理旅游活动的地域单元。作为地理空间综合体的旅游区有时也是一个非常笼统的概念，它的划分及范围是相对而言的，其空间跨度差别很大，大到一个国家，小至一个乡村，可以受行政区的约束，也可以因地貌、景观、社会文化关联、经济关系而突破行政区的约束。

第一节　旅游区划概述

独特的旅游资源和旅游环境、便捷的交通和通信联系、特色的度假娱乐设施、优质的旅游服务等是旅游区必须具备的条件。一般来说，旅游区具有下列特性：

- 地域性

旅游区是以一定的地域空间为载体的，作为一个自然、社会、经济、文化、历史统一的旅游地域单元，无论在职能上还是在地域上都是完整的。在旅游景观方面，特别是在自然风景产生的自然地理基础和历史文化景象及氛围形成的人文基础上，具有相对的一致性和共同联系，可提供的旅游产品具有一定的可组合性，在现代旅游业的形成和发展中也具有经济上的密切联系。

- 系统性

旅游区内部各旅游点组成一个有序的网络结构，每个旅游点都有相应的层次、地位和功能，各旅游点之间相互依托，构成旅游区的整体功能，且整体功能大于各旅游点功能之和。旅游资源在地域上相对完整连续，区域旅游的文化背景相对一致，总体特征突出，每一个旅游区内至少有一个完善的旅游中心或旅游组织基地，并有发达的旅游交通网络联系内外，是一个结构有序的开放系统。

- 层次性

旅游区有不同功能类型和不同等级层次之分，各个层次结构的旅游区有机地组合构成了一个完整的旅游区系统（正是旅游区的这一特性使得旅游区划和旅游区的分级分等研究与管理成为可能）。

- 优化性

由于加入了人的干预，旅游区可以说是一个具有预定目的、可控的自然—人工复合系统，因此组织建立旅游区以及旅游区的经营管理从整体上可达到最优设计、最优控制、最优管理和使用，以最大限度地发挥旅游区的功能，实现综合最优化。

一、旅游区划的目的及意义

旅游区划就是旅游业地域结构体系之区域分异（郭来喜，1985）。旅游区划是旅游地理学的重要组成部分，此项研究对正确揭示客观存在的不同等级的旅游地理环境及旅游资源有着重要的意义，是发展旅游业的基础工作[①]，也是旅游地开发的重要工作。

旅游区划依据不同的目的，可以有多种类型。例如，根据旅游资源丰度和供给状况，可进行旅游资源区划；按照影响旅游活动时令的节律性，可进行旅游气候区划；按照旅游者产生的地域不同，可进行旅游者产出区划；依据旅游者所感受到的旅游区域大小，可进行旅游感应区划；按照旅游者从客源地到目的地的旅行模式，可进行功能区划；根据旅游内容的时序性，可进行现状旅游区划和远景旅游区划；按照旅游主体、客体和媒体三者之间的关系，可进行综合区划等。

旅游区划研究的范围层次广泛，相关研究的主要内容集中在旅游区划的基本理论、旅游资源和旅游地理区划等方面。国外有学者在考虑旅游资源的基础上，从旅游区域开发的社会成本、区域利益以及地区社会容量等角度出发，对旅游区划进行研究。中国旅游区划研究开始于20世纪80年代中后期，从实际需求出发对旅游资源进行区划探讨，随后有学者从多个空间尺度对旅游区划展开了一系列的探讨，如从理论上论述了地域分异规律在旅游地理区划中的主导作用；在研究的方法上，尝试运用主成分—聚类分析、图论、全形态Voronoi图等多种方法来进行旅游的空间区划。

总体来看，在实践研究的基础上，学者们已开始由旅游各要素的区划转移到了旅游综合区划，并将旅游区划与区域可持续发展研究有机地结合起来；在区划方法上开始由定性走上定量研究，但主要还是在对旅游资源定量评价基础上的分区，忽略了旅游相关要素对旅游业发展的综合作用及它们之间的相互作用关系；在区划方法上，缺乏和GIS等先进空间分析技术的有效结合。[②]

1. 旅游区划意义

旅游区是以自然环境分异为基础，旅游资源作标志，结合其他社会、经济、文化、交通、区位等条件划分出来的，是在地域分异规律基础上形成的具有不同大小和复杂程度的旅游地理综合体。旅游具有明显的区域性特征，为了便于组织旅游活动、合理开发利用和保护旅游资源、突出区域旅游特色，必须进行旅游区划。旅游区划的价值在于揭示了区域旅游环境形成的真实原因，把握了旅游区的特点及发展方向，为区域开发利用旅游资源及保护旅游环境，提出一套符合实际的科学依据。通过旅游区划，宏观上可以了解全国各地不同等级旅游地域综合体的基本情况、旅游资源和旅游媒介的总体分布、发展旅游业的利弊条件和开发途径，微观上可以指导旅游对象和旅游项目的选择以及旅游活动方式和旅游日程的安排。

---

① 秦关民. 旅游地理区划等级单位系统研究[J]. 西安教育学院学报，1998，(1)：41-43.
② 靳诚，黄震方. 基于可达性技术的的长江三角洲旅游区划[J]. 地理研究，2012，31(4)：745-757.

旅游区划是制定区域旅游开发规划和旅游业合理布局的依据，对旅游区的建设与发展有重要意义。首先，有利于旅游业有计划、按比例的发展，任何一个国家、地区旅游资源的开发都必须统筹安排，制定旅游业总体规划和发展战略，而旅游区的划分则为制定国家或地区旅游业总体规划提供了科学依据。其次，有利于旅游区的建设，合理开发利用旅游资源，提高旅游资源的利用率，国家或地区本着全局的观点，根据市场需要、旅游资源的种类和质量等来确定开发的是重点旅游区还是一般旅游区，设计旅游产品时突出旅游区特色，以增加对旅游者的吸引力，也便于组织区域旅游。最后，有利于旅游业和其他经济部门的协调发展。旅游区的划分，便于统一安排旅游服务系统，以满足旅游者在旅游过程中的"吃、住、行、游、娱、购"等方面的需求。

2. 旅游区划目的

旅游区划的直接目的就是要确定各个旅游区的范围和界线，研究各旅游区内旅游资源的结构与层次，以便确定旅游区的性质、发展规模等，为研究各地的旅游发展战略提供指导和依据。当然，其根本目的则是为了客观地了解各个旅游区的不同性质和特征，揭示旅游区的内在规律，查明区域发展旅游业的利弊条件及基本优势所在，认识各地区旅游资源开发利用的途径和旅游业发展前景，为扬长避短、在大范围内形成合理的旅游地域分工体系，更好地开发、利用和保护旅游资源，发展旅游业，制定与实施中长期的旅游发展战略规划与布局，推动区域经济走上健康发展之路提供科学依据。

科学的旅游区划是区域旅游业发展的基础。旅游区划应达到如下一些目的：第一，遵循一定的原则和方法，通过实地考察、综合分析，找出比较合理的旅游区界线；第二，确定各旅游区的性质、特征和地位，指出今后发展的方向；第三，分析确定区内各级旅游经济中心等。

二、旅游区划原则

旅游区划是一项复杂而细致的工作，要考虑诸多因素。旅游区划原则是进行区划的指导思想和依据，是选取区划指标、建立等级系统和确定区划方案的基本准绳，必须服从区划的目的和要求，因此不同类型的旅游区划，原则不尽相同。目前，尚无统一的标准可以遵循，但总体应考虑以下几个原则：

1. 考虑区位原则

旅游业是一项涉及面很广的产业，旅游区划必须从整体上综合衡量，通盘考虑，地理位置接近的地区应划分在同一个旅游区内。在实际旅游分区中，一般一级旅游区应覆盖全部范围，即各个一级旅游区之间必须相邻接。当然，旅游区划不同于自然地理区划、经济区划等，由于一级旅游区内各类旅游资源的分布和旅游业发展的不平衡,往往有较大空间不具备发展旅游的条件,或旅游发展水平很低,可根据旅游资源的相对集中与否、旅游者人数的多少等,在划分次一级的旅游区时,旅游资源和旅游者人数较少的地区可略去不计,置于旅游区之外。也就是说,基本旅游区之间可以相连,也可以不相连;空间分布上可以成块状,也可以成线状(柴本源,1997)。

2. 考虑协调管理因素

旅游区与行政区有所不同,旅游区是有旅游经济联系的客观地域综合体,而行政区则是人为主观上层建筑的产物(保继刚,1999),是历史积淀和长期发展形成,也是自然、人文和社会因素不断磨合、积极协调的结果。在中国,由于长期形成的历史传统,地方政府在地方发展的过程中通常都发挥着主导作用。旅游业是国民经济的一个部门,受地区行政的直接领导,形成了由各级地方政府主导(甚至垄断)的行政区旅游经济现象,而地区行政机关还负责协调地区内包括旅游业在内的各项计划的执行及各部门的联系。多年来,虽然一直在提倡"区域旅游合作"方式,但合作实效并不理想,多是有形无实、有始无终的局面,其中关键就是区域经济利益问题。因此,为了加强领导,不在旅游建设上相互推诿,利于区域旅游资源开发、旅游地建设、旅游产品组合和旅游经营策略的制定等,考虑到中国的行政区具有组织领导、管理协调地区经济建设的职能,在确定旅游区范围时,应注意与行政区相协调,尽量不打破行政区范围,从整体上综合衡量分析,统筹兼顾,进而有利于区域旅游业的长远发展。

3. 考虑旅游资源类型

虽然旅游资源类型多样,分布广泛,究其成因,均受自然环境和社会政治、经济、文化发展规律的制约,因而在地域分布上有一定的规律性。旅游区内一般有多种旅游资源,各类型的旅游资源在旅游区内所起的作用不尽相同,受自然地理分异规律和人文历史发展规律的制约,往往其中某一两种类型的旅游资源起着主导作用,使旅游区表现为或以秀丽风光为主,或以文化古迹取胜,且主次分明,主题鲜明,重点突出,别具特色,甚至制约着旅游区的属性特征、功能和开发利用方式。因此,进行旅游区划时,首先要从旅游资源的总体特征出发,找出旅游资源区域组合特征的相似和差异,可以突出某种类型的旅游资源,作为划分的主要依据,即考虑旅游资源形成和演化过程上的相对一致性,把发生学上相对一致的旅游资源群体划入同一级旅游区,或者说处于同一层次中的每个旅游区要保持各自主体旅游资源的一致性,不仅有助于揭示区内旅游资源实体间的内在联系和规律,也有利于分析区内旅游发展趋势、旅游资源开发利用方向和组织旅游活动。

4. 考虑完整性原则

整体效益是系统优化的主要目标。从理论上讲,任何一种区划,地域上应具有连续性和完整性,在旅游分区时,必须从整体上综合衡量,应考虑相邻地域间的连续,不允许出现遗漏、重叠等现象,旅游区划应保证每一等级的旅游区在地域上和职能上的完整性。在旅游分区时,必须保证每一等级的旅游区都是一个具有特色的相对独立的地域综合体,能独立承担一定的旅游职能;每一个旅游区都应至少包含一个旅游中心地作为旅游业发展的依托,旅游区内的旅游景点相对集中、交通便捷、联系紧密、服务接待设施完善,使旅游者的旅游不适和费用能够降低到最低程度。以交通情况为例,一般来说一级旅游区内和区间要有方便的航空和铁路交通,可尽量地利用干线、干流和沿海航道;二级区内和区间要有方便的铁路、公路交通,可尽量利用主干和次级铁路,以及干、支流内河运输和沿海航运;三级区内和区间要有方便的公路运输。

总体来说,旅游区划是为旅游这一特定的社会经济活动服务的,旅游区划必须服从旅游业的实际发展需要。除了上述原则,在进行旅游区划时,还要考虑兼顾旅游资源优势及开发措施的相对一致性;旅游业的发展现状与开发远景;旅游中心地与旅游活动的完整性以及旅游活动的主导性和多样性等。由于旅游区也是一个社会经济地理系统,在进行区划时,还应考虑区域的社会经济背景、旅游交通和接待条件、依托中心城市等。

三、旅游区划方法和步骤

1. 旅游区划方法

近年来,旅游地理学界开始探索更科学的旅游区划制定方法,由定性描述逐渐转向定性描述与定量分析相结合。目前,世界上划分旅游区的方法不一,旅游区的大小也因地而异。Stephen L.J.Smith 将旅游区划的方法归纳为如下几种:

(1) 地图区划(cartographic regionalization)方法。

将一系列显示重要地区特征空间分布的地图叠加起来得出区划图。这种区划方法最难的步骤是如何将一系列地图合成为一幅,问题不在于几张图的自然叠加,而是如何建立一个有效的系统度量和合成变量,使之有意义,进而合成单独的区划图。

(2) 感应区划(perceptual regionalization)方法。

是基于评价地图(mapping of opinion)进行的,其步骤是首先对游客进行抽样调查,了解游客是怎样评价他们参观的地区和他们所感觉的区域大小,然后根据评价意见的一致性进行区划。感应区划是否有效和可靠取决于抽样表设计的好坏和访问技巧的高低。

(3) 认知地图区划(cognitive mapping)方法。

认知地图实际上是感应地图的另一种形式,是用来确定和聚集旅行者对各地区影像(image)的一种特殊方法。与感应地图法相比,其主要优点是可以同时定义多个区域。

（4）功能区划（functional regionlization）方法。

功能区划的概念是基于这样的思想，即人们能通过研究个体旅行模式而确定一系列的旅游区域，用这种方法划分旅游区域需要各客源地到目的地的旅行数据，然后用因子分析或主成分分析进行计算，从而划分。

（5）目的地带确定区划（destination zone identication）方法。

目的地带确定区划方法基于一系列与给定的旅游规划问题相关的区域定性特征，这些定性特征包括区划系统中不同类型的变量和区域特性。区域特性的标准确定之后，研究者更多地依靠直觉和专业素养判断划分，而不是依靠数量技术。这种方法在实际工作中较前几种更加实用可行。

2. 旅游区划步骤

旅游区划，首先是区划原则、分区指标体系的研究。在明确分区的原则、确定了区划的层次结构、制定出相应的分区指标体系之后，针对具体的区域采用定量分析与定性研究相结合的方法进行划分，并在区划的基础上再进行分级、分类及区域相互关系研究等。既从现状出发，又兼顾远景发展的需要，这样的区划方案才具有较强的科学性，方能起到旅游区划应起的作用。当然，为了更好地发展和指导旅游，旅游区的划分应是多级的（一般采用三级划分法）。

（1）旅游区分析。

旅游具有明显的区域性特征，不仅旅游的产生涉及许多地理背景方面的问题，不同的旅游资源也具有其存在的特殊条件和相应的地理环境，旅游者的行为特征也受到地理环境及其他因素的制约有着时空变化规律。可以说，它是旅游分区的基础和依据。

（2）选取分区指标。

旅游分区的指标是划分各级区划单位所采用的质量和数量的定性、定量标志，是分区原则和依据的具体体现，也是各旅游区之间确定界线的根据。

（3）划分等级系统。

根据区域自然条件、人文条件的复杂性和旅游的多样性，旅游区系统必然是多级的。此外，考虑到旅游分区应便于旅游开发、利用、保护和管理，其级数也不宜太多。注意旅游区的内部相似性和区间差异性是相对的，每一级区划单位既有内部特征的一致性，又有一定程度的差异性，区划等级越高，相似性越小，差异性越大。

（4）命名。

旅游区界线划分后，各等级的旅游区必须冠以一定的名称，即对其进行命名。常见的有以方位命名的（例如，华南、东北等），以行政区划名称命名的（例如，河北、云南等），以地名命名的（例如，杭州、吐鲁番等），还有以"方位＋旅游区划单位"命名的（例如，华北旅游地区等），以"方位＋主要景类＋旅游区划等级单位"联名的（例如，云南石林旅游区等）。总之，旅游区名称应力求简洁概括，并能突出特色。

第二节　案例一：河南省旅游区划及启示

一、河南省旅游区划背景

河南省，简称"豫"，地处黄河流域，古属豫州，居于九州之中，向有"中州"、"中原"之称，是中华文明的发祥地之一。中国七大古都中，河南就有洛阳、开封、安阳3座。此外，还有郑州、南阳、商丘、浚县等国家历史文化名城。河南拥有优越的地理条件和古老的历史文明，尤其是作为一个旅游资源大省，河南丰富多样的文化遗产和多姿多彩的自然景观融为一体，且极具特色，以"古（古文化）、黄（黄河）、武（少林武术、太极拳）、根（寻根觅祖）、花（洛阳牡丹、开封菊花）"为特色的各类旅游景点为河南旅游业的发展提供了良好的条件。然而，令人遗憾的是，河南旅游业的实际发展状况与资源大省的地位严重不符，究其原因，各景点内涵发掘和开拓的力度不够、产品特色或优势定位不准等是主要问题。[①]与国内其他省区相比，可以发现：

第一，尽管河南古都名寺众多，古文化丰富，但陕西省在古文化方面已形成品牌，而北京、山东、山西等省市在古文化方面也有其优势。

第二，黄河流经河南省的三门峡、洛阳、郑州、开封等市，河道较长，目前黄河小浪底已在国内外有一定知名度，但黄河沿线共有9个省区，各省区都有自身特色，与之相比，河南并非独占鳌头。

第三，嵩山的少林功夫、陈家沟的太极拳是河南武文化的代表，尤其少林功夫作为河南的拳头产品，在国外已成为河南省的代名词，然而河北的沧州、湖北的武当及福建的南少林等也相当知名，对河南产生较大的竞争性。

第四，"花"主要指开封菊花、郑州月季和洛阳牡丹，而荷泽牡丹、苏州香雪海、昆明的山茶、漳州的水仙等从观赏性和知名度上并不逊于河南的"花"。

第五，就"根"而言，旅游界有"百年中国看上海，一千年中国看北京，三

---

① 梁留科, 孙淑英. 河南省旅游区划研究[J]. 旅游科学, 2004, 18（3）: 22-26.

千年中国看陕西，五千年中国看河南"的评价，河南省的优势得天独厚。位于中原腹地的河南，长期作为中国的政治、经济和文化中心，自古就有"逐鹿中原"、"得中原者得天下"之说，在中国5000年文明史的30多个王朝中，有20个曾在河南建都，漫漫的历史长河为河南留下了数以百万计的文物，包括中国五大姓和海外四大姓在内的上千姓氏的发源地或郡望都在河南。加之龙门石窟、黄河游览区、宋都御街、清明上河园、嵩山少林寺等著名景点，共同构成了一个以"根"为主线、以炎黄为中心、对全省古文化旅游资源具有带动作用、对海外华人有强大吸引力的"拳头产品"。由此可见，"根文化"才是河南省的优势所在，只有努力发掘以"中华民族之根"和"华夏文化之根"为主题的"根文化"资源，才能把河南省的整体旅游资源集中起来，形成合力。

二、河南省旅游区划案例

以"根"为主的旅游资源状况决定了河南省旅游分区的基本依据是"根文化"。结合河南旅游资源的类型、分布、特色及旅游业发展的实际状况，以河南省"十五"旅游产业发展规划为出发点，梁留科（2004）尝试性地对河南省作了旅游区划，将全省划分为6个旅游区，各旅游区又包括若干旅游亚区。（见图7-1）

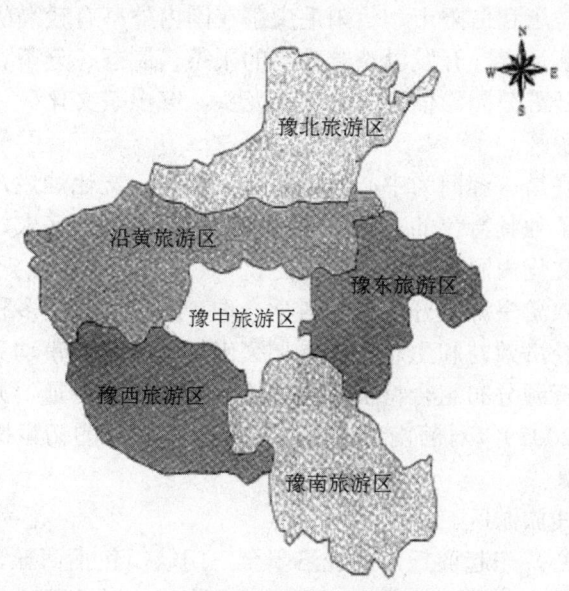

图 7-1　河南省旅游区划图（引自梁留科，2004）

● 沿黄（三点一线）旅游区。
位于河南省中北部，以黄河为主线，包括洛阳、开封及三门峡、郑州等地区，是河南省旅游业发展的重点，也是河南旅游资源的精华。作为河南省"根文化"的精髓所在，该区古文物众多，人文资源丰富，可建成一个集文化、寻根、朝觐、休闲、购物于一体的综合旅游区，又可分出4个旅游亚区（宋文化、少林文化、河洛文化、虢国文化）。

● 豫北旅游区。

包括安阳、濮阳、鹤壁及新乡、焦作和济源的部分地区，又可分出两个旅游亚区（殷商文化、龙文化）。

● 豫西旅游区。

包括南阳及洛阳的栾川等地，曾是历史上的楚国之地，以楚文化为主。悠久的历史使之具备开发楚文化游、屈原踪迹游及恐龙蛋考古游的优势，良好的自然条件也为其开发山水文化游、休闲度假游等提供了资源基础。

● 豫东旅游区。

包括周口市和商丘市，该区域为中华民族古老文化的发祥地之一，是代父从军的花木兰、逍遥之祖庄子、道教祖师老子的故里，文化内涵极为丰富。该区应着重强调商文化和木兰文化。

● 豫南旅游区。

主要包括驻马店和信阳市。信阳毛尖茶在国内外享有较高的知名度。该区旅游业开发应当以茶为媒，开发以茶艺为主的采茶、制茶、分茶、品茶、赏茶等一系列产品，以"云雾公园"信阳鸡公山为龙头，突出茶文化。

● 豫中旅游区。

以平顶山、许昌、漯河为中心，该区历史悠久，文化灿烂，波澜壮阔的三国历史为该区积淀了独具特色的三国文化，加之为纪念三国名人、名事而兴建的名胜古迹，使三国文化内涵更加厚实和宽泛。

为了使河南旅游资源的开发更加科学合理，满足游客的多种需求，使旅游产业的社会效益、经济效益和生态效益更加突出，并且以此带动其他区域的发展，依据河南省旅游资源分布组合特征及相关旅游发展条件特征，并结合社会、经济条件，陈磊等（2005）[①]对河南省进行了旅游地理区划的初步探讨，将河南省划分为4个旅游区。

● 三点一线旅游区。

以郑州为中心，东起商丘，西经洛阳至三门峡，包括商丘、开封、郑州、洛阳和三门峡5个地区。该区旅游资源丰富，具有鲜明的华夏之根的特点。该旅游区发展已初具规模，功能较为齐全，不仅保留了大量文化遗址，西部的山地景观、

---

① 陈磊，廉顺国. 河南旅游区划及分区开发研究[J]. 濮阳职业技术学院学报，2005，(3)：26-28.

北部的大河风光，以及现代化的建筑工程和用最新技术装备起来的厂矿企业，亦使中外游客流连忘返。可进一步打造"黄河文化"和"中国功夫"等名牌产品，并以其为代表塑造良好的河南整体旅游形象。根据旅游资源的开发方向，将全区划分为5个亚区：郑州旅游亚区、开封旅游亚区、洛阳旅游亚区、三门峡旅游亚区和商丘旅游亚区。

● 豫北旅游区。

包括黄河以北的安阳、濮阳、新乡、焦作、鹤壁、济源等市，旅游功能主要为观光、避暑休闲、民俗风情、探寻访古等。该区以殷商文化为特点，兼之太行山区风景和中原油田的雄伟工程，是一个综合性较强的旅游区。豫北旅游区又可分为4个亚区：安鹤旅游亚区、新乡旅游亚区、焦作旅游亚区、濮阳旅游亚区。

● 豫西南旅游区。

包括南阳地区、驻马店地区的沁阳和确山二县。该区山水相依，在自然环境方面，是一个比较典型的独立地理单元，开发历史较早，人文和自然旅游资源比较丰富，其中尤以汉代文化遗址最为突出，以观光、探寻古文化、科学考察、革命传统教育为主。根据区内各旅游点的交通条件、山水风光和文物古迹分布特点，可以归纳合并为3个旅游亚区：宛中旅游亚区、宛西北旅游亚区和宛东旅游亚区。

● 豫南旅游区。

包括许昌、漯河、周口、平顶山、驻马店、信阳等地区。此区是一个以自然风光为主体，兼有丰富历史文化资源特色的地区，旅游功能主要有自然观光、民俗风情、历史文化等。根据旅游资源特点的不同，划分为5个亚区：许漯旅游亚区、周口旅游亚区、平顶山旅游亚区、驻马店旅游亚区、信阳旅游亚区。

三、河南省旅游区划案例启示

总体来说，上述两个旅游区划方案所依据的区划原则大体相同，基本都考虑到旅游资源状况、地域的完整性以及主导因素分析与综合因素分析相结合等。梁留科（2004）将河南省划分为6大旅游区，并细化出6个旅游亚区；陈磊等（2005）将全省划分为4大旅游区，进而细化出17个旅游亚区。相比较而言，梁留科等的方案更侧重从区域文化的角度进行区划探讨，陈磊等的方案突出以各城市为中心的旅游亚区之间旅游开发的不同等。（见表7-1）

表 7-1　河南省旅游区划方案比较

旅游区划方案	旅游区划原则	旅游区	旅游亚区
梁留科等的旅游区划方案	● 旅游资源优势及开发措施的相对一致性 ● 自然地域与行政区划的相对完整性 ● 旅游中心地与旅游活动完整性 ● 主导因素分析（相似性）与综合分析（差异性）相结合	沿黄旅游区	宋文化旅游亚区
			少林文化旅游亚区
			河洛文化旅游亚区
			虢国文化旅游亚区
		豫北旅游区	殷商文化旅游亚区
			龙文化旅游亚区
		豫西旅游区	
		豫东旅游区	
		豫南旅游区	
		豫中旅游区	
陈磊等的旅游区划方案	● 考虑区内旅游资源组合状况 ● 自然地域的完整性与行政区域相结合 ● 综合分析与主导因素分析相结合	三点一线旅游区	郑州旅游亚区
			开封旅游亚区
			洛阳旅游亚区
			三门峡旅游亚区
			商丘旅游亚区
		豫北旅游区	安鹤旅游亚区
			新乡旅游亚区
			焦作旅游亚区
			濮阳旅游亚区
		豫西南旅游区	宛中旅游亚区
			宛西北旅游亚区
			和宛东旅游亚区
		豫南旅游区	许漯旅游亚区
			周口旅游亚区
			平顶山旅游亚区
			驻马店旅游亚区
			信阳旅游亚区

完全没有区划的旅游是不存在的，问题只是区划是自觉还是不自觉，是粗糙还是精巧，是局部的还是统一的而已。[1]中国旅游区划研究仍处于探索阶段，虽然学者们尝试性地进行了旅游区划分，但目前还未建立起理想的区划指标体系和

---

[1] 潘树红. 关于山东省滨海旅游区划的宏观构想[J]. 海洋旅游，2005，(6)：97-101.

定量的数据收集处理方法，仍以定性分析为主。事实上，迄今为止中国尚未进行正式的旅游区划，这种研究与应用的脱节是旅游学研究中亟待扭转的。鉴于目前中国旅游业发展所面临的问题，建议尽快组织开展全国范围的各级旅游区划，为各旅游区的健康可持续发展及地区之间的分工协作指明方向。

与上述情况不同的是，近年来，中国区域旅游合作及研究方兴未艾，而区域旅游合作的热点问题，诸如"大旅游"以及构建"旅游圈"等的探讨（如环太湖旅游圈、大桂林旅游区、武汉大旅游圈、环渤海旅游圈、黄山大旅游圈、长三角旅游圈、银川大旅游圈、泛珠三角旅游区等），从某种角度也可以说是旅游区划研究的深入与发展，它们均是为了科学合理地建立不同层次的"旅游地域综合体"，扬长避短，在大范围内形成合理的旅游地域分工体系，更好地开发、利用、保护旅游资源，促进区域旅游合理化组织以及推动区域旅游的可持续发展等。

例如，"大西安旅游圈"（见图7-2）的构建[1]，其范围包括西安古都旅游区（主要包括市区风景旅游区等）；向东延伸至骊山风景名胜区（以秦始皇陵、兵马俑博物馆、华清池为主）、华山风景区（以西岳华山、西岳庙为主），形成渭南旅游区（卫星城）；向西拓展到咸阳帝王陵墓旅游区（以乾、昭、茂陵为主）和法门寺旅游区（以法门寺、周公庙、西周青铜器为主），结合形成宝鸡旅游区（卫星城）；向南由秦岭北麓风景区（包括太白山自然风光旅游区、楼观台、翠华山）和长安古寺庙旅游区（以兴教寺、香积寺、青龙寺为主）组成秦岭北麓长安旅游区（卫星城）；向北由药王山石刻、黄帝陵、黄河壶口瀑布、黄河龙门风景名胜区组成，以黄土风情和寻根祭祖为主，将西安旅游圈拓展到韩城和铜川地区，形成铜川旅游区。

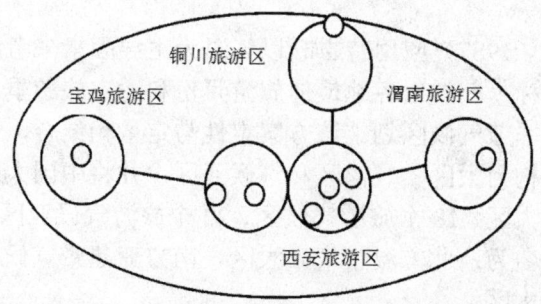

图7-2 西安旅游目的地区域空间拓扑关系（引自杨新军，2004）

比较而言，西安的优势在于周边有一批高级别的旅游景点，是关中乃至整个陕西的旅游中心，具有客源集散和目的地的多重功能，在地理邻近、资源互补、

---

[1] 杨新军，马晓龙．大西安旅游圈：国内旅游客源空间分析与构建[J]．地理研究，2004，23（5）：695-704．

设施共享等因素分析的基础上，对西安及其毗邻地区进行旅游资源整合和空间重构，以优化区域内旅游产品，促进旅游目的地内部组织的协调，有助于推动地区旅游业的可持续发展。

第三节 案例二：中国旅游区划方案

关于中国区划的研究，早在公元前5世纪的《禹贡》一书中就以主要土类及土壤肥力等为分区的重要标志，以山、川、湖、海为划界指标，将全国划分为九州；现代区划研究则起步于1931年竺可桢发表的"中国气候区域论"。随着旅游业的起步、发展，中国旅游区划的研究也逐步展开，学者们为了教学的需要或从科研的角度，依据不同的目的和指标，虽然投入了大量的时间和精力，涌现出许多研究成果，但分歧也很大，学界呈现出纷繁复杂的局面。

一、中国旅游区划方案研究概况

迄今为止，中国尚未进行正式的旅游区划。自20世纪80年代以来，周进步（1985）、孙仲明（1987）、雷明德（1988）、刘振礼（1988）、孙文昌（1989）、庞规荃（1990）、孙大文（1990）、唐顺铁（1992）、钱今昔（1993）、石高俊（1994）、宋德明（1994）、班武奇（1994）、丁季华（1999）等学者依照不同的研究目的和区划指标，都提出了各自不同的全国旅游区划方案，作了分区尝试，其中比较有代表性的方案有：

- 濮静娟等（1987）应用特吉旺以气温为主导因素来考虑的舒适度和风效指数为指标，归纳出各地最佳旅游月份和适宜旅游季节，进行中国大陆地区旅游季节气候区划。该方案定性与定量相结合，科学性较强，划分的层次结构为大区、气候区和气候亚区，并将中国大陆地区划分为3个旅游气候大区、18个旅游气候区、22个旅游气候亚区，其中旅游气候大区分别命名为：北方温带气候大区，南方亚热带气候大区，青藏、云贵高原气候大区。
- 郭来喜（1988）研究了中国旅游资源特征，根据相似性原则（一级区）、保持行政区域完整性原则（二级区），以及资源的近似性、运输的便捷性、管理的方便性（三级区）等原则，按照旅游带、旅游省、旅游区的层次结构进行中国旅游地理区划，将全国划分为9大旅游带、29个旅游省、149个基本旅游区，实用性较强。其中的旅游带分别命名为：京华古今风貌旅游带，白山黑水北国风光旅游带，丝路寻踪民族风情旅游带，华夏文明访古旅游带，西南奇山秀水民族风情旅游带，荆楚文化湖山景观旅游带，吴越文化江南水乡风光旅游带，岭南文化南亚热带、热带风光旅游带，世界屋脊猎奇探险旅游带。
- 阎守邕等（1989）对中国旅游资源区域特征和旅游环境的区域差异性进行定性和定量分析，在研制中国旅游资源信息系统的同时，依据综合性原则、发生原则、区域完整性原则、多层次原则和实用性原则等，开展中国旅游资源分区的试验性研究工作，将中国划分为 8 个一级旅游资源区、41 个二级旅游资源区。其中一级旅游资源区分别命名为：东北温带湿润景观旅游资源区、黄河中下游名胜古迹旅游资源区、长江流域山水风光旅游资源区、华南热带亚热带景观旅游资源区、云贵高原奇山异水风土民情旅游资源区、塞外草原荒漠旅游资源区、西北丝绸之路旅游资源区、青藏高原世界屋脊旅游资源区。
- 陈传康（1991）考虑文化的传统与现代结合，将观光游览与科学文化导游相结合，把全国划分为 7 个旅游文化区，指出了各区的范围、传统文化资源、现代文化资源、自然风光、开发重点和客源市场，对大区有一定的战略指导意义。7 个旅游文化区分别命名为：华北旅游文化区、长江中下游流域旅游文化区、华南旅游文化区、西南（不包括横断山）旅游文化区、东北旅游文化区、内蒙古西北旅游文化区、青藏高原（包括横断山）旅游文化区。

二、中国旅游区划方案

根据旅游区划原则和方法，借鉴一些学者的区划方案，笔者拟按三个层次即一级旅游区（旅游大区）、二级旅游区（旅游亚区）和三级旅游区（旅游区）来划分中国旅游区。根据旅游区位相近、行政区保持完整等原则划分一级、二级旅游区；三级旅游区为基本旅游区，主要根据旅游资源的近似性、依托中心城市、运输便捷性和管理的方便性等来划分。

1. 一级旅游区（旅游大区）

一级旅游区，又称旅游大区，即从地理区位、旅游资源、区域开发等角度出发，考虑旅游区位相近、保持行政区完整性等原则，把全国划分为 12 个相衔接的区域（旅游大区）。一级旅游区是跨越省、自治区、直辖市的旅游地域组织，其职能是协调省际之间的关系，进行横向联系，组织区域性的旅游线路等。通过划分旅游大区，可以从宏观上了解全国旅游资源的总体分布情况、开发途径等，对促进全国旅游业发展具有战略指导作用。一级旅游区分别命名为京华旅游大区、东北旅游大区、江南旅游大区等。

2. 二级旅游区（旅游亚区）

二级旅游区，亦称旅游亚区。由于旅游业是国民经济的一个部门，受地区行政机关的直接领导，为了更好地促进旅游资源开发、旅游地建设、旅游产品组合和旅游经营策略的制定，特别是为了便于加强领导，不在旅游建设上出现互相推诿扯皮的现象（郭来喜，1988），二级旅游区与全国各省级行政区划相一致，即与现有的省级（自治区/直辖市）辖区范围相同。中国现有31个省（自治区/直辖市），加上香港、澳门2个特别行政区和台湾，故二级旅游区共有34个，分别称为北京旅游亚区、黑龙江旅游亚区、香港旅游亚区等。

3. 三级旅游区（旅游区）

三级旅游区，又称旅游区。根据旅游资源的近似性、所依托的中心城市、运输便捷性和管理的方便性等，以主要旅游城市、旅游景区为中心划分。旅游区是旅游区划体系中最基层的旅游地域单元，可以依托一个旅游中心城市，也可以是几个旅游城市的联合体，由方便的交通相联系。其主要职能是开发建设旅游景点及相应的服务设施，组织、协调、管理旅游活动中的"吃、住、行、游、娱、购"等。中心城市距各旅游地、旅游点的公路运行的时间距离以2小时为宜。三级旅游区的划分目的在于正确认识本地区现有的和潜在的旅游资源、地区经济文化基础、对旅游者的综合接待能力及旅游业的现状和前景等，从而为地区旅游业的实际经营和发展提供依据。

由于三级旅游区的划分主要着眼于旅游方面，因此，把相邻旅游区之间的非旅游地排除在外，即各个三级旅游区不强求要邻接，总面积不要求一定覆盖整个二级旅游区（旅游亚区）。总体上说，各个三级旅游区必须具有以下几个特征：

第一，每一个三级旅游区都应有足够份量的旅游资源，有较扎实的经济基础和相应的接待能力。

第二，每一个三级旅游区至少有一座或几座旅游中心城市。

第三，三级旅游区的空间格局可以呈面状，也可以呈线状，具体视旅游资源和旅游城市的分布状况而定。

三、中国旅游分区

基于以上旅游区划的基本原则，大致将全国划分为12个一级旅游区（旅游大区）、34个二级旅游区（旅游亚区），具体如表7-2所示，各旅游分区概况见第八章。

表 7-2 中国旅游分区

一级旅游区（旅游大区）	二级旅游区（旅游亚区）
京华旅游大区	北京、天津、河北
东北旅游大区	黑龙江、吉林、辽宁
北疆旅游大区	内蒙古
中原旅游大区	陕西、山西、河南、山东
西北旅游大区	甘肃、宁夏、新疆
江南旅游大区	江苏、上海、浙江
皖赣旅游大区	安徽、江西
华中旅游大区	重庆、四川、湖南、湖北
华南旅游大区	广东、福建、海南
青藏旅游大区	青海、西藏
西南旅游大区	广西、云南、贵州
港澳台旅游大区	台湾、香港、澳门

第四节 案例三：世界旅游区划方案

世界各大洲、各地区及各国家的自然地理条件、经济发展水平和社会、文化背景等方面存在着较大的差异，必然导致其旅游业发展的不平衡。因此，将世界旅游地域在空间上划分出若干既相对独立又彼此互相联系的旅游地理单元，是十分必要的。世界旅游区划的任务就是客观地阐明世界不同等级的旅游地域综合体的主要特征及其形成和演化的基本规律，预测其发展方向，研究其最佳功能及结构的最佳化问题，进而揭示不同等级旅游地域综合体内部旅游者、旅游资源、地理环境、旅游业发展等四者之间的关系，从整体上促进各地区及各国家旅游业的发展。

一、世界旅游区划方案研究概况

与中国旅游区划研究相比，世界旅游区划研究处于相对落后状态（韩杰，2002），关于该项研究的成果不多。根据个人的理解和认识，雷明德（1988）、韩杰（1992）、张林源（1996）、丁登山（1996）、秦关民（1998）、孙玉琴（1999）、肖星（2000）、高曾伟（2002）等学者分别提出了一些不同的世界区划方案。

● 韩杰（1992）根据自然区与行政区兼顾、综合分析与主导因素相结合和主要为旅游业服务的原则，采用三级区划等级单位系统，即旅游大区、旅游地区、旅游国家，将世界分为 7 个旅游大区、11 个旅游地区等。7 个旅游大区分别为：欧洲旅游大区，美洲旅游大区，东部亚洲、太平洋旅游大区，南亚旅游大区，中东旅游大区，非洲旅游大区，南极洲旅游大区。

- 秦关民（1998）根据世界大陆结构的地学特征、旅游资源类型及分布状况、民族习俗、社会历史沿革、传统行政区划和旅游业发展状况，从宏观角度将旅游区划结构层次分为 7 级，由高往低依次是：旅游洲、旅游大区、旅游国、旅游地区、旅游区、旅游片、旅游景点。
- 孙玉琴（1999）从旅游经济学角度出发，为了便于对旅游业进行统计分析，采用世界旅游组织的 6 大旅游市场划分法。
- 世界旅游组织（WTO）1975 年正式成立，总部设在西班牙的马德里，是目前唯一全面涉及旅游事务的全球性组织，为协调各地区、各国家旅游业的发展，根据研究工作的需要、各地旅游业发展情况和客源集中程度，将世界划分为非洲市场、美洲市场、欧洲市场、东亚和太平洋市场、中东市场、南亚市场等 6 大旅游市场（有时也将美洲市场分为北美市场和拉美市场，因而，又有 7 大旅游市场之称），并定期公布世界旅游者流量、流向状况及旅游市场经济方面的统计资料。
- 钟林生（2006）探讨生态旅游区划定义、生态旅游区划的理论基础（地域分异规律、生态学原理），并根据全局谋划、综合分析、主导因素、与行政区协调、兼顾自然区划等原则，将世界生态旅游地域系统划分为 6 个生态旅游洲、29 个生态旅游大区、71 个生态旅游区以及若干生态旅游地。[①]

二、世界旅游区划方案

就世界地理而言，全球可分为七大洲（亚洲、欧洲、非洲、北美洲、南美洲、大洋洲和南极洲）和四大洋（太平洋、印度洋、大西洋、北冰洋），七大洲既是人类的生存、生活的空间，也是人类的休憩、旅游场所。各大洲自然条件的差异决定了各大洲自然旅游资源具有不同的特色。因此，在划分全球旅游区时，应以七大洲为世界旅游区划的基础，尽可能在各洲范围内进行。同时，因旅游业是以国家等行政地域单位来管理的，故而世界旅游分区的界线也不能完全以各洲的洲界为线，应以国界线来划分，这样既可以适应旅游行政管理现状，也便于各国对旅

---

① 钟林生，刘敏，郑群明. 世界生态旅游区划[J]. 生态学杂志，2006，25（12）：1549-1553.

游业的指导以及对旅游资源的开发利用。如格陵兰岛，尽管在自然地理上属于北美范畴，但它是丹麦的领土，故应划入到欧洲旅游大区中。再如俄罗斯，地跨欧、亚两大洲，虽然只有一小部分领土位于欧洲，但其欧洲部分却是俄罗斯的政治、经济和文化中心，是一个传统的欧洲国家，故将其划入到欧洲旅游大区中。

此外，由于世界旅游组织（WTO）会定期公布世界旅游者流量、流向状况及旅游市场经济方面的统计资料，在作具体的旅游区划时，所拟定的区划分类单位系统可以考虑尽量与世界旅游组织所划分的世界旅游市场体系相衔接，以便于相互对照和进行比较研究，从而为各国（地区）找出本国（地区）的目标市场、制定本国（地区）的市场战略和进行决策提供必不可少的前提条件。

根据前述的旅游区划原则和方法等，笔者拟采用三级区划分类单位系统，即一级旅游区（旅游大区）、二级旅游区（旅游亚区）、三级旅游区（旅游区）。根据旅游区与行政区协调兼顾等原则划分一级旅游区，根据主导因素与综合分析相结合等原则划分二级、三级旅游区等，将全球划分为 6 个旅游大区、17 个旅游亚区、50 个主要旅游区。（见表 7-3）

三、世界旅游分区

表 7-3　世界旅游分区

一级旅游区（旅游大区）	二级旅游区（旅游亚区）	三级旅游区（旅游区）
亚洲旅游大区	东亚	韩国、日本、蒙古
	东南亚	泰国、马来西亚、新加坡、印度尼西亚、菲律宾
	南亚	印度、尼泊尔
	西亚	土耳其、沙特阿拉伯、以色列、伊朗
欧洲旅游大区	东欧	波兰、俄联邦
	西欧	法国、英国、荷兰、比利时
	中欧	奥地利、德国、捷克、匈牙利、瑞士
	南欧	西班牙、意大利、葡萄牙、希腊
	北欧	瑞典、丹麦、挪威
非洲旅游大区	北非	突尼斯、埃及、摩洛哥
	东非	肯尼亚、坦桑尼亚
	南非	南非、津巴布韦
美洲旅游大区	北美	美国、加拿大
	中美	墨西哥、多米尼加、巴哈马
	南美	阿根廷、巴西、智利、哥伦比亚
大洋洲旅游大区	大洋洲	澳大利亚、新西兰
南极洲旅游大区	南极	

1. 亚洲旅游大区

亚洲，亚细亚洲的简称，世界第一大洲，其名源于古代闪米特语，意为"东方日出之地"，位于东半球的东北部，陆地与岛屿总面积约4461万平方公里（包括附近岛屿），占全球陆地总面积的29.4%。亚洲地形的总体特征是地表起伏大，既有世界第一高峰珠穆朗玛峰（海拔8848米），也有世界最低的洼地死海（海拔—392米），平均海拔约950米，山地、高原和丘陵约占总面积的75%，地势中部高四周低，河流向四周分流，气候类型多样，地理环境复杂，自然景观迥异。此外，亚洲地区民族众多（有大小民族1000多个），也是世界人口最多的一个洲，在世界10多个人口逾亿的国家中，亚洲就有6个（分别为中国、印度、印度尼西亚、日本、巴基斯坦、孟加拉国），民俗风情绚丽多彩，人文环境千差万别。因此，亚洲旅游资源不仅数量丰富、类型齐全，而且地域差异明显，为旅游业的发展提供了极好的开发条件。

亚洲历史悠久，文化灿烂，幼发拉底河、底格里斯河、黄河、印度河等流域曾是人类古文明的发祥地。世界三大宗教即佛教、伊斯兰教和基督教均源于亚洲。叙利亚大马士革古城，犹太教、基督教、伊斯兰教三教圣地耶路撒冷古城，中国秦始皇陵，印度泰姬陵，中国北京故宫，尼泊尔萨加玛塔国家公园，印度马纳斯动植物保护区等世界遗产项目，均是驰名世界的旅游胜地。

东亚位于亚洲东部、太平洋西岸，包括中国、日本、朝鲜、韩国、蒙古等国，壮美的山水风光与悠久的历史人文古迹相映生辉，优雅浓郁的东方风情令世人瞩目。

东南亚由亚洲东南部的中南半岛和马来群岛组成，地跨赤道，除内陆山国老挝外，各国均有海岸线，岛屿星罗棋布，是亚洲旅游业发展最快的地区，已发展成为度假、避寒、访古、朝佛的胜地，以热带滨海滩岛胜景与浓郁的宗教文化最具特色。

南亚指亚洲南部从喜马拉雅山脉南侧到印度洋之间的广大地区，包括南亚次大陆上的印度、巴基斯坦、孟加拉国、尼泊尔等，悠久的历史、浓郁的宗教色彩（印度教、佛教的发源地）、多彩的民族风情为旅游观光提供了丰富的物质基础，其北部的喜马拉雅山是登山、探险、滑雪、避暑之胜地。但由于受地区经济发展水平的制约和一些国家政局动荡、民族及宗教纷争迭起的影响，该地区旅游业起步晚，发展慢，起伏大。

西亚位于亚洲西部，东起阿富汗，西到土耳其，包括阿拉伯半岛在内的广大地区。作为人类古文明的发祥地之一，留下了丰富的历史文化遗迹。本区是伊斯兰教、基督教和犹太教的发源地，拥有麦加、麦地那、耶路撒冷等世界性宗教圣地，每年前往圣地朝觐的教徒数以千万计，是世界宗教旅游最密集的地区。此外，地中海沿岸多疗养旅游胜地。长期以来由于该地区民族纷争、宗教冲突及猖獗的恐怖活动等对地区旅游业产生了不良影响，旅游业起伏不定，发展比较缓慢。

目前，亚洲旅游业的主要任务是：进一步开发既能满足远程旅游者又能满足近程旅游者需求的旅游产品，完善基础服务设施，在大力接待日益增多的旅游者的同时，保持和提高旅游质量；加强区域内旅游经济合作，形成统一的旅游形象，扩大在世界旅游经济中的份额；在高速发展旅游业的同时，高度重视旅游资源和环境的保护，以确保旅游业的可持续发展。例如就南亚地区而言，它具有巨大的发展潜力，在开发方面应充分发挥其历史文化、热带海滨、山地生态等旅游特色，充分利用毗邻东亚及太平洋地区的优势，重点开发洲内近程客源市场。

2. 欧洲旅游大区

欧洲，全称欧罗巴洲，在古希腊神话中，传说女神欧罗巴热爱这块土地，于是便将自己的名字赐予了这里。它位于亚欧大陆西部，包括整个欧洲范围，总面积1016万平方公里（不包括俄罗斯的亚洲部分），约占地球陆地总面积的6.8%，为世界第六大洲。北、西、南三面临海，河网稠密，地形以平原为主，海拔200米以下的平原约占全洲面积的60%，是世界平均海拔最低的一个大洲，半岛和岛屿面积约占全洲的1/3，海岸线曲折漫长，尤其是地中海沿岸多旅游度假胜地。欧洲的森林面积约占世界森林总面积的23%，多银松、云杉、落叶松、橡树、山毛榉等。斯堪的纳维亚半岛、阿尔卑斯山、地中海和黑海沿岸以及莱茵河、多瑙河、伏尔加河等著名大河两岸地区的自然旅游景观十分迷人。如斯堪的纳维亚半岛，众多的峡湾以及高纬度地区特有的"极昼极夜"和极光奇观等相映成趣，构成了一幅美妙动人的风景画卷。地中海沿岸、黑海之滨以充足的阳光、柔软的沙滩、湛蓝的海水吸引众多的游人，成为世界著名的"3S"（sun、sand、sea）旅游区，现已建成许多世界规模的海滨游乐、康复休养基地和冬季避寒旅游活动中心。

欧洲是世界上工业化最早发展的地区，也是世界近代科学文化与技术发展最早的地区，目前仍是世界经济最发达地区之一。一些历史悠久、经济发达的欧洲国家大多承袭了古希腊、古罗马文明，并在与基督教文明的交融中创造了新的共同的文明。在欧盟经济统一的基础上，欧洲各国尝试着走向政治统一，1995年3月实施了在卢森堡申根签署的申根条约，取消了各条约国之间的边境检查；2002年1月起，欧洲10多个国家3亿多人口正式使用统一的欧元作为共同的货币单位等。城市文化是欧洲历史的载体，也是欧洲文化的象征。今日之欧洲，几乎是完全城市化了的欧洲，已成为世界城市化最高的区域，拥有伦敦、巴黎、罗马、莫斯科、圣彼得堡、阿姆斯特丹、柏林、维也纳、日内瓦、布达佩斯、哥本哈根、华沙等一大批享誉世界的历史文化名城。

欧洲各国的旅游资源各具特色，人文景观中的"欧洲三绝"即城堡、宫殿、教堂遍及各地，千姿百态的古城堡、雍容华贵的宫殿、巍峨壮观的教堂等随处可见，堪称是世界人文景观中的一朵绚丽奇葩。如英国的温莎堡、法国的凡尔赛宫、俄罗斯的克里姆林宫、英国的白金汉宫、梵蒂冈的圣彼得大教堂、意大利的佛罗伦萨大教堂、德国的科隆大教堂、法国的巴黎圣母院等，均驰名世界。此外，英国的伦敦塔、大英博物馆，意大利的比萨斜塔，法国的埃菲尔铁塔、凯旋门，奥地利的维也纳国家歌剧院，以及意大利的"水城"威尼斯，荷兰阿姆斯特丹的桥梁等，无不充分展示出西方古老建筑的艺术风采。闻名遐迩的古建筑遗址有希腊的雅典卫城、巴特农神庙、奥林匹亚，意大利的古罗马大竞技场、庞贝古城等，具有极高的考古价值，从其残垣断壁中仍可依稀领略到昔日的辉煌。

作为世界近代旅游业发源地的欧洲也是世界上旅游业最发达的地区，为当今世界最大的旅游市场，旅游接待设施完备，旅游资源的开发利用深度和广度都居世界前列。一个多世纪以来，欧洲，尤其是西欧，历来是世界旅游业的重心之所在，为全世界最主要的国际旅游客源市场之一。无论是在接待国际旅游者方面还是国际外汇收入方面，迄今为止欧洲仍占世界旅游市场的 1/2。旅游业已经成为该地区规模最大、就业人口最多的行业。随着旅游业潜力丰厚的前苏联和东欧地区经济的复苏和新的起飞，欧洲旅游业将继续在世界上保持领先地位。欧洲旅游业的主要任务是要充分发挥其丰富多彩的历史文化遗产和先进的旅游接待设施优势，大力开发面向亚太、北美和南美旅游者的旅游产品，特别是家庭旅游产品。

3. 非洲旅游大区

非洲，全称阿非利加洲，赤道横贯中部，拉丁语意为"阳光灼热的地方"，高温、少雨、干燥，是世界著名的"热带大陆"，又被称为"干旱大陆"，沙漠面积约占全洲面积的 1/3，为世界沙漠面积最大的一个洲，拥有面积达 800 多万平方公里的全球第一大沙漠——撒哈拉沙漠和纳米布沙漠、卡拉哈迪沙漠等。非洲，位于东半球的西南部，总面积 3030 万平方公里，是世界第二大洲，占地球陆地面积的 20.2%。整个大陆北宽南窄，呈不等边三角形，总体上是一个自东南向西北倾斜的高原，平均海拔 750 米，故有"高原大陆"之称。位于非洲东部的乞力马扎罗山，海拔 5895 米，为非洲最高峰。非洲的海岸线较平直，沿海附近的岛屿相对较少，是世界岛屿数量最少的一个大洲。非洲也是世界古文明的发祥地之一，6000 多年前，居住在尼罗河下游的埃及人就已有了灌溉农业。

非洲有"世界资源仓库、珍奇动物之乡"的誉称。其矿藏十分丰富，金刚石储量占世界总储量的 95%、金矿占世界总储量的 2/3 等。纵贯南北半球的辽阔土地、与世隔绝的海岛、多姿多彩的地形地貌、多样的气候类型使非洲成为野生动物资源极为丰富的地区，享有"天然动物园"之称。据不完全统计，非洲的大型哺乳动物有 100 多种，淡水鱼类有 2000 余种，鸟类有 400 种以上，其中大猩猩、非洲象、河马、斑马、长颈鹿等均为非洲特有的动物品种。非洲的草原面积约占总面积的27%，居世界各洲之首，一望无际的草原上奔腾着大群肥硕的斑马和敏捷的羚羊，优雅的长颈鹿、身躯庞大的非洲象以及躺在树荫下懒洋洋地注视着它们的狮子等，是非洲自然保护区和国家公园中最典型的画面。

北非是非洲旅游业最发达的地区，埃及、突尼斯、摩洛哥等国都是知名度很高的国际旅游目的地，其悠久的历史、灿烂的文化留下了众多的名胜古迹。埃及的金字塔、底比斯古城遗址及神庙，突尼斯的迦太基城遗址等，都是非洲古代文明的见证。埃及的亚历山大、突尼斯的突尼斯城、摩洛哥的拉巴特等地中海沿岸、红海之滨的阳光海滩也是独具魅力的海滩度假地；世界第一大沙漠——撒哈拉沙漠的独特大漠风情也吸引了众多游人。

东非地区的野生动物资源十分丰富，有"动物世界"之美誉。肯尼亚有40多处野生动物园及保护区，约占国土面积的10%。肯尼亚的察沃国家公园，坦桑尼亚的恩戈罗恩戈罗自然保护区、塞伦盖蒂国家公园等，都是享誉世界的天然动物园。随着雨季和旱季的自然交替，一年一度的角马、羚羊等动物的大迁徙构成了奇特的场面，它们成群结队寻找水源，浩浩荡荡，队伍绵延数公里。"赤道雪峰"乞力马扎罗山、肯尼亚山的垂直景观蔚为壮观；东非大裂谷，人称"地球的伤口"，裂谷两侧陡崖壁立，谷底林木葱茏，是世界著名的地质奇观。

众多的天然野生动物园与古朴的民俗文化相映生辉，构成了南非最主要的风景线。非洲南部地区国家的居民以黑人为主，许多部族还保持着原始图腾崇拜的传统，古老的酋长制遗风，独特的音乐、舞蹈、绘画艺术、体育竞技以及制作精巧的手工艺品等，对境外游人有着巨大的吸引力。

虽然拥有丰富的历史文化遗迹、迷人的自然风光和奇异的野生动植物资源，具有发展旅游业的巨大潜力，但非洲大多数国家的经济比较落后，旅游设施也很不完善，加上一些地区社会政治动荡、自然灾害严重等，影响了旅游业的发展，旅游业总体水平不高，发展缓慢。近年来，非洲的许多国家都开始重视旅游开发，纷纷利用本地特有的自然风光和民俗风情，针对游客的猎奇和求新心理，大力开展各种专项旅游活动，如奇特风光游、民族风情游、沙漠探险游、珍稀动植物考察游、考古游和海上游等，以吸引世界各地的游客。非洲旅游业发展面临的主要任务是改善旅游基础设施，改进和开发新的旅游产品，并进行有力的市场促销等。

4. 美洲旅游大区

美洲，阿美利加洲的简称，是西半球唯一的大陆，地跨南北两个半球，从北冰洋沿岸向南一直延伸到德雷克海峡，是世界沿经线方向延伸距离最长的大洲，总面积4219.8万平方公里，占地球陆地总面积的28.2%，为世界第三大洲。从自然地理角度来说，美洲以巴拿马运河为界，分为南美洲、北美洲；或把墨西哥以南到巴拿马的中美地峡和加勒比海的岛屿通称为中美洲；而在政治上习惯把加拿大和美国称为北美洲，把墨西哥以南的所有国家和地区通称为拉丁美洲。

美洲地形复杂，自然景观东、中、西部地域差异明显。横亘美洲西部的为科迪勒拉山系，从北纬70°向南延伸，穿过赤道，一直到南纬55°附近，全长近2万公里，多火山、冰川、峡谷、瀑布、温泉、湖泊、森林等自然景观，其活火山占世界总数的1/5，群峰峥嵘，烟雾缭绕，火山奇观千姿百态。中部为平原，从北向南有五大湖和密西西比河冲击平原、亚马逊河和拉普拉塔河冲击平原等，其中的五大湖为世界上最大的淡水湖群。东部是高原和低山丘陵，北美洲为拉布拉多高原和阿巴拉契亚山脉，南美洲有圭亚那高原和巴西高原等。

美洲大陆最早的土著居民是以农业、渔猎为生的印第安人，几千年来，他们在这块土地上生息繁衍，建造了许多宏伟壮观的石头建筑，以表达自己对太阳和永恒的追求，现仅剩下墨西哥的帕伦克、奇琴伊察，秘鲁的库斯科、马丘比丘等遗址在热带丛林里任凭风吹雨打。自公元1492～1504年哥伦布发现新大陆后，欧洲人相继占领这块大陆。现美洲地区的居民以来自世界各地的移民为主，美洲有"民族熔炉"之称，居民大部分是欧洲国家移民后裔，通用英语、西班牙语、法语、荷兰语、印第安语等，各民族相互融合，民俗风情十分引人注目。

北美为当今世界经济发达地区，也是世界旅游业最发达地区之一，旅游资源开发利用的深度和广度都居世界前列。拥有世界上规模庞大、管理先进的国家公园系统，以大自然奇观与辉煌的现代文明最具特色。自然景观具有很高的观赏、科研价值。世界七大自然奇观北美有四个，分别为科罗拉多大峡谷、阿拉斯加的冰河湾、肯塔基州的猛玛洞、黄石国家公园。北美还有许多闻名遐迩的建筑奇观，如纽约的自由女神像、旧金山的金门大桥等，洛杉矶的迪士尼游乐场、佛罗里达奥兰多的迪士尼世界等主题公园更是称雄世界。同时，北美地区的人口规模、富裕程度、教育水平和城市化程度等条件都决定了该地区是国际旅游的重要客源地。

中美、南美地区以灿烂的印第安文化与神奇的热带自然风光独具魅力。墨西哥湾及加勒比海地区充满着热带和新大陆特有的浓烈情调，美丽的海岛、广阔的沙滩、清澈诱人的碧蓝海水、葱郁的热带果树，多泉涌、瀑布，空气清新，海滨建有景色宜人的度假村，是世界最受欢迎的海滨度假胜地之一，现已成为海滨度假、游览、海底观光胜地和旅游购物的天堂。亚马逊河流域的热带雨林是世界上面积最大、保存最完好的原始热带雨林，郁郁葱葱的森林对净化地球大气、维护全球生态系统平衡起着重要的作用，有"地球之肺"的美誉。

20世纪90年代以来，拉丁美洲的旅游业以每年25%的速度增长。许多国家和政府越来越重视发展旅游，开发各具特色的旅游项目，特别是生态旅游、探险旅游和文化旅游项目等。拉美旅游自主联合会在欧洲、亚洲也广设代办处，推销本地区的旅游产品，同时组织拉美人去外地旅游等。美洲旅游业的主要任务是巩固现有的市场，开发新的客源市场，特别是高质量、高产出的亚洲市场；加勒比海地区要利用其丰富的新产品和有利的促销手段，重新推广美国市场；拉丁美洲地区的旅游业也需要该地区各国政府给予相应的重视，并加强区域内的合作。

5. 大洋洲旅游大区

大洋洲，原名"澳洲"，其名源于西班牙文，意为"南方大陆"，位于太平洋西南部、赤道南北的浩瀚海域中，包括澳大利亚大陆及其附近海域附属的1万多个大小不等的岛屿，总面积约897万平方公里，占地球陆地总面积的6%，是世界面积最小的一个大洲。其中最大岛屿即澳大利亚大陆，是世界最小的一块大陆，因其四面临海，也可认为是最大的一个岛屿，故有"岛大陆"之称。大洋洲大部分地区位于南回归线附近，空气清新，风光旖旎，尤以自然美景、世界罕见的古老生物、独树一帜的城市景观吸引着来自世界各地的旅游者。

大洋洲的居民中约70%是欧洲移民的后裔，20%为当地原住居民。与世界其他各大洲相比（无固定居民的南极洲除外），大洋洲地广人稀，是世界上人口最少的一个洲，随处可见的是大片浩瀚的荒漠以及广袤的草原，畜牧业十分发达，如澳大利亚被称为"骑在羊背上的国家"，新西兰也有"畜牧王国"之美誉等，辽阔的牧场风光引人注目。但同时大洋洲也是一个高度城市化的地区，城市人口约占其总人口的60%左右，悉尼、墨尔本、堪培拉、奥克兰、惠灵顿等现代城市风光令人着迷。

由于大洋洲大陆四面环海，环境孤立，处于"与世隔绝"的状态，保留了大批特有的原始古老生物，如腹部有口袋可哺育幼仔的大袋鼠，形似鸵鸟、足有三趾、两翼退化、不能飞翔的鸸鹋，卵生的哺乳动物鸭嘴兽，以及500万年前就已在地球上生存的树袋熊（考拉）、羽毛美丽的琴鸟、以笑声闻名的笑鸟等。大洋洲还有许多壮丽的自然景观，如位于澳大利亚中部如巨兽般俯卧于沙漠与平原之上、"会变颜色"的艾尔斯巨石，位于澳大利亚东北海岸的世界最大的活珊瑚礁群、有"潜水爱好者理想乐园"之称的大堡礁，新西兰著名的地热观光名城罗托鲁阿等，均享誉世界。

6. 南极洲旅游大区

南极洲，位于地球的最南端，是一块围绕南极的大陆，因绝大部分在南极圈内而得名，是地理纬度最高的大洲，年平均气温-25℃，气候酷寒，为地球最严寒地区之一，堪称地球的"寒极"。全年仅有"一天一夜"，即半年白天、半年黑夜（"极昼极夜"）。它由南极大陆、陆缘冰和岛屿组成，总面积约1405万平方公里，占地球陆地面积的9.4%，是世界上唯一没有居民定居的大陆，现仅有一些来自世界其他大陆的科学考察人员和捕鲸队员等。因98%的地域终年被冰雪所覆盖，故有"白色大陆"、"冰雪南极洲"之称。陆地海拔虽仅约450米，但冰盖的平均海拔高达2350米，是地球最大的冰库，占世界冰量的89%和淡水的70%，若全部融化，世界洋面将升高50~70米，足以将世界各地繁华的沿海城市淹没。

　　南极洲，一片白茫茫的冰雪世界，也是一片洁净的没有受到污染的大陆，因地势最高峻、气候最严寒、风暴最猛烈、景色最单调，又称"白色荒漠"。但它那由林立的冰川群、起伏的冰原、绚丽的南极光、半年不落的太阳和独特的动物（企鹅、蓝鲸、抹香鲸、海豹、海狮、海豚、海象、海鸥、信天翁、鳞虾等）等所构成的奇异自然风光令其成为世人向往之地。目前已有30多个国家在南极洲建立了140多个科学考察站，科学家们对南极的地质、气候、冰川、海洋、生物等进行考察和研究。由于条件所限和出于保护地球上最后一块"净土"的考虑，南极洲目前只适宜开展科学考察和探险旅游等，不宜进行大规模的旅游活动。

复习思考题

1. 简述旅游区划的目的及意义。
2. 旅游区划应遵循的原则有哪些？
3. 简述旅游区划的方法和步骤。
4. 根据旅游区划原则，说说你的中国旅游区划方案。
5. 根据旅游区划原则，说说你的世界旅游区划方案。

第八章　中国旅游分区

【学习导引】

伴随着经济全球化和区域旅游一体化发展,旅游业对国家、地区的社会经济促进作用日益显著,特别是在扩大内需、带动一系列产业发展、提升当地经济发展、提高人民生活水平和生活质量方面,已成为促进经济平稳较快发展和社会和谐稳定的重要力量。近年来,全国各省区市对旅游业发展均高度重视,从南到北,由东向西,中国几乎约90%的省区市已经将旅游业作为支柱产业或第三产业的龙头。新的旅游景区不断开发出来,老的景区也以旅游项目创新等不断吸引旅游者重游。中国已经成为一片旅游开发的热土,本章的重点在于简要介绍京华、东北、北疆、中原、西北、江南、皖赣、华中、华南、青藏、西南旅游大区以及香港、澳门、台湾旅游亚区的主要旅游特色及旅游发展格局。

【教学目标】

1. 认识和了解京华旅游大区的主要旅游特色和各旅游亚区的旅游发展格局。

2. 认识和了解东北旅游大区的主要旅游特色和各旅游亚区的旅游发展格局。

3. 认识和了解北疆旅游大区的主要旅游特色和各旅游亚区的旅游发展格局。

4. 认识和了解中原旅游大区的主要旅游特色和各旅游亚区的旅游发展格局。

5. 认识和了解西北旅游大区的主要旅游特色和各旅游亚区的旅游发展格局。

6. 认识和了解江南旅游大区的主要旅游特色和各旅游亚区的旅游发展格局。

7. 认识和了解皖赣旅游大区的主要旅游特色和各旅游亚

区的旅游发展格局。

8. 认识和了解华中旅游大区的主要旅游特色和各旅游亚区的旅游发展格局。

9. 认识和了解华南旅游大区的主要旅游特色和各旅游亚区的旅游发展格局。

10. 认识和了解青藏旅游大区的主要旅游特色和各旅游亚区的旅游发展格局。

11. 认识和了解西南旅游大区的主要旅游特色和各旅游亚区的旅游发展格局。

12. 认识和了解香港、澳门、台湾旅游亚区的主要旅游特色和旅游发展格局。

【学习重点】

京华旅游大区的旅游特色；东北旅游大区的旅游特色；北疆旅游大区的旅游特色；中原旅游大区的旅游特色；西北旅游大区的旅游特色；江南旅游大区的旅游特色；皖赣旅游大区的旅游特色；华中旅游大区的旅游特色；华南旅游大区的旅游特色；青藏旅游大区的旅游特色；西南旅游大区的旅游特色；香港、澳门、台湾旅游亚区的旅游特色。

中国是一个拥有丰富旅游景观的国家，在960万平方公里的国土上，秀美多姿的自然景观与灿烂辉煌的人文景观交映生辉，不论是帝都王陵、古城遗址、禅林道观，还是江河湖海、山川原野、生物景观，绚丽的旅游景观不可胜数，且许多景区人文与自然景观融合得十分协调，既富有诗画的意境，又有史书的魅力，引得游人络绎不绝。烟云变幻的黄山、气势磅礴的万里长城、秦始皇陵兵马俑、妩媚多姿的杭州西湖、如诗如画的桂林山水、神奇的蓬莱"海市蜃楼"、典雅华贵的北京故宫等独具特色的旅游胜景，身临其境，旅游者不仅能身心陶醉，还能从中领略探索中国的古老与文明。

第一节　京华旅游大区

包括北京市、天津市、河北省。以北京为中心，津、冀为腹地的京华旅游大区既以拥有众多华夏历史文化遗迹著称，又以现代都市风貌吸引着旅游者，古代建筑工程与现代化设施融为一体，古貌与新姿交融，别具风采。享誉世界的万里长城、北京故宫、天坛、颐和园、承德避暑山庄、清东陵、清西陵等，均被列入《世界遗产名录》。由于北京为中国的首都，因此该区不仅是接纳国内游客数量最多的地区之一，同时也是国际访华游人的热点和全国重要的创汇旅游大区之一。

一、区域旅游特色

1. 政治中心

北京，中华人民共和国的首都，全国政治、经济、文化中心，古称"燕京"、"北平"等，历史上为燕、蓟重镇，也是金、元、明、清等朝代的都城，并且较完整地保存了元、明、清时代的都城风貌，尤以"中轴明显、整齐对称、圈层布局"特点而著称，建筑物组群结构主次分明，等级森严。老北京的"中轴线"从城南的永定门起，经正阳门到皇城正门天安门，往北进入紫禁城，依次为端门、午门、太和门、太和殿、中和殿、保和殿、乾清门、乾清宫、交泰殿、坤宁宫、御花园，从神武门出皇宫就是皇家园林景山（老北京皇城"中轴线"的制高点，可以俯瞰气象万千的北京城），后到地安门，最终止于城北的钟楼、鼓楼，全长约8公里。老北京城内几乎所有的街道都是围绕着这条"中轴线"而建，而昔日北京的政治、文化活动也都紧紧围绕着"中轴线"展开，充分体现封建伦理观念，是封建皇权至高无上的象征。

2. 长城雄姿

万里长城这一中国古代最伟大的军事防御工程蜿蜒横穿该区，从河北省秦皇岛的"老龙头"入海，位于河北滦平境内的金山岭长城，天津的黄崖关古长城，北京的八达岭长城、慕田峪长城、司马台长城等，均为观赏长城雄姿的胜地。长城的主体工程是绵延万里的高大城墙，大多建在山岭最高处，沿着山脊把蜿蜒的山势勾画出清晰的轮廓，地势险要，视野开阔。在万里长城上还分布着百座雄关、隘口，成千上万座敌台、烽火台，既打破了城墙的单调感，又使高低起伏的地形更显得雄奇险峻。

慕田峪长城位于北京东北怀柔境内，城墙高约8米，顶宽4米，墙体多以青色花岗岩条石砌成，工程用料精细、坚固，堪称明代长城的精华。慕田峪关的构造为3座敌楼并矗，在整个长城建筑中甚为罕见。在慕田峪关右翼，长城陡然上升到山脊后出现了3道长城汇于一楼的奇特景观，即著名的"秃尾边"；而在其左翼，经过2000多米的平缓段后，在"牛角边"、"鹰飞倒柳"等段，山势陡峻，长城沿悬崖峭壁上下飞腾，气势极为壮观。

金山岭长城始建于明洪武元年（1368年），戚继光担任蓟镇总兵官时（1567～1582年）主持重修，长约10.5公里，设有大小关隘5处，2座烽火台，挡马墙、射击孔、投雷孔、了望孔等设施齐备，还可观赏到67座形态各异的敌楼，有方形楼、圆形楼、扁形楼、拐角楼，楼顶有平顶、穹隆顶、八角藻井顶等。金山岭长城犹如一条昂首扬威的巨龙，奔腾在绵延起伏的大小金山岭之巅，仙山琼阁"望京楼"、惊险奇观"瘦驴脊"、高耸云天"登天梯"、举世称奇"文字墙"、温泉、通天洞、大小金山等美不胜收。

3. 文物古迹

作为春秋战国时代的"燕赵故地"以及金、元、明、清等朝代的都城所在地，数千年的文明为该旅游大区留下了丰富、多样的人文旅游景观，该区保留至今的历史文物和古建筑最多、最完整，尤以数量众多的皇家园林、帝王陵墓、坛庙、佛寺、宫观等吸引游人。皇家园林虽缺少江南园林的玲珑活泼情趣，但规模宏大，建筑体态端庄，色彩华丽，风格上趋于雍容华贵，其宏阔气势并蓄帝王宫苑的富丽堂皇非其他园林可比，尤以北京的颐和园、北海、景山和河北的承德避暑山庄等最经典。明十三陵、清东陵、清西陵等帝王陵墓不仅规模庞大，且大多选在山川壮丽、风景优美之地。该区保存完好的坛庙寺观等更是多不胜数，著名的有北京的天坛、地坛、日坛、月坛、雍和宫、白云观、香山寺，天津的大悲院、独乐寺，河北的隆兴寺、承德避暑山庄外八庙等。

4. 山·海风光

该区的山大多不算很高，但因或与古代军事工程如万里长城，或与生物旅游资源如香山红叶等相配合协调，形成了"山不在高，有景则名"的名山胜景。北京有八达岭、万寿山、玉泉山、香山等，天津最享盛誉的当数盘山，河北有嶂石岩、野三坡、雾灵山、角山、碣石山等。"京东第一高峰"燕山主峰雾灵山，海拔2116米，清代时曾是清东陵的风水禁地，经过240多年封禁，"森林满山，树木遮天，野兽无数，遍地清泉"，已建设成为国家森林公园，因与京、津相邻的地域优势，雾灵山也成为现代都市人了解大自然的"天然博物馆"。天津、河北均濒临渤海，独特的北方海滨风光以及众多的天然海水浴场，形成了许多避暑消夏的旅游胜地，如秦皇岛北戴河海滨、南戴河海滨以及昌黎黄金海岸等，每当夏日来临，沙滩上游人如潮。

二、旅游分区

1. 北京旅游亚区

北京市，简称"京"，中国的首都。1949年10月1日，毛泽东在北京天安门城楼向全世界庄严宣告中华人民共和国成立，并升起了新中国第一面五星红旗。它位于华北平原北端，东距渤海约150公里，面积1.68万平方公里，是全国政治、科学、文化和国际交往的中心，也是全国最大的铁路、公路和航空交通枢纽。1929

年 12 月，一个完整的距今约 69 万年历史的猿人头盖骨化石在周口店龙骨山出土，把北京文明史从 3000 多年上推到 60 多万年。北京自古为北方重镇，建都历史亦长达 800 余年，以古迹之多、园林之秀、山水之胜饮誉中外。

北京既有东方古都风貌，又具现代都市风情，红墙黄瓦的古建筑与现代化高楼大厦和谐并存。北京古城以紫禁城（故宫）为中心，呈棋盘格局，从高空俯瞰，规模宏大的帝王宫殿、坛庙及其他古建筑井然有序。北京作为新中国的首都，尤其是改革开放以来，随着城市建设的蓬勃发展，地铁、二环路、三环路、四环路乃至遍布全城的现代化立交桥构成北京发达的交通网络。北京图书馆、国家大剧院、奥林匹克体育中心、首都机场、钓鱼台国宾馆等亦是闻名世界的大型现代公共设施。胡同、茶馆、酒吧街、繁华商业区，现代国际化大都市的摩登元素与老北京地道的京味儿交融生辉。2008 年，第 29 届奥林匹克运动会在北京举办，更使这座历史文化名城生机盎然。

除了拥有许多风光旖旎的自然景观外，北京地上文物存留之多居全国之冠。北京故宫、八达岭长城、颐和园、天坛、明十三陵、周口店北京猿人遗址等，已名列《世界遗产名录》。碧云寺、白云观、雍和宫、牛街清真寺等，也久负盛名。北海、景山、地坛、卢沟桥、圆明园遗址、什刹海（后海）、恭王府等均是著名的游览景区。北京胡同四合院、京剧、京派电影等独具魅力。四合院，顾名思义，就是东南西北四面建房，合围出一个院子，院子的外墙又组成胡同的边墙，院内北房为正房，东西两侧为厢房，除大门外，没有窗户或通道与胡同相连，四合院里宁静、封闭，是老北京传统住宅。

北京旅游发展格局可概括为"一区两圈"。都市核心旅游区，指以北京城区为主、向外扩展至六环路以内的区域，以京城水系、古典园林、古都历史文化旅游产品为特色；郊区旅游圈，包括六环路附近及其以外的郊区地域范围，发展重点为休闲度假、名胜观光、生态康体、会议服务及生态旅游产品，还包括大型采摘园、高科技农业园区、综合性休闲农业园区等；环首都旅游圈，是北京旅游发展的主要扩展区域，有北部自然生态旅游、东南部海滨休闲度假、西南部历史文化观光、西部自然与文化观光等四大特色鲜明的区域旅游板块。

2. 天津旅游亚区

天津市，简称"津"，地处华北平原东北部，东临渤海，北依燕山，海河穿城而过，总面积 1.1 万多平方公里。明初取"天子津渡"之意，始称"天津"；明永乐二年（1404 年）筑城设卫（明朝的军事建置），名"天津卫"。因毗邻北京，自古就是海上通往北京的咽喉要道，为京畿门户，也是中国北方重要的工商业基地、港口贸易城市、金融中心和交通枢纽，天津港远洋航线通达世界 100 多个国家和地区，素有"渤海明珠"之称。

自金、元时代起，由于漕运兴盛，促进了天津工商业的发展，同时天津人文荟萃，文化亦相应繁荣，故历史遗迹和文物收藏都较为丰富，已发现文化遗迹、古墓群、古建筑遗址等近千处。近代历史上很多著名人物都在海河之滨留下足迹，天津名人故居数量众多。如位于天津中心市区南部的五大道，拥有20世纪二三十年代建成的英、法、意、德、西班牙不同国家建筑风格的花园式房屋2000多所，被公认为天津独具特色的"万国建筑博览会"。狗不理包子、耳朵眼炸糕、十八街麻花号称天津小吃"三绝"。杨柳青年画、"泥人张"彩塑等工艺品享誉华夏。

凭借河海山湖齐备、近现代人文资源底蕴深厚的独特优势，以发展滨海都市旅游为目标，突出历史文化名城和现代化港口城市的特点，天津近年来开辟了很多新的旅游活动中心，如食品街、古文化街、旅馆街等，在原有的北宁公园、水上公园等处举办各种展出和文体活动，还推出文化历史游、民俗游、朝拜旅游、习武旅游、美食游、蓟县游、修学旅游等专项旅游活动。

天津旅游发展呈现"一带四区"格局。"一带"，指以海河为轴线的都市旅游观光带，形成以异国风貌旅游区、老城民俗旅游区、中心商贸旅游区和会展商务休闲旅游区为骨架的都市观光主体区域。"四区"分别为：滨海观光度假旅游区，以海岸为主线，以天津港为中心向两侧延伸，形成亲海休闲"黄金海岸"；蓟县山野名胜旅游区，有盘山、八仙山、九龙山、黄崖关长城、独乐寺等胜迹，是京津"后花园"、绿色旅游基地；津西南民俗生态旅游区，以华北名镇杨柳青为核心，田园水色、民俗生态旅游最具特色；津西北现代休闲娱乐区，指宝坻、武清、北辰等按照现代休闲理念规划构筑的大型休闲娱乐产业群。

3. 河北旅游亚区

河北省，简称"冀"，位于北京市、天津市的外围，地处华北平原北部，内蒙高原东南部，东临渤海，面积18.8万平方公里。相传早在5000多年前，中华民族的三大始祖黄帝、炎帝和蚩尤就是在河北由征战到融合，开创了中华文明史。春秋战国时期，其北部属燕，南部属赵，故又称"燕赵之地"；元、明、清三朝定都北京，河北成为拱卫京师的畿辅之地；今为首都北京的近邻，也是北京通向全国各大铁路干线的必经之地。

河北文物古迹丰富，有各类文物70余万件，沧州铁狮子、定州塔、赵州石桥、正定府大菩萨素称河北"四大古迹"。万里长城入海处"老龙头"，号称"天下第一关"的山海关，清代最大的皇家古典园林——承德避暑山庄，现存最大的皇家寺庙群——外八庙，以及气势宏伟、石雕精美的清代帝王墓葬群——清东陵、清西陵等享誉华夏。与璀璨的历史文化相辉映的是秀美的湖光山色：北戴河、南戴河的天然海滨风光，辽阔壮美的坝上草原，河湖相连、芦荡莲塘星罗棋布的白洋淀（华北平原最大的淡水湖），"野"趣天成的涞水野三坡，险峻秀美的嶂石岩等，引得游人络绎不绝。

　　河北是出产名酒的地方，如长城干白葡萄酒，果香浓郁，色泽清亮，是国内葡萄酒中的上品。唱腔高亢激昂的河北梆子，以及皮影戏、舞狮、常山战鼓、沧州武术、吴桥杂技表演等都具有相当高的水平。沧州武术节、安国药材节、吴桥杂技艺术节、保定敬老健身节、涿州影视城会、永年太极拳会、北戴河气功节、承德和张家口坝上满蒙歌舞、承德清宫宴乐、唐山皮影和地秧歌、西柏坡红色歌舞、"华北明珠——白洋淀"大型水上演出等节事活动，丰富多彩。

　　河北旅游发展呈现"三圈"格局。环渤海旅游圈，以秦皇岛—唐山—沧州为主，山海关长城、北戴河海滨、黄金海岸、吴桥杂技等，构筑了环渤海旅游金三角；环京津旅游圈，以承德—张家口—保定—廊坊为主，有承德避暑山庄、木兰围场、阳原泥河湾古人类活动遗迹、白洋淀温泉城、涿州旅游度假区等旅游胜景；环省会旅游圈，即冀中南旅游圈，由石家庄—衡水—邢台—邯郸构成，太行山水、燕赵文化、西柏坡红色旅游独具魅力，以西柏坡、衡水武强年画、开元寺、涉县八路军一二九师司令部旧址等最吸引游人。

第二节　东北旅游大区

　　包括黑龙江省、吉林省、辽宁省。位于中国东北部，与俄罗斯、朝鲜接壤，是中国纬度最高的旅游大区，冬季寒冷而漫长，夏季温暖湿润而短促。夏至前后，在黑龙江的"北极村"漠河，还能欣赏到奇特的"白夜"景观。在这片辽阔广袤的黑土地上，长白山和兴安岭的莽莽森林、三江平原和松辽平原的千里沃野、辽东半岛的金色沙滩和蓝色波涛、"千里冰封，万里雪飘"的北国"林海雪原"风光，以五大连池、镜泊湖和长白山为代表的瑰丽的火山熔岩地貌，乡土气息醇厚的关东民俗风情，最令人心驰神往。

一、区域旅游特色

1. 山环水绕

　　该区最典型的地貌特征之一就是山环水绕，西、北、东三面分别环绕着大、小兴安岭和长白山地，山地外侧分布着额尔古纳河、黑龙江、乌苏里江、松花江、图们江和鸭绿江；山地内侧则是由三江平原、松嫩平原、辽河平原组成的东北大平原，一望无际的黑土地，可谓沃野千里，富饶而美丽，昔日的"北大荒"已经发生了巨变，成为中国重要的粮食生产基地（"北大仓"）和林业生产基地。

该区一山一水最著名，"山"指长白山，"水"为黑龙江，因此东北又称"白山黑水"。自然旅游景观"山"、"水"特色突出，不仅有长白山、千山、医巫闾山、凤凰山等山地风景区；还有松花湖、镜泊湖、五大连池、兴凯湖等水景。在南部绵长的海岸线上，分布着一些景色秀丽的海滨避暑胜地，以大连最享盛誉。该区大江多是界河，如黑龙江、乌苏里江为中俄界河；鸭绿江是中朝界河；图们江流经中、朝、俄三国交界处。

2. 冰雪文化

冬季漫长而寒冷，一般长达6~8个月，降雪日数多，积雪期长，向以"千里冰封，万里雪飘"的北国风光闻名。1月，黑龙江漠河气温降到-30℃以下，哈尔滨降到-19℃，整个东北大地，白雪盈天，冰封千里，茫茫雪原一望无际，山峦银装素裹，积雪厚度可达50厘米，与冰雪有关的活动如滑雪、滑冰、打冰橇、乘冰帆、冰上摩托、冰球、狗拉爬犁以及观赏晶莹剔透的冰灯、冰雕、雪雕等别具情趣，哈尔滨的冰灯游园、齐齐哈尔的冰雕艺术享誉海内外，以"寒江雪柳，玉树琼花"称誉的"吉林雾凇"奇观更是引得游人络绎不绝。

随着冰雪旅游的升温，哈尔滨国际冰雪节、沈阳冰雪旅游节、长白山冰雪节等以冰雪为契机的节庆活动丰富多彩。在哈尔滨"冰雪大世界"和亚布力滑雪场、玉泉滑雪场、沈阳棋盘山冰雪世界、长春净月潭滑雪场，冰雪旅游项目有雪地运动表演赛、雪雕、冰上婚礼、冬泳、雪地汽车拉力表演赛等。该区也是全国性冬季体育中心，冰雪运动竞赛大多在此举行，如哈尔滨南岗区冰上运动基地可进行冰球、速滑、花样滑冰等比赛；吉林北大湖滑雪场有13条高山滑雪道，滑雪道总长度达到12.5公里。

3. 林密物丰

该区分布着大面积的针叶林和针阔混交林，是中国森林面积最大的地区，主要树种有红松、落叶松、白桦、云杉、冷杉、山杨、水曲柳等。而在松辽平原的西部则是一望无际的大草原，牧草茂盛，特别是呼伦贝尔草原也是中国优良的天然牧场之一。茂密的森林、广阔的草原、连绵的沼泽地，为东北虎、貂、黑熊、狐狸、丹顶鹤、麋鹿、獐、水獭等动物的生存提供了良好的栖息环境。为了保护野生动植物和自然生态环境，该区已先后开辟多处自然保护区，有扎龙丹顶鹤自然保护区、长白山自然保护区等。

作为中国最重要的野生动物产地和狩猎区，黑龙江铁力的桃山狩猎场、阿城的玉泉狩猎场、连环湖水禽狩猎场以及吉林的露水河狩猎场等，已正式对外开放。如桃山狩猎场是国家第一个野生动物狩猎场，面积近18万公顷，建有温暖、舒适的狩猎小木屋，猎季从每年9月至次年2月，在场内一色的红松（树龄300年以上）原始森林中，有黑熊1100多只、马鹿3100多只、狍子11000多只、野猪15000

多只，还有山羊、野兔、猞猁、水獭、獐子、黄鼬等多种野生动物，专职导猎员会将狩猎者引入野兽经常出没的丛林。

4. 火山景观

自新第三纪以来，该区火山活动剧烈，次数之多、分布之广均为中国其他地区所罕见。目前已发现32个火山群、600多座火山锥，呈带状分布在东、西部山地和小兴安岭西南侧，其中具有科学、观赏价值的有五大连池火山群、长白山火山群、龙岗火山群、伊通火山群等。长白山天池、五大连池、镜泊湖、兴凯湖等火山堰塞湖群均是观赏和疗养的好去处。因该区地热资源丰富，故温泉也多，有长白山温泉、鞍山汤岗子温泉、千山温泉、兴城温泉、丹东五龙背温泉等。

该区很多景观都与火山或火山喷发后形成的地貌以及地表植被等有关。伊通火山群，中国唯一的现代火山资料宝库，16座气势恢弘、喷薄欲出、险峻陡峭的火山连绵起伏。长白山周围分布着100多座火山，多如繁星的小火山构成壮观的火山群，其中最大的火山口海拔2600米左右，深达800多米，直径约4.5公里。兴凯湖位于中俄边境，古代火山爆发后因地势陷落积水而成，面积4380平方公里。春夏之际泛舟湖上，旖旎风光使人有身在画中之感；秋冬来临，"千里冰封"，辽阔的湖面皎洁晶莹，又是一个玲珑剔透的琉璃世界。

5. 满清胜迹

东北是中国少数民族聚居区之一，有满、朝鲜、蒙古、回、鄂温克、赫哲族等。由于生存环境的差异和历史发展的不平衡性，民俗风情绚丽多彩，如赫哲族的渔猎文化，朝鲜族的服饰、歌舞、饮食（打糕、米酒、泡菜）等皆独具风采。东北地区是满族的发祥地，满族入关以后建立了中国历史上最后一个封建王朝清朝，统治中国长达200余年，因而保留了大量的满清活动遗迹，如满清入关之前的皇宫（沈阳故宫）、清太宗的昭陵、清太祖的福陵、长春的伪满皇宫、抚顺的清永陵及赫图阿拉城等，均是研究满清历史的极好素材。

东北地区的节日十分热闹，特别是新年，舞龙灯、耍狮子、跑旱船随处可见，乘马爬犁、狗爬犁或老牛车兜风，看东北"二人转"，扭秧歌，别具情趣。满族人家在院子里竖起高高的灯笼杆，一串红灯在白雪的映衬之下分外耀眼。盘腿坐在农家温暖的火炕上，品尝着东北风味美食，与热情豪爽的东北人交往，备感温馨。

二、旅游分区

1. 黑龙江旅游亚区

黑龙江省，简称"黑"，位于中国东北边疆，面积约45万多平方公里，隔黑龙江、乌苏里江与俄罗斯相望，绵长的中俄边境线有2800多公里的水界和200

多公里的陆界，是中国地理位置最北、纬度最高的省份。其版图状如一只展翅飞翔的天鹅，有连绵起伏的大、小兴安岭，沃野千里的松嫩平原，气势磅礴的黑龙江、乌苏里江、松花江等，还有风景秀丽的"天然火山博物馆"五大连池、"全国最大的高山堰塞湖"镜泊湖，以及古木参天的松涛林海、绿草如茵的天然牧场，旖旎的风光勾勒出一幅"五山、一水、一草、三分田"的绚丽画卷。

境内森林覆盖率达42%，木材蓄积量约占全国1/4，是中国著名的林业基地。如地处小兴安岭腹地的伊春，有世界上面积最大的红松原始林，被誉为"红松故乡"。在"北极村"漠河，还能观赏到美丽的"北极光"和"白夜"奇观，以绥芬河、黑河为代表的边境游、跨国游亦受到国内外游客的推崇。黑龙江自古以来就是中国少数民族聚居地之一，也是北魏和辽、金、清等朝代的发祥地，有以捕鱼为生的赫哲族（吃鱼肉，穿鱼皮衣，饰鱼骨）、以狩猎为业的鄂伦春族和以牧业为主的达斡尔族等，独特的民族风情令人注目。

黑龙江省以苍莽的原始森林、绚丽的冰雪景观、珍奇的野生动物、奇特的文化古迹、浓郁的民族风情为特色，最突出的是观冰灯、赏雪雕、体验滑雪滑冰乐趣的冰雪旅游以及冬季狩猎活动，哈尔滨"冰雪大世界"、牡丹江雪堡园、海林双峰"中国雪乡"、镜泊湖冰瀑、扎龙雪地鹤舞等一处处冰雪胜景以及遍及全省的以亚布力、二龙山等为代表的近百家滑雪场，令游人乐在其间。哈尔滨冰雪节、哈尔滨之夏音乐会、黑龙江火山旅游节暨五大连池饮水节、黑龙江五花山观赏节等20余个节庆活动素负盛名。

黑龙江已形成以哈尔滨为中心的"O"型旅游带，向东部牡丹江、东北部佳木斯、北部伊春、黑河、大兴安岭和西部大庆、齐齐哈尔辐射的"K"型旅游线，以及中俄界江"L"型旅游线。其旅游格局可概况为"一个中心四条线"，"一个中心"指哈尔滨市（欧式街景、太阳岛、冰灯展等）；"四条线"分别为哈尔滨—五大连池—瑷珲古城—黑河线，哈尔滨—牡丹江—绥芬河线（镜泊湖、渤海国遗址、威虎山影视城等），松花江沿线，齐齐哈尔青松猎场。

2. 吉林旅游亚区

吉林省，简称"吉"，位于中国东北地区的中部，面积约18万平方公里，东与俄罗斯接壤，东南以图们江、鸭绿江为界与朝鲜相望，边境线长1400多公里。地势东南高西北低，山地、丘陵约占总面积的60%，长白山脉纵贯其东部，西部是松辽平原，银带似的松花江从东向西穿过，又称"白山松水"。盛产玉米、大豆、水稻等，是中国最大的商品粮基地之一，也是著名的"三宝之乡"，关东"三宝"即人参、貂皮、鹿茸角，主要产于该省。

冬季山地积雪厚度可达40～50厘米，平原为20厘米左右，极适合开展滑雪旅游活动，是新中国滑雪运动的摇篮。1957年2月，新中国第一次全国滑雪运动会就在吉林省通化市举行，此后吉林承办了数十次全国冬季滑雪竞赛活动。吉林省目前已有吉林北大湖滑雪场、松花湖滑雪场、长白山高原冰雪训练基地、通化金厂滑雪场和长春净月潭滑雪场等标准竞技滑雪场，还建有一些设施良好、场地优良的旅游戏雪场，以供初学者和戏雪者游玩。此外，"江城"吉林的雾凇奇观引得游人如潮。

吉林是满清入关前的主要活动地，也是历史上北方一些少数民族的发祥地。保存着世界上最多的高句丽文物古迹的"北国小江南"古城集安，清代慈禧太后的祖籍地四平叶赫古城，长春的"伪满皇宫"及"八大部"遗址，以及吉林的文庙、敦化的"渤海古国"遗址等，无一不在向世界展示着吉林的独特风韵。长春电影节、吉林雾凇冰雪节、吉林北山庙会、延边朝鲜族民俗节、长白山森林旅游节、关东热闹节、集安高句丽文化旅游节、查干湖冰雪捕鱼旅游节、通化人参节和龙井苹果梨节等节事活动，以及东北"二人转"、大秧歌等，引人瞩目。

吉林省的冰雪旅游、边境旅游、民俗旅游等专项旅游活动多姿多彩，旅游发展格局呈现出长春、吉林、长白山三足鼎立，形成以长白山生态旅游区为龙头，长春净月潭旅游区、吉林松花湖旅游区、吉林北大湖滑雪场以及通榆向海草原湿地旅游区等辐射全省的旅游网络体系，巍峨长白山的松涛和温泉、静若处子的松花湖、迤逦的鸭绿江等极具吸引力。主要旅游线路有长春—吉林—松花湖—长白山—延边、珲春—图们江—鸭绿江—集安的三国边境游等。

3. 辽宁旅游亚区

辽宁省，简称"辽"，位于中国东北地区南部，东南隔鸭绿江与朝鲜为邻，南临黄海、渤海，有绵延 2100 多公里的海岸线，总面积约 15 万平方公里。自秦始皇统一中国至清朝末年，辽宁一直是中国东北地区的政治、经济、军事中心，也是中国的重工业基地。作为清王朝和满族发祥地之一，保存至今的满清历史文物遗迹众多，有沈阳故宫、清永陵、清福陵、清昭陵和抚顺赫图阿拉城、辽阳东京城、辽阳壁画墓群等。

辽宁兼有山海之胜，自然风光秀丽，名胜古迹众多。大连、丹东、营口、锦州、葫芦岛和兴城等海滨城市秀美多姿；千山、凤凰山、医巫闾山并称辽宁"三大名山"；岩溶地貌分布虽不广，但发育典型，本溪的水洞、旱洞景色瑰丽；大连金石滩、蛇岛、鸟岛、沈阳响山怪坡等不但具有美学观赏价值，还有较高的科学考察价值。境内温泉分布广泛，以兴城温泉、丹东五龙背温泉、营口熊岳温泉、鞍山汤岗子温泉、千山温泉等 50 多处温泉最为著名。

近年来，辽宁已建成沈阳棋盘山冰雪大世界、东北亚滑雪场、葫芦岛龙湾海滨滑雪场、弓长岭滑雪场等，冬季旅游尤以"滑冰雪、泡温泉、过大年"三大亮点吸引各地游客。沈阳国际冰雪旅游节、大连国际服装节、赏槐会、长海国际钓鱼节，鞍山千山国际旅游节，抚顺满族风情节，本溪枫叶节，锦州国际民间艺术节，盘锦红海滩观赏会，丹东鸭绿江国际旅游节等活动丰富多彩；东北"二人转"、满族歌舞、曲艺芭蕾等独具地方特色。

辽宁旅游发展格局可概括为"三大旅游区"：辽宁中部旅游区，以沈阳为中心，包括鞍山、抚顺、本溪、营口、辽阳、铁岭，并形成沈阳世博园—棋盘山—抚顺皇家海洋极地馆休闲观光带；辽东半岛旅游区，以大连为龙头，丹东、营口为两翼，海滨度假旅游、边境旅游、民俗风情旅游极具吸引力；辽西走廊旅游区，以锦州、葫芦岛、盘锦为前沿，阜新、朝阳为腹地，以文化古迹和山海风光走廊为特色。

第三节 中原旅游大区

包括山东省、山西省、陕西省、河南省。位于黄河中下游地区，是中华民族发祥地之一。相传远古时代的黄帝、炎帝、少昊均建都于此，从仰韶文化、半坡遗址、商殷墟到抗战时期的行都，在中华民族有迹可寻的4000多年历史长河中，几乎有3000年是在该区建都。作为千百年来汉民族的活动中心，华夏古文明遗迹遍布。这里的民俗民风同出一源，无一不是中华文化的生动体现，仔细考察各地风土人情、城街巷陌，会发现有许多共同之处。

一、区域旅游特色

1. 历史古都

黄河流域是"华夏文明的摇篮"，在相当长的历史时期内，一直是中国政治、经济、文化中心，中国历史上著名的七大古都，该区有4个，即西安、洛阳、开封、安阳。西安，古称"长安"，曾是辉煌千年的"丝绸之路"的起点，西周、秦、汉、隋、唐等王朝均建都于此；洛阳，有"九朝古都"之称，曾是东周、曹魏、西晋、后梁等朝代的都城；开封，古称"汴梁"，战国时期的魏国，五代时期的后梁、后晋、后汉、后周，以及北宋、金等朝代在此建都。虽然古都昔日的繁华大多已遭到破坏和焚毁，但仍留下众多遗址与遗迹供今人观赏与追忆。

该区留存的帝王陵墓引人注目。如西汉武帝刘彻的茂陵，位于陕西兴平城东15公里，平顶方锥形，陵高46.5米，陵底四周各长230余米，全部用土夯筑而成，四周还有卫青、霍去病等功臣勋戚的陪葬墓。黄帝衣冠冢相传在今陕西黄陵县北桥山，秦始皇陵位于陕西临潼骊山，西安一带有西汉十二陵、唐十八陵等陵墓群，宋陵分布于开封西边巩义境内。

2. 中原文化

华夏文明，博大精深，中原文化，底蕴深厚，该区尤以丰富的历史古迹景观著称，区内与现代文明交相辉映的是关中秦汉唐文化，山东齐鲁文化，河南的殷商文化、宋文化、易经文化，山西的三晋文化（特别是关羽文化）等古老传统文化瑰宝。古人类遗址、帝都宫苑、园林建筑、宝刹古寺、石窟碑碣、名人故居、革命文物等遍及各地。由于该区一直是汉民族的政治中心，在封建帝王统治者长期"崇儒重教"的影响之下，建造了众多各具特色的庙宇寺观：河南洛阳白马寺、嵩山少林寺、山西五台山南禅寺、大同华严寺、恒山悬空寺，陕西宝鸡法门寺，以及山西大同云冈石窟、河南洛阳龙门石窟等极具特色。

儒家思想对中国社会影响深远。山东曲阜是"儒家鼻祖"孔子的故乡，以"东方圣城"受到世人瞩目，"三孔"（孔庙、孔府、孔林）饮誉全球，也是儒学"亚圣"孟子的出生之地。据记载，孔子死后次年（公元前478年），鲁哀公将其3间故宅改建为庙，"岁时奉祀"，后代帝王对孔子不断加封，直至追封"大成至圣文宣王"，尊为"至圣先师"。曲阜孔庙先后进行了61次重修和扩建，规模仅次于北京故宫，其大成殿足以与北京故宫太和殿相媲美，廊下环立28根雕龙石柱，每根高6米，直径0.8米，均系整石雕刻，殿前檐下10根深浮雕龙柱造型尤其精美，阳光下只见祥云缭绕、蛟龙翻飞而不见石柱，连"金銮殿"（太和殿）龙柱也相形见绌。

3. 黄河风情

黄河长5464公里，宛若一条黄色巨龙奔腾横亘在中原大地上，孕育了灿烂的华夏文化。沿黄河游览，在黄河岸边观赏雄浑壮观的"长河落日"景色，在壶口瀑布、三门峡水电站、黄河小浪底工程等处领略"中华民族的母亲河"磅礴气势和碧波荡漾的峡谷平湖胜景，更有因泥沙淤积使河床高出地面14米的开封"地上悬河"奇观，还能饱览沿途众多名胜古迹，体察独特的中原民俗，探究华夏民族之源。如三门峡市郊建筑形式独特的窑洞民居和市西70公里处的函谷关、藏有万枝箭的秦时储箭井、老子写《道德经》的太楚宫等均是黄河文化游的亮点。近年推出有惊无险的"黄河漂流"旅游项目，被誉为"充满野趣和史诗般的辉煌"。

黄河之水自东营流入渤海，在河与海的交汇之处形成一条黄、蓝分明的水位线，恰似两匹绚丽的绸缎在此打上一个同心结，蔚为壮观。宽阔坦荡的黄河三角洲，融湿地、河口、草场和海滩为一体，有野生植物100多种、鸟类180多种，国内罕见的天然柳林8000多公顷、人工槐林5000多公顷、天然芦苇几十万亩，每年在此驻足流连的珍禽丹顶鹤、白头鹤、大天鹅等成千上万，被誉为"地球温带地区最广阔、最年轻、最完整的濒海湿地生态系统"。

4. 古文化遗址

自河南安阳发现殷商遗址以来，中原地区不断发掘出大批历代以及史前时期古人类文化遗址、遗迹和珍贵文物。陕西沣河东岸丰镐遗址、蓝田猿人遗址、秦咸阳宫一号遗址、西安半坡遗址、汉唐长安都城城墙和城门以及部分宫殿遗址、遗迹，山西襄汾的丁村文化遗址、武乡的牛鼻子湾文化遗址、蒲县的薛关文化遗址，河南偃师二里头遗址、郑州裴李岗文化遗址、大河村遗址以及渑池仰韶文化遗址，山东大汶口文化、龙山文化遗址等，有很多仍保持着原始状态，为研究华夏文明的起源、发展以及中国历史提供了大量宝贵的实物资料，同时也为后人了解先民生活开辟了一个窗口。

如位于西安东郊 7 公里处的半坡遗址，据考证为新石器时代母系氏族村落遗址，布局严整，中心是一座 160 平方米的大屋，四周环绕许多小屋，其门皆朝大房屋而设，反映出团结向心的氏族精神。村东部是制陶区，北部是墓葬区，村庄外围还有一条长 300 余米的壕沟，用以防止野兽侵袭。大汶口文化遗址，位于泰安城南 25 公里处的大汶河畔，1959 年首次发掘，经考证为新石器时代晚期遗存，出土文物约 1000 件，有造型美观的背壶、钵型鼎、镂孔豆、高柄杯，以及磨制精细的生产工具石斧、石锛、石铲、石凿、骨器等。

5. 山岳风景

晋、陕境内由第四纪黄土和黄土冲积物组成的黄土景观，有着粗犷豪放的黄土塬、梁、峁，独具地方特色的黄土窑洞，当节奏欢快、音色铿锵、气势恢宏的山西"威风锣鼓"敲响之时，扑面而来的是一派质朴的黄土高原风情。该区不仅山多，且多名山，"五岳"占其四，有"东岳"泰山、"西岳"华山、"北岳"恒山、"中岳"嵩山，"五岳归来不看山"是对"五岳"之美最精炼的概况，泰山之"雄"、华山之"险"、嵩山少林拳术闻名华夏。山西五台山，陕西骊山、终南山，河南鸡公山等，众多山岳景观吸引游人无数。以山东省为例，境内不仅有泰山、崂山、梁山、蒙山、鲁山、昆嵛山、圣经山等名山，鲁东南部山区的许多"崮子"（由流水侵蚀形成的桌状山），素称"沂蒙七十二崮"，孟良崮、抱犊崮、龙须崮、摩云崮、纪王崮、狮子崮等，不仅是革命老区，且风光十分秀丽，陈毅曾有诗"一片好风光，七十二崮堪爱"赞美之。

二、旅游分区

1. 山东旅游亚区

山东省，简称"鲁"，地处华北平原东部，黄河下游，太行山以东，濒临渤海、黄海，与朝鲜半岛、日本列岛隔海相望，是中华文明的发祥地之一，为春秋战国时的"齐鲁之邦"、"孔孟（孔子、孟子）家乡"，总面积约 15 万平方公里，东部曲折的海岸线绵延3000多公里,港湾和岛屿众多,滨海的青岛、烟台、威海等均是繁华的商业城市,每年都有很多大型商贸活动在此举行,现代城市风貌引人注目。

作为中国的农业大省,山东物产丰富,乐陵的百万亩枣林、历城的万亩梨花、肥城的万亩桃园、济南市郊的万亩梨园等规模化农业自成佳景,菏泽牡丹、枣庄万亩石榴园、微山湖十万亩荷花等更是饮誉中外。曲阜孔子文化节、泰山登山节、青岛啤酒节、潍坊国际风筝节、菏泽牡丹花会、淄博元宵灯会、蓬莱渔灯节、荣成渔民节、微山湖荷花节、莱阳梨花节、济南泉水文化周、孔子诞辰故里游、徐福东渡游等一系列丰富多彩的活动,令人游兴倍增。

山东之旅,"一山一水一圣人"(泰山、海滨、孔子)最令人陶醉。泰山从这里崛起,孔子在这里诞生,中华民族的"母亲河"黄河流经山东610公里,并从这里汇入渤海。"五岳独尊"的泰山,"万世师表"的孔孟故里,以及"泉城"济南、"齐国故都"淄博、"风筝故乡"潍坊、"人间仙境"蓬莱、"道教圣地"崂山、梁山水泊遗址、德州苏禄王墓等,均以丰富的文物古迹遗址著称,"滨海明珠"青岛、烟台和威海的旖旎风光,多不胜举。

山东旅游呈现"两大片"和"一条线"格局。"山水圣人旅游区",以曲阜、泰山、济南、邹城、聊城等为主体;"海滨旅游区",以胶东半岛的青岛、烟台、威海、蓬莱、荣成、乳山、日照、东营、滨州等大小海滨城市为主,气候宜人,风光旖旎,为旅游度假疗养胜地;"一条线"为潍坊到淄博的"千里民俗旅游线",潍坊风筝、杨家埠木板年画、梁山水泊遗址、菏泽牡丹等各具风采。以淄博的"齐国故都"、东周殉马坑、蒲松龄故居为主的"齐文化"旅游区,以水浒故事为主线的"水浒"旅游线等,也颇具特色。

2. 河南旅游亚区

河南省,简称"豫",位于黄河中下游,总面积16万多平方公里,因大部分地区位于黄河之南而得名。古属豫州,居于九州之中,向有"中州"、"中原"之称,是华夏文明和中华民族的发祥地之一。遥远的原始社会时期,中华民族的先祖就在这里繁衍生息,已在陕县发现60万年前猿人打制的石器、安阳小南海发现距今2万年前后人类居住的洞穴等,还发现了距今10000年至4000年前的"裴李岗文化"、"仰韶文化"等先民的居住遗址,出土大量建筑遗迹和各种生产工具,以及众多的雕塑、绘画、装饰艺术品等。

河南旅游资源以"古"著称,文物数量位居全国前列,从夏到北宋3000多年的历史中,一直是古代中国的政治、经济、文化中心,先后有20多个朝代建都于此,中国七大古都中河南就有3座,即洛阳、开封、安阳。同时,河南也是中国历史上战争和灾难最集中的一个地区,大批河南人为了逃避战乱而迁往异域他乡，因而也使得河南成为很多中国人的祖居之地。漫漫历史长河为河南留下殷墟、洛阳龙门石窟和白马寺、嵩山少林寺、开封相国寺等大批历史文化景观，形成河南旅游独特的风景线。

河南旅游发展格局开始向"两轴五区一中心"扩展："两轴"即以京广/京珠线、陇海/黄河线为纵横轴的旅游发展轴线，"五区"指中岳嵩山、南太行山、大伏牛山、桐柏—大别山四大山水旅游区（观光和休闲度假）和"郑—洛—安—汴—许"中原古都文化旅游区，"一中心"为郑州。嵩山少林武功、洛阳牡丹、陈氏太极拳、豫剧、河南坠子等名扬中外，洛阳牡丹花会、嵩山少林武术节、三门峡黄河旅游节、安阳殷商文化节、信阳茶叶节以及"中华古文明游"、"寻姓氏之根游"等旅游节庆活动丰富多彩。

3. 山西旅游亚区

山西省，简称"晋"，位于黄土高原东部，介于太行山与黄河中游峡谷之间，面积 15 万多平方公里，历史悠久，文化灿烂，是中华民族发祥地之一，远古传说中的炎帝、尧、舜、禹都曾活动并建都立业于此，中国历史上第一个奴隶制国家夏朝也建于山西。境内山河壮丽，有太行山、恒山、五台山、吕梁山、天龙山、北武当山、芦芽山、历山、管涔山、五老峰等纵横，或险峻，或幽雅，或秀美。源于群山中的河流约 40 条，有汾河、漳河、桑干河、沁河等，加之晋陕交界与晋豫交界处有中华民族"母亲河"黄河流过，自古有"表里河山"之喻，意指"外面有河、里面有山"。

山西境内现存大量古寺庙、雕塑、壁画、石窟、古塔、古城、古民居等，保存至今的不可移动文物多达 3.5 万余处，宋金以前的地面木构建筑占全国遗存量的 70%以上，素有"中国古代艺术博物馆"的美誉。著名古迹有云冈石窟、天龙山石窟，五台山的南禅寺、佛光寺（唐代木结构建筑），应县木塔（全国最高木结构佛塔），芮城永乐宫壁画（全国现存最大、画工精细、内容最丰富的元代壁画），解州关帝庙（全国规模最大武庙）等。大同的华严寺、太原晋祠、洪洞的广胜寺、平遥的镇国寺、永济的普救寺、临汾的尧庙、恒山悬空寺等在建筑、彩塑、壁画方面各具特色。

山西之旅，可以朝"五台"、攀"北岳"、游云冈，去平遥访古，到洪洞寻根，或登雁门关、平型关、娘子关赏长城胜迹，或在壶口瀑布边倾听黄河咆哮之声……黎城太行山革命根据地民俗风情游、晋商文化游、平遥国际摄影节、太原山西国际面食节、大同云冈文化旅游节以及在壶口瀑布的黄河沿岸绿化母亲河——世纪之林植树活动等，吸引游人无数。山西的刀削面、老陈醋、杏花村汾酒等享誉华夏；山西的威风锣鼓，节奏欢快，音色铿锵，声震数十里。

山西旅游发展空间布局趋向两个中心城市（太原、大同），三条旅游经济带（大运旅游经济带、太行旅游经济带、黄河旅游经济带），六条精品旅游线路（佛教古建筑游线，以五台山、云冈石窟为龙头；晋商民俗游线，以平遥古城、太原晋祠、绵山为龙头；寻根觅祖游线，围绕"黄河魂、中华根"，有黄河壶口瀑布、洪洞大槐树、关帝庙、尧庙等；太行山水游线，以"太行山水、中华脊梁"为主题；黄河文明游线，以"黄河风光、黄土风情"为主题；红色经典游线，有太行红色游线、吕梁红色游线）。

4. 陕西旅游亚区

陕西省，简称"陕"或"秦"，地处黄河中游，南北长、东西窄，总面积20.5万平方公里，是华夏文明的发祥地之一。早在100万年前蓝田人就已在这里繁衍生息，"秦中自古帝王都"，自3000年前周代开始，历史上先后有多个王朝定都于此，历史悠久，文物古迹荟萃，有秦始皇陵、汉阳陵、唐昭陵和乾陵等大型帝王陵墓72座，各类古建筑700多处，位居全国之冠，有"天然历史博物馆"之称。

陕西地势总特点是南北高、中部低，从北至南可分为陕北高原、关中平原、秦巴山地三大自然区。陕北地处黄土高原（海拔800～1300米）之上，广布黄土塬、梁、峁和丘陵、沟川地等，此种特殊地貌使地表千沟万壑，更显雄浑壮丽，有一番别样美感。穿行于近代中国革命根据地之一的陕北延安地区，扑面而来的是浓郁的黄河风情与黄土文化，独具地方特色的黄土窑洞，有着返朴归真的自然魅力，极具观赏性。境内的秦岭为黄河和长江的分水岭之一，也是中国地理上南、北方的重要分界线。

旅游景观有被誉为"世界第八大奇迹"的秦始皇陵兵马俑、灵秀险峻的"西岳"华山、出土佛骨和大批唐代皇室用具的法门寺、人文初祖黄帝的陵园，还挖掘出距今6000年历史的母系氏族村落遗址——半坡遗址等。高亢豪放的秦腔、激昂的锣鼓、皮影戏、精湛的陕北剪纸和极富生活气息的农民画等，十分引人注目。安塞腰鼓，以动作豪迈粗犷、舞姿刚劲奔放、鼓声扣人心弦，号称"天下第一鼓"。西安古文化艺术节、临潼石榴节、咸阳国际医药保健节、汉中武侯祠春节文化庙会、"延安过大年"秧歌节，以及"黄陵祭祖游"等节事活动丰富多彩。

陕西旅游发展可概括为"一个中心、六大旅游区"。"一个中心"指西安市，以西安古城墙、钟鼓楼、大小雁塔最吸引游人。"六大旅游区"分别指以秦风、唐韵为主题形象的临潼旅游区，有秦始皇陵及兵马俑博物馆、华清池及周至唐离宫遗址；全国红色旅游首选目的地延安旅游区，以延安革命旧址、延安革命纪念馆、宝塔山、清凉山为主；"天下第一险山"、"西岳"华山旅游区；佛文化旅游目的地法门寺旅游区；国家公园秦岭生态旅游区；国家历史文化名城韩城旅游区。

第四节　北疆旅游大区

包括内蒙古自治区。地处中国北部边疆，大部分属地势高而平坦的蒙古高原（海拔约 1000 米以上），为蒙古族的主要聚居区。冬季漫长严寒，夏季短促凉爽，植被以草原草甸为主，是中国主要牧区之一。就旅游而言，每年 6～9 月为气候最好的季节，尤以坦荡的高原风光、绚丽的草原景观、马背上热情豪放的蒙古民族风情著称。

一、区域旅游特色

1. 草原景观

除了大兴安岭和大青山山脉外，境内分布着广袤的外貌华丽、季相变化显著的温带草原。在零星散落的蒙古包的映衬下，"蓝蓝的天上白云飘，白云下面马儿跑"，一望无际的呼伦贝尔大草原、锡林郭勒草原、希拉穆仁草原上，水草丰美，牛羊成群，"天苍苍，野茫茫，风吹草低见牛羊"的草原景观，辽阔而壮美。在绿草如茵的草原上骑马，参加草原篝火晚会以及传统的祭敖包活动，观草原日出、日落，赏草原夜景，访问牧民家庭，住蒙古包，品尝草原风味食品，跟着草原牧民一起放牧，煮手扒肉、熬奶茶，参加赛马、乘驼、射箭、摔跤、乘勒勒车等娱乐活动，观赏民族歌舞表演，体验马背上粗犷豪放的草原民族风情，是草原旅游的主要内容。

2. 蒙族风情

该区是中国古代北方少数民族生息繁衍的摇篮和主要活动舞台，特别是蒙古族的主要聚居地。蒙古族以游牧为生，逐水草而迁徙，他们的一生是半在帐篷、半在马背上度过的，因而形成了剽悍的性格和强壮的体魄，善骑射、摔跤、歌舞，有"马背上的民族"的称号。至今保留着许多民族独有的传统民俗，男女皆着肥大长袍，居住在圆壁伞顶用木架厚毡制成的蒙古包中，他们热情好客，以奶茶、烤全羊、手扒羊肉、马奶酒、奶皮子、奶酪、炒米和民族歌舞等盛情款待客人，若是贵客还敬献洁白的哈达。当熊熊篝火燃起，熠熠的灯火在蒙古包中闪烁时，悠扬的马头琴声划破夜空，浓郁蒙族风情荡漾在草原上……

蒙古族的盛会"那达慕"，蒙古语意"娱乐、游戏"。"那达慕"大会是蒙古族传统的群众性集会，多在水草丰茂、牛羊肥壮的 7～8 月举行，主要活动为歌舞娱乐以及摔跤、射箭、赛马等竞技比赛项目，场面隆重，气氛热烈。

二、内蒙旅游亚区

内蒙古自治区，位于蒙古高原东南部，总面积 118.3 万平方公里，是中国北疆一块神奇壮丽的土地，北部、东北部分别和蒙古、俄罗斯接壤，国境线长 4200 多公里，居住着蒙古、汉、鄂温克、回、藏等民族，其中蒙古族约占全国蒙古族总人口的 70%。境内地势高而平坦，东起茫茫的兴安岭，西至阿拉善戈壁，东西蜿蜒 2400 多公里，当太阳从东方升起时，需要 2 个多小时才能照遍整个内蒙古大地，为中国跨经度最大的省区。

内蒙古是中国重要的草原牧区，马、骆驼、绵羊头数位居全国前列，呼伦贝尔大草原与锡林郭勒、希拉穆仁、科尔沁、鄂尔多斯等草原都是感受草原风光的极好去处。境内与草原并存的还有大面积的沙漠戈壁，如巴丹吉林沙漠、腾格里沙漠、库布齐沙漠的响沙湾等。如血夕阳下，青白色的蒙古包茕茕孑立，一群雄壮的"沙漠之舟"骆驼次第排成长队闲步于戈壁荒滩，渐行渐远成落日中一抹流动的剪影，塞外"大漠驼铃"的画面，令人心醉。额济纳的胡杨林、阿斯哈图冰石林、阿尔山的林海、浩瀚的呼伦湖等，别有韵味。

内蒙古，"一代天骄"成吉思汗的故乡，辽阔的草原风光、浩瀚的沙漠戈壁、浓郁的民族风情和边境旅游最具特色。遨游大草原，夜宿蒙古包，祭敖包及"那达慕"大会让人乐而忘返，体验草原游牧民生活，是内蒙古旅游不可或缺的项目。响沙湾的《鄂尔多斯婚礼》、成吉思汗陵的《圣帝古韵》，都已成为草原上知名的旅游品牌。"那达慕"、蒙古族服装服饰节、昭君文化节、红山文化节、河套文化节、科尔沁马文化节等旅游节庆活动的推出，更增强了内蒙古旅游的吸引力。

内蒙古旅游发展格局可概况为"四大旅游区"：呼伦贝尔—兴安旅游区，包括呼伦贝尔市、满洲里市，以及兴安盟部分地域；锡林郭勒—赤峰旅游区，包括锡林郭勒盟、赤峰市、通辽市、兴安盟南部；呼和浩特—包头—鄂尔多斯旅游区，包括呼和浩特、包头、鄂尔多斯三市，以及乌兰察布和巴彦淖尔，以呼和浩特、包头、鄂尔多斯三市所形成的旅游环线为核心区域，是中国北方地区最具特色和吸引力的草原风情、沙漠娱乐、民族文化、古迹探访旅游地；阿拉善—乌海旅游区，包括阿拉善盟和乌海市。

第五节　西北旅游大区

包括甘肃省、宁夏回族自治区、新疆维吾尔自治区。古老的"丝绸之路"横穿该区，沿途留下众多的石窟、古城、古墓遗址。由于地处中国西北内陆地区，远离海洋，气候干燥，自然景观以荒漠、半荒漠为主，高山与盆地、沙漠与绿洲、雪山冰川和森林草原同生共长，沙漠中的"海市蜃楼"、神奇莫测的响沙、罗布泊洼地的雅丹地貌、准噶尔盆地的恐龙和硅化木化石、静静伫立沙漠中的胡杨林、幻如魔境的沙漠日出和晚霞、吐鲁番的火焰山、天山的天池等自然奇观，对游客有着极强的吸引力，是开展沙漠科考、高山探险等的理想之地。

一、区域旅游特色

1. 大漠·绿洲

该区深居内陆，降水稀少，干燥多风，广布沙漠、戈壁。塔克拉玛干沙漠（中国第一大沙漠）、古尔班通古特沙漠、巴丹吉林沙漠、腾格里沙漠、毛乌素沙漠中新月形、穹状、蜂窝状、树枝状的沙丘连绵，构成了波涛起伏、浩瀚无垠的茫茫沙海，"大漠、落日、驼铃"，茫茫戈壁滩上一望千里的别样苍凉，令人感慨万千。沙漠地区风力活动十分活跃，形成别具特色的风蚀地貌，如新疆乌尔禾"风城"，正值风口，狂风刀刻斧凿般地雕琢出一个个状如城堡、楼阁、宫殿、塔等蚀余方山地形，高低起伏，极似一座古城废址，因经常狂风肆虐，怪声嘶哮，又称"魔鬼城"。

同时，由于高山融雪补给内流河，又形成局部地区的绿洲景象，即在广阔无垠的大沙漠上镶嵌了数座雄伟的雪山、丛林和许多生机勃勃的"绿洲城市"。"大漠、绿洲、雪山"相辉映，自然风貌粗犷壮丽，绿洲之上牛羊肥美，瓜果飘香。被称为"地下长城"的坎儿井，是干旱地区的地下水利灌溉工程，根据盆地的地理环境条件及水量蒸发特点，利用地面坡度引用地下水灌溉农田，长的可达 20 公里，短的仅 100 米左右，由明渠、暗渠、竖井和涝坝四个部分组成，竖井最深的在 90 米以上，是绿洲的生命之源。

2. 丝路探古

汉武帝时开辟的、古老的"丝绸之路"蜿蜒穿过该区，伴随着清脆的马蹄、悠远的驼铃，"丝绸之路"沿途留下数以百计的古城遗址、长城关隘、古墓葬、石窟古寺、古屯田遗址等。例如，武威罗什塔、海藏寺、西夏碑，张掖大佛寺、酒泉钟鼓楼，嘉峪关长城和汉代烽燧遗址，敦煌莫高窟，夏河拉卜楞寺，古城天水、麦积山石窟，哈密回王墓，吐鲁番的高昌古城、交河古城遗址、阿斯塔娜古墓群，拜城克孜尔千佛洞，喀什香妃墓、艾提尕清真寺，罗布泊附近的楼兰古城遗址等，宛如一部部壮丽而又优美的长诗，对探幽访古者极具魅力。

传统的丝路精华游线路为"西安—兰州—夏河—嘉峪关—敦煌—吐鲁番—乌鲁木齐"。嘉峪关长城及黑山石刻画像，敦煌莫高窟、阳关故址、玉门关故址，吐鲁番的交河故城、高昌故城、阿斯塔娜古墓群，罗布泊附近的楼兰古城遗址等，对探幽访古者极具魅力。丝路沿线的自然景观，奇特而壮丽，巴音布鲁克草原天鹅自然保护区、天山天池、罗布泊雅丹地貌、吐鲁番火焰山等，均为丝路增添了无穷魅力。

3. 石窟艺术

石窟寺是佛教徒苦修就山崖开凿而成的佛教寺庙。该区的石窟寺最具特色，甘肃敦煌莫高窟、酒泉榆林窟、天水麦积山石窟、永靖炳灵寺石窟，宁夏须弥山石窟，新疆吐鲁番柏孜克里克千佛洞、拜城克孜尔千佛洞、库车库木吐喇千佛洞等，均享誉中外。如与刘家峡水库相邻的永靖炳灵寺石窟，始凿于西秦建弘元年（420年），"炳灵"是藏语"十万佛"之意，现存窟龛183个，大小石雕佛像694尊，泥塑82尊，壁画900多平方米。1967年兴建刘家峡水库时，窟前建造了长200多米、高20多米的防水大坝，石窟与水库连成一体，使石窟更增风采。甘肃敦煌莫高窟是闻名世界的文化遗产，对后世的文学、雕塑、绘画等领域都产生过深远影响，现已形成一门专门的学科——敦煌学。

4. 民俗采风

该区也是中国少数民族聚居区之一，有维吾尔、哈萨克、回、蒙古、柯尔克孜、锡伯、塔吉克等少数民族，民族风情多姿多彩，各少数民族不分老幼，大多能歌善舞，热情好客，情之所至，载歌载舞，诙谐幽默，是中国最具特色的民俗风情旅游区之一。花园式的庭院，陈设华丽的帐篷，鲜艳的民族服饰，丰富的民间工艺品和娱乐活动，风味饮食如手抓羊肉、烤全羊等，都带有鲜明的民族特色，浓郁的民族风土人情，吸引着世界各地的旅游者，如甘南地区的拉卜楞寺，每年举办7次规模较大的宗教法会，其中以正月毛兰姆法会和七月说法会最著名。内容丰富、场面壮观的毛兰姆法会（毛兰姆在藏语中为"祈祷"之意，毛兰姆法会又称"祈祷大会"或"祝愿法会"），寺僧考试、辩经、诵经、法舞、藏戏表演、正月十三的"晒大佛"等活动引人注目。

5. 垂直景观

自然景观特征鲜明、对比强烈是该区一大特征，高山与盆地、沙漠戈壁与绿洲、雪山冰川和森林草原同生共长，如大漠金沙、黄土丘陵和水乡绿稻这些截然相反的景色，在宁夏银川巧妙地融合成"塞上江南"的绚烂景观。新疆境内既有被称为"死亡之海"的塔克拉玛干沙漠，也有享有"塞外江南"、"苹果之乡"美誉的伊犁谷地；不仅有世界第二高峰乔戈里峰（8611米），也有世界第二洼地吐鲁番盆地"月光湖"艾丁湖（-154米），一高一低相差达8765米。该区多高山，阿尔泰山、喀喇昆仑山、昆仑山、阿尔金山等峰峦耸峙，海拔8000米以上的高峰有4座（全世界共有14座），海拔7000米以上的高峰有20多座。浩瀚无垠的沙漠、戈壁，坦荡的草原，茂密的森林，白雪皑皑的高山峻岭，构成了层次分明且富于变化的垂直自然景观带，"一山有四季，十里不同天"，山麓天然牧场风景优美，山腰森林密布，雪峰上的冰川又是探险、科考的理想之地。

二、旅游分区

1. 甘肃旅游亚区

甘肃省，简称"甘"或"陇"，位于黄河中上游，取甘州（今张掖）和肃州（今酒泉）两地首字命名，面积42.5万平方公里，省境轮廓狭长，横跨黄土高原、青藏高原、内蒙古高原交汇处，平均海拔在1000米以上。连绵不绝的祁连山雪峰，雄浑淳朴的黄土高原，气势磅礴的黄河，以及水草丰美的甘南草原、洁白莹润的冰川、奇异的雅丹地貌、驼铃悠扬的戈壁沙漠、黄河水车和羊皮筏与现代化的刘家峡水电站、酒泉卫星发射基地等，组成绚丽的甘肃风光立体图画。

古老的"丝绸之路"在甘肃境内蜿蜒1600余公里，除丝路文化和黄河文化外，甘肃也是"唐蕃古道"的必经之地，还是中国彩陶文化和农耕文明的发祥地。华夏人文始祖伏羲氏曾在这里推八卦、授渔猎，开创人类文明之先河；秦、汉、明朝的长城均起始于甘肃，这里也是三国时代的古战场。境内古迹众多，有堪称"世界石窟壁画艺术宝库"的敦煌莫高窟，以泥塑著称于世的天水麦积山石窟，万里长城的最西端嘉峪关，武威罗什塔、海藏寺、西夏碑，张掖大佛寺，酒泉钟鼓楼，夏河拉卜楞寺，崆峒山道观等，宛若大西北地区的一颗颗明珠。

甘肃旅游以自然风光、丝路寻踪、艺术朝圣和民族风情为特色，近年还推出了滑翔机、热气球飞行、狩猎、羊皮筏漂流等特色旅游项目。作为一个汉、回、藏、裕固、保安、东乡等多民族聚居区，这里有丰富的宗教传统、民间文化和浓郁的民族风情，衍生出了许多独特的宗教节日和民间节庆活动，如天水伏羲文化节、嘉峪关滑翔节、兰州中国丝绸之路节、平凉崆峒旅游节、甘南香巴拉旅游节、武威天马旅游节、敦煌百年·黄河风情旅游节等，拉卜楞寺"毛兰姆"法会以及晒佛辩经活动期间，朝拜者和游览者络绎不绝。

甘肃省旅游发展格局可概括为"一个中心、三大旅游区、七个景区群和X构架"，即以兰州为中心，古丝绸之路与黄河干道交汇而成的"X"型构架内，西、中、东三大区联动，七个景区群协调发展。"三大旅游区"指以敦煌为依托的西部旅游区、以兰州市为依托的中部旅游区、以天水市为依托的东部旅游区；"七个重点景区群"指敦煌、酒泉嘉峪关、张掖武威金昌、兰州白银定西、临夏甘南、天水陇南和平凉庆阳景区群。

2. 宁夏旅游亚区

宁夏回族自治区，简称"宁"，面积6.6万平方公里，是中国最大的回族聚居区，也是中国唯一的省级回族自治区。回民大多信仰伊斯兰教，在生活起居、饮食习惯、婚丧嫁娶等方面仍保留着浓郁的穆斯林风情。传统节日有开斋节、宰牲节（"古尔邦节"）、圣纪节等，区内大大小小 3000 多座清真寺前男女信徒一日五次礼拜，禁酒习俗和油香（油饼）、手抓羊肉等清真风味食品，以及高亢悠扬的"回族花儿"、悦耳动听的"口弦"等，均极具西北特色和回族风情，宁夏因此被誉为"中国的穆斯林之乡"。

由于地处草原与荒漠、黄土高原与内蒙古高原的过渡地带，宁夏自然条件复杂多样，自然景观壮丽多姿。有绵延不绝、峻峭的贺兰山、黄土高原上"绿色明珠"巍巍六盘山、奇妙的沙湖、浩瀚无垠的腾格里沙漠、绿野千里的广阔草原等，沙坡头则是治沙科考之胜地。"浊流滚滚天际阔"、"大漠孤烟直，长河落日圆"的九曲黄河，对宁夏经济发挥着重要作用，被誉为"塞上江南"的宁夏平原，引黄河水灌溉已有 2000 多年历史，现有 400 多万亩的河套灌区，鱼米飘香，物产丰饶，"天下黄河富宁夏（河套）"，是中国重要的商品粮基地。宁夏土特产以枸杞、甘草、贺兰石、滩羊裘皮、发菜最著名，誉称红、黄、蓝、白、黑"五宝"。

"丝绸之路"从宁夏境内蜿蜒穿过，曾是东西交通贸易的重要通道。公元 1038 年，党项族首领李元昊在此建立了西夏王国，并形成了独特的西夏文化，今仍留存着大量的西夏建筑及文化遗迹，如有"东方金字塔"之称的西夏王陵、有"游牧民族艺术画廊"之称的贺兰山岩画、古老恢宏的南关清真大寺、中国最大的喇嘛式建筑群青铜峡 108 塔、须弥山石窟等，丰富的历史遗迹使宁夏成为中国最富魅力的地方之一。

"大漠、黄河、西夏、回乡"，宁夏旅游以古老的黄河文化、迷人的大漠风光、神秘的西夏王朝、多彩的穆斯林风情、奇特诱人的塞上水乡风光和六盘山生态游等吸引游人。宁夏旅游发展格局可以概括为"一圈两区"："一圈"即指大银川旅游圈，包括沙湖旅游区、西夏陵旅游区、金水旅游区、青铜峡旅游区等；"两区"即指沙坡头、六盘山两大旅游区。主要旅游节庆有摩托车旅游节、大漠·黄河旅游节、六盘山赏花文化旅游节、沙湖沙雕大赛、绿色农垦旅游文化节等。

3. 新疆旅游亚区

新疆维吾尔自治区，简称"新"，地处中国西北边疆，亚欧大陆腹地，东北隔阿尔泰山与蒙古、俄罗斯为邻，西与哈萨克斯坦、吉尔吉斯斯坦、塔吉克斯坦、阿富汗、巴基斯坦、印度等国接壤，边境线绵延 5600 公里，约占全国陆地边境总长的 1/4。雄奇的天山横贯新疆中部，为新疆的象征，习惯上将天山以南地区称南疆，天山以北地区称北疆，哈密、吐鲁番盆地为东疆。全区面积 166 万多平方公里，是中国面积最大的省区，占全国总面积的 1/6 强，地广人稀，也是维吾尔、哈萨克、回、蒙古等少数民族的聚居区之一，其中维吾尔族约占全区总人口的 43%

（占全国维吾尔族人口的 99.4%）。

新疆的地形可概括为"三山夹两盆"（阿尔泰山、天山、昆仑山和准噶尔盆地、塔里木盆地），冰峰与火洲共存，瀚海与绿洲为邻，自然景观奇特，风光壮美。由于深居内陆地区，远离海洋，极端干旱的大陆性气候，造就了中国第一大沙漠塔克拉玛干沙漠（面积 33.76 万平方公里）和第二大沙漠古尔班通古特沙漠（面积 4.8 万平方公里）独特的沙漠景观，游人还可以观赏举世闻名的雅丹地貌以及沙漠中的"海市蜃楼"奇观。因干旱、少雨，农田靠引水灌溉，吐鲁番、哈密一带以坎儿井灌溉著称。新疆还是久负盛名的"瓜果之乡"，"吐鲁番的葡萄哈密的瓜，库尔勒的香梨人人夸，叶城的石榴顶呱呱"，一年四季瓜果飘香不断。

新疆在中国历史上曾被称作"西域"，意为中国的西部疆域，历史悠久，文化灿烂，是昔日繁华的古"丝绸之路"要冲。新疆"丝绸之路"魅力有四：一是沿线瑰丽奇特的自然风光，包括热浪扑面的火焰山、终年不化的一号冰川、恬静秀美的天山天池；二是内涵丰富的历史遗迹，包括千佛洞壁画奇观、令人神往的交河故城和高昌故城、粗犷雄浑的苏公塔；三是享誉海内外的人工奇迹，包括"葡萄王国"吐鲁番葡萄沟、全长约 5000 公里的坎儿井；四是多姿多彩、诱人的民族风情，常可看见兄弟民族热烈奔放、载歌载舞的场面，也使得新疆成为著名的"歌舞之乡"。

新疆旅游已形成以"丝绸之路"为主线，两大世界级精品旅游区、四大名牌景区、五大重点旅游区的旅游发展格局。两大精品即以喀纳斯、那拉提为核心的自然生态游，以喀什、吐鲁番为重点的"丝绸之路"文化旅游；四大名牌景区指天池自然风光旅游区、乌鲁木齐南山生态与滑雪旅游区、昌吉乡村旅游区、赛里木湖高山湖泊旅游区；五大重点旅游区指伊犁河谷草原文化旅游区、阿克苏龟兹文化旅游区、巴州大漠生态与特种旅游区、哈密丝路驿道文化旅游区、和田美玉之都旅游区。

第六节　江南旅游大区

包括江苏省、上海市、浙江省。位于长江下游入海口处，兼有"山"、"海"之胜，沿海多良港，也是中国经济开发程度最高、工商业最繁荣的地区之一，现代城市风光引人注目。该区开发历史悠久，"鱼米之乡"极富舟楫之利，这里是吴越文化的诞生地，也是一些封建王朝避难偏安之所，古文化遗存十分丰富。小桥流水、古镇小城、田园村舍，如诗如画；古典园林、曲径回廊，魅力无穷；吴侬软语、江南丝竹，吴、越风俗别有韵味。"江南好，风景旧曾谙；日出江花红胜火，春来江水绿如蓝。能不忆江南？"这首词总会把人们的思绪牵到风景如画的江南。随着"长三角旅游圈"轮廓的初显，该区正逐渐形成江苏园林旅游、上海都市旅游、浙江山水旅游优势互补的格局。

一、区域旅游特色

1. 神山秀水

该区平均海拔较低，境内河湖交错，水网纵横，宜人的气候、清幽的山水、繁茂的植被塑造出一派以秀丽见长的"水乡泽国"风光，唐代杜牧有诗曰"千里莺啼绿映红，水村山郭酒旗风；南朝四百八十寺，多少楼台烟雨中"，就是很形象的概括。该区的山不算很高，但因群峰多耸起于低平地区，颇有巍峨峻拔之势，或因秀雅的自然景色，或因深厚的文化内涵而享誉，如南京钟山、镇江金山和北固山、苏州天平山、无锡惠山和锡山、句容茅山、连云港云台山、普陀山、雁荡山、天台山、天目山、雪窦山、莫干山、会稽山、括苍山、赤城山、烂柯山、金华山、江郎山等，其中有许多还是中国著名的佛道教圣地（普陀山为观音菩萨道场，天台山是佛教天台宗发祥地，茅山为道教圣地等）。

中国五大淡水湖中的太湖、洪泽湖位于该区，京杭大运河纵贯南北，沿线贯穿了数座旅游名城，近年来江、浙两地沿大运河沿线的旅游开发也是该区一大亮点。烟波浩淼的太湖"包孕吴越"，横跨江、浙两省，面积 2420 平方公里，沿湖由"太湖绝佳处"鼋头渚、别具一格的梅园、新崛起的太湖影视城、享有"洞天水府"美誉的善卷洞、清秀典雅的苏州园林、历尽沧桑的寒山寺，以及洞庭东、西山等，组成了一幅"山外有山、湖中有湖"，山峦连绵重叠的壮丽图画。杭州西湖、嘉兴南湖、宁波东钱湖、扬州瘦西湖、南京莫愁湖和玄武湖、千岛湖、天目湖，以及风景如画的钱塘江、永嘉楠溪江等，各以其独特的"水色波光"吸引游人。

2. 江南园林

江南古典园林主要分布在南京、镇江、扬州、无锡、苏州、嘉兴、湖州、杭州、绍兴等地，已形成一个江南园林城市景观群。江南园林，多属私家园林，深受唐宋以来文人写意山水画的影响，占地不广，但善于运用对比、衬托、借景、对景和小中见大、以少胜多等造园技巧和手法，将亭、台、楼、阁、泉、石、花、木组合在一起，充分利用一切空间造景，即使墙角、路面也精心点缀，在意境上追求幽深、雅致，在景物的安排上注重迂回曲折，寓情于景，"虽居闹市而有山林之趣"，以精巧取胜，其风格潇洒活泼、玲珑精致、淡雅自然，极富江南水乡韵味，建筑多用栗柱粉墙、灰砖青瓦，舒适而恬淡。

最具代表性的是苏州古典园林，其历史可以上溯至公元前6世纪春秋时代吴王的园囿，有以假山洞壑取胜的狮子林，园中有园、景中有景的网师园，以园外水景与园内山景相映成趣的沧浪亭，结构精美、布局紧凑的留园，以江南水乡风光为特色的拙政园，山池花木玲珑雅致、台榭亭廊疏朗相宜的怡园，幽谷深洞、林木葱郁、富于山水之趣的耦园以及东园、环秀山庄、虎丘山、同里退思园等。无锡的寄畅园、梅园、蠡园，扬州的个园、何园，绍兴的沈园等，均享誉海内外。

3. 水乡风情

江南水乡地区早在7000多年前就已有人类居住繁衍，许多风光秀丽的水乡古镇动辄有千年历史，如浙江西塘在春秋战国时期就已是吴越两国相争之地，有"吴根越角"之称。长期以来，以"水"为中心的生活环境和发展方式，造就了水乡古镇建筑鳞次栉比，街巷逶迤绵延，家家贴水而居，户户往来泛舟，形成一幅幅独特的"小桥、流水、人家"画卷。唐诗人杜荀鹤在《送人游吴》诗中曾描绘苏州风光"君到姑苏见，人家尽枕河。古宫闲地少，水巷小桥多。夜市卖菱藕，春船载绮罗。遥知未眠月，乡思在渔歌"，形象地把江南水乡泽国的情景展现在人们眼前。

江南水乡古镇虽规模不大，建筑形式单调，但却充满生活气息，不仅有水勾勒出的独特外形，更有水塑造出的性格。镇内河道纵横相织成"十字"、"井字"的河街格局，"流水为街船作巷"，枕河人家总是前门临街，后门临河，青石板铺的街道，黑墙白瓦的明清古建筑，雕梁画栋的私家庭园，水乡的古朴风韵及梦幻景致令人迷醉。尤以位于苏南和浙北的周庄、甪直、同里、南浔、乌镇、西塘等六大水乡古镇最享盛誉。

4. 旅游文学

由于自然风景秀丽，江南地区自古就有"人间天堂"的美誉，文化古迹众多。清人刘大观言："杭州以湖山胜，苏州以市肆胜，扬州以园亭胜"，历代文人名士竞相登临游赏，留下大量诗词画赋。苏州的枫桥和江村桥因张继诗句"江枫渔火对愁眠"名扬中外，乌鸦桥因白居易"乌鹊桥红带夕阳"而诗意盎然。杭州西湖"曲院风荷"竹素园的叠字楹联"翠翠红红处处莺莺燕燕，风风雨雨年年暮暮朝朝"极具观赏性。江苏云台山风景区中的花果山，岩洞幽深，花果鲜嫩，山上名胜如水帘洞、南天门等皆与《西游记》故事有关；云台山南侧的东磊风景区，怪石嶙峋，花木披离，为李汝珍《镜花缘》的写作背景。

六朝的南唐灭亡后，后主李煜被宋太祖软禁在南京玄武湖的樱花洲，写下流传千古的《虞美人》："春花秋月何时了，往事知多少！……问君能有几多愁，恰似一江春水向东流。"北宋词人柳永在《望海潮》一词中对杭州有"东南形胜，三吴都会，钱塘自古繁华。烟柳画桥，风帘翠幕，参差十万人家。……有三秋桂子，十里荷花。……"的描述，据说这首词导致了金兵南下侵宋。宋人笔记说："此词流播，金主亮闻歌，欣然有慕于三秋桂子，十里荷花，遂起投鞭渡江之志。"可见该区的旅游文学艺术魅力独具。

二、旅游分区

1. 江苏旅游亚区

江苏省，简称"苏"，位于中国东部沿海地区，长江下游，东濒黄海，取其境内江宁、苏州两府首字命名，面积10万多平方公里，十之八九为平原，长江横贯东西，京杭大运河纵穿南北，通江达海，湖泊众多，水网密布，是中国地势最低平的省区，有"水乡泽国"之称；草木繁茂，物产丰饶，自古就是中国最富庶地区之一，素有"鱼米之乡"的美誉。

山明水秀的江苏，开发历史悠久，处处显现出"锦绣江南"的水乡风貌和吴风汉韵的博大精深，名胜古迹遍布。江苏旅游特色一是"古"，二是"水"，山灵、水秀、人杰、城古，山水园林与名胜古迹交相辉映，是一个旅游城市密集的省区，有南京、苏州、无锡、镇江、常州、南通、连云港、宜兴、徐州、淮安等闻名遐迩的旅游城市。苏南地区还保留有数量众多的江南古典园林。

江苏专项旅游产品丰富，有修学旅游、古运河旅游、寒山寺除夕撞钟、太湖赏月、徐霞客名人故里游、自行车之旅等。江苏旅游形象以"梦江苏——情与水的中国文化之乡"为核心理念，随着旅游业的发展，不断涌现出许多新景点，无锡中视影视城、常州中华恐龙园、苏州太湖旅游度假区、天目湖旅游度假区等，使江苏旅游又多了一份闲适与精彩。南京梅花节和金陵灯会、无锡太湖中秋赏月、苏州丝绸旅游节、扬州烟花三月旅游节、常州菊花节、南通国际风筝节、连云港之夏、徐州彭城汉文化旅游节、淮安盱眙龙虾节等旅游节庆众多，吸引游人无数。

江苏旅游发展格局可概括为"南北两线、五大旅游发展带、四大旅游区"。"南线"是长江三角洲城市密集的旅游带，有南京、苏州、无锡、扬州，以及镇江、常熟、南通、常州、淮安等，都是"古"与"水"交融的历史文化名城；"北线"主要有徐州、连云港、盐城（丹顶鹤、大丰麋鹿保护区）等。"五大旅游发展带"指长江沿岸旅游带、淮河流域旅游带、沿太湖旅游带、沿黄海岸旅游带、大运河旅游带。"四大旅游区"指宁镇扬泰旅游区、苏锡常通旅游区、徐宿淮旅游区、连盐旅游区。

2. 上海旅游亚区

上海市，简称"沪"，别称"申"，中国四大直辖市之一，面积6300多平方公里，地处东海之滨，中国南北海岸线的中段，扼守着长江入海的咽喉，拥有浦东、虹桥两大国际机场，是中国第一大城市和金融、贸易、科技、信息中心之一，也是中国旅游业的发祥地,早在 1927 年就由当时的上海银行创建了"中国旅行社"。作为中国改革开放的龙头,上海也是世界上最繁华、最具经济活力的城市之一,日新月异的城市新貌、现代化的立体交通和鳞次栉比的摩天大厦为上海都市旅游增添了一道道亮丽的风景线。

"上海,精彩每一天",穿行于外滩、人民广场、浦东滨江大道、陆家嘴中心绿地、上海新国际博览中心、南浦大桥、杨浦大桥、F1 国际赛车场、最高时速 430 公里/小时的磁悬浮列车,以及南京路、淮海路、徐家汇、衡山路等购物休闲街区,现代化大都市的绚丽多彩令人陶醉。一位外国记者在上海游记中写道:"这是一个每天在不断变化的动感城市,即使是当地人,也是既熟悉又陌生,因为有段时间不去,就会找不到原来的地方。"以浦东陆家嘴地区为例,这里有 468 米高的东方明珠塔、421 米的金茂大厦、2008 年新落成的 492 米的环球金融中心,但这个纪录将在 5 年后随着 520 米的上海中心的建成而被改写。

上海堪称近百年中国近现代史的"缩影",拥有厚重的历史底蕴:徜徉于外滩,一砖一门都能让人想起昔日"十里洋场"的繁华奢靡;置身豫园商场,又宛如走入一幅现代"清明上河图";凭吊革命遗迹,在中共"一大"会址、周公馆、孙中山故居、宋庆龄故居、鲁迅纪念馆中,重温历史旧梦……上海在吸收来自世界各地文化的过程中形成了海纳百川的城市精神,而海派风情的城市文化又反过来成为上海都市旅游散发出的最大魅力。

上海都市旅游发展呈现出"中心城区和郊区交相辉映"的格局。中心城区有以黄浦江、苏州河观光带构成的都市景观长廊、富有鲜明特色的旅游休闲街区和人民广场市政文化中心等,随着 2010 年上海世博会的举行,世博园区也成为上海都市旅游发展的又一亮点。上海郊区旅游开发以现代休闲度假旅游和生态农业旅游等为主,佘山国家旅游度假区、上海野生动物园、东方绿舟、上海欢乐谷以及崇明三岛、洋山深水港等景点受到了无数都市游人的青睐。迎元旦"龙华撞钟"、龙华庙会、上海旅游节、上海国际艺术节、上海桃花节等节庆盛会,别具风情。

3. 浙江旅游亚区

浙江省,简称"浙",地处东海之滨,海岸线蜿蜒 2200 多公里,沿海有大小岛屿 2000 多个,是中国岛屿最多的省区。因省内最大的河流钱塘江(古称"浙江")而得名。总面积 10 多万平方公里,丘陵山地广布,约占 70%,有"七山一水二分田"之说,山水秀美,历史悠久,文化灿烂,古迹众多,旅游景点数量不仅多且类型丰富,是全国有名的旅游大省,以"诗画江南、山水浙江"为主题形象,旅游对外开放逐步扩大,有"鱼米之乡、丝茶之府、文物之邦、旅游之地"等美称。

"江南多才子",在悠久的历史长河中,涌现出王羲之、谢灵运、王阳明、陆游、朱熹、吴昌硕、李渔、沈括、蔡元培、鲁迅、茅盾、郁达夫、徐志摩等一大批文化名人，浙江名人故居类景观可谓风采独具。而融观赏、娱乐、休闲、度假等功能于一体的主题公园，如杭州宋城、东阳横店农民村、桐庐"红灯笼家园"、宁波"梁祝公园"、海宁"盐官观潮公园"等也如雨后春笋般蓬勃发展。源于浙江的越剧，以细腻的表演、委婉动听的唱腔、优美抒情的风格享誉海内外。节事盛会有"西博会"、宁波国际服装节、钱塘江观潮节、象山开渔节、舟山沙雕节等。

近年来，浙江推出名山名水、名人古镇、海天佛国和休闲胜地等旅游品牌，将乌镇、南浔、西塘等古镇以及良渚文化遗址、普陀山、雁荡山等大批精品推向世界。位于浙东的台州、绍兴等地联合推出的"新天仙配"（新昌—天台—仙居—临海）旅游线，堪称现代区域旅游合作的营销典范。浙西开发出桐庐天目溪、余杭双溪、临安柳溪江、浙西大峡谷等众多漂流项目，数十里绵亘不绝的崇山峻岭和溪流、飞瀑，隐藏在险峡幽谷之中，苍山如黛，溪潭澄碧，组成一幅幅青绿山水画卷，竹筏贴着清浅的秀水缓缓迂回在青山间，悠然脱尘的感觉，让人忘情。

浙江旅游发展呈现"三带十区"格局。"三带"，即杭州湾文化休闲旅游经济带、浙东沿海海洋旅游经济带、浙西南山水生态旅游经济带。"十区"指杭州国际休闲度假旅游区（西湖、西溪湿地、千岛湖等），宁波河姆渡—东钱湖旅游区，温州雁荡山—楠溪江旅游区，浙北古镇运河旅游区（以嘉兴、湖州为中心），绍兴古越文化旅游区（鲁迅故居、浣江—五泄等），金华商贸文化旅游区（双龙洞、方岩、义乌小商品城等），衢州南孔宗庙—石窟文化旅游区，舟山群岛旅游区（普陀山、嵊泗等），台州天台山—神仙居旅游区，丽水生态绿谷旅游区（缙云仙都、凤阳山—百山祖等）。

第七节　皖赣旅游大区

包括安徽省、江西省，位于长江中下游地区，山川锦绣多姿，历史文化古迹遍布，旅游景观尤以"名山·古迹"称胜，安徽有黄山、九华山、齐云山、琅琊山、天柱山、敬亭山等，江西有庐山、龙虎山、三清山、三百山、武功山等，从总体上说，均属名山风景区范畴。皖西大别山和皖南山区，江西的井冈山、南昌、"红色故都"瑞金等，以革命圣地、革命老区等"红色旅游"闻名中外，留存许多革命纪念地供今人瞻仰，是进行爱国主义、革命传统教育的理想之地。

一、区域旅游特色

1. 湖光山色

该区最享盛誉的旅游景观当数山地景观,各山不仅以独特的自然景色吸引游人,同时有一些也是中国著名的宗教圣地。如"中国第一奇山"黄山,"奇松、怪石、云海、温泉"四绝,令世人瞩目,自古有"五岳归来不看山,黄山归来不看岳"之赞誉,中国明代旅行家徐霞客曾盛赞"薄海内外,无如徽之黄山,登黄山,天下无山,观止矣"。九华山,相传为地藏王菩萨道场,景色清幽,香火鼎盛,有"莲花佛国"之誉,是中国四大佛教名山之一,江西龙虎山、三清山和安徽齐云山,均为中国著名的道教圣地。

中国五大淡水湖中的鄱阳湖、巢湖位于该区。鄱阳湖是中国第一大淡水湖,位于江西北部,面积 3583 平方公里,烟波浩渺,水天一色,景色秀丽,每年 10 月至次年 3 月数十万只来自内蒙古草原、东北沼泽和西伯利亚荒野的白鹤、白额雁、白枕鹤、天鹅、鸳鸯、白琵鹭、黑鹳等飞到此地过冬,其中白鹤的数量达 2000 只左右,占世界总数的 98%以上。"鄱湖鸟,知多少?飞时遮尽云和月,落时不见湖边草",堪称"珍禽王国",在永修的吴城镇修建观鸟站,每年吸引大批游人。

2. 历史胜迹

该区多历史古迹,安徽合肥有三国古战场遗址——逍遥津;含山县城北 7.5 公里处的昭关,曾演绎过"伍子胥过昭关"的故事;安徽凤阳的明中都城,为北京故宫的原型,当年"规制之盛,实冠天下",曾是中国古代最豪华侈丽的都城之一。江西南昌的滕王阁、九江的周瑜点将台,安徽合肥的包公祠和包公墓园、马鞍山采石矶的太白楼、和县城内的陋室、灵璧虞姬墓、乌江霸王(项羽)灵祠、庐江周瑜墓、亳州的曹操宗族墓群和华祖庵、歙县的许国石坊和棠樾牌坊群、寿县的"神州第一大塘"安丰塘("芍陂",古代淮河流域著名的水利工程,传为春秋时楚国丞相孙叔敖主持修建)和"淝水之战"中"风声鹤唳,草木皆兵"典故的源地淮南八公山等,均享有盛誉。

由于此区山水秀丽,历代文人名士竞相登临游赏,留下大量山水诗词文章和山水画卷。例如,江西庐山先后有陶渊明、李白、白居易、苏轼、王安石、徐志摩、郭沫若等 1500 余位诗人在此留下过足迹;苏轼对庐山有"横看成岭侧成峰,远近高低各不同。不识庐山真面目,只缘身在此山中"的赞誉;白居易有"人间四月芬芳尽,山寺桃花始盛开"的佳作;李白有"飞流直下三千尺,疑是银河落九天"的千古绝唱等。安徽宣城敬亭山,因"相看两不厌,只有敬亭山"被称为"江南诗山"。

二、旅游分区

1. 安徽旅游亚区

安徽省，简称"皖"，地跨长江、淮河流域，清康熙六年（1667年）建省，取安庆、徽州两府首字命名，面积13.9万平方公里，是中国南北地理交汇过渡地带，从南至北，其气候风物呈现出南北过渡性特征，自然风光瑰丽多姿。"两根筷子夹着碗，屏障在西也在南，东面不平北边平，黄山胜过九华山"，这首民谣形象概括了安徽旅游地貌：大别山雄峙西部，黄山绵亘南缘，形成了两大天然画屏；长江、淮河，一南一北横贯境内，宛若两条玉带；巢湖，宛如一只"碗"夹在长江、淮河之间，又似"一面宝镜"镶嵌于皖中地区。

安徽山水风光旖旎，黄山、九华山、天柱山、巢湖等享誉华夏；齐云山不仅是道教圣地，别具一格的丹霞地貌也令人瞩目，清帝乾隆曾有"天下无双胜境，江南第一名山"的赞誉；琅琊山以宋代欧阳修的《醉翁亭记》名扬天下，茂林、幽洞、碧湖、流泉，蔚然深秀；太平湖位于皖南群山环抱之中，宛如翡翠一般，有"黄山情侣"美称；深藏于皖西大别山中的佛子岭水库、梅山水库、龙河口水库、磨子潭水库、响洪甸水库，碧波荡漾，有"大别山区五颗明珠"的赞誉；"孔雀东南飞，五里一徘徊……"东汉末年，中国第一部叙事长诗《孔雀东南飞》也诞生于皖西的潜山一带。

境内历史文化遗存丰富且别具特色。歙县，历史上的徽州府所在地，为独树一帜的新安画派、新安医学、徽派版画、徽派园林建筑、徽菜和徽剧的发祥地，徽州文化曾使明代的汤显祖有"一生痴绝处，无梦到徽州"之感叹。以西递、宏村为代表的皖南古村落，"粉墙、黛瓦、马头墙"，历经沧桑而古貌犹存，保存完好的古民居、祠堂和牌坊数量之多，构思之奇巧，砖、石、木雕之精美，举国罕见，堪称民间建筑杰作，为安徽民俗旅游首选之地。马鞍山国际吟诗会、黄山国际旅游节、九华山庙会、亳州中医药文化节等旅游盛会，黄梅戏、凤阳花鼓灯等，也有一定的吸引力。

安徽旅游发展呈现"三大旅游区"格局。皖南旅游区以黄山为龙头，以"两山一湖"（黄山—太平湖—九华山）旅游线和屯溪、黟县、歙县古民居民俗风情及徽州文化游线著称，自然构景主体有"五朵金花（黄山、九华山、齐云山、牯牛降、清凉峰）、三条玉带（新安江、秋浦江、青弋江）和一颗明珠（太平湖）"，古建筑、古民居等人文景观极具魅力。皖中旅游区以合肥为中心，以巢湖和大别山为依托，有天柱山、琅琊山、马鞍山等，湖光山色与人文古迹交相辉映。皖北旅游区多古迹，亳州为汉末曹操、华陀的家乡，凤阳是明朝开国皇帝朱元璋的故里，寿县为战国时代楚国故都等。

2. 江西旅游亚区

江西省，因唐代属江南西道管辖而得名，又因省内最大最长的河流赣江自南而北纵贯全省而简称"赣"，面积16万多平方公里，地形以丘陵、山地为主，东、南、西三面环山，素称"六山一水二分田，一分道路和庄园"，有大小河流2400多条，赣江、信江、修水等汇入鄱阳湖，构成了以鄱阳湖为中心的向心水系。"江南昌盛之地，文章节义之邦"，自古以来经济繁荣，文化发达，也是东晋诗人陶渊明、北宋文学家欧阳修、南宋理学大师朱熹、明代戏剧家汤显祖等文化名人的故里。

江西，山清水秀，唐代诗人王勃在《滕王阁序》中称其"襟三江而带五湖，控蛮荆而引瓯越"，是一方"物华天宝、人杰地灵"的土地。在这片神奇的红土地上，有"奇秀甲天下"的庐山、"中国革命的摇篮"井冈山、"红色故都"瑞金、"英雄城"南昌。鄱阳湖是国际重要湿地、候鸟乐园；龙虎山、三清山不仅自然风光秀丽，也是中国著名的道教圣地；景德镇是中国"瓷都"；婺源，古朴的村庄散落在群山之间，清溪绕村而流，人文气息浓厚……

"红色摇篮，绿色家园"的品牌已成为江西对外开放的良好形象。江西的特色旅游项目有"中国陶瓷考古游"、"文化名人故居游"、"革命传统考察游"、"道教朝圣游"等。旅游节庆活动有景德镇国际陶瓷博览会、中国（江西）红色旅游博览会、井冈山杜鹃花会、庐山世界文化景观节、龙虎山道教文化旅游节、赣州客家文化节、婺源乡村文化旅游节、鄱阳湖湿地生态旅游节、三清山山岳峰林景观旅游节、樟树药交会和健身旅游节等。

江西旅游发展格局可概括为"七大旅游圈"，即南昌旅游圈（南昌—樟树—靖安）、庐山旅游圈（庐山—鄱阳湖—柘林湖）、大井冈旅游圈（井冈山—吉安—万安）、瓷都仙山旅游圈（景德镇—婺源—三清山—龙虎山）、赣南旅游圈（赣州—瑞金—三百山）、武功山旅游圈（仙女湖—武功山—安源）、临川旅游圈（临川—乐安—南城—资溪），还有南昌—九江·庐山—景德镇—婺源名山瓷都名村文化旅游线、南昌—吉安·井冈山—赣州—瑞金红色文化旅游线、南昌—龙虎山—龟峰—三清山名山道教文化旅游线等。

第八节 华中旅游大区

包括湖南省、湖北省、重庆市、四川省，位于中国中部、长江中上游地区，是中华民族的文化摇篮之一，古楚文化、巴文化、蜀汉文化源远流长，留下了众多的遗址遗迹供今人凭吊游赏。由于地处中国三大地形阶梯交接地带，地貌类型复杂多样，壮丽的山川受流水切割和风化，塑造出形态各异、特色鲜明的名山峡谷景观，拥有绵延浩瀚的高峡平湖和世界一流的水电工程，虽然有许多山高路险、交通不便、人迹罕至之地，但同时也保留下大量的原始景观，九寨沟、黄龙、神农架、张家界、四姑娘山等均以自然美景享誉世界。

一、区域旅游特色

1. 三国胜迹

因三国鼎立时期，该区曾是魏、蜀、吴三国争雄逐鹿之地，因此三国遗迹丰富，其中又以川、鄂两地三国遗迹数量最多。湖北"三国游"包括襄樊、荆州、赤壁和宜昌等地的三国遗址，有赤壁古战场、荆州古城、襄樊古隆中、水镜庄、当阳长坂坡、关陵古庙、麦城遗址；四川"三国游"则以闻名遐迩的古蜀道为主线，经成都、绵阳、梓潼、剑阁、昭化和广元，过秦岭，入陕西，有成都武侯祠、德阳庞统祠墓、明月峡、剑门关、翠云廊、昭化古城等遗迹。

如三国"赤壁之战"遗址，位于湖北赤壁市西北 38 公里处的长江南岸，当年孙刘以火攻大破曹军，火光冲天，江岸崖壁照得一片彤红，由此得名"赤壁"。临江的石壁上镌刻"赤壁"二字，字径达 150×104 厘米，气势雄健，遒劲苍古，相传系周瑜所题，为历代文人墨客攀登凭吊、吟咏抒怀之地。在湖北黄冈城西门外长江边，还有宋代苏轼创作前、后《赤壁赋》《念奴娇赤壁怀古》等诗文的"东坡赤壁"（"赤鼻矶"），背靠山崖，面临大江，"乱石穿空，惊涛拍岸，卷起千堆雪"，风景壮美。

2. 三峡风情

中国第一大河——长江蜿蜒穿过该区，素有"黄金水道"之誉的长江三峡，西起奉节白帝城，东至宜昌南津关，地跨奉节、巫山、巴东、秭归、宜昌，全长 193 公里，乘船沿三峡游览，宛若行进在"山水画廊"之中。三峡两岸是古楚文化摇篮，也是屈原、昭君的故里，历代文人墨客留下诸多激情洋溢的诗篇，如唐代李白有诗曰："朝辞白帝彩云间，千里江陵一日还；两岸猿声啼不住，轻舟已过万重山。"长江三峡峡江生态文化观光旅游蜚声中外。沿岸多名胜古迹，著名的有奉节白帝城、孔明碑、屈原祠、丰都鬼城、香溪昭君故里、巴人悬棺、瞿塘峡、巫峡、西陵峡、大宁河小三峡、葛洲坝、三峡大坝等。

随着举世瞩目的三峡大坝的修筑，三峡工程分期蓄水（2003 年 135 米、139 米，2009 年 175 米），"高峡出平湖"，大坝以西上溯约 400 公里的三峡内外千座城镇从此长眠水底，但三峡风情犹存，并以景色秀丽著称。长江两岸众多支流，由于山水阻塞显现出很多"水上蓬莱"的奇特风光。神奇秀美的高峡平湖、雄伟壮观的现代工程、源远流长的峡江文化、古朴浓郁的民俗风情、开拓奉献的移民文化和世界第一水电城等，"新三峡行"吸引国内外游人络绎不绝。

3. 珍稀生物

由于地处中国自然地理上的南北、东西交接地带，动植物资源丰富且带有明显的过渡性特征，尤其是川西北及鄂西山地，以珍稀动植物多名闻中外，还是世界上唯一的大熊猫产地。为了保护大熊猫等珍稀生物及自然环境，国家先后在四川的王朗、卧龙、九寨沟、唐家河、蜂桶寨等建立了自然保护区。卧龙自然保护区内有植物4000多种、兽类60多种、鸟类300多种，是我国"国宝"大熊猫主要栖息地之一；九寨沟是国家级自然保护区，保护着大熊猫、金丝猴、连香树、红豆杉等珍稀物种，区内蓝天、雪山、森林、溪流、湖泊、瀑布等构成的优美风景，极具观赏性。2006年7月，四川大熊猫栖息地入选世界自然遗产，包括卧龙、四姑娘山、夹金山脉，面积9245平方公里，涵盖成都、阿坝、雅安、甘孜4个市州12个县，生活着全世界30%以上的野生大熊猫，也是全球除热带雨林以外植物种类最丰富的区域之一。

4. 名山·石刻

该区名山多，有各显风姿的武当山、峨眉山、青城山、衡山、缙云山、金佛山、四面山、四姑娘山、岳麓山、洞庭君山、九嶷山、九宫山、大洪山、张家界、神农架，以及韶山（毛泽东的故乡）等，多彩的山岳风光令人神往。如四川的四大山景胜迹："夔门天下雄"、"剑门天下险"、"青城天下幽"、"峨眉天下秀"，皆是从大尺度造型论其意境，奇异的山石以鸟兽物象喻景者比比皆是，加上绘声绘色的神话传说，使许多山石更富神秘色彩。摩崖石刻也颇为壮观，如四川、重庆佛教文化源远流长，佛教石刻具有多、大、相对集中的特点，石刻大佛之多为全国之冠，有"大佛之乡"的称号。乐山凌云大佛是世界上最大的石刻佛像；潼南大佛是中国最大的金饰大佛；马龙山卧佛是中国最大的卧佛；以北山、宝顶山、南山、石篆山、石门山摩崖造像为代表的大足石刻有 40 余处，造像 5 万余躯，其中尤以位于城东宝顶山的石刻最为辉煌，有中国最大的千手观音石刻造像、31米长的佛涅槃像、"孔雀明王"、"父母恩重经变相"、"地狱变相"等雕刻，艺术上俱臻上乘境界。

二、旅游分区

1. 湖南旅游亚区

湖南省，简称"湘"（古称"潇湘"、"湖湘"、"三湘"），位于长江中游，因大部分地区在洞庭湖之南而得名，面积21万多平方公里，东、南、西三面环山，中、北部地势低平，形成了向北开口的马蹄形盆地，湘江、资水、沅江、澧水等大小 5400 余条河流纵横其间，贯穿南北的湘江为境内第一大河。湖南矿藏资源丰富，也是全国重要的矿产基地，如锑矿储量占世界总储量的 70%，被誉为"有色金属之乡"、"非金属之乡"。

据传，湘江流域古时多植芙蓉，唐代有诗赞曰"秋风万里芙蓉国"，故有"芙蓉国"之称。"湖广熟，天下足"，素以"鱼米之乡"著称，历史悠久，为楚文化发源地之一。湘楚文化博大精深，文物古迹众多，也是中国少数民族聚集区。这里有回、土家、苗、壮、满、侗、瑶族等，特别是湘西、湘南地区，侗族的鼓楼、风雨桥，土家族的吊脚楼，苗族的蜡染、刺绣，以及火把节、芦笙舞、茅古斯舞等演绎出浓郁的民族风情。

湖南旅游以秀丽的山水风光和革命胜地众多、领袖及名人故里知名度高为特色，尤以长沙、张家界、韶山、南岳衡山、洞庭湖、岳阳楼、桃花源、炎帝陵及古色古香的湘西小镇等著称。旅游节庆有岳阳国际龙舟节，张家界森林保护节，株州、长沙国际烟花节，桃花源游园会，南岳庙会，潇湘竹文化节和猛洞河国际漂流月活动，岳阳洞庭湖观荷采莲，汨罗江龙舟竞渡，南岳、武陵源冬季赏雪，郴州五盖山狩猎和东江漂流等，吸引了大批海内外游客。

湖南旅游发展呈现"五大旅游区"格局。长株潭旅游区包括长沙市、株洲市和湘潭市；大湘西旅游区包括张家界市、湘西自治州、怀化市，以民族文化、民俗风情、自然风光等为特色，有武陵源、猛洞河、凤凰古城等游览区；环洞庭湖旅游区包括益阳市、岳阳市和常德市，水域风光、湖泊湿地和历史文化特色突出；大湘南旅游区包括郴州市、衡阳市和永州市，以宗教文化、历史文化、民俗文化和自然风光等为特色，以"南岳"衡山等为重点；湘中旅游区包括邵阳市和娄底市，历史文化、民俗文化和自然风光特色突出。

2. 湖北旅游亚区

湖北省，简称"鄂"，位于中国中部、长江中游，因地处洞庭湖之北而得名，历史悠久，是古楚（别称"荆"）文化发源地，也是华中地区经济较为发达的省区，面积18万多平方公里，荆楚大地有长江自西向东横穿，地势西高东低，东南部的江汉平原多湖泊（远古时代"云梦泽"留下的遗迹），素有"千湖之省"的美称，纵横交错的河流和星罗棋布的湖泊构成"水乡泽国"的绮丽景色。

境内以楚国都城"纪南城"遗址为代表的楚文化遗迹众多，出土的楚墓随葬品青铜编钟、木漆器等，为中原地区所少见。在随州擂鼓墩古墓群出土的曾侯乙编钟，共64件，所有的甬钟、纽钟都有注明音律和音阶的铭文，浸在地下2000余年，仍毫无损坏变形，音阶准确，音域宽广，音色优美，令人惊叹。三国时期，这里是魏、蜀、吴三国"逐鹿之地"，120回《三国演义》中涉及湖北的有72回之多，三国遗迹丰富。辛亥革命始于鄂而播及全国，也使得湖北具有深厚的近代文化底蕴。

"极目楚天舒,浪漫湖北游",长江三峡工程和三峡大坝"高峡平湖"景观闻名中外;鄂西北的神农架和武当山,峰峦叠嶂,溪瀑淙淙;随州炎帝庙、荆州"纪南城"、昭君故里、周瑜大败曹操的赤壁、"白云千载空悠悠"的黄鹤楼、"伯牙摔琴谢知音"的古琴台、襄樊古隆中、辛亥革命武昌军政府旧址……名胜古迹多不胜数。境内还聚居着土家、苗、回、侗、满等少数民族,其中又以土家族、苗族人口居多,集中分布在鄂西南地区。鄂西土家风情、随州编钟欣赏、神农架回归自然、李时珍医药保健游、武当朝圣、赤壁三国文化旅游节、长江三峡国际旅游节等均极富魅力。

湖北旅游发展可概括为"三大旅游区"格局。"一江两山"国际旅游区包括长江三峡观光度假旅游区(有三峡大坝、三峡人家、西陵峡口、秭归凤凰山、九畹溪和屈原故里、昭君故里、车溪、晓峰、大老岭等游览区),神农架原始生态旅游区,武当山世界文化遗产旅游区。武汉城市圈旅游区,以武汉市为中心,包括黄石、鄂州、黄冈、孝感、咸宁、仙桃、天门、潜江,是湖北最具发展潜力的地区。清江民俗生态旅游区,以清江为主线,包括恩施土家族苗族自治州和长阳、五峰两个土家族自治县,是湖北主要少数民族聚居区,民族风情浓郁。

3. 重庆旅游亚区

重庆市,简称"渝",位于长江上游、四川盆地东部、长江与嘉陵江(古称"渝水")汇流处,是中国最年轻的直辖市,面积8.2万多平方公里,"巴山绵延、渝水纵横",山地和丘陵分别占75.8%、18.2%,大巴山、巫山、大娄山、武陵山等山脉连绵起伏,长江、嘉陵江、乌江、綦江、大宁河等大小河流纵横,在山地中切出许多峡谷,"山多河多"是其典型的地形特征,有着集山、水、林、泉、瀑、峡、洞等为一体的壮丽自然景色。因雨量充沛,春夏之交夜雨尤丰,素有"巴山夜雨"之说。

早在公元前11世纪的西周时代,这里就是"巴国"的首邑;抗日战争期间,重庆曾作为中华民国的战时"陪都"。辉煌灿烂的历史、悠久古老的巴渝文化,给重庆留下许多名胜古迹,从夏禹王"三过其门而不入"的涂山旧痕到国共两党众多名人名事遗址,从大宁河千古悬棺到"上帝折鞭之处"合川钓鱼城古迹,从驰名古今的长江三峡到誉满天下的大足摩崖石刻,从极富魅力的缙云山、金佛山,到万盛铜鼓滩、武隆芙蓉江漂流等,有大小景点300余处。悠扬的川江号子,驰名中外的重庆"麻辣烫"火锅,"吃"与"游"相得益彰,巴渝地区古朴独特的民风民俗令旅途游趣倍增。

重庆旅游发展呈现"一个中心、一条主线、八大特色旅游区"格局。"一个中心"指重庆"山城";"一条主线"即长江三峡黄金旅游线;"八大特色旅游区"

分别为：大足石刻艺术旅游区、四面山—金佛山生态旅游区、缙云山—合川钓鱼城古战场遗址旅游区、仙女山—芙蓉洞观光休闲旅游区、万州科考探秘旅游区、巫山小三峡旅游区、黔江民族民俗旅游区、温泉湖泊度假旅游区。随着三峡工程的建成和重庆周边环形旅游线的形成，也使得以重庆等为中心的大三峡旅游区正以其独有的魅力吸引更多的游人。

4. 四川旅游亚区

四川省，简称"川"或"蜀"，位于中国中部偏西、长江上游，面积约 48.5 万平方公里，在西部大开发战略中起着承东启西的作用，已成为中国经济发展最具潜力的地区之一。早在殷周时期，四川为蜀、巴等国之地。1986 年在广汉发掘出的三星堆遗址，更证明了早在 4000 多年前，巴蜀文化就已逐步形成并具有相当规模。汉代文学家刘向在《战国策》中描述四川："田肥美，民殷富……沃野千里，蓄积饶多，此谓天府。"发达的农业、繁荣的工商业、绮丽的自然风光、悠久灿烂的巴蜀文化，使四川自古就有"天府之国"的美誉。因"国宝"大熊猫 85%栖息在川西北的崇山峻岭之中，故四川也被誉为"熊猫故乡"。

四川地形十分复杂，重峦叠嶂，山高谷深，古时交通不便，有"蜀道难，难于上青天"之说。"天下山水在于蜀"，四川的许多景观在中国乃至世界都属独有或罕见。从高原、山地、峡谷到盆地、丘陵、平原，从江河湖泊到温泉瀑布，从喀斯特地形到丹霞地貌，一应俱全；从古代水利工程、古镇民居到名人故居，从寺庙道观、石刻壁画到现代艺术博物馆，从史前遗址到现代建筑风貌，应有尽有，四川是中国拥有世界遗产和国家级风景名胜区最多的省区之一，有"风景省"的美称，以"峨嵋之秀，剑门之险，青城之幽，竹海之翠，九寨之奇"等最令人神往。

源于四川的"川菜"善用麻辣，尤以"一菜一格，百菜百味"的鲜明个性著称，四川茶馆遍布城乡，具有浓郁地方特色的菜肴和风味小吃如龙抄手、赖汤圆、夫妻肺片、担担面等种类繁多。四川也是中国名酒之乡，五粮液、泸州老窖、剑南春等，以悠久的历史和精良的酿酒工艺称雄。独树一帜的川剧"变脸"、"喷火"、"水袖"等绝活，享誉海内外。旅游节庆有成都熊猫节、自贡恐龙灯节、乐山大佛节、凉山火把节、泸州名酒节、米亚罗红叶节等。

四川旅游发展呈现"一个中心、五大旅游板块"格局。"一个中心"即大成都旅游区，包括成都市及周边 1 小时车程范围内的乐山、眉山、资阳、德阳、绵阳、雅安、遂宁等 8 市。"五大旅游板块"分别指：川西北旅游板块，有九寨沟、黄龙、四姑娘山、海螺沟冰川、米亚罗红叶观赏地等；攀西旅游板块，以二滩电站、泸沽湖、邛海、螺髻山、西昌卫星发射基地等胜景最吸引游人；川南旅游板块，以"盐都"、"恐龙之乡"自贡为中心，有蜀南竹海、自贡恐龙博物馆等景区；嘉陵江流域旅游板块，有阆中古城、朱德故里、小平故里、华蓥山等景区；川东大巴山旅游板块，有南江光雾山、通江诺水河、红四方面军总指挥部旧址纪念馆、百里峡等景区。

第九节　青藏旅游大区

包括青海省、西藏自治区。该区地理上大部分属青藏高原，地势高峻，区内山脉连绵，雪峰重叠。由于特殊的地理环境，该区天寒地高，交通闭塞，尚有许多人迹罕至之地保存着原始自然状态，如在一望无际的藏北无人区栖息着野牦牛、藏羚羊、野驴等，充满神秘感。高原上那些宏伟壮观、具有浓郁宗教色彩的建筑，那些每隔很远才出现一顶的黑色牛毛帐篷，在山口、河边、屋顶和帐篷旁飘动着的五色经幡，在街巷、原野上五体投地不停叩拜的虔诚信徒，人类生命的别样色彩令人惊叹，这里是观赏高原雪域风光、体验藏民族风情以及开展登山、科考等活动的绝佳旅游区。

一、区域旅游特色

1. 高原风光

青藏高原平均海拔 4000 米以上，是世界年代最新、面积最大、海拔最高的高原，有"世界屋脊"之称，位于中尼边境的珠穆朗玛峰海拔 8844.43 米，为世界第一高峰，青藏高原还拥有洛子峰、希夏邦马峰等很多 8000 米以上的高峰。长江、黄河、澜沧江、怒江的源头均位于该区。星罗棋布的高原湖泊总面积达 3 万平方公里，占全国湖泊面积的 1/3。青海湖（中国最大的内陆咸水湖）、纳木错（西藏最大湖泊）、色林措、羊卓雍错等，大多为内陆咸水湖；仅察尔汗盐湖面积就达 1600 平方公里，盐层厚约 5~10 米，盐储量可供全国食用 5000 年。

高寒的青藏高原地广人稀，牧民们带着他们的牦牛、羊群和帐篷逐草而居，过着游牧生活。与森林、江河、湖泊、雪山相辉映，广袤的草原上，绿草如茵，野花争艳，牧歌阵阵，浮云般的羊群和星星点点的牧民帐房融汇成一派壮美、秀丽、恬静的高原牧区风光，令人遐思无限。如位于青海省海北州的海北金银滩草原，牧草丰美，牛羊肥壮，美丽而富饶，是"西部歌王"王洛宾先生采风之地。

2. 藏乡风情

由于高原环境相对闭塞，这里的民风民俗保持了相对的完整性和原始性。青藏高原居民以藏族居多，大多信仰喇嘛教（藏传佛教），性格豪放，能歌善舞。喇喇教即藏传佛教，出现于公元8世纪，是印度传入的密宗、内地传入的大乘佛教和当地原始宗教黑教相结合的产物。在藏传佛教的发展史上先后形成了很多教派，有格鲁派（黄教）、宁玛派（红教）、萨迦派（花教）、噶举派（白教）等，宗教建筑风格多样，著名的有拉萨的布达拉宫、大昭寺、罗布林卡，日喀则的扎什伦布寺，西宁的塔尔寺等，金碧辉煌，富丽堂皇，宫庙中的雕塑、雕刻、壁画、唐卡、堆绣以及工艺精湛的酥油花、浩瀚的藏文典籍、珍贵的文物等随处可见。

传统藏式建筑喜用雕刻、绘画装饰，为抵挡高原上强烈的阳光，一般都有很厚的石墙，里面幽暗、阴凉。在藏民帐篷里就着酥油茶、青稞酒，美餐一顿烤牦牛肉、糌粑，在篝火旁随藏民跳舞的经历令人终生难忘。藏族人的娱乐有摔跤、射箭、藏戏、赛马、"逛林卡"等。罗布林卡原为历代达赖喇嘛的夏宫，每年藏历5月正是拉萨树茂草丰的季节，一家人到林卡郊游野宴，轻歌曼舞，尽情欢乐，被称为"逛林卡"，是藏族人喜爱的游乐活动。

3. 山岳冰川

青藏高原是一片"雪域高原"，气候极为寒冷，以世界第一高峰珠穆朗玛峰为代表的"地球第三极"和雄奇壮观的雪山冰川，已成为观赏高原雪域风光以及开展登山、科考等活动的绝佳旅游区。中国是山岳冰川发育的国家，冰川面积44000平方公里，储水量2300立方公里，现代山岳冰川发育，其中青藏高原的冰川约占全国冰川总面积的80%。运动着的冰川在差别消融影响下形成若隐若现的冰面河流、冰面湖泊似冰上珍珠，洁白晶莹的冰塔林，与冰桥、冰蘑菇、冰瀑布等错落相间，构成壮观的高山"冰晶园林"景观。最典型、最壮观的冰塔林在珠穆朗玛峰北侧的中绒布冰川、东绒布冰川和章子峰冰川中，巨大的冰塔林高达40甚至50米，绵延长达10多公里，冰面上矗立着数十米厚的冰墙，晶莹剔透，在阳光照射下绚丽异常；冰塔林下部由冰下河流溶蚀而成的冰蘑菇、冰柱等千姿百态，宛如一座天然冰雕"水晶宫"。

4. 地热奇观

青藏高原南缘是地球两大岩石圈板块碰撞地带，强烈的板块运动导致岩浆活动频繁，使地热现象激烈且普遍，地热田主要分布在雅鲁藏布江中上游河谷地带，著名的有拉萨附近的羊八井地热蒸汽田、昂仁县的间歇泉、曲普县的水热爆炸穴等。拉萨附近羊八井地热蒸汽田，方圆7000多平方米，以间歇喷泉、热水湖、热沟、温泉、热泉、沸泉等著称，喷泉一般可升起40～50米；被用于发电的钻孔口水汽温度达150℃，可直接驱使汽轮发电机运转，发电潜力150万千瓦。昂仁县间歇泉活动频繁，喷发时一声巨响，一个直径达2米的白色水柱直冲蓝天，高可达200米，柱顶热气翻滚，化成一阵热雨，从空中淋洒而下，惊心动魄。曲普县水热爆炸穴，水热爆炸时发出巨大声响，汽水混合物掀开地面，冲上天空，爆炸后地表留下漏斗状爆炸穴，穴底管道通入地下，深不可测。地热现象不仅为当地提供重要能源，而且也是一种难得的自然奇观，为中国其他地区所罕见。

二、旅游分区

1. 青海旅游亚区

青海省，简称"青"，地处青藏高原东北部，自古为中原进藏的必经之地。因境内的青海湖而得名，面积约 72 万平方公里，矗立着昆仑山、唐古拉山、祁连山、巴颜喀拉山等高峰雪山，冰雪融水孕育了无数江河湖泊，是长江、黄河、澜沧江等大江、大河的发源地，有"江河源头"之称。虽然大部分土地都是戈壁、雪山、盐池，自然环境恶劣，但对于开展登山、探险、科考、汽车拉力赛等挑战自我极限的活动来说有极大的空间。

青海是一个多民族聚居区，民俗风情别具风采。曲调高昂优美的青海"花儿"、灯影戏等享誉华夏。每年农历四至六月，河湟谷地春意盎然，凤凰山、五峰山和老爷山的"花儿"演唱会此起彼伏；在羊肥马壮的夏秋时节举行的青海湖赛马会、玉树赛马节和康巴文化艺术节、果洛大武的朝山会等草原盛会上，人们身着民族服饰尽情歌舞，紧张而热烈的赛马、射箭、赛牦牛活动极具观赏性。塔尔寺灯节每年农历正月十五日举行，展出集油塑艺术之大成的酥油花，规模宏大，入夜以后，灯光和月光交相辉映，每年吸引大批游人赴会观赏。

青海的自然风光是一种雄奇、壮丽、雄浑、粗犷之美；古老的"丝绸之路"与唐蕃古道经过青海，也在这片土地上留下许多遗迹和传说。青海旅游特色可概括为：一是独具特色的自然生态，青海湖、江河源、昆仑山、可可西里、盐湖……以高旷博大和粗犷淳朴的高原自然风光最具特色；二是藏传佛教文化；三是多彩的民俗风情；四是融古老的历史和现代景观为一体的人文景观，以古墓群、古寺庙、古岩画和古城堡为特征的名胜古迹众多，塔尔寺、柳湾彩陶、热贡艺术等文化渊源深厚；五是避暑胜地，夏季的青海气候凉爽宜人。

青海旅游发展呈现"四大旅游区"格局。河湟旅游区，以西宁为中心，有塔尔寺、瞿昙寺、西宁清真寺以及唐蕃古道遗址；青海湖旅游区，以青海湖为核心，生态旅游资源丰富，有鸟岛奇观、可野营、骑马、骑骆驼、访牧民等，茶卡盐湖则是风光奇特的"盐世界"；三江源旅游区，为长江、黄河、澜沧江源头所在区，有鄂陵湖、扎陵湖、措哇尕什则山及阿尼玛卿峰等；昆仑文化旅游区，以格尔木为中心，以昆仑山为核心资源，以寻根朝拜、文化旅游、观光购物、蒙古风情为旅游特色，有格尔木"万丈盐桥"、雅丹地貌、戈壁荒漠等。

2. 西藏旅游亚区

西藏自治区，简称"藏"，地处平均海拔 4000 米以上的"世界屋脊"青藏高原之上，面积122多万平方公里，西部和南部分别同印度、尼泊尔、不丹、缅甸、克什米尔等国家和地区接壤，国境线蜿蜒4000多公里，也是恒河、印度河、湄公河的发源地。西藏是中国重要的草原牧区，所产牦牛绒和羊绒广销国内外。与中国大部分地区相比，西藏空气稀薄，日照充足，是中国太阳辐射能最多的地方，日照时数也是全国的高值中心，如拉萨市的年平均日照时数达3021小时。

西藏是喇嘛教派的基地，也是中国近现代史上寺庙和教徒最多的省区，全区有大小寺庙2000余座，从西藏自治区的首府拉萨到漫布草原河谷的牧村农庄，随处闪映着寺庙的金顶灵光，五色经幡随风飘动，七尺法号暮晓长鸣，百处青烟袅袅飘升，那些大小不一的玛尼堆以及远道而来的朝圣者，映衬着远方亘古不化的冰峰，构成了一幅神秘、古朴、壮丽的画卷。

作为藏文化发祥地，境内辉煌的古刹、清澈的河流与湖泊、一尘不染峻峭的冰川雪峰、风光旖旎的草原、简朴古老的农牧方式以及藏民对宗教的虔诚，充满了带有神秘色彩的高原雪域情调。由于生态环境特殊，这里既有人迹罕至、被称为"无人区"的藏北羌塘，也有以妩媚迷人的南国风光著称的雅鲁藏布江河谷。沿青藏公路穿行藏北草原前往唐古拉山麓的纳木错，碧湖、雪山、蓝天、帐篷飘出袅袅炊烟，绿茵茵草地上白云似的羊群……西藏以"地球第三极"高原雪域风光、悠久的历史文化、富有鲜明藏民族特点及浓郁宗教色彩的民俗风情、保存完好古朴的藏传佛教等吸引着游人。

以打造"世界一流高原生态与藏文化特色旅游目的地"为引领，西藏旅游发展逐步形成"七区、四环、两走廊、一带、一个合作区"的格局，即以拉萨为发展核心，其中"七区"分别为拉萨历史文化中心旅游区、山南雅砻文化观光旅游区、日喀则珠穆朗玛高山生态旅游区、阿里神山圣湖旅游区、昌都香格里拉旅游区、林芝森林生态旅游区、那曲（藏北）草原生态旅游区。拉萨—江孜—日喀则—纳木错—林芝旅游线路，组合了西藏"小瑞士"、"香巴拉"雅鲁藏布大峡谷和原始森林、"红河谷"、历代班禅和达赖驻锡地等，极具吸引力。旅游节庆活动有拉萨雪顿旅游艺术节、那曲赛马会、西藏服饰节等。

第十节 华南旅游大区

包括广东省、福建省、海南省。大部分处于南亚热带—热带地区，气候热暖期长，尤其是海南岛及南海诸岛，漫长海岸线上多优质沙滩，是中国最著名的热带风光旅游地。该区虽然开发较中原地区稍晚，但因一些中原人避战乱南迁，使这里保留下许多古代中原文化，经过与当地文化融合，也形成了独具特色的客家文化。在近代史上，华南特别是广东一直是革命的策源地，留下众多的近现代革命遗址、革命遗迹、革命纪念性建筑物等。而自改革开放以来，又崛起了一大批诸如主题公园等现代旅游景观。该区是著名的华侨之乡，大批侨胞华裔散居世界各地，通过侨胞的探亲访问，该区广泛吸收外国文化，在很多领域包括园林、建筑等方面都显现出中外文化交融的痕迹。同时该区也是接待海外来华访问者人数最多的地区之一。

一、区域旅游特色

1. 南国风光

由于位于热带、亚热带地区，热量丰富，长夏无冬，春秋相连，雨量丰沛，台风频繁是该区主要的气候特征。植被终年常绿，耸立于海滨村落边摇曳多姿、高大的棕榈科树木，树干笔直高大，巨形叶聚集在不分枝的茎顶，构成热带特有的景观标志，盛产橡胶、咖啡、黄麻、香蕉、荔枝等，是中国热带经济作物的主要生产基地。冬季1月，正当北国千里冰封之时，该区平均气温仍在10℃以上，阳光明媚，百花盛开，一派旖旎的南国风光：热带雨林郁郁葱葱，藤蔓交错；海水中的红树林犹如海上森林，千姿百态；即使是在干旱的沙滩上，也有大片仙人掌呈现无限绿意；弯弯长长的沙滩边，树影婆娑的椰子树与碧水蓝天相辉映，景色格外秀丽，是中国避寒旅游疗养胜地。

南海诸岛大多属珊瑚礁和珊瑚岛，在热带海洋性气候条件下，岛礁上草盛林密，花艳果美，椰林、番木瓜、菠萝蜜、美人蕉、羊角蕉、野棉花等随处可见。在西沙群岛的海底世界，由于海水清澈，阳光可以照到水下30多米，形态各异的珊瑚把海底妆扮得像一个五彩缤纷的万花筒。绵延数公里，由珊瑚虫堆集成的珊瑚环礁中，栖息着翠斑珊瑚虾、腹鼓虾、红蝴蝶鱼等数十种色彩艳丽的珊瑚礁鱼，使这里俨然是一个神奇的海底动物园，也是潜水旅游者的乐园。

2. 温泉景观

高温多雨的气候加上地质构造运动，使该区成为地热资源丰富、温泉密集的地区，矿泉密度居全国前列。广东境内几乎各市县都有温泉，以从化、中山、丰顺、博罗、惠阳、龙川、和平等地最著名；福建发现温泉出露点100多处，福州、古田、漳州、长汀等地的温泉素负盛名；历史上的火山喷发也为海南留下许多火山群，火山地质景观极为丰富，温泉广布，有兴隆温泉、南平温泉、蓝洋温泉、七仙岭温泉、官塘温泉等。如海南琼海的官塘温泉，面积达20多平方公里，日流量达万吨，温度70～90℃，属含氟、硅、锶的低矿化度、低铁的氯化物重碳型热矿泉水，可用于医疗、沐浴；兴隆温泉地处万宁东郊，有泉眼十几处，含丰富的矿物质，水温四季保持60℃左右，蒸腾的水气带有淡淡的清香，沐浴其中，对皮肤病、关节炎和神经衰弱症等有治疗作用，附近还有兴隆热带植物园和东南亚风情村等休闲观光点。

3. 丹霞地貌

该区地形以山地、丘陵为主，经流水侵蚀切割和风化、溶蚀，形成了许多自然奇景。例如丹霞地貌，指第三纪红色砂岩、砾岩形成的岩溶峰林，其特点是赤壁丹崖，"色如渥丹，灿若明霞"，因最早发现于广东北部仁化盆地的丹霞山故名"丹霞地貌"。金鸡岭、武夷山、连城冠豸山、泰宁金湖等地也有典型的丹霞地貌景观分布。粤北的丹霞山为广东四大名山之一，也是最典型的丹霞地貌风景区，方圆180平方公里，锦江由北向南切割由红色砂砾岩构成的山地，形成20多座高差200~400米的丹崖临江拔起，碧水丹山，风光秀丽。福建武夷山以"曲曲山回转，峰峰水抱流；碧波千姿影，红岩座座桥"的碧水丹崖景观蜚声中外。泰宁金湖景区生态良好，为原始次生林所覆盖，青山绿水间随处可见丹崖悬瀑、古寺险寨、渔舟农舍和古木山花，是国内罕见的水上丹霞奇观。

4. 华侨之乡

华南地区是中国历史上旅外华侨最多的地区之一，福建还是80%台湾同胞的祖籍地。广东潮汕地区、梅州地区以及广州附近的新会、中山等县市，海南的文昌、琼海、万宁、琼山，福建的厦门、晋江、福清、南安等地，向以"侨乡"著称。众多的海外华侨是该区发展不可忽视的一个方面。如岭南园林不仅师法中国的北方园林和江南园林，近代又受外国构园方法的影响，造园时多用榕树、木棉、藤本植物，也具有热带、亚热带自然景观特征。以2007年6月入选世界文化遗产名录的"开平碉楼与村落"为例，虽然开平碉楼的历史最早可上溯到明末清初，但到20世纪二三十年代，特别是随着大量华侨回乡置业，开平碉楼出现了一个前所未有的鼎盛时期，碉楼最多的时候有3000多座，至今仍完好保存的有1833座。每年大量华侨、华裔、旅外华人回国观光、寻根探源、找亲访友，成为该区乃至全国旅游业的主要客源之一。

5. 妈祖文化

妈祖信仰以沿海（江）地区为甚。传说妈祖姓林名默，莆田湄洲湾北岸忠门乡港里村人，生平乐善好施，善观天象，熟悉水性，能预言吉凶，经常上山采药为人治病，尤其热心救助海难，28岁羽化升天，常显灵海上，帮助商人及渔民消灾解难。宋太宗雍熙年间（984~987年），在湄洲岛立庙祭祀。从宋代起至明、清，受历代皇朝褒封36次，封号从2字累加至34字，爵位从"夫人"、"天妃"、"天后"直至"天上圣母"，庙宇等级规模也从"庙"、"祠"、"观"上升为"宫"。莆田湄洲岛因传是妈祖诞生、生活、升天的地方，故在妈祖信奉者心目中,有着"东方麦加"的宗教地位,每年农历 3 月 23 日妈祖诞辰纪念日,成千上万的信徒蜂拥而至朝拜妈祖女神。

二、旅游分区

1. 福建旅游亚区

福建省,简称"闽",位于中国东南沿海,与台湾地区隔海相望,面积 12 万多平方公里,大陆海岸线绵延 3300 多公里,沿海岛屿 1200 多个。境内地势西高东低,除东部沿海平原外,西北部高山连绵,中部丘陵起伏,十之八九为丘陵山地,森林覆盖率近 63%,有"东南山国"之誉。福建置省始于元朝,取当时治内八州中的福州、建州之首字命名,谓之"福建",号称"八闽"。此前福建少有战乱,因之地理、气候条件良好,成为历代中原百姓避难移民之处,也是中国最早对外交往的基地和窗口之一,"海上丝绸之路"、"郑和下西洋"等均从这里扬帆启锚。

坐山面海的地理特征和中原各地不同阶段移民构成的族群,造就了福建独特的社会形态,文化的多元性表现得相当明显。闽西保存最完整的客家文化体系;沿海稀少的平原耕地与海洋出路促成了漂洋过海的移民潮和强烈的经商意识,造就了几乎与省内人口一样多的海外子弟。歌仔戏、能干灵巧的"惠安女"以及畲族风情……福建民俗多姿多彩。饮食文化上,乌龙茶之道首推福建,"功夫茶"天下闻名;闽菜自成风格,沙县小吃等各种地方小吃多不胜数。丰产的亚热带水果,繁盛的海产,精美的石雕、木雕、贝雕、漆器工艺品等,都体现出福建风物的华美。

福建风光以山海为主题,"山海一体、闽台同根、宗教多元、民俗奇异",使福建成为一个极具特色的旅游区。迷人的武夷仙境、浪漫的鼓浪琴岛、神圣的妈祖朝觐、动人的惠女风情、奇特的水上丹霞、神奇的福建土楼、光辉的古田会址、壮美的滨海火山、神秘的白水洋奇观、古老的昙石山文化等旅游品牌各具魅力。福州温泉旅游节、海峡旅游博览会、武夷山国际山·水·茶旅游节、妈祖文化旅游节、"海上丝绸之路"文化旅游节、龙岩客家欢乐节、沙县小吃文化节、红色圣地旅游节等节事活动丰富多彩。

福建旅游发展格局呈现"一区、两带、四群、四中心"格局。"一区"指海峡西岸旅游区;"两带"指东部蓝色滨海旅游带(宁德—福州—莆田—泉州—厦门—漳州)、西部绿色生态旅游带(武夷山—南平—三明—龙岩);"四群"指以武夷山为中心的闽北旅游产业集群、以福州为中心的闽东旅游产业集群、以厦泉漳城市联盟为基础的闽南旅游产业集群、包括龙岩和三明宁化在内的客家文化和红土地之旅的闽西旅游产业集群;"四中心"指福州、厦门、泉州、武夷山旅游中心城市。

妈祖朝圣之旅、"海上仙都"太姥山休闲之旅、世界建筑奇观客家土楼之旅、漳州水仙花之旅等多条主题旅游线适合假日旅游。

2. 广东旅游亚区

广东省，简称"粤"，位于中国大陆南部，北依南岭，南濒南海，蜿蜒曲折的海岸线长约 3000 多公里，北回归线横穿中部，面积达 17 万多平方公里，丘陵约占全省面积的 2/3，多红壤和赤红壤，有罗浮、西樵、鼎湖、丹霞等四大名山，"自古南粤形胜地"，是中国避寒旅游地之一。珠江三角洲地区土地肥沃，物产丰富，为著名的"鱼米之乡"，水果和热带作物在全国占重要地位，有"水果王国"美称。广东是历史悠久的华侨之乡，毗邻港、澳，对外开放早，深圳、珠海、汕头等率先在国内建立经济特区，经济繁荣，是中国旅游业最发达的省区之一。

秦朝以前，广东是越族人聚居之地，称为百越地；宋至道三年设广南东路，为今日广东省名之出处。境内近代史迹数量多、分布广，从鸦片战争起，历次革命斗争中的重要遗址等不胜枚举。顺德清晖园、番禺馀阴山房、东莞可园等岭南园林别具特色，近年来各开放城市的建设和发展也成为旅游吸引力之一。每年两次的广交会（中国进出口商品交易会）、广州美食节、阳江风筝节等节会盛事，丰富多彩。

粤菜用料广博，选料珍奇，如蛇馔，从蛇皮到蛇肉甚至蛇骨都被制成了可口且滋补的佳肴。浓羹与"先羹后菜"的饮食格局使得广东饮食文化独树一帜。广东人爱喝早茶的风气兴起于清代，茶点的制作十分精细，品种繁多。到遍布城乡的大小粤式茶楼、酒家品尝正宗的粤菜、茶点，去街头排档"漫吃"风味小食，最能体会"食在广东"的内涵。客家"围屋"民居、"功夫茶"等，名享中外。明快、活泼、悠扬、婉转的广东音乐，具有浓郁地方情调的《步步高》、《雨打芭蕉》等，深受游人欢迎。富有阳刚之气的舞狮表演也是广东节庆活动中最常见的表演项目。

广东旅游以广州、深圳为中心，呈现"一区四线"旅游格局。"一区"即珠江三角洲旅游区，以广州、深圳、珠海、佛山等为代表的珠三角旅游城市带，为目前中国最发达、最具活力的旅游区之一。"粤东线"，指潮州、梅州、汕头，以潮汕文化和客家文化、侨乡文化为特色；"粤西线"，以海岸为主线，滨海旅游资源丰富，包括湛江、茂名等滨海城市，以热带滨海观光度假著称；"粤北线"，北达韶关、仁化、九泷十八滩、"南宗祖庭"南华寺、丹霞山等，自然景观秀丽，休闲度假、观光考察、科考探险旅游魅力独具；"西江线"，有佛山祖庙、石湾美陶、肇庆七星岩、鼎湖山、南海西樵山、江门圭峰等，为生态、博古旅游区。

3. 海南旅游亚区

海南省，简称"琼"，地处南海之中，隔琼州海峡与广东相望，面积约 3.4

万平方公里,包括海南岛和西沙、南沙、中沙群岛的岛礁及其领海,海域面积约200万平方公里,约占全国海洋国土面积的2/3,是中国海洋面积最大、陆地面积最小的省,也是中国最大的经济特区和著名的侨乡。年平均气温22~26℃,气候宜人,凉爽的椰风吹散了盛夏的炎热,和煦的阳光温暖了冬季的大海,是中国最大的热带作物基地,盛产剑麻、油棕、咖啡、胡椒、椰子、菠萝等,橡胶产量占全国的60%,素有"天然温室、热带果园"的美称;野生动物资源丰富,有海南坡鹿、海南黑冠长臂猿、海南山鹧鸪、白鹳等珍稀生物,海域中盛产石斑鱼、海龟、龙虾等。

海南岛为中国第二大岛,面积3.38万平方公里,与美国夏威夷岛同处于一个纬度地带,由于开发较晚,自然环境保护较好,以"椰风海韵"享誉世界,有"南海明珠"、"东方夏威夷"之称。环岛长达1618公里海岸线上多优质沙滩,岸边绿树成荫,海水温度18℃~30℃,空气清新,海水湛蓝,沙白如雪,是开展海水浴、日光浴、海上摩托艇、游船、帆板、垂钓、潜水、沙滩体育运动的理想场所。因海水清澈见底,各种美丽的珊瑚、色彩斑斓的热带海鱼等海洋生物繁多,也是潜水胜地。

因古代曾是一个蛮荒之地,海南也成为封建帝王流放"逆臣"的地方,许多大臣被贬谪到了这里,至今保留着五公祠、海瑞墓、琼台书院、东坡书院、李纲庙等历史胜迹。黎族是海南的土著民族,船形屋、黎族筒裙、竹筒饭、农历"三月三"节日等,浓郁古朴的民俗民风受到游人青睐。海南国际椰子节、儋州中秋歌节、海南岛欢乐节、南山长寿文化节等盛会,以及众多的椰雕、贝壳、水晶、珍珠、玳瑁系列民族工艺品以及黎锦、海产干货等,引得游人长久驻足。

作为中国最大的经济特区,海南省正在大力推进国际旅游岛建设。海南旅游发展格局大致分为东、中、西三条线路。"东线"指东海岸海滨旅游风景线,是海南黄金旅游热线,包括海口、文昌、琼海、万宁、陵水、三亚等,海口和三亚是分居北、南的两个旅游中心城市。"中线"即黎、苗民族风景线,有七仙岭、五指山等景区,可参观民族博物馆、民族风情寨,品尝地方特色餐饮,参加民族节庆活动。"西线"为西海岸原始森林风景线,绝壁幽谷、密林险滩等受到探险旅游者的青睐,如尖峰岭、坝王岭林区,原始热带雨林蔓藤缠绕,行走其间须用砍刀开路。

第十一节　西南旅游大区

　　包括云南省、贵州省、广西壮族自治区，地跨云贵高原、广西丘陵盆地，是中国地势起伏最大、地貌类型最多的地区之一，气势磅礴的高山峡谷与高原、盆地、丘陵、平原、海岛相间，发育典型的岩溶景观广泛分布，尤以各种美感形态的"峰林、奇石、碧水、幽洞"称雄。动植物资源丰富，保留许多濒危的珍稀物种，拥有中国最具特色的自然保护区。该区也是中国少数民族聚居区之一，浓郁的民俗风情令人陶醉，是中国民族旅游发展最具潜力的地区之一。

一、区域旅游特色

1. 神仙洞府

　　中国西南地区石灰岩分布面积广、厚度大、质地纯，在新构造运动和湿热气候条件下形成的喀斯特（岩溶）地貌发育最好、类型最全，无论类型的丰富性、发育过程的复杂性、景色的优美性等都属世界罕见的石林、峰林、峰丛、天生桥以及溶洞、瀑布、喀斯特湖等，大自然鬼斧神工成的奇观异景，宛似神仙洞府，美不胜收。进入地下世界，溶洞中千姿百态的钙质沉积形态——石钟乳、石笋、石柱、石花、石幔、石瀑布等琳琅满目，构成了奇特瑰丽的喀斯特风景线。

　　云南路南、宜良、罗平、个旧的石林风景以及建水燕子洞，贵州织金洞、龙宫洞、红枫湖、荔波樟江、马岭河峡谷等，均是享誉中外的岩溶景观。而广西盆地周围的峰林，尤以漓江沿岸最典型，"无山不洞，无洞不奇"，一江碧水两岸，"千峰环立"，地面峰林千姿百态，地下溶洞内石钟乳、石笋、石幔、石柱、石花等琳琅满目，景象万千，素有"漓江山水甲天下"美称。岩溶地区多瀑布，密布全区的珠江、长江和三江（澜沧江、怒江、沅江）水系，形成了黄果树、红滩、冷水滩、十丈洞等名瀑，皆为旅游胜地。

2. 民族风情

　　西南地区各少数民族大多能歌善舞，民族风情别具一格，节日庆典活动终年不断，有"大节三六九，小节天天有"之说。壮族的"歌圩节"，彝族的"火把节"，白族的"三月街"、霸王鞭舞，傣族的"泼水节"，苗族的芦笙舞、走寨"踩月亮"，阿昌族的"会于"，傈僳族的"刀杆节"，水族的"端节"，侗家有客必敬的"打油茶"，瑶族的"盘古王节"及舞姿优美、鼓影纷飞的长鼓舞等各具特色。如贵州凯里东南 27 公里处的朗德上寨是一个有着百户人家的苗族村寨，依山傍水，茂林修竹衬托着古香古色的吊脚楼，村民身着盛装在寨门口以醇香的"拦路酒"和动人的"敬酒歌"迎接客人，"拦路"少则三道多则十二道，吸引众多游客。铜鼓坪上"踩铜鼓"、"青年芦笙舞"等民俗活动别具情趣。

西南地区淳朴的民风习俗以及历史进程不一的独特地域文化，对游人极具吸引力。如云南的民俗风情丰富多彩，"云南十八怪"可谓概括了当地诸多奇闻逸趣：鸡蛋用草串着买，粑粑饼子叫饵块，三只蚊子炒盘菜，石头长到云天外，摘下草帽当锅盖，四季衣服同穿戴，种田能手多老太，竹筒能做水烟袋，袖珍小马有能耐，蚂蚱能做下酒菜，四季都出好瓜菜，这边下雨那边晒，茅草畅销海内外，火车没有汽车快，娃娃出门男人带，山洞能跟仙境赛，过桥米线人人爱，鲜花四季开不败。

3. 生物乐园

西南旅游大区是中国第二大林区，植被覆盖率高。温暖湿润的气候对植物生长十分有利，加之该区地形复杂，环境差别大，也为多种动物的生存提供了栖息繁殖的环境。橡胶、咖啡、金鸡纳、油茶、漆树、烟、杜仲、贝母、大黄等是该区重要的经济林木、经济作物和药用植物；菠萝蜜、西番莲、菠萝、杨桃、山竹、香蕉等水果种类繁多；该区还栖息着金丝猴、小熊猫、大鲵、绿孔雀、水獭等珍稀濒危动物；花的品种更是多不胜数，鲜花有时甚至覆盖整个山头，大有"日出山花红胜火"之势。该区堪称天然的动植物园，具有较高的科学价值和独特的景观观赏价值。

如位于滇西北的"三江并流"地区，虽仅占中国国土面积不到0.4%，却拥有全国20%以上的高等植物和全国25%的动物种数。由于未受第四纪冰期大陆冰川的覆盖，加之区域内山脉多为南北走向，因此成为欧亚大陆生物物种南来北往的主要通道、避难所和生物群落最富集的地区，栖息着滇金丝猴、羚羊、雪豹、孟加拉虎、黑颈鹤等77种国家级保护动物，以及秃杉、桫椤、红豆杉等34种国家级保护植物。每当春暖花开之季，绿毯般的草甸、幽静的密林、湛蓝的湖边，到处是花的海洋，可以观赏到200多种杜鹃、近百种龙胆、报春及绿绒马先蒿、杓兰、百合等野生花卉，有"天然高山花园"之称。

4. 生态之冠

该区地形地貌十分复杂，由于地势的反差极大，加上地理纬度偏低，气候与生物垂直分异现象明显。从海拔仅76.4米的镇南河口（热带河谷）溯向高达6740米的滇西北德钦梅里雪山主峰卡格博峰（高山雪峰），云贵高原以平均每公里6米的节律抬升着，宛然一座葱绿的九百里天梯。"一山有四季，十里不同天"，受低纬度高原特殊地貌的影响，山巅处冰雪茫茫，山谷里植被葱郁，几乎包揽了中国从海南岛至黑龙江的热、温、寒三带共存的所有气候类型和自然景观，从南到北，由低而高，既有热带雨林景致，也有北半球纬度最低的雪山冰川，为多种生物的生存提供了栖息繁殖的环境，因此动植物资源十分丰富，保留有许多濒危的珍稀物种。

该区建有中国最具特色的多个自然保护区，从西双版纳的热带和南亚热带森林生态系统保护区，到哈巴雪山的寒温带针叶林生态系统保护区，几乎囊括中国所有的生态环境类型。著名的自然保护区有：贵州梵净山自然保护区（保护灰金丝猴、珙桐等珍稀动植物及自然生态），云南景洪勐养自然保护区（保护热带季雨林、大象、野牛、犀鸟等），广西花坪自然保护区（保护银杉及亚热带常绿阔叶混交林），广西弄岗自然保护区（保护蚬木、白头叶猴及岩溶峰丛山地森林自然生态）等。

二、旅游分区

1. 云南旅游亚区

云南省，简称"滇"，地处中国西南边陲、云贵高原之上，平均海拔2000米，面积39万平方公里，与缅甸、老挝、越南接壤，国境线长4000余公里。山地高原约占全省面积90%以上。战国时期，这里曾是滇族部落的生息之地；唐、宋时分属南诏和大理国。在这块"彩云之南"风光旖旎的红土地怀抱里，聚居着彝、白、傣、苗、壮、瑶、景颇、独龙、拉祜、傈僳、纳西、哈尼等少数民族，多姿多彩的民俗风情构成一幅绚丽画卷。

云南境内地形复杂多样：石林、土林、沙林与茂密的原始森林共存；宏伟壮观的地热火山与晶莹的冰川雪峰比肩而立；滇西北"三江并流"地区，金沙江、怒江、澜沧江几乎并肩而流170多公里，穿越担当力卡山、高黎贡山、怒山和云岭等崇山峻岭，形成世界罕见的"江水并流而不交汇"的奇特自然地理景观……独特的地理环境使得云南生物种类丰富，仅高等植物就有1.8万种之多，素有"动植物王国"、"花卉之乡"美誉。早在19世纪，英、法、美、奥、瑞士等国的植物学家先后到云南大量采集植物标本，搜集花卉种苗，现在欧美等国争相培植的杜鹃、报春、山茶、兰花、百合等大多源自云南。

"七彩云南，旅游天堂"。滇西北的虎跳峡，气势磅礴；险峻的怒江大峡谷，长310公里，平均深2000米，比美国科罗拉多大峡谷还要深；玉龙雪山、哈巴雪山、梅里雪山的陡峭险峰，突兀壮观，是探险家的最爱；丽江古城沉浸在东巴文化和纳西古乐的熏陶中；滇西南的西双版纳以原始热带雨林风光著称；滇东南"文献名邦"建水，把文化的内涵砌进了古城的斗拱飞檐，山坳中哈尼人世代耕种的梯田层层叠叠，从山脚盘旋到山顶级数高达3000多级，气势恢弘，形成一道亮丽的风景线；每到3月，罗平金灿灿的油菜花烂漫于山间田野，无边无际……

云南旅游发展格局可概括为"六大旅游区"。滇中以昆明为中心的大昆明国际旅游区，包括抚仙湖、元谋土林等景区；滇西北以大理、丽江、迪庆等为核心的香格里拉生态旅游区，以苍山洱海、白族风情、丽江纳西族文化、玉龙雪山、泸沽湖母系社会遗风等享誉世界；滇西南以西双版纳、思茅等为依托的澜沧江—湄公河国际旅游区，旖旎的热带风光和浓郁的傣族风情最吸引游人；滇西以保山和德宏等为中心的火山热海边境旅游区，有腾冲地热火山奇观、瑞丽江—大盈江风光；滇东南以红河、文山为依托的喀斯特山水文化旅游区；滇东北以昭通为主的红土高原旅游区。

2. 贵州旅游亚区

贵州省，简称"黔"，位于中国西南腹地、云贵高原东部，面积达17万多平方公里，平均海拔约1000多米，山地和丘陵约占总面积90%以上，层峦叠嶂，地势起伏大，冬春多阴雨，平均每天只有3~4小时能见到阳光，是全国年阴天日数最多的省份，自古就有"地无三尺平、天无三日晴"之说。众多的湖泊也给贵州这个山区省增添了几分妩媚，"山多水多耕地少"，拥有典型的喀斯特地貌（约占总面积60%以上），不仅形态齐全，且几乎包括了除冰川喀斯特以外的所有类型，自然风光奇特秀丽，原始古朴，素有"天然公园省"美称。

贵州有苗、侗、布依、彝、水、土家族等，是一个多民族聚居区，其中苗、侗族为贵州人口最多的两个少数民族，有"苗岭侗乡"之誉。与西南其他省区相比，贵州的少数民族风情更具原始、古朴、神秘的特色，至今仍保留着千百年沿袭下来原汁原味的民族文化和生活习俗。无论是鳞次栉比的苗家吊脚木楼、布依石头寨、侗家鼓楼和风雨桥还是精湛的银饰花带、绮丽的挑花蜡染、多彩的民族服装，无论是侗族大歌、傩戏歌舞、芦笙、铜鼓还是壮观的斗牛大赛、惊险的上刀梯、下火海等，纯朴的风俗画卷、浓郁的民族风情犹如醇香的美酒令人沉醉。

由于地形复杂，"一山有四季"，气温的垂直变化十分明显，贵州有梵净山、赤水桫椤、茂兰等国家级自然保护区，百里杜鹃、竹海等国家森林公园。壮丽的山水风光、多彩的少数民族风情和厚重的历史文化，使得贵州旅游独具魅力。民族节日和集会丰富多彩，如贵州酒文化节、杜鹃花节、蜡染艺术节、安顺油菜花旅游节、台江·贵州苗族姊妹节、侗族的"祭牛神"、彝族的"火把节"、苗族侗族服装文化节。贵州茅台酒、安顺蜡染、苗族芦笙、凯里斗牛等驰名世界。

全省可划分"四大旅游区"。贵阳旅游区，以贵阳市为中心，有花溪、黔灵公园、甲秀楼、弘福寺等景区。黔西旅游区，旅游热线有黄果树瀑布—龙宫—安顺—红枫湖—织金洞—马岭河峡谷，以观赏岩溶地貌景观和领略布依、苗族民俗风情为主。黔东南旅游区，民族风情游热线为贵阳—凯里雪山苗寨—车江侗寨—黎平地坪风雨桥和侗寨风情游、生态游线为都匀—三都—荔波樟江。黔东北旅游区，访古和生态游线为镇远古城—潕阳河—梵净山；革命史迹寻踪游线为息烽—遵义—茅台—赤水，以观赏中国工农红军长征文化和酒文化为主。

3. 广西旅游亚区

广西壮族自治区，简称"桂"，地处中国西南边疆、北回归线两侧，南濒北部湾，与越南为邻，总面积23万多平方公里，蜿蜒的海岸线长1500多公里，是西南地区的出海门户。属亚热带气候，长年雨量充沛，植被四季常青，或参天匝地，或摇曳婆娑，有"绿色宝库"之称。境内地势四周高中间低，山地和丘陵约占总面积76%，喀斯特地貌景观广布，山清水秀，洞奇石美，"桂林山水甲天下"便是其代表性奇葩，古往今来慕名者络绎不绝。漫长的海岸边，海水碧蓝，沙滩洁白，以北海银滩为代表的亚热带滨海风光资源独特。

早在距今2万～3万年前的旧石器时代晚期，就已有"柳江人"、"麒麟山人"在这里活动，壮族先民的花山壁画、与都江堰齐名的兴安灵渠、桂林的王城陵墓、凭祥的雄关炮台以及大批的古桥古塔、祠庙殿阁、碑刻摩崖等，无一不在述说着广西的悠久历史。广西聚居着壮、瑶、苗、侗、仫佬、毛南、京族等少数民族，其中在中国少数民族中人口最多的壮族约占全区总人口的1/3，占全国壮族总人口90%以上。丰富多彩的节庆活动有壮族的"三月三"歌节、苗族的"踩花山"和芦笙节、瑶族长鼓舞等，热闹的民族歌舞表演、淳朴多彩的民俗风情令人流连。

广西旅游以桂林山水、北海银滩、民族风情、边关揽胜等为特色。以桂林—阳朔为代表的喀斯特峰林地貌遍及各地；以壮族为主的多民族聚居区，古朴浓郁的少数民族风情与山水景观交相辉映，壮族"歌仙"刘三姐的故乡每逢节日及重大节庆活动都以唱山歌方式互相交流，传情达意，素有"歌海"之称；被誉为"中国第一滩"、"南方北戴河"的北海银滩，为国家级滨海度假地；广西的陆界国境线长637公里，可开展边境旅游。南宁国际民歌艺术节、中国（桂林）国际摄影节、柳州国际奇石节、北海国际珍珠节、崇左边关节等旅游节庆活动独具特色。

广西旅游发展呈现"一个旅游龙头、两条黄金旅游带、八大旅游区"格局："一个旅游龙头"即指桂林市；"两条黄金旅游带"指桂林/贺州—柳州—河池—来宾—南宁—钦州、防城港—北海和梧州—玉林—贵港—南宁—百色/崇左；"八大旅游区"指各具魅力的大桂林山水文化旅游区、南宁壮乡绿城会展商务旅游区、德天跨国大瀑布旅游区、环北部湾滨海跨国旅游区、百色大天坑群旅游区、大瑶山生态民俗文化旅游区、桂东宗教历史文化旅游区、左右江红色旅游区。

第十二节　港澳台旅游大区

包括香港特别行政区、澳门特别行政区、台湾省。位于中国南部沿海地区，由于历史原因，该区在政治、经济制度，社会、文化形态等方面与内地有着显著差异，加上优越的区位条件，形成一个极富特色的旅游区域。

一、香港旅游亚区

香港特别行政区，简称"港"，位于南海之滨、珠江口东侧，北与深圳为邻，东濒大鹏湾，西隔珠江口与澳门相望，由于地处太平洋与印度洋航运要冲，有优良的深水海港，已发展为世界第三大货柜港，也是东南亚海、空交通枢纽，亚洲及太平洋地区重要的金融、轻纺、贸易、旅游和通信中心之一，号称"东方之珠"。面积约1104平方公里，包括香港岛、九龙半岛、新界及附近230余个岛屿。"香港"一名始于明朝，因转运东莞出产的香木而得名。从1842年起，香港地区被清政府陆续割让给英国，1898年英国强行租借"九龙界限街以北，深圳河以南及附近岛屿的新界，租期九十九年"。1997年7月1日回归中国，设立香港特别行政区，实行"一国两制"。

香港地少人多，是全球人口密度最高的城市之一，超过150米的摩天大楼有200余栋，全球最高的100栋住宅大楼中，香港约占一半。香港文化呈现东、西方文化并蓄的多元化特征。香港有黄大仙祠、天后庙、关帝庙、圆玄学院等庙宇道观360余处，基督教堂、天主教堂、回教清真寺等共约300家，人文景观可谓中西合璧。

香港被誉为"动感之都"，现代气息浓郁，以繁华的都市风情吸引着游人。如中环地区为香港的金融中心，银行、商行、股票交易所、酒店等现代化建筑鳞次栉比；入夜后维多利亚港两岸高楼大厦林立，万家灯火与渔船、邮轮、观光船、万吨巨轮及鸣放的汽笛声相互辉映，交织出一幅美妙的海上繁华迷人景致。虽然香港本身旅游资源十分有限，但由于地理位置优越、交通运输便捷、特定的贸易政策以及兴建了大量人工游乐设施，开展了丰富多彩的旅游活动，旅游业已成为香港的经济支柱之一，被誉为"观光者的乐园"，并成为亚太地区著名的旅游中心，以购物旅游、美食旅游、盛事与庆会旅游、文化与观光旅游等著称。

1. 购物天堂

1942年6月7日英国宣布香港为自由贸易港起，对香港商业贸易进行保护，一直采取免税或低税政策。除少数商品如烟草、酒精、甲醇和若干碳氢油类征税外，其他商品均可免税进口，因而世界各国最新商品云集香港，款式新颖，价格比其他地区便宜，香港被誉为"亚太地区的百货总汇"、"旅游购物天堂"、"世界商品橱窗"、"万国市场"等。

香港商店货多、质优、价廉，有大小商号数万家，既有格调高雅的大型商场、百货公司和连锁店，也有路边市场，旅游购物主要以服装、电子器材、玩具、钟表、钻石、世界各地的名牌商品等为主。中环、铜锣湾、尖沙咀和旺角一带大型商场、百货公司和连锁店鳞次栉比，是游客最集中的购物区之一。除了大型商场，香港还有很多可以淘宝的街头露天市场，赤柱市场布满手工艺品和古董的大小商铺，庙街有"男人街"之称，旺角通菜街则是有名的"女人街"。

2. 游乐中心

香港人工作紧张繁忙，街上随处都是匆匆赶路的行人。香港的地下铁路、海底隧道是世界上最繁忙的交通网络之一。香港人在紧张工作之后需要一个放松的环境，这也造就了香港发达的娱乐业。香港的人造景观多而富有魅力，有香港迪士尼乐园、香港太空馆、宋城、百鸟居、恐龙馆、赛马博物馆以及全长440米以香港艺术馆东侧为起点的星光大道等。夜幕低垂后，香港的城市脉搏仍在不停跳动，夜生活多姿多彩，尤其在九龙的尖沙咀、油麻地与旺角，香港岛的中环、湾仔及铜锣湾，如潮的人群穿梭徜徉于各类音乐厅、夜总会、酒廊之间，是一个真正的"不夜城"。漫步星光大道，在从容地欣赏维多利亚港景色、香港岛沿岸特色建筑，观看众多明星、导演留下的手印的同时，还可观赏全球最大型的灯光音乐汇演《幻彩咏香江》。

3. 盛事庆会

近年来，香港陆续兴建了许多大型文化艺术活动中心，并利用其特殊地位和有利条件，经常举办一些国际性和地区性活动，如各种文化和体育表演、竞赛活动、商务或学术性会议、商品展览会等，以招徕吸引全球各地旅游者，有"亚洲盛事之都"的称誉。香港全年盛事不断，有香港艺术节、亚洲艺术节、香港国际电影节、中国剧艺节、香港食品节、香港国际龙舟节、香港万圣狂欢月、艺穗节、国际网球锦标赛、国际七人榄球邀请赛、国际六人木球赛等盛大节事。每年2月中旬至3月中旬的香港艺术节上，来自世界各地的知名艺术团体云集香港，带来整整一个月的精彩演出，包括舞蹈、歌剧、音乐会、话剧等。

4. 美食世界

香港食肆酒楼林立，各类中西餐馆超过1万家，"五步一楼、十步一阁"，号称"美食之都"、"美食天堂"。作为国际美食名酒中心之一，餐馆用餐环境和服务都属上乘，游客在香港可以品尝到世界各地的美酒佳肴，尤以中国菜肴最享盛名，有粤茶、京菜、沪菜、川菜、潮州菜、客家菜、台湾菜和斋菜等。西餐以法国佳肴美酿为主流，还有带着浓厚日尔曼民族色彩的德、奥、瑞三国烹饪，洋溢着地中海特色的意大利菜，极富拉丁浪漫情调的墨西哥菜，古朴雅致的日本料理，充满热带风情的南洋食品。美式牛扒屋、英式酒馆……吸引着越来越多的"食客"，海鲜、甜品、凉茶、粤菜烧腊、茶餐厅小吃等香港本地美食无一不被打上香港独特的印记，成为来港必尝经典。

香港主要游览胜地有迪士尼乐园、太平山顶、海洋公园、宋城、维多利亚公园、青马大桥、星光大道、金紫荆广场、兰桂坊、大屿山、深水湾、黄大仙祠、青松观、天坛大佛、香港历史博物馆、荃湾寺庙群等。璀璨的香港夜景，南丫岛、西贡、长洲等风格各异的离岛风情，苍翠静谧的郊野景色，同样拥有迷人的魅力，在喧嚣和繁华中透出别样风情。位于香港岛南部的深水湾、浅水湾等，均是良好的天然海浴场。乘坐天星小轮横渡海港，或是乘山顶缆车登上太平山顶，眺望灯火璀璨的维多利亚港迷人夜景，也是颇受游人欢迎的旅游项目。

二、澳门旅游亚区

澳门特别行政区，简称"澳"，位于南海之滨、珠江口西岸，北与广东珠海相连，东与香港隔海相望，相距仅60公里左右，由澳门半岛、氹仔岛和路环岛三部分组成，面积约32.8平方公里，地形以丘陵、台地为主，地势南高北低，平地多为填海而成，路环岛上的塔石塘山海拔172米，为澳门最高峰。澳门清属广东省香山县，16世纪时被葡萄牙殖民者借口曝晒水侵货物，强行上岸霸占；根据《中葡联合声明》，1999年12月20日，中国政府已恢复对澳门行使主权，并设立澳门特别行政区，实行"一国两制"。

澳门是一个自由港，奉行低税率政策，以出口加工业、旅游博彩业、建筑地产业、金融保险业为四大支柱产业。由于澳门半岛市区用地紧张，房屋大多沿山坡而建，许多山丘台地拓展成街道，共有大小900条之多，在狭窄街巷的两旁，高楼大厦林立，构成了一道独特的"城市峡谷"风景线。

澳门文化是东西方文化历经400多年交融与磨合的产物，众多的名胜古迹、中外建筑、街区小巷等散发着特有的迷人气息，既有传统的中国文化色彩，又有浓郁的萄国情调。"澳门历史城区"以澳门的旧城为中心，通过相邻的广场和街道串连起逾20个历史建筑，因其是中国境内现存最古老、规模最大、保存最完整和最集中的中西特色建筑共存的历史城区，2005年被列入《世界遗产名录》。澳门因其发达的博彩业素有"东方蒙地卡罗"之称，博彩带动了旅游业，众多的娱乐城、赛狗场等博彩娱乐业场所吸引着南来北往的游客。优越的地理位置、宜人的热带气候、发达的服务设施，以及特色的博彩活动吸引着众多游人，使澳门这座中国南海边的小城成为亚洲著名的旅游城市。

1. 博彩乐园

澳门以享誉世界的博彩业著称，多接待设施配套和管理现代化的娱乐城、赛马场、赛狗场等，与美国的拉斯维加斯、摩洛哥的蒙地卡罗并称世界"三大赌城"。澳门的博彩内容丰富，形式多样，有幸运博彩（百家乐/轮盘/牌九/角子机）、相互博彩（跑狗/赛马/回力球）、碰运气博彩（彩票）等，有葡京、凯悦、文华东方、威尼斯人度假村等多座赌场，一般摆设20种以上的赌具，从西式的轮盘赌、纸牌到东方古老的押宝、番摊、老虎机、骰子和麻将等，应有尽有。葡京大酒店内的赌场号称东南亚第一大赌场，24小时营业，其建筑外貌既似皇冠又似鸟笼，故被称为"雀笼"，因其接待设施配套、管理现代化而吸引众多"投注者"。

1965年葡萄牙政府颁布法令，规定澳门为游览区，并特准在澳门开设赌博娱乐设施，使之合法化，其博彩业税收在20世纪90年代初已高达60亿澳元，成为澳门政府最大的财政来源。虽然近年来，为了改变"世界赌城"的面貌，加强了以文化风采招徕游客的措施，但仍有大量旅游者是受博彩吸引而去。根据《澳门基本法》规定，1999年后澳门"保持原有的资本主义制度和生活方式，五十年不变"、"澳门特别行政区根据本地整体利益自行制定旅游娱乐业的政策"，澳门的博彩业继续存在和经营，在澳门经济中仍占有重要地位。

2. 宗教建筑

澳门开埠已有400多年的历史，是西方在亚洲东部的第一个主教区、最早的文化和宗教中心，基督教、天主教、佛教和伊斯兰教建筑众多，为世界宗教建筑最密集地区之一。现有大小庙宇40多座（澳门半岛有20多座，氹仔、路环两岛也有10多座），以供奉天后、观音、关公最为普遍，其中历史悠久的当首推妈阁庙、普济禅院、莲峰庙。农历春节，从除夕午夜开始，大批澳门居民纷纷涌向妈阁庙拜神祈福，在指定范围内鸣放爆竹和烟花庆祝，庙宇内外到处洋溢着欢乐祥和的气氛。而富有宗教色彩的行政区划更赋予澳门街景古老氛围，如澳门半岛的5个行政区，分别以花地玛堂、圣安多尼堂、望德堂、大堂和风顺堂等教堂名命名。

3. 中西文化之桥

澳门特殊的历史背景使中西文化在这里得以并存与和谐发展。澳门文化"中西合璧"，既积淀着中国传统文化底蕴，又洋溢着以葡萄牙和拉丁文化为主并吸收印度、马来、非洲及近代英美文化的异国风情。徜徉于颇具南欧风格的街区中，走在充满地中海色彩的卵石路上，仍可以重拾昔日的"葡风欧韵"。澳门节日多，每逢与宗教、习俗有关的传统节日，如"娘妈诞"、"醉龙醒狮大会"、"圣母花地玛出游"等，必定要举行形式多样的庆祝活动，或者在露天搭建的临时戏台上表演粤剧折子戏，或者在教堂内举行宗教弥撒及圣像出游等。农历端午节时，在新口岸、水塘角海面等处有龙舟竞渡，海面上龙舟飞驰，锣鼓震天，观者如潮，场面十分热闹。每年 11 月中旬举办的赛车比赛也热闹异常。

4. 度假胜地

与香港的繁华、喧闹相比，澳门环境幽静，楼房不高而异彩纷呈，车辆不多，无喧哗噪杂之声，是一座纤巧秀丽的亚热带滨海城市，素有"海上花园"之誉。氹仔岛、路环岛绿树成荫，沙滩广阔，中式的农村小屋与葡国色彩的建筑物错落相间，点缀在青翠的农田中，掩映在茂盛的松林里，与水上渔村和海滨浴场一起构成一幅恬静的图画，是度假的理想之地。此外，购物也是赴澳门旅游的乐趣之一，以珠宝金饰、工艺品、药材等最受欢迎。

澳门旅游景点著名的有大三巴牌坊、妈祖阁、大炮台城堡、普济禅院、玫瑰圣母堂、莲峰庙、松山灯塔、西望洋山顶主教堂、圣老楞佐教堂、白鸽巢花园、葡京娱乐场，还有黑沙湾、竹湾等优良海滩。澳门博物馆众多，有澳门博物馆、海事博物馆、大赛车博物馆、葡萄酒博物馆、邮政博物馆、宗教艺术博物馆、住宅博物馆等。各大博物馆作为凝固的澳门文化，散发着特有的迷人气息，成为澳门历经数百年风雨的见证。环岛游可以观赏到澳门美丽迷人的都市风光。

三、台湾旅游亚区

台湾省，简称"台"，位于中国东南海域，东临太平洋，南界巴士海峡，与菲律宾相隔约 300 公里；西隔台湾海峡与福建相望，是中国与太平洋地区各国海上联系的重要交通枢纽。台湾自古为中国领土的一部分，自清光绪十一年（1885年）闽台分治沿革至今，均称为台湾省，是中国第一个以岛称省的地方。总面积约 3.6 万平方公里（包括台湾当局控制的福建省金门、马祖等岛屿），由台湾岛、澎湖列岛、兰屿、绿岛、钓鱼岛、赤尾屿等大小 80 多座岛屿组成，其中呈纺锤形的台湾岛面积约 3.58 万平方公里，是中国第一大岛。

台湾，地跨北回归线，夏秋季节多台风暴雨，年平均气温 22℃，长夏无冬，植被四季葱郁，气候宜人，土地肥沃，盛产稻米、蔗糖和茶等，水果种类繁多，花卉产值也相当可观，有"米仓"、"东方糖库"、"水果之乡"、"森林之海"、"东南盐库"、"兰花王国"、"蝴蝶王国"、"珊瑚王国"、"鱼仓"等美誉，美丽而富饶，已形成以加工外销为主的海岛型工商经济。

台湾的山山水水被大自然的鬼斧神工安排得婀娜多姿，"山高、林密、瀑多、岸奇"，自古就有"美丽宝岛"之誉。早在清代之时，就以玉山积雪、阿里山云海、双潭秋月、大屯春色、鲁阁幽峡、清水断崖、安平夕照、澎湖渔火等"八景"著称。台湾的古迹史踪甚丰，尤以台南、鹿港为最，寺庙多，信徒亦多，是一个宗教信仰多元化的地方，其中香火最旺的当数妈祖庙，每逢农历三月妈祖诞辰，台湾各地870余间妈祖庙都会举办祭祀活动。

1. 海岛风光

台湾岛四面环海，海岸线长1140公里，其北部和南部的海岸被台风、海浪冲蚀形成海蚀地貌，千奇百怪，极富造型之美，构成一幅幅天然奇景。如野柳"女王头"，突起于斜缓石坡上高达2米，形似一位女王髻发高耸，微微仰首，美目远盼，面目轮廓端庄优雅，令人赞叹造化神工之美妙；西部海岸沙滩绵长，水清沙白，有很多理想的海滨浴场；东部海岸断层发育，如花莲县的清水大断崖，一面峭壁插天，一面俯临浩翰的大洋，景色极为壮观。

台湾岛周围的岛屿，如兰屿、绿岛、琉球屿及澎湖列岛等，又称"离岛"，好似散落在台湾海峡的珠玉，以明媚灿烂、风格炯异的离岛风光，加之各自特有的自然景色吸引着游客。例如澎湖列岛，有大小岛屿64个，为著名的渔港，一首《外婆的澎湖湾》将澎湖之美，传唱万里。入夜之后，渔船上和岸上的灯火与天空的繁星交相辉映，别具情趣，有"澎湖渔火"胜景。

2. 天然动植物园

台湾地处亚热带，气候温和，四季如春，适合各类植物的生长，植物类型复杂，参天的热带及亚热带林木四季葱郁，动植物资源十分丰富。据统计，森林面积约189万公顷，占全岛面积的52%，其中台北的太平山、台中的八仙山和嘉义的阿里山是著名的三大林区，木材储量达3.26亿立方米，树木种类近4000种，尤以台湾杉、红桧、铁杉、扁柏、樟、楠等著称，樟脑和樟油产量约占世界总量的70%。台湾花卉产值十分可观，兰花更是闻名中外，有上百种之多，著名的兰屿，即以盛产名贵的蝴蝶兰而得名。

台湾还盛产蝴蝶，已发现蝴蝶品种400多种，有"蝴蝶王国"的美誉。在台湾海域还能欣赏到27种被喻为"海洋精灵"的鲸豚，每年春分期间是鲸豚洄游太平洋海域的时候，届时前往东海岸赏鲸，将是一个充满"鲸"喜的假日行程：成群结伴的鲸豚在碧海中巡弋，尽情翻腾、跳跃、戏水，姿态之优美令人赞叹不已！

3. 火山胜迹

台湾地处亚欧板块和太平洋板块的接触带，为环太平洋火山地震带的一部分，近代火山地貌景观典型，地热资源丰富，有温泉100多处，水温在50～70℃，是中国温泉密度最高的省区，最负盛名的当数北投、阳明山、关子岭和四重溪温泉，号称"台湾四大温泉"。岛北部大屯火山群由16座锥状或钟状火山体组成，山上有直径达360米的火山口湖，有的火山口还在喷发硫气浓烟；区内远近驰名的马槽温泉具有爆裂口地形，是火成岩区温泉，属于酸性硫磺泉，分为青磺泉和白磺泉，半透明水质，温度约为60℃～90℃。位于台湾岛东南的太平洋中的绿岛，属火山岛，岛之东南有一罕见的海水温泉，水自海参坪南端的海底涌出，温度约40

℃，水质清澈，此处建有一个面积 10 多平方米的露天浴场，涨潮时被淹没，退潮时露出来，十分有趣。

4. 山水景观

台湾多山，中央山脉、雪山山脉、玉山山脉、阿里山山脉和台东山脉等五大山脉，竖卧于台湾岛中部偏东地区，形成东部多山脉、中部多丘陵、西部多平原的地形特征，是世界少有的热带"高山之岛"，山地面积约占全岛面积的 2/3，且山势陡峻，全岛 3000 米以上高峰多达 62 座。阿里山、玉山、阳明山、太鲁阁和雪霸公园等均以山地风景著称，还有避暑胜地梨山、翠绿秀丽的太平山、群峰错落的角板山、高耸入云的五指山、扼控南北的八卦山、佛教圣地狮头山、古朴清幽的旗山等。

由于雨量丰沛，台湾独流入海的大小河川有 600 条之多，长度超过 100 公里以上的有浊水溪、高屏溪、淡水河、大甲溪、曾文溪、乌溪等，且水势湍急，水力资源极为丰富。台湾多瀑布，尤以中部和北部山区最为集中，有乌来瀑布、蛟龙瀑布、蓬莱瀑布、乙女瀑布等，壮丽多姿。台湾最大的湖泊为日月潭，面积 900 多公顷，其余皆为面积数十公顷的小湖，如翠池、白石池、七彩池、鬼湖等，俱为胜景。

台湾大致可划分为"四大旅游区"。北部旅游区以台北市为中心，名胜古迹众多，有大屯火山群、阳明山、北投温泉、福隆海滨浴场、乌来瀑布、野柳风景区等；中部旅游区以台中市为中心，鲜明的湖山共融的自然风光最吸引游人，有玉山、日月潭、阿里山风景区等；南部旅游区以高雄、台南市为中心，有西子湾浴场、关子岭温泉、赤嵌楼、安平古堡、延平郡王祠、台南孔庙、享有"亚洲夏威夷"美誉的垦丁自然公园等；东部旅游区以花莲、台东市为中心，峡谷、海滨和离岛的自然风光演绎出别样风情。

复习思考题

1. 京华旅游大区的主要旅游特色是什么？并简述各旅游亚区的旅游发展格局。
2. 东北旅游大区的主要旅游特色是什么？并简述各旅游亚区的旅游发展格局。
3. 北疆旅游大区的主要旅游特色是什么？并简述各旅游亚区的旅游发展格局。
4. 中原旅游大区的主要旅游特色是什么？并简述各旅游亚区的旅游发展格局。
5. 西北旅游大区的主要旅游特色是什么？并简述各旅游亚区的旅游发展格局。
6. 江南旅游大区的主要旅游特色是什么？并简述各旅游亚区的旅游发展格局。
7. 皖赣旅游大区的主要旅游特色是什么？并简述各旅游亚区的旅游发展格局。
8. 华中旅游大区的主要旅游特色是什么？并简述各旅游亚区的旅游发展格局。
9. 华南旅游大区的主要旅游特色是什么？并简述各旅游亚区的旅游发展格局。

10. 青藏旅游大区的主要旅游特色是什么？并简述各旅游亚区的旅游发展格局。
11. 西南旅游大区的主要旅游特色是什么？并简述各旅游亚区的旅游发展格局。
12. 简述香港、澳门、台湾旅游亚区的主要旅游特色及旅游发展格局。

第九章 旅游开发的区域影响

【学习导引】

旅游是经济、社会、文化、地理等现象的综合反映，这一特性决定了旅游的发展必然会对旅游目的地和旅游客源地的社会、经济、文化与环境产生诸多影响。旅游业对区域发展既有积极的影响，如增加社会就业、增加经济收入、改善地方基础设施、保护名胜古迹、促使人们的思想观念进化等；也有消极影响，如出现通货膨胀、犯罪率上升、交通拥挤、环境污染等社会冲突增多等不良后果。"旅游具有双重性，一方面能够促进社会经济和文化的发展，另一方面也加剧了环境损耗和地方特色的消失。"因此，正确评价旅游开发的区域影响，采取有效措施把发展旅游的负面影响控制到最低，并促进旅游地可持续发展，具有极重要的意义。本章从经济、社会、文化、环境四个方面入手，主要探讨了旅游开发对旅游地的影响，并对区域旅游可持续发展问题进行了初步研究。

【教学目标】

1. 认识和了解旅游开发对区域经济的影响。
2. 认识和了解旅游开发对区域社会的影响。
3. 认识和了解旅游开发对区域文化的影响。
4. 认识和了解旅游开发对区域环境的影响。
5. 理解和掌握旅游可持续发展、生态旅游、低碳旅游、环境承载力等基本概念。
6. 认识和掌握区域旅游可持续发展的对策。

【学习重点】

旅游开发的区域经济影响；旅游开发的区域社会影响；旅游开发的区域文化影响；旅游开发的区域环境影响；旅游可持续发展、生态旅游、低碳旅游、环境承载力等基本概念；旅游可持续发展的主要对策。

旅游影响研究早在20世纪60年代就开始了,如从Doxey的"愤怒指数理论"到Smith的"主客关系理论",再到Mitchell的"旅游创造性破坏理论"等,研究方法和推导步骤不断成熟,实证研究层出不穷,并且成为旅游研究中一个范围广阔且意义深远的重要研究领域。早期的研究多是从单方面影响着手,如经济影响、环境影响、社会影响等,随着旅游业的发展和研究的深入,学者们开始认识到,单一的影响研究不足以全面认识旅游影响,开始转向对其进行综合研究。国内外学者从当地居民对旅游影响的感知视角对旅游影响进行研究,但由于发展旅游对不同利益主体影响的矛盾性、复杂性和不确定性,学者们开始从大系统观(a whole system perspective)的视角来重新审视旅游影响,开始趋向于用模型的方式来探讨。从学者们对旅游影响的研究成果来看,比较普遍采用的方法是问卷调查法和指标评价法,比较常用的分析方法有回归分析、Logit模型、方差分析、因子分析、聚类分析和结构方程模型。如Mitchell的"旅游创造性破坏理论"模型中的指标,不是随阶段的演化而线性发展,而是随各个阶段呈现不同的变化,如资本投资是随着阶段的发展越来越强,而保护由前商品化阶段到高级商品化阶段的增强,随后又逐渐减弱。总体来看,20世纪60年代的旅游影响研究着眼于旅游的正面效应,70年代关注其负面效应,80年代后开始站在一个公平的角度系统地看待旅游的影响,正如史密斯主编的《主人与客人:旅游人类学》(1989)再版时,明确地在序言中指出的那样:"旅游并非是许多社会文化改变的主要因素",但厚重的历史、政治和经济状况会对整体旅游发展过程施加巨大的影响。[①]

第一节 旅游开发的区域经济影响

一、旅游开发对区域经济的积极影响

现代旅游业是在世界范围内迅速发展的一个新兴现代产业,也是一个综合性服务产业,产业规模庞大,前景广阔,把"吃、住、行、游、娱、购"各个环节连为一体,提供"一条龙"服务,通过产业关联带动、吸纳就业等功能,推动和刺激经济增长和社会进步。近年来,随着中国经济的发展,居民可自由支配收入不断增加,旅游业已经成为增加国家外汇、扩大内需的重要支柱产业。中国拥有世界上最为庞大的国内旅游市场,而且发展势头强劲,各省区市对旅游业发展高

---

① Aas, C., Ladkin, A., Fletcher, J. Stakeholder Collaboration and Heritage Management[J].Annals of Tourism Research, 2005, 32 (1): 28-48.

度重视,纷纷出台促进旅游业发展的政策法规,截止到 2010 年底,全国已有 27 个省区市把旅游业作为支柱产业或第三产业的龙头。

旅游开发,其首要目的是取得一定的经济效益,"旅游促进发展"已成为世界各国的共识。旅游开发对区域的经济影响最为明显,主要影响旅游目的地区域的就业、财政收入以及区域的经济结构。

1. 增加国家的外汇收入

旅游业在服务贸易和对外交往中的地位显著。市场需求日益旺盛,而且经济越发达,社会越进步,需求越强烈。随着旅游者的流动,大量货币从客源地流向接待地,尤其是入境旅游,被称为"风景出口","留下的是脚印和货币,带走的是照片和回忆",就地出口换取外汇,并且其换汇率大大高于货物贸易,增加了外汇收入。旅游业可以说是最优秀的出口产业,因而非常有利于促进经济全面发展。

2. 促进市场繁荣与稳定

旅游业在现阶段对地方经济的贡献卓著,国内旅游作为一项消费活动,可以把居民手中的部分消费资金(货币)回笼到国家手中,既能减轻商品市场的压力,弥补商品供应的某些不足,起到抑制物价的作用,又能刺激旅游者新的需求,促进生产的发展,拉动经济增长。旅游业已经成为国家战略的重要组成部分,在扩大内需战略中发挥了重要作用,景区景点门票收入、宾馆饭店的客房餐饮收入、旅行社的服务性收入等,对旅游地经济的促进作用日益显著,已成为促进经济平稳较快发展的重要力量。例如,2000 年中国国内旅游人数达 7.44 亿人次,国内旅游收入 3175.5 亿元;2010 年国内出游人数达到 21 亿人次,国内旅游收入 12580 亿元。

3. 带动相关行业发展

旅游是一个关联度极强的产业,涉及交通、建设、财政、文化、环境等众多部门和行业,旅游的开发和建设是一个系统联动工程,需要很多相关部门乃至全社会的共同参加和合作。通过旅游产业内部各部门以及旅游业和其他产业之间的关联作用,可以为第一、第二产业开辟和提供新的市场。可以说,旅游业是天然的产业"孵化器":旅游业的发展带动和促进了酒店、餐饮、交通运输、建筑、商业金融、手工业、轻工业、工艺美术、文化、医药、邮电等部门以及为旅游业培养各类服务管理人员的旅游教育的发展,提高了区域经济水平,并因此扩大了就业,为旅游接待地提供大量的直接或间接的就业机会,有助于缓解社会就业压力。

二、旅游开发对区域经济的消极影响

旅游能创汇,能为东道主国家创收,能增加当地人口就业,旅游常常是政府收入的一个重要来源,这也许就是许多国家政府急于促使旅游业快速发展的主要原因,但旅游所带来的积极效果并不尽如人意。旅游开发对区域经济的不利影响主要体现在：有可能引起物价上涨，有可能影响产业结构发生不利变化，过重依赖旅游业会影响地区经济的稳定性等。

旅游经济具有脆弱性，它不仅受旅游业自身竞争的影响，而且极易受到多种外在因素的影响。一方面，旅游需求在很大程度上取决于客源地居民的收入水平、闲暇时间和有关旅游的流行时尚，而这些都是旅游接待国或地区所不能控制的；另一方面，旅游需求还会受到接待地区各种政治、经济、社会乃至某些自然因素的影响，例如气候反常、洪水、地震、雪崩、泥石流等自然灾害，战争、外交形势紧张、政治局势动荡和社会治安不良、恐怖活动严重、环境污染事件都会对旅游业产生冲击。一旦这些非旅游业所能控制的因素发生不利变化，不仅会使旅游需求大幅度下降，并且反应非常迅速，常令人猝不及防，波动幅度之大、波及面之广，使旅游业乃至相关产业都将严重受挫，尤其是第三产业收入迅速下降，从业人员面临失业，会造成严重的经济和社会问题。

第二节　旅游开发的区域社会影响

从单个的旅游地或国家来看，旅游业的迅速发展导致了社会结构的变化。这些变化中有些是有利的，如不断增加的收入、教育、就业机会、基础设施和服务；有些是不利的，如对社会和家庭价值的挑战、新的垄断组织的出现和迎合旅游需求的活动频繁等，还有对旅游地居民健康的影响、通货膨胀给居民带来的不便等。旅游对目的地的社会影响[①]远大于对客源地的影响（见图 9-1），主要表现为旅游地居民在价值观、个人行为、家庭结构、生活方式、道德观念、传统礼仪、社会组织等诸方面的变化，是"对人的影响"，是旅游地居民通过与游客的直接或间接的接触所受到的影响。

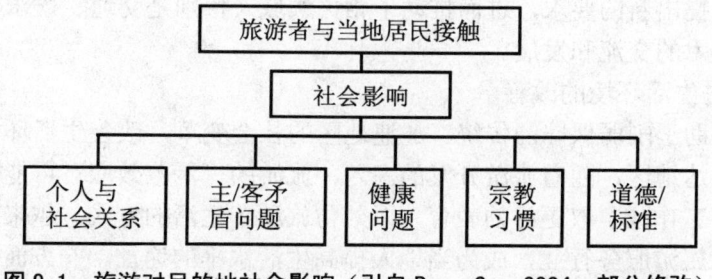

图 9-1　旅游对目的地社会影响（引自 Page, S., 2004, 部分修改）

---

① （英）佩吉（Page, S.）等著，刘劼莉等译. 现代旅游管理导论. 北京：电子工业出版社，2004：227.

一、旅游开发对区域社会的积极影响

1. 有助于扩大交流和增进国际间的相互了解

旅游活动是一种以不同国家和地区、不同民族、不同社会以及具有不同文化传统的人群之间的相互接触为其根本特征的活动，体现了各种社会现象的交叉和渗透，其沟通内容涉及甚广，几乎无所不包，因而成为人类最理想的沟通方式之一。现代旅游发展的规模空前庞大，无论是出游还是接待旅游者，都会彼此增进了解，扩大交流，从而消除一些社会、民族偏见。在特定情况下，通过这一途径甚至推动了国家之间的外交关系，旅游堪称积极的人民外交活动。

2. 有助于提高民族素质

旅游业的发展通常都会影响到目的地的人口数量，使当地人口数量保持稳定甚至增长，因为旅游所带来的新的工作机会一方面延缓了本地人口的外流，另一方面也吸引外来人口的加盟。对于落后地区而言，旅游的示范效应（尤其是当地年轻人最容易受影响）对提高人口素质、促进民族文化的保护和发展有积极作用。由于同外界交往的扩大，使人们开阔了眼界，增长了知识，通过模仿和学习，人们的行为举止、卫生习惯、经商意识都得到改善和提高。旅游者的喜爱会激发旅游地居民的民族自豪感，更珍惜自己民族的文化遗产，热爱自己的祖国和家乡，努力创造文明的社会环境，大力完善基础设施，加强对文物古迹的保护，促进民族手工艺的继承和开拓。旅游业对人才的需求也使得人们看到了知识的重要性，从而有益于增加对教育的投入。

3. 有助于推动科学技术的交流和发展

旅游本质上就是人类求知的一种活动，是人们了解大自然、洞察社会、探索奥秘的有效实践，寻求科学知识一直是旅游的主要动机之一。因此，旅游与科技交流从来都是密不可分的，即旅游活动开展的过程同样也是先进科技不断扩散的过程，旅游是科学研究和技术传播的重要手段。同时，旅游在发展过程中也不断对科学技术提出新的要求，进而推动了相关领域（特别是交通、娱乐、餐饮等领域）科学技术的交流和发展。

4. 促进生活环境的改善

旅游有助于削弱保守的传统，加速地区的社会变革，改善生活环境质量。特别是在不发达地区，随着旅游开发的深入，旅游的"示范效应"可能会激励当地人更加努力工作或争取更好的教育，以效仿旅游者生活的方式。越来越多的旅游地居民加入旅游服务行业，成为当地人提高生活水平的途径。一方面，来自先进地区的旅游者给不发达的目的地带来先进的意识，促进旅游地社会文明的进步；另一方面，旅游也是目的地树立良好形象的有效手段，是促进社会文明不断发展的有效途径。例如，新加坡之所以获得"礼仪之邦"、"花园城市"等美誉，就是通过旅游形成的，而这些美誉的传播又促使新加坡市民倍加珍惜已有的荣誉。

二、旅游开发对区域社会的消极影响

1. 给旅游地的社会稳定带来不良影响

大量蜂拥而至的外来游客和外来移民成为当地社区流动人口的主要成分，在一定时间内对当地社区人口总量变化有明显影响。由旅游带来的分工增加和随之出现的利益分配不均匀扩大了社会分层，拉大了社会贫富差距和当地社会分层系统的范围。

在旅游业的影响下，一些旅游地社区传统的工作、生活习俗会发生变革，包括就业观念、家庭结构、社区结构等内容在内的传统习惯会由农业经济向商业经济、旅游经济转化。特别是旅游业的发展会影响到当地的就业格局，因为从事与旅游相关的工作会取得更高的收益，吸引了众多当地的农业从业人员加入，使得农村地区的经济和社会结构发生变化。为了追求旅游者所显示出的较高水平的物质生活消费方式，就业和移民过于向经济效益好的地区和行业发展，进而引发了旅游地居民的国内或国际迁移，特别是年轻人流动性更强，家庭联系疏远了，会给当地的社会、经济以及家庭结构都带来许多不良影响。

据测算，旅游行业每增加1个直接从业人数，全社会的就业机会就会增加3~5个，因而许多国家尤其是发展中国家都把发展旅游业视为增加就业机会的重要途径之一。旅游业中的就业岗位层次多，特别是许多工作不需要很高的技术，从而为广大家庭妇女和尚无技术专长的青年提供了就业机会。然而，也正是因为这种工作不需要很高的技术，地位和薪水往往偏低。如在20世纪80年代后期，澳大利亚的旅游从业人员中有57%的员工是兼职或临时工，而在这些兼职员工中有70%是妇女，因此，旅游被批评为"妇女的集中营"。

旅游提供的工作机会使得妇女在经济上获得独立，提升了妇女在家庭以及传统社会中的地位，使得家庭内聚力产生变化，从而影响到家庭结构乃至社会结构的变化，甚至有时会导致家庭冲突和行为异常。另外，由于旅游工作的季节性、兼职以及临时性的特点，在旺季旅游从业人员异常繁忙，而到了淡季他们则赋闲在家无所事事，人们的工作和休闲时间的改变往往会对家庭内部关系产生负面影响。

2. 价值观转型和道德观退化

旅游者以其自身的意识和生活方式介入旅游地社会中，引起旅游地居民的思想变化，特别是旅游者在旅游地的行为往往是一种失真的高消费，对社区青年群体消费价值观影响十分深刻，会产生不良的"示范效应"，导致传统社会联系纽带的断裂和凝聚力的削弱。

道德观念是评判人们行为是非、善恶、美丑的思想标准,价值观是民族文化的核心。随着旅游的发展,受旅游者及其所带来的思想、文化冲击,以及旅游发展带来的经济利益驱使,旅游地的价值标准和道德标准可能产生变化,一些地区的文化价值观出现了明显的退化甚至遗失,在一定程度上影响了社会秩序的安定,使当地的社会风气恶化,最明显的是原来热情、好客、勤劳、简朴、平等无私的民族精神被削弱,给人一种人心不古、民风日下的恶劣印象,不利于原社会形态的持续,削弱了其社会动态的独特性,因而也降低了其旅游吸引力。

例如,云南西双版纳地区的傣族人,与人交易时一贯注重坦诚无欺、公平交易,然而在游客蜂拥而入购买傣族工艺品的刺激及外地商人经商方式的诱导下,许多村寨的傣族年轻人开始背离本民族的道德规范,常将伪劣工艺品高价出售给游客以牟取暴利,不仅损害了游客的利益,也造成了十分恶劣的社会影响。

旅游的"示范效应"、"新殖民主义"被认为是改变目的地价值观的主要原因。一方面,旅游发展带来的巨大经济、社会效益,使得旅游地把优先权让给旅游,把国土、资源等让给外来的旅游投资者和经营者;另一方面,受旅游者生活方式的影响,旅游地部分人生活开始腐化,吃喝玩乐成风,滋长了不健康的思想,甚至导致部分人丧失国格和人格,丧失应有的民族气节,形成了对旅游经济过度依赖等奇特的"新殖民主义"现象。

3. 犯罪、嫖娼、赌博等社会问题加剧或出现

在大多数情况下,旅游者是犯罪的牺牲品,旅游者作为目的地的陌生人,他们的穿着打扮和行为方式与当地人截然不同,他们比当地居民更容易成为犯罪实施的对象。大众旅游是使旅游招致犯罪袭击的原因之一。旅游业的快速发展可能会超过当地人的期望,并且会慢慢脱离当地社区的控制,失去了控制权的居民就会对旅游者产生一种敌对情绪。而大众旅游的特点也进一步激化了这种矛盾:人们在旅行社的组织下,有计划地往返于旅游景点与饭店之间,几乎没有与当地居民接触的机会,使双方缺乏必要的沟通、了解。

旅游者有时也是犯罪的实施者。尽管"色情、酗酒、抢劫皆因旅游业而起"的说法是片面的,但应承认旅游业同一些社会问题的出现和蔓延确有密不可分的关系。少数旅游者在旅游地责任约束的松弛和道德的弱化会导致旅游地色情、抢劫、盗窃、吸毒、诈骗、赌博、走私、贩毒等犯罪现象的增多以及不良社会现象的滋生和蔓延,败坏社会风气,严重影响了接待地社会秩序的安定。

4. 干扰目的地居民的生活

大量旅游者的到来以及为接待旅游者而提供的各项服务,必然冲击当地正常的社会秩序。研究旅游地居民对旅游业发展的态度是近期国外研究旅游业社会影响的主要课题之一,如有学者研究发现,经济和旅游业发展水平较低的地区的居

民对旅游业发展抱有强烈愿望；经济和旅游业发展水平都较高地区的居民，从旅游业发展中得到了实惠，对旅游业发展一般持积极态度；经济发展水平较高、旅游业发展水平较低的城镇居民经济相对比较富裕、稳定，对旅游业发展必要性认识比较淡漠；经济发展水平低、旅游业发展水平高地区的居民认为没有从旅游业发展中得到较多的益处，对旅游业发展一般持不积极态度。

旅游地居民对旅游的态度差异与当地居民从旅游业中的受益程度密切相关。Doxey 提出目的地居民对旅游态度的变化规律为从热情、冷漠、厌烦到最后的怨恨。一般情况下，旅游业发展之初，旅游地居民常以欢迎和支持的态度对待投资者和游客；随着大批游客的出现，特别是当旅游人数超过一定的限度后，使旅游地变得拥挤不堪，旅游者的活动挤占了当地居民的生活空间，使生活物品的供应趋于紧张，造成交通拥挤、物价上涨、环境变脏等，给当地居民生活带来诸多不便，降低了当地居民的生活质量，当地居民对旅游业发展持消极态度，开始出现不满甚至发展到对抗程度。旅游引发的主客矛盾是不容忽视的社会影响。

旅游对世界和平的影响是近期旅游业社会影响研究的又一重要课题，目的在于考察旅游能否成为一些传统的不友好国家人们态度转变的媒体。米尔曼、赖歇尔和皮桑研究以色列游客访问埃及的情况，皮桑、米尔曼和加法里研究了美国游客访问前苏联的情况，P. G. 阿纳斯塔索洛斯研究了希腊游客访问土耳其的情况，结果3项研究都表明，旅游并没有使以色列、美国和希腊游客对相应国家的态度有明显好转（此研究结果对非常流行的观点"旅游是和平的媒体"提出了质疑）。

第三节　旅游开发的区域文化影响

旅游过程是一种文化交流的过程，当具有不同文化背景的客人（旅游者）与主人（当地居民）接触时，必然产生文化之间的交流和沟通。不同国家之间存在着文化差异，而追求文化空间上的差异性正是促使人们前往他国旅游的动因之一。大多数旅游者都对其他民族的文化表现形式，如美术、音乐和舞蹈、手工艺制作、饮食、文学与语言、宗教等很感兴趣。旅游正是通过旅游者与当地居民的接触，对目的地文化发生着或多或少的影响。（见图9-2）

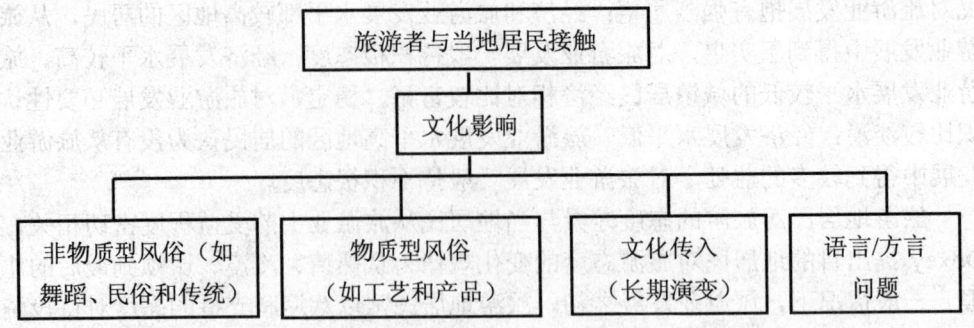

图 9-2 旅游对文化影响（引自 Page, S., 2004）

一、旅游开发对区域文化的积极影响

1. 促进旅游者和旅游地居民的跨文化交流

文化一直被认为是旅游的核心。越是民族的东西越具有世界性，旅游者对不同民族文化了解的渴求提高了旅游地保护历史文化的自觉性，加深了当地居民对于本土文化的自豪感，促使政府采取保护、开发、利用的一体化措施，使得许多原先几乎被抛弃的文化遗产不仅随着旅游的开展获得复兴，而且发展成为独特的文化资源。随着旅游开发的深入，许多传统的民族节日得以复兴，大量的传统文化由于引入了高科技而不断创新，旅游实践也成为文化艺术创作的重要源泉。

旅游是人与人、人与地之间交流的过程，而国际游客与当地居民的交流必然会引起语言和文字的渐趋改观。旅游者以能学会几句他乡方言而自豪，当地居民和服务人员以通晓外语为己任。[①]例如我国地域辽阔，区域间语言差异较大，一些著名旅游地，例如桂林、西安，当地居民、服务人员均能说简单的英语，大部分人会说普通话，与外地游客可以作自由交流。这是旅游对目的地社区的贡献。

2. 有助于保护当地民族传统文化

游客和旅游地居民的跨文化交流，在引起旅游地文化的适应性变化的同时，保护乃至振兴了富有当地特色的文化，有利于旅游地社会文化与科技进步。旅游在保护、挖掘当地艺术表现形式方面起到了积极作用，过去不被当地人重视的艺术表现形式，由于得到旅游者的认可而发扬光大。旅游者对当地文化的欣赏和认可，为当地的艺术家、工艺制作师提供了就业的机会。与此同时，老艺术家能够招收到年轻学徒，将手艺传授给新一代，从而加强了对当地遗产和古老文化传统的保护。例如伴随着印度尼西亚巴厘岛旅游业的迅猛发展，巴厘岛的传统文化得

---

① 李经龙，郑淑婧，周秉根. 旅游对旅游目的地社会文化影响研究[J]. 地域研究与开发，2003，22（6）：80-84.

到繁荣发展。加麦兰（gamelan）民族管弦乐、黎弓舞（legong）以及木雕等传统文化因旅游者的到来而得到新生。

3. 对一些历史建筑物及遗址的保护或修复起到了重要促进作用

旅游促进了对许多历史遗迹遗址、古建筑、纪念馆、博物馆和其他文化场所的保护或修复、维护和发展。例如一些大型的修复项目，如泰国的古都大城府的修复、防止威尼斯市下沉的补救行动，以及我国武汉重修黄鹤楼、南昌修复滕王阁、福建湄洲岛修复妈祖庙天后宫等都归功于旅游。

二、旅游开发对区域文化的消极影响

1. 加速对文物古迹的破坏

旅游活动也会对旅游地的文化环境造成负面影响，最明显的是会增加对文物古迹进行保护的费用和工作量，甚至会对文物古迹造成无法挽救的破坏。

（1）超容量接待。

在自然条件下，敦煌石窟中空气干燥、流通，自然风化极为缓慢，艺术品历经千百年仍栩栩如生。但随着旅游开发，超容量接待、照像机的闪光灯、数以百万计游客呼出的二氧化碳和散出的体热，以及其他有害气体和水分造成封闭空间的环境变化，游客的衣服也不时与墙壁摩擦，许多壁画的逼真细节已失去光泽，红色和肉色逐渐变为黑色，壁画已模糊不清。在拥有3000年历史的埃及图坦卡蒙金字塔，每天5000人的游客量产生大约100升的垃圾，而这些垃圾混合产生大量的细菌，对金字塔特别是墙上的壁画产生了极大的危害。

（2）踩踏与触摸。

众多游客的脚踏也会损害文物古迹、历史建筑。例如成千上万旅游者的脚步，几乎将意大利佛罗伦萨和威尼斯等历史名城博物馆内珍贵的镶嵌画地板磨平。埃及的大金字塔长期以来由于大量游人的攀登，造成挤踏破坏，很多地方已经受到严重损害。我国北京故宫内川流不息的游客早已使其内部环境不堪重负，长期以来，因游人踩踏与触摸，大殿内的"金砖"快速磨蚀，每年磨损达10～20毫米，已明显下凹；御花园的地面土壤也因此而板结，几棵古树已面临枯死。

2. 文化的庸俗化

旅游地许多仪式和艺术品所蕴含的大量象征性和精神性意义的文化，不是轻易能被旅游者理解的，需要旅游者具备深厚的知识和素养。由于不能理解，大多数旅游者只能把这些活动当作奇特、美妙甚至是可笑的习俗来看待，从而将当地文化活动变得庸俗化。另一方面，经济动机也会导致对传统工艺和民俗风情的亵渎，当旅游地文化和风俗被作为旅游吸引物时，有可能会一味地满足游客需求，而在传统艺术中加入了众多非传统的成分，以牺牲当地的自豪和尊严为代价，使得文化成为一种商品。例如一些旅游地将古朴的民俗文化和民族风情、肃穆的宗教仪式包装成粗俗的商业性表演，使得民间文艺舞台化，手工艺品生产市场化，众多案例表明，原有的文化形式经过修饰去为旅游服务，就失去了其传统的意义，而民俗文化庸俗化的倾向，也使得传统民族习俗面临衰落和消失的趋势。此外，旅游地"仆从性"文化加剧，居民的媚外或排外情绪都将直接影响当地文化的健康发展。

3. 文化的商品化

旅游者出于猎奇和留念的心理，往往会在旅游地买些纪念品。在旅游市场上，以现代形式包装民族文化、宗教和艺术，将其舞台艺术化、程序化，是目前民族旅游开发的主要手段。虽然在特定的时间和环境里，能有效刺激游客，使之产生旅游消费的作用，但其致命弱点是使民族文化失去了原有的文化内涵和真实性。传统文化被不恰当地商品化，为了赚取外汇，大量伪劣的文化艺术品进入市场，传统节日以及风俗习惯被搬上了舞台，民族服饰乃至民族工艺在某种程度上经历着一种商品化的过程，文化价值被商业价值所取代。

在旅游者带来的外来文化和现代文化的巨大冲击下，一些旅游地的旅游开发常常摒弃珍贵的民族文化特色，忽视资源特有的文化价值，对传统文化缺乏有效的保护和继承，使一些珍贵的文化旅游资源面临退化和消失的危险。当传统工艺、文化的表现形式所既有的内涵变得没有赚钱重要时，当地文化就可能根据旅游市场的需要进行任意修改，从而使文化内涵渐渐消失。此外，文化的商品化可能导致传统的艺术、工艺品等文化形式逐渐被"假民间文化"（phony folk culture）或"机场艺术"（airport art）所取代，例如大量的民间手工艺品因传承的断层及廉价工业品的介入而面临消亡。

4. 文化的同化

旅游往往带来外来文化，当两种不同的文化接触时，彼此往往通过反复"借用"的方式向对方靠拢。（见图9-3）但这种借用并不是对等的，"它总是较先进的文化影响较落后的文化（Murphy，1985）"，当一个社会与另一个在经济文化上都比较强大的社会接触时，较弱势的社会常会被迫接受强势社会的许多文化要素，这种由于两个社会的强弱关系而产生的广泛的文化假借过程，称为涵化或同化（acculturation）。也就是说，在外来文化的冲击下，当地民俗文化一定程度上会被外来的强势文化所同化，使得传统文化逐渐衰退，被异地的文化取代，破坏了当地富有地方特色和民族特色的、有价值的民俗风情，地方文化的独特性逐渐消失。

经济不发达地区或国家多是出于提高经济收入和解决就业等方面的需要而开发旅游的，为了适应外来旅游者的需要对自身采取各项改造措施时，不可避免地要屈从于外来旅游者的态度和价值观，使得旅游地的传统文化遭到异地强势文化的冲击和同化，地方民族文化的独特性和多样性以及民族特色将会受到严峻挑战。例如我国一些少数民族传统的民族服饰已逐渐被各式各样的牛仔服、夹克衫等现代服饰取代；少数民族居住习惯被汉化，一些传统民居正被汉式砖木结构平房和钢筋水泥结构楼房取代；一些传统民族节日和礼俗也正在逐渐消失。许多案例研究表明，在旅游发展不发达地区常会出现传统文化日渐衰微，并逐渐受外来文化强烈影响的"可口可乐文化"现象。

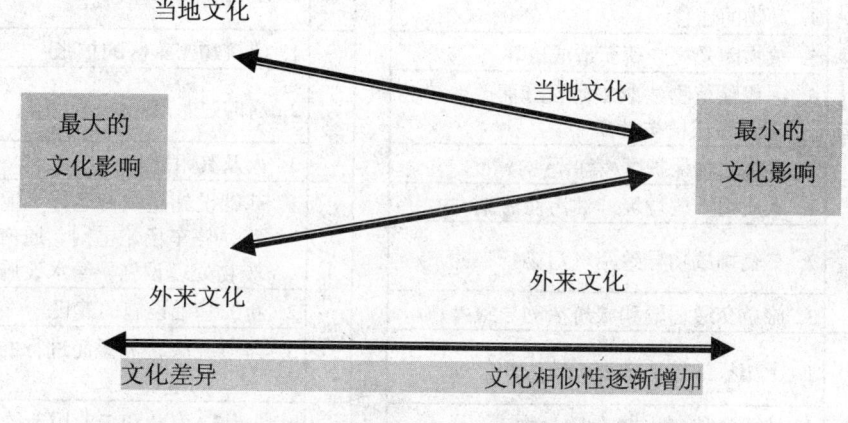

图9-3　当地居民和旅游者的关系（引自Page, S., 2004）

"旅游虽对促进语言的统一大有贡献，但却不利于语言文化多样性的保护，而且舶来品过多，会冲淡本土语言的纯洁性和严密性"（崔凤军，2001）。语言是文化的主要表现形式，一些地方性语言（少数民族语言）因无文字（口头传播）且掌握人群过少，在旅游业的冲击下，经过较长时期的演变很可能会从此消失。例如，巴特勒（1980）对苏格兰的斯凯岛（Islands of Skye, Scotland）研究、Gamper（1981）对澳地利南部两个村庄的研究，以及Tsartas（1989）对希腊两个岛屿所作的研究都指出，当地语言正被游客所使用的语言所代替。

第四节　旅游开发的区域环境影响

旅游是经济、社会、文化等现象的综合反映，在发展旅游的道路上普遍存在着这样一种现象：初期阶段，人们往往只注重旅游业所带来的经济效益而忽视对综合效益的研究，虽然认识到旅游与生态环境的密切关系，却忽视了旅游开发所带来的消极影响,其结果便是在发展旅游的同时也破坏了旅游赖以存在和发展的环境,并且影响到人类发展的长远利益。正如一把双刃剑,旅游对环境产生的影响也具有双重性,既可能是积极的,也可能是消极的。① (见表9-1)

表9-1 旅游对环境的潜在影响(引自徐军,1998)

大类	子类	影响内容	大类	子类	影响内容
自然环境	改变动植物种群结构	1. 破坏动植物繁殖习性 2. 猎杀动物 3. 猎杀动物以供纪念品交易 4. 动物的迁移 5. 植物因采集柴薪而造成破坏 6. 因伐除植物建成旅游设施而改变植被覆盖率或植被性质 7. 野生动物保护区/禁猎区的建立	人造环境	城市环境	1. 土地不再用于最初的生产用途 2. 水文特征发生变化
				视觉效果	1. 建筑物密集区的扩张 2. 新的建筑风格 3. 人及其附属物
	污染	1. 水质因排放垃圾、油污而污染 2. 车辆排放物导致空气污染 3. 旅游交通运输和旅游活动导致噪声		基础设施	1. 基础设施超负荷运行(道路、铁路、停车场、电网、通信系统、废物处理设施、给水设施等) 2. 新的基础设施的建设 3. 为适应旅游需要而进行的环境管理(如垦荒等)
	侵蚀	1. 土壤板结导致地表土流失和侵蚀 2. 地面滑移/滑坡的危险性增大 3. 雪崩的危险性增大 4. 损害地质特征(如突岩、洞穴等) 5. 损害河岸		城市特征	1. 居住、商业和工业用地的变化 2. 城市化的道路系统(如车行道、人行道) 3. 出现分别为旅游者和当地居民开发的不同区域
	自然资源	1. 地下地表水的耗竭 2. 为旅游提供能量的矿物燃料的枯竭 3. 发生灾害的危险性增加		古迹修复	1. 废弃建筑物的重新使用 2. 古代建筑和遗址的修缮与保护 3. 修复废弃建筑物供作别墅
	视觉效果	1. 各种设施(如建筑物、索道滑车、停车场)有碍景观 2. 垃圾及处理影响景观		竞争	某些旅游区点可能因其他区点的开放或旅游者兴趣变化而贬值

---

① 徐军. 旅游环境保护是旅游业可持续发展的重要保证[J]. 江淮论坛,1998,(1):60-65.

一、旅游对区域环境的积极影响

1. 有助于环境质量的改善

旅游和环境密切相关,没有吸引人的优美环境,旅游活动就无法开展;而有时候,没有旅游,环境的保护又会变成难题。旅游需要优美的环境作保障,因为旅游者都喜欢到富有魅力、干净而未受到污染的地方旅游。(见表9-2)为了发展旅游,人们比任何时候都更注意环境保护和改善环境质量,从而刺激各地加强对环境的净化、治理与保护,修复一些历史遗迹、古建筑、纪念馆等,努力降低污染,改善道路、交通服务等基础设施,重视对旅游环境的投资和清洁技术的使用,从而促进了区域旅游环境的健康发展和合理优化。例如格林、享德和摩尔采用特尔菲法研究了英国布拉福德的 SaltsMill 旅游发展对环境的影响,结果发现旅游业的发展促使了废弃建筑的重新利用、历史遗迹的修复和保护,进而改善了当地环境。

表 9-2 旅游者对环境的基本要求(引自谢彦君,2001)

旅游者类型	基本要求
荒野爱好者	不希望有商业性设施;寻求自然随意的环境,看到的人要少;期望宁静、清新、与世隔绝的气氛
运动爱好者	希望有基本设施;追求自然气氛,期望有好的运动条件和较宁静的环境
野营者	一般以家庭或亲朋为活动团体;寻求自然的气氛,要求较大的活动空间,愿意看到周围有一些同类型的旅游者;希望有基本的设施
海浴者	一般呈小集群活动;希望看到较多的同类旅游者;追求略为热闹的气氛;要求设施完备
自然风景观赏者	希望充分体验自然美景,不愿意赏景人很多,不愿宁静气氛被破坏,此类旅游需求量大

2. 增强当地居民的环保意识

旅游可以通过让当地居民尤其是年轻一代看到游客们对环境保护的浓厚兴趣,从而认识到提高本地环境质量的重要性,增强环境保护意识。同时,旅游业的发展带来经济实力的增强,当地政府及居民获得良好的收益,旅游收入成为环境保护经费的重要来源,为自然景观、野生动植物、历史遗迹建筑的保护以及环境建设提供必要的资金,无疑会有力地促进环境保护工作,有助于环境质量的改善。例如塞内加尔、加纳、澳大利亚等国家土著居民举办的"部落旅游"很受欢迎,其大部分旅游收入又用于环境保护,效果显著。

二、旅游对区域环境的消极影响

旅游开发必然会对原有的环境产生一定的破坏作用,随着旅游大众化发展,旅游规模不断扩大,旅游活动范围越来越广,成千上万的旅游者涌向旅游地,导致部分旅游地人满为患,会给旅游地的环境带来巨大的压力,破坏自然生态系统的平衡,导致环境功能减退,旅游对环境的负面影响日益凸现。一个风景区的生态平衡是经历了几千甚至上万年的自然演替而形成的相对稳定系统,但往往会在相对很短的时间内被旅游及其相关活动所打破。目前我国很多旅游景区人满为患,不仅造成了旅游地水污染、空气污染、噪声污染、视觉污染、废弃物污染、土地浪费等,甚至严重影响了景区的游览质量,影响旅游地的旅游意境。

旅游发展常与山区、海岸带、湖泊、草原等联系在一起,而这些地区多是环境脆弱地区。旅游活动不可避免地会对旅游地生态环境产生一定程度的干扰或破坏,游人的踩踏、采集、抛弃废物等行为必然会影响旅游地的植被,使植被覆盖度降低,地表裸露,植物种类变化,一些植物种类因其生境破坏而数量减少或消失的事实已被以往的研究所证实。国际自然保护联盟(IUCN)建议从暴露的地质表面、矿物及化石、土壤、植物、野生动物、水资源环境、空气品质、环境卫生、景观美学、文化环境等方面,就旅游活动对旅游地生态环境进行整体性考察。

1. 对地表和土壤的冲击

随着旅游活动的开展,旅游设施开发与日俱增,已使很多完整的生态地区被逐渐分割,形成岛屿化,使环境面临前所未有的人工化改造,如地表铺面、植被更新、外来物种引入等,地球上能完整地保持原始状态的生态地区正在逐渐消失,无论是陆地还是水域表面都可能受到旅游活动的影响,岩岸、沙滩、湿地、泥沼地、天然洞穴、土壤等不同的地表覆盖都可能承受不同类型的旅游冲击,对地表和土壤影响较大的有海岛观光、登山等旅游活动。

(1)海岛观光。

为发展旅游兴建了大量人工建筑,占去海岛大片的土地,如修建宾馆和海滨步行道等,而这些宾馆常因离海岸太近,影响了海沙的自然移动,导致海岸严重侵蚀。在土地面积有限的情况下进行人工造地时,许多海岸带被夷为平地、珊瑚礁被毁、海滨植物被铲除等,不仅改变了地表结构,也使大量动物无家可归,岛屿海岸承受了极大的压力。

(2)登山活动。

许多山地为接待游客进行了大规模开发,修建了诸如登山道路、索道、宾馆等各种设施,地表的植被被铲除或移往他处,造成水土流失,增加地面滑坡和雪崩的危险性。同时,过多游人对山地表土层经常性的磨擦触碰,土壤呈现压实状态，减少雨水渗漏，加上风及水等自然力的催化作用，会使土壤粒状化，很容易被风吹走，或者被雨水夹带往低处流失。登山者自辟捷径的做法也会增加土壤的裸露机会，加速土壤的侵蚀作用。

（3）地质破坏。

在大多数地区，旅游对地质的影响很小，地质破坏局限于对一些独特地质景观的破坏，如钟乳石、石笋被破坏，珊瑚礁被挖走等。

2. 破坏植物

虽然比起其他人类活动，旅游活动对植被或森林的伤害可能是较轻微的，或可能不是故意的，但发生地点却常在风景优美的地方。旅游开发过程中，滥伐林木、乱挖草皮，加上旅游者用火不慎引起的森林火灾，以及过度踩踏、采集、任意砍伐树木作烧柴和帐篷等人为破坏，使旅游地森林覆盖率下降，一些植物物种由于其生境破坏而减少或灭亡，导致环境功能减退。

（1）大面积移除。

为兴建宾馆、停车场或其他旅游设施，地表大面积植被被移除，是对旅游地植物最直接的伤害。甚至还从外地搬来其他土壤进行客土，以符合工程上的要求，如高尔夫球场的建设，为塑造出适宜挥杆的坡地环境，常会改变整座山地的形态，原生植被几乎全部被挖除，重新植上外来草种。

1987年7月发生在澳州（Tyrol）的一次泥石流和洪水灾害，持续了3个星期，导致60人死亡，7000人居无定所，50个村落、假日中心被毁灭（Romeil, 1989）。位于欧洲中南部的阿尔卑斯山，数百平方公里的森林被破坏砍伐，代之以滑冰场、缆车、路标塔、建筑物、过道等，使得地表难以保存和吸收水分，导致发生水土流失、洪水、山崩、雪崩等灾害的敏感性加大，对游客造成威胁。

（2）踩踏与碾压。

因旅游者踩踏或旅游车辆的碾压，旅游区地表植被都会受到较大的损坏。虽然游客一般不会有蓄意破坏植物的行为，但对植物的踩踏往往会引起一系列的负面反应，诸如影响到植物种子发芽，或导致幼苗无法顺利成长，以及使植物生理、形态等发生改变。旅游者使用交通工具特别是驱车在草地间穿梭，对草地的伤害极大，如汽车对肯尼亚国家公园和野生生物保护区的影响已被确定为该国当前面临的一个重要问题。在那些过度利用的滑冰场，滑雪者使地表雪层紧实，推迟了春季融雪时间，减少了地表植物生长时间，干扰了生态平衡。太平洋岛屿国家，游艇和海边饭店附近大片珊瑚和小鱼群死亡原因就是退潮时大量游客在珊瑚床上行走所致。此外，潜水员鸭脚板搅动起来的沉积物也会使珊瑚礁受到损害。

（3）采集。

旅游者对鲜花、苗木和真菌的采集，会引起植物种群结构的变化。游客购买稀有植物的行为,也会诱发当地居民或商人进入生态保护区,盗取天然植物。例如我国鼎湖山自然保护区自成立以来,已有 27 种植物种群数日趋减少,7 种已经灭绝。

3. 影响野生动物

(1) 干扰野生动物活动规律。

旅游开发可能会破坏许多野生动物的栖息地或庇护所,使得野生动物的捕食和繁殖规律被打乱。虽然说建立国家公园和自然保护区有益于某些动物的繁殖,但也会使某些动物过量繁殖,破坏了食草动物与食肉动物之间的天然食物链,从而刺激争夺食物的"战争",对弱小的动物产生致命的打击。

户外的旅游活动很难不对生存其间的动物造成干扰,旅游制造的噪音,诸如手提音响、水上摩托车、汽艇等均会产生极大的噪音,都会干扰野生动物的生活和繁衍,尤其是对较为敏感的鸟类和哺乳动物。如调查发现英国一种小型的燕鸥,就因为经常有钓客和戏水者在其巢穴附近活动,致使其无法顺利繁衍下一代。希腊、土耳其等地中海沿岸的海滩本是乌龟的生存地,但成为旅游胜地后,乌龟的繁殖环境遭到了破坏,虽然旅游地采取了一些保护措施,如布置了舌状生长的树林,防止游客在沙地上垒沙窝、夜间堆篝火等,但在每年的非孵化期,动物正承受着游客带来的巨大压力和影响。

(2) 对野生动物的消费。

旅游者对各种山珍海味和各类野生动物制品的偏爱和当地居民急于赚钱的欲望,会使大量野生动物的生命受到威胁。为满足游客的口腹之欲,各种珍禽异兽就成为人们盗猎的目标,各种鱼类被大量捕捉,族群数量锐减,甚至濒临灭绝,如加勒比海的生龙虾和大海螺族群已大量减少。而人们对诸如动物毛皮、象牙等野生动物相关制品的喜爱和购买更会直接导致野生动物被猎杀。

(3) 游客不适当的投喂。

在动物园、野生动物园里,游客不适当的投喂,以及游客随手丢掉的胶卷盒、空瓶子等废弃物,很可能会成为麋鹿等动物的觅食对象,使动物患上消化不良、肠胃炎、肠梗阻等急慢性疾病,甚至导致死亡。此外,不加选择地狩猎和钓鱼也会使野生动物数量下降。

4. 水污染

各式各样的水上运动,如水上摩托艇、划船、踩水、游泳、垂钓、跳水、潜水、驾驶帆船等,极大地丰富了人们的度假生活,同时也给水体环境带来了极大的冲击,如水上摩托艇不仅会对沙滩及海岸线产生侵蚀作用,且所产生的涡流也会影响海域生态如珊瑚礁内的浮游生物和鱼类。

为发展旅游修建的度假村、休闲中心,其餐厅、宾馆等排放的大量未经适当处理的生活污水进入海滩、湖泊、河流，对使用这些资源的旅游者的健康是一个潜在的危害；旅游船只所排放的油污、垃圾会污染湖泊和河流等水体，危害水生动植物的生存；过多的营养物质进入水体，将加剧水体的富营养化，使水体变得腐臭、浑浊。例如，地中海沿岸是欧、非18个国家共同开发的海滨旅游度假基地，每年夏季可接待游客1亿人次，但同时旅游业也将这一地区变成世界上旅游污染最严重地区之一。

5. 空气污染

旅游业引发的大气污染情况也很严重。旅游环境污染主要来自旅游设施和交通工具。旅游宾馆、饭店等，由于燃烧化石燃料如煤等产生热能而成为污染源，对旅游区的空气造成严重污染；旅游交通工具如汽车、轮船、火车、飞机等，它们都会对大气产生污染。旅游景区内充斥着拥挤不堪的游人和车辆的喧闹，一些娱乐场所如歌舞厅、夜总会等都会产生噪音污染。例如，瑞士的圣·歌达（St. Gothard），仅周末因交通工具就释放30吨氮氧化合物，不但造成森林枯萎、土壤侵蚀，而且酸雨也降低了地表水质量，对水生动植物群落造成影响，甚至危及人类身体健康。

6. 旅游垃圾污染

据有关方面测算，游客所产生的垃圾往往是当地居民的十几倍，其中固体废弃物垃圾问题最令人头痛，旅游垃圾污染最严重的属山地旅游垃圾污染、水体旅游垃圾污染、旅游城市垃圾污染，不但危害当地居民，也会危害旅游者自身。如以山地为例，据尼泊尔登山协会透露，截止到20世纪90年代初，世界上已有127个登山探险队进入喜马拉雅山，留下的废弃物如塑料、瓶子、衣物、纸张、药品、睡袋、食物、金属罐头盒、绳子等，累计达5万吨。日本富士山每年夏天至少有200万～300万个易拉罐被丢在山间。

7. 建筑污染与破坏性建设

（1）景区"城市化"。

随着旅游经济的快速发展，旅游景区内各种生产经营活动日趋活跃，一些旅游区更是急功近利，把风景区当作"摇钱树"、"聚宝盆"，大兴土木，乱搭乱建，人工景观过多过滥，使景区历史文化风貌和自然景观受到严重损害。景区内修建房屋和各种公共设施，涌现出了繁华的街区，原有的村庄、居民点迅速扩大，办厂开店，发展乡镇工业和商业服务业，新的集镇不断形成，人口迅速膨胀，环境污染严重，景区自然风貌黯然失色。

旅游区破坏性建设是目前我国旅游开发中普遍存在的问题，例如很多昔日"见屋皆寺庵，逢人尽僧尼"的佛教名山，现在摊店林立，一派商业景象，已变成"空中闹市"；山地索道悬空，电杆插天，严重破坏了山岳风景区的原有神态。

(2) 建筑污染。

近年来，旅游的大众化造成旅游地过度开发，旅游基础设施和交通设施的建造，诸如修路以及建造停车场、旅馆、餐厅等大量服务设施，必然会给旅游环境带来一定程度的破坏。限于地理条件，为吸引游客，各种建筑物片面追求土地的经济效益、异国情调等奇怪造型，缺少当地特有的文化内涵，出现了空间位置、形体尺度和形式对比上的不协调，往往不能与自然美有机地融为一体，造成建筑风格、体量、色彩与周围环境的不和谐，缺乏美感和艺术性，从而产生了建筑污染。

第五节　区域旅游可持续发展

目前，旅游业已发展成为世界上最大和增长最快的产业之一，旅游一方面能促进社会经济和文化的发展，另一方面也加剧了环境的损耗和地方特色的消失。特别是 20 世纪 90 年代以来，随着旅游业的快速发展，国际交往和人员流动频繁，许多国家和地区为追求旅游业规模化和经济效益，不可避免地产生了一些消极效应和潜在威胁。其中最严重的问题是旅游盲目超前发展导致的旅游活动与环境的冲突，以及这种冲突所带来的环境恶性循环，造成了"旅游破坏旅游"的局面。这就给人们提出了一个严峻课题：旅游业如何实施可持续发展？1982 年墨西哥召开世界旅游大会指出，成功的旅游业必需具备以下几个标志：

- 促进旅游区社会经济的健康、协调发展。
- 有助于旅游区居民物质文化生活水平的提高。
- 旅游区环境与民族历史文化得到有效保护。
- 旅游区的基础设施得以完善。
- 不仅为旅游者，同时也为当地居民提供更优良的服务。

一、旅游可持续发展问题的提出

可持续发展是人类社会付出极大代价才寻找到的一条与自然环境和谐生存、共同进化的发展道路，是人类社会各领域应共同遵循的基本准则，已成为世界旅游界共同关注的战略课题。旅游业处于可持续发展运用的实践最前沿，尤其应深入探讨可持续发展理论，以增强对旅游实践的指导性。世界旅游组织《关于旅游业的 21 世纪议程》指出："旅游业作为世界最大的产业，有能力取得环境和社会、经济方面的巨大改善，能为其所在社区与国家的可持续发展作出重大的贡献。"

1990 年在加拿大温哥华举行的全球可持续发展大会上,旅游行动委员会提出了《旅游业可持续发展行动战略》草案;1995 年 4 月在西班牙兰沙罗特岛联合国教科文组织、环境规划署和世界旅游组织召开了"可持续旅游发展世界会议",通过了《可持续旅游发展宪章》及行动计划,为可持续旅游提供了一整套行为规范,并制定了推广可持续旅游的具体操作程序;1995 年 9 月在伦敦的新闻发布会上,提出了旅行与旅游业的《21 世纪议程》;1997 年 2 月在马尔代夫举行的亚太地区旅游与环境部长会议通过了《马累旅游可持续发展宣言》,对推动旅游业的可持续发展作出了不懈的努力。

可持续旅游的目标是一个多层次的、多元化的体系,其核心就是要实现满足游客需求和满足旅游区居民需求相统一,保证当代人在从事旅游活动的同时不损害后代为满足其旅游需求进行旅游开发的可能性。1990 年在加拿大温哥华召开的全球可持续发展大会构筑了可持续旅游的基本理论框架,并阐述了可持续旅游发展的主要目标:

- 增进人们对旅游带来的环境影响与经济影响的理解,加强人们的生态意识。
- 促进旅游的公平发展。
- 改善旅游接待地区居民的生活质量。
- 为旅游者提供高质量的旅游经历。
- 保护未来旅游开发赖以存在的环境质量。

世界旅游组织顾问爱德华·英斯基普认为,可持续发展旅游就是要"保护旅游业赖以发展的自然资源、文化资源、其他资源,使其为当今社会谋利的同时,也能为将来所用"。其内涵主要包括:

- 旅游业发展需要进行规划和管理,这样才不至于在旅游区造成严重的环境问题或者是社会文化问题。
- 保持和提高旅游区总体上的环境质量。
- 应将旅游者的满意程度保持在较高水平,这样旅游景点才能保持其对旅游者的吸引力和经济效益。
- 旅游业带来的效益要广泛渗透到社会当中,尤其应对旅游区的当地居民大有裨益。
- 旅游业应与地区总体发展计划和地区规划相吻合。

关于可持续旅游内涵的剖析,尽管不同学者的研究出发点、阐述的着重点和语言表达方式不同,但所揭示的可持续旅游的实质是相同的,那就是 1995 年《可持续旅游发展宪章》中所指出的"可持续旅游的实质就是要求旅游与自然、文化和人类的生存环境成为一个整体;自然、文化和人类生存环境之间的平衡关系使许多旅游目的地各具特色"。旅游发展必须建立在生态环境的承受能力之上,并符合当地经济发展状况和社会道德规范。

旅游可持续发展已成为国内外业内人士共同关注的研究课题,目前,关于可持续旅游的研究十分活跃,诸如旅游业发展制约因素及其转化研究,可持续发展模型研究,旅游系统最优化调节研究,可持续发展评价体系研究,可持续发展辩证法研究,旅游生态环境永续生存研究等等。但由于可持续发展本身尚处于实践性的探索阶段,其概念和理论尚无统一结论。

二、旅游可持续发展的评价

旅游可持续发展的评价问题,是旅游可持续发展从理论到实践的纽带。通过系统评价,既可对旅游可持续发展系统状态作出诊断,也可为旅游可持续发展战略提供信息。在明晰旅游可持续发展目标原则的基础上,构筑体系化的评价指标是推进旅游可持续发展研究的必要步骤,也就是说,旅游可持续发展指标体系的建立是评价各国(或地区)旅游可持续发展水平、能力的基础工作,对制定和实施区域旅游可持续发展战略具有重要意义,并已得到学术界及旅游管理部门的高度重视。

金波(1999)认为,在具体构建旅游地可持续发展指标体系时,除一般指标体系应具备的科学有效性、灵敏性等原则之外,还应特别考虑可行性(可操作性)原则、层次性原则、代表性和简明性原则、全面性和概况性原则、动态性原则等。[①]

崔凤军(1999)认为,旅游可持续发展的原则有环境限制性原则(principle of environmental constraint)、经济持续性、自然资本原则(natural capital)、预警原则、环境质量原则、污染者付费原则(polluter must pay)、道德伦理原则等。依据旅游可持续发展的目标及原则,建立以生态环境指标、旅游经济指标、社会文化指标和社会支持系统指标四大类二级指标为主的评价指标体系。[②]

王良健(2001)认为,建立旅游可持续发展评价指标体系应遵循以下基本原则:"保护第一、开发第二"的原则;简明科学性原则;系统整体性原则;可比可量可行原则等,并选取旅游资源及环境保护能力、旅游经济社会效益、旅游软硬环境建设力度、旅游客源市场开拓能力等四大因素,景区森林覆盖率、景点(含人文景点)的保护程度、国内旅游收入、国际旅游创汇收入、星级宾馆数量、旅行社数量、旅游品牌知名度等34项因子作为评价指标体系。[③]

---

① 金波,刘坤.旅游地可持续发展指标体系初步研究[J].曲阜师范大学学报,1999,25(1):107-109.
② 崔凤军,许峰,何佳梅.区域旅游可持续发展评价指标体系的初步研究[J].旅游学刊,1999,(4):42-45.
③ 王良健.旅游可持续发展评价指标体系及评价方法研究[J].旅游学刊,2001,16(1):67-70.

曾珍香等（2000）对旅游可持续发展评价的指标体系进行了研究，提出了旅游可持续发展的状态评价和能力评价体系（见图9-4）。①

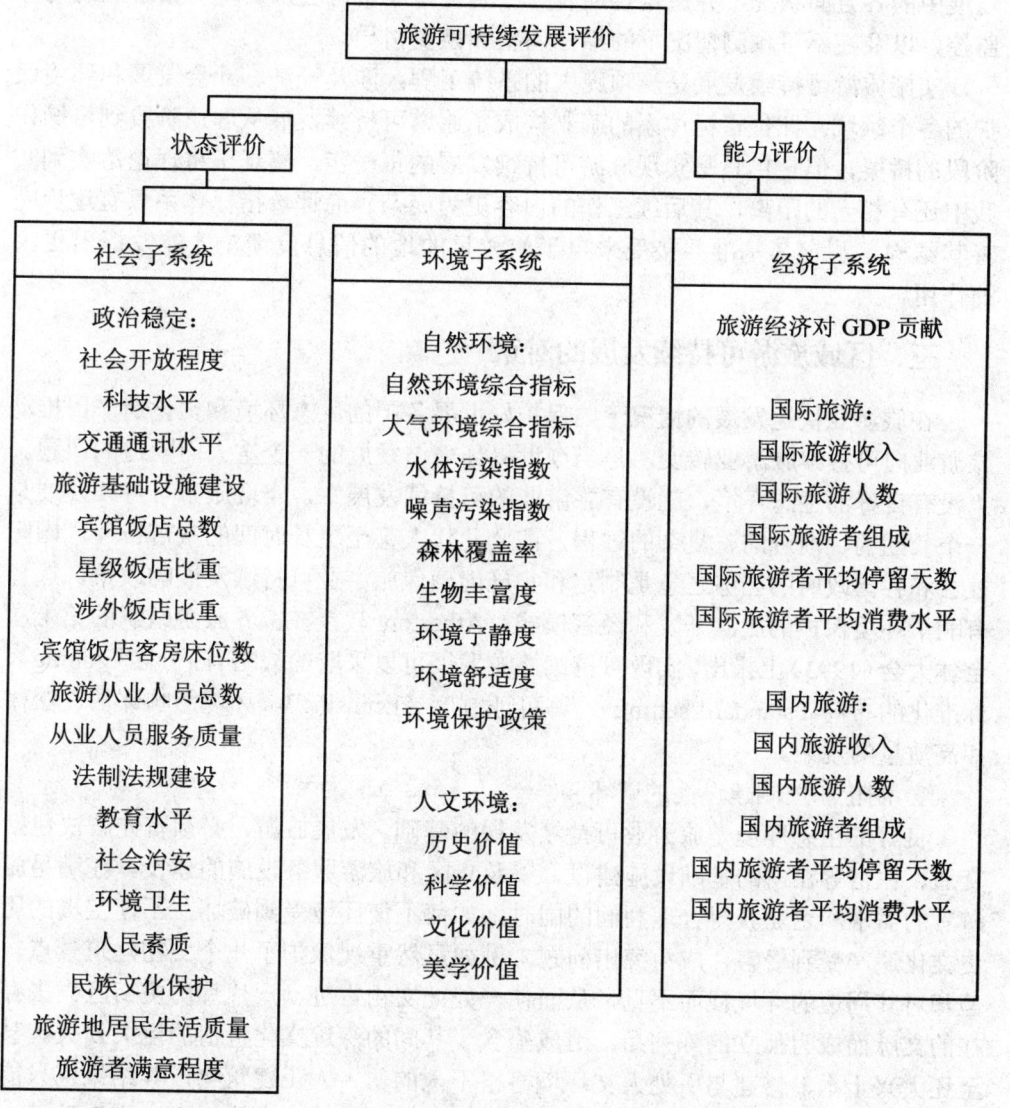

图9-4 旅游可持续发展评价指标体系（引自曾珍香，2000）

建立旅游可持续发展的综合指标评价体系，特别是阶段性的可持续发展指标

---

① 曾珍香，傅惠敏，王云峰．旅游可持续发展的系统分析[J]．河北工业大学学报，2000, 29 (3): 50-54.

评价有助于了解其反馈，并制定出调控措施，使旅游可持续发展的指标体系不断走向完善和成熟。同时，各地方管理部门要通过发动舆论媒体的力量来监督旅游发展中的各方面状况，并通过定期召开旅游可持续研讨会来实现对旅游业的动态监控，以及在不可预测情况下的指标调整和恢复引导。

实施旅游可持续发展是一项庞大的系统工程，涉及经济、社会发展和环境保护的各个领域。评价指标体系的确立构成了旅游可持续发展从理论阶段到可操作阶段的桥梁，但它仍只是实现旅游可持续发展的第一步，离真正将理论落实到实践中还有相当的距离，其后续工作的内容更为庞杂。而评价指标体系只有逐步完善其结构、测定其基准并接受来自于旅游目的地的信息反馈，才能发挥出更大的作用。

三、区域旅游可持续发展的对策

在旅游业快速发展的情况下，保护好世界各国的生态环境和文化遗产，推动旅游业向可持续旅游业转变，是当今世界环境与发展的一个重大而紧迫的课题。"没有良好的生态环境，就没有旅游业的可持续发展"，实现旅游可持续发展是一个长期的、渐进的、复杂的过程，需要几代人甚至更长时间的艰苦奋斗。国际社会和各国政府的当务之急是制定和实施能确保旅游业可持续发展的政策，选择有利于环境保护的旅游开发和经营模式。Atherton 教授在世界旅游组织的第十次全体大会（1993）上指出，实现可持续旅游发展可以采取的战略有：分区（zoning）、标准化的布局（standard setting）、许可证制度（licensing）、环境影响评估、法律和高质量的规划。

1. 制止和控制建设性的破坏

良好的生态环境是旅游业可持续发展的基础。发展旅游，必须首先解决包括交通、住宿等在内的基础设施建设，以及景区和旅游服务设施的建设。在满足旅游者的需求和企业获得合理利润的同时，如何不使环境受到破坏，不使宝贵的历史文化遗产受到侵害，成为突出问题。例如虽然重视保护了几个文物建筑景点，但却对其周边的环境视而不见，从而使一处处文物古迹、一片片历史街区失去存在的文脉而成为孤立的陈列品，造成蕴含于其间的深邃文化价值的巨大损失。甚至还大兴土木，修建与所处人文环境格格不入的仿古人工建筑物，其结果也只能是画蛇添足，破坏了整体风貌不说，就连蕴含其间的传统文化内涵也丧失殆尽。应对的方法之一就是制止和控制建设性的破坏，严格控制景区内建筑物、索道、公路的修建数量和地点，并注意与周围环境相协调，景区内尽可能限制现代化的交通工具，应以较原始的交通工具为主，如步行、马车、自行车及利用自然能（风力、水力等）交通工具，以避免对生态环境的污染等。

发达国家的自然保护区和国家公园都被视为保护生态和生物多样性的科研基地，政府拒绝商业化运作，不以盈利为目的，因此，在规划、建设、管理方面，一切与基本目标相抵触的活动一律在禁止之列。例如，日本的富士山海拔3776米，高于我国的黄山、泰山、庐山和张家界等风景名山，但却禁止建索道，日本人不但不在上面建缆车，就连上山的公路也只修到海拔2000多米处，剩下的路要游客自己去爬，甚至连台阶都不建，最大限度地保护大自然的真实性和完整性。德国阿尔卑斯山国家公园的面积达300多平方公里，若干条索道都是设在公园之外。为减少公园中的建筑用地，韩国在户外旅游地不搞豪华宾馆，旅馆多为通铺，每个铺位不到一米宽，游客或自带睡袋或租用毛毯，卫生间、提供饮用水和加热饭菜的房间均是公用的，国家公园内不设垃圾桶，也看不见垃圾，游人的废弃物自己都会带回去。

2. 坚持开发与保护并重

良好的生态环境资源的永续利用是旅游业可持续发展的主要标志和基本目标。综合考虑旅游地所在区域的自然、经济、人文社会等整体环境的协调发展，同时也要不断培养旅游者、投资方、当地居民的可持续发展意识。为达到这一目标，在旅游开发建设中，对旅游资源应注意在保护的前提下开发利用，即"保护性开发"，尽量维护原生态系统，对文物古迹和民族传统文化注重保护。保护和利用兼顾，并努力争取做到两者的相互促进与良性循环。对少数生态环境非常脆弱、敏感的地区实行封闭式的保护管理，对旅游资源富集且具备开发条件的地区，应通过积极发展旅游来促进资源的保护，坚决避免走"先污染，后治理"的老路。

在旅游开发的过程中，要妥善地处理好旅游业与其他产业之间、旅游业内部的局部与总体之间、近期目标与长远目标的关系，以及游客、居民、投资者与经营者之间利益的关系等，通过综合协调，实现系统优化，取得最佳的发展效果，绝不能急功近利，"拾了芝麻，丢了西瓜"，必须强调环境保护、可持续发展。

例如，美国的夏威夷，世界著名的滨海旅游度假胜地，在旅游开发时有着自己独特的经验：夏威夷人靠山、不吃山；靠海、不吃海。虽然岛上土地广阔，但不种蔬菜，只种少量的水果，为的是不使种蔬菜的农药残留通过土壤渗透到地下，破坏地下水的水质，因此，夏威夷的水质特别好，打开自来水就可以饮用。岛上也禁止捕鱼，但可以垂钓，这是游客特别项目，为的是确保岛屿周边海洋生态平衡。而游客们所需要的海鲜、果蔬，则通过强大的物流配送中心源源不断从加州以及毗邻的马尾岛运来。

再如，美国人喜爱垂钓，但政府为了保护水生生物，对钓鱼和钓螃蟹等有一系列详细得近乎"苛刻"的规定：垂钓者使用的鱼饵是塑料制的，钓上来的鱼要被及时放生；钓螃蟹者还必须首先识别公母螃蟹，母蟹一律放回，公蟹则用尺子丈量，凡是不够标准的小蟹也要放回等等。

在自然生态脆弱区域积极考虑旅游脱贫的路子。应利用法律法规和财政补贴的手段，通过法制建设、集权制改革、建立资源补偿机制和健全监督机制等途径进行有效保护，争取尽快出台旅游企业经营收入返还旅游环境保护的比例和参与旅游环境保护的周边地区、居民的补偿比例的相关政策。

发挥旅游行业绿色产业的优势，在全行业中推进节能环保（低碳旅游），旅游基础设施设计和建设以绿色为主流，制定旅游饭店、旅行社、旅游景区等旅游企业节能减排的行业标准，做好低碳旅游城市示范和绿色旅游饭店、生态景区、循环型景区等绿色环保旅游企业创建工作，推广应用遥感、地理信息系统、污水及垃圾处理、回收利用等先进技术，如旅游产生的废弃物集中回收处理，污水经过处理后循环使用，减少资源浪费，防治环境污染，提高节能减排的意识和主动性。

3. 确定合理的旅游环境承载力

任何景点、景区乃至旅游城市，因活动空间和接待能力的制约，在特定时间中，所能容纳的游客总是有限的。据有关方面测算，竹排游览，最佳排距为50～90米；山间游步道，人与人间隔在2～5米；山岳型旅游区，每位游人占用空间应不小于4平方米；城市游憩型公园，人均占有面积应达到15～40平方米。在上述容量范围内游览，游客才不会因为空间过于逼仄而感到局促、不适。虽然这个标准是否科学准确，尚可作进一步探讨。例如，随项目类型不同，以及不同群体对拥挤的感知存在差异，不同国家或地区旅游活动基本空间标准是有差别的。（见表9-3）但这种被专家称为景区物质管理容量（设施）的空间范围与游览景感度、舒适度之间的相关性，却是不容忽视的。因为当大队人马蜂拥而至进入旅游地时，看到的是"人"而不是"景"，其降低的首先是旅游的美学品质。

可持续旅游的首要标志就是旅游开发与环境的协调。因此，旅游环境承载力指在某一旅游地环境的现存状态和结构组合不发生对当代人及未来人有害变化的前提下，在一定时期内旅游地所能承受的旅游者人数，又称旅游环境容量（崔凤军，1994），就成为判断旅游业是否能够可持续增长的重要指标。旅游环境承载力作为一个概念体系包括自然环境承载力、社会环境承载力、经济环境承载力、人文环境承载力以及旅游景区公共管理承载力五个方面。[①]旅游开发应以旅游环境容量为基础，必须考虑区域生态环境的承受能力，它是旅游环境系统本身具有的自我调节功能的量度。只有寻找到旅游环境承载力的一个最优值，并将旅游活动控制在这一范围内，才能够保证环境系统自我调节功能的正常发挥以及旅游资源的可持续利用。

---

① 文传浩，杨桂华，王焕校. 自然保护区生态旅游环境承载力综合评价指标体系初步研究[J]. 农业环境保护，2002，21（4）：365-368.

表 9-3　旅游活动基本空间标准（日本）

场所	空间标准	平均滞留时间（小时）
动物园	2.5 平方米/人	2.5
植物园	300 平方米/人	2.5
高尔夫球场	0.2~0.3 公顷/人	5
溜冰场	5 平方米/人	1.6
射箭场	230 平方米/人	2.5
自行车道	30 米/人	2
徒步旅行	400 米/人	3.5
别墅	70~100 平方米/人	3.5
野营地	150 平方米/人	2.5

对于某一旅游地来说，发展旅游不仅要符合当地经济发展状况和社会道德规范，更要科学确定旅游环境承载力，限定旅游路线，不再以生态破坏为代价换取旅游收入。坚持保护第一的原则，强化旅游开发中的环境保护要求，明确环境要素专项保护措施，在确定旅游承载力之后，可以通过限制游客数量或使用价格杠杆等手段，控制游客流量；对进出景区交通工具尾气排放标准严格控制，如在峨眉山风景区，进出景区的 300 多辆汽车全部是以液化气为燃料的环保车，九寨沟风景区内的观光车也全是绿色环保型等。

严格贯彻和落实《环境影响评价法》，加强旅游规划、建设项目的环境影响评价，开发新的旅游景区和在旅游景区内兴建新的旅游接待设施，必须进行环境影响评价。旅游景区内的一切开发建设活动必须遵守国家有关建设项目环境保护的规定和生态影响评价技术规定的要求。旅游景区内建筑和旅游接待设施，其废水、废气、废渣的处理处置设施和防治水土流失、植被破坏、景观破坏的措施必须与主体工程同时设计、同时施工、同时投入使用。强化生态环境监管，定期开展旅游区环境监测和生态环境质量评价工作，对环境、生态以及资源可能的破坏进行预评估，建立可行的保护控制预案，及时报告环境状况发展趋势。

4. 采用与"可持续发展"相协调的旅游模式

现代旅游业总体风格渐成"回归大自然，返朴归真"，20 世纪 80 年代强化为可持续发展思潮，至 90 年代"21 世纪议程"出台，各国相继以"可持续发展"为国家和地区发展的主基调，甚至立为国策，与之相协调的旅游形式、旅游产品亦陆续出台。其中的生态旅游（eco-tourism），就是针对旅游业对环境的影响而产生和倡导的一种全新的旅游类型，其实质是以旅游为主导，保护自然资源和生物的多样性、维持资源利用的可持续性，注重保护旅游环境和谋福于当地社区居民，实现旅游区生态经济系统的可持续发展和良性循环。它是由国际自然保护联盟（IUCN）特别顾问、墨西哥专家谢贝洛斯·拉斯喀瑞（H. Ceballos Lascurain）于1983年首次提出，并在1986年墨西哥召开的一次国际环境会议上被正式确认。

生态旅游指在不损害旅游对象和周围环境的前提下进行的自然景物旅行，生态旅游学会1992年给生态旅游所下的定义是：为了了解当地环境的文化与自然历史知识，有目的地到自然区所作的旅游，这种旅游活动的开展在尽量不改变生态系统完整的同时，创造经济发展机会，让自然资源的保护在财政上使当地居民受益。即生态旅游是以一种可持续发展为原则，通过以人与自然和谐共处的生态系统为对象的保护性开发，使各方都受益，使大众受到环境教育，使游客享受体验和文化的旅游形式。其意义一是回归大自然，享受清新、静谧、轻松、舒畅的自然与人的和谐氛围，探索和认识自然奥秘；二是增强保护自然生态环境意识，促进环境教育的发展，达到以保护促旅游，以旅游养保护的目的。

从生态旅游产生的具体情况来看，主要有两种类型：一是欠发达国家的生态旅游，是在不破坏生态的前提下被逼出来的，典型的代表是非洲的肯尼亚。20世纪70年代末期，肯尼亚政府对野生动物实施完全禁猎，并宣布猎获物交易非法，由此产生的失业人员提出了"请用照相机拍摄肯尼亚"的口号，开辟了生态旅游这一形式；二是发达国家的生态旅游是主动开展起来的，典型的代表是美国。为了解决城市化进程中人们对自然环境的强烈需求，美国划定了世界上第一个国家公园——美国黄石国家公园，开辟了国家公园运动的先河，产生了最初意义上的生态旅游。

生态旅游已成为当今世界旅游发展的新潮流，作为一种可持续旅游的实现途径方兴未艾，据统计每年给全球带来至少200亿美元的产值。目前，在中国生态旅游实践研究上，大致形成了两大热点，一个是对中国开展生态旅游条件的判断和注意问题的研究，一个是针对特定区域的生态旅游规划案例研究。

5. 强调社区参与

可持续旅游非常关注旅游发展对社区的影响，因而在进行旅游开发时，必须十分重视社区的利益，尽可能地为当地居民安排就业。旅游的发展必须符合当地的社会道德规范，必须考虑旅游对当地文化遗产、传统习惯和社会活动的影响，有助于提高当地人的生活水平。而当地社区居民的积极参与也有利于旅游业的长期稳定。因此，为推动旅游可持续发展，在制定旅游规划时必须树立"居民第一，游客第二"的思想，充分考虑当地居民的期望，要为他们提供对未来旅游区发展蓝图发表意见的机会，保证当地居民对旅游开发有发言权和参与决策权，并采用分阶段开发的方式，使当地居民有充足的时间来理解、适应、参与旅游开发活动，政府亦能很好地规划、组织与控制开发进程。

为达到"合理开发、高效利用、最低污染",需要政府、旅游企业、当地居民和旅游者的共同努力。应加强宣传教育,倡导科学旅游,增强和提升旅游从业人员、旅游者和旅游地居民的环境保护意识,树立绿色消费的理念,"减量化、再使用和再循环",以环境友好的方式利用资源,引导游客减少对环境的破坏,变被动保护环境为主动保护环境,制定出相应的环境保护对策,使旅游可持续发展观深入人心。

复习思考题
1. 简述旅游开发的区域经济影响。
2. 简述旅游开发的区域社会影响。
3. 简述旅游开发的区域文化影响。
4. 简述旅游开发的区域环境影响。
5. 何谓旅游可持续发展?简述旅游可持续发展的主要目标和内涵。
6. 为什么要进行区域旅游可持续发展评价?
7. 区域旅游可持续发展的对策主要有哪些?

参考文献

[1] 保继刚、楚义芳：旅游地理学（修订版），高等教育出版社，1999。
[2] 保继刚等：旅游开发研究：原理·方法·实践，科学出版社，2003。
[3] 柴本源等：旅游地理学，上海人民出版社，1997。
[4] 陈乐等：中国自助游，中华工商联合出版社，2000。
[5] 崔凤军：风景旅游区的保护与管理，中国旅游出版社，2001。
[6] 高曾伟等：旅游资源学，上海交通大学出版社，2002。
[7] 纪世昌：中国旅游指南，湖南地图出版社，1999。
[8] 贾羽：神游中国西部，宁夏人民出版社，1996。
[9] 纪勇等：中国旅游热线地图册，中国地图出版社，2000。
[10] 金海龙等：中国旅游地理，高等教育出版社，2003。
[11] 金瑾乐等：世界名胜地图册，中国地图出版社，1999。
[12] 韩杰：旅游地理学，东北财经大学出版社，2002。
[13] 李永文：旅游地理学，科学出版社，2004。
[14] 李悦铮、鲁小波：旅游地理学，旅游教育出版社，2009。
[15] 凌子：澳门之旅，广东旅游出版社，1999。
[16] 刘友如：中国旅游胜地新编，上海画报出版社，1999。
[17] 刘振礼等：新编中国旅游地理，南开大学出版社，1996。
[18] 罗兹柏等：中国旅游地理，南开大学出版社，2000。
[19] 马丽明：中国旅游地理，机械工业出版社，2005。
[20] 米歇尔·霍尔、斯蒂芬·佩奇著，周昌军、何佳梅译：旅游休闲地理学，旅游教育出版社，2007。
[21] 庞规荃：中国旅游地理，旅游教育出版社，2003。
[22] 祁彩梅等：中国旅游线路精选地图册，中国地图出版社，2000。
[23] 千福弟等：中国最佳旅游景点图册，中国地图出版社，1998。
[24] 钱今昔：中国旅游景观欣赏，黄山书社，1993。
[25] 乔修业：旅游美学，南开大学出版社，1990。
[26] 沈祖祥：旅游与中国文化，旅游教育出版社，1998。

[27] 石奉天等：中国名胜地图册，中国地图出版社，1998。
[28] 史蒂芬·佩吉著，刘劼莉译：现代旅游管理导论，电子工业出版社，2004。
[29] 斯蒂芬·威廉斯著，张凌云译：旅游地理学，南开大学出版社，2006。
[30] 滕万林：雁荡山揽胜，广西人民出版社，1998。
[31] 陶犁：旅游地理学，科学出版社，2007。
[32] 王恩涌、赵荣、张小林：人文地理学，高等教育出版社，2000。
[33] 王恩涌：旅游地理学，高等教育出版社，1999。
[34] 王健生等：海南之旅，广东旅游出版社，1999。
[35] 吴必虎：区域旅游规划原理，中国旅游出版社，2001。
[36] 吴国清、孙振华：自然旅游资源原理，中华地图学社，1999。
[37] 吴国清：旅游线路设计，旅游教育出版社，2006。
[38] 吴国清：旅游地理学，福建人民出版社，2007。
[39] 谢彦君：基础旅游学（第一版），中国旅游出版社，1999。
[40] 杨桂华：旅游资源学，云南大学出版社，1999。
[41] 杨载田：中国旅游地理，科学出版社，2004。
[42] 袁绍荣等：中国旅游经济地理，华南理工大学出版社，1999。
[43] 张劲游：香港自助旅游实用指南，广东旅游出版社，1999。
[44] 赵西林：中国交通旅游图册，中国地图出版社，1999。
[45] 中国地图出版社：台湾省交通旅游图册，中国地图出版社，1995。
[46] 中国地图出版社：中国地图集，中国地图出版社，1999。
[47] 中国旅游百科全书编委会：中国旅游百科全书，中国大百科全书出版社，1999。
[48] 周凤杰：中国旅游地理，机械工业出版社，2003。
[49] 周进步等：现代中国旅游地理，青岛出版社，2002。
[50] 邹统钎：旅游规划与开发，广东旅游出版社，2001。
[51] 邹统钎：旅游景区开发与管理，清华大学出版社，2004。